企业管理中一个不可或缺的重要工具

企业常用公文写作实践指南

庄　涛 编著

公文质量及办理效率关乎企业发展，
关乎企业形象，体现的是企业的管理软实力

□ 丰富的企业公文范例
□ 全面的典型案例分析
□ 系统的写作提升路径
□ 培养你的五种思维能力
□ 提升你的价值创造能力

浙江工商大学出版社
ZHEJIANG GONGSHANG UNIVERSITY PRESS
杭州

图书在版编目（CIP）数据

企业常用公文写作实践指南 / 庄涛编著 . —杭州：浙江工商大学出版社，2023.8（2024.11重印）

ISBN 978-7-5178-5632-0

Ⅰ . ①企… Ⅱ . ①庄… Ⅲ . ①企业－公文－写作－指南 Ⅳ . ① H152.3-62

中国国家版本馆 CIP 数据核字（2023）第 144971 号

企业常用公文写作实践指南
QIYE CHANGYONG GONGWEN XIEZUO SHIJIAN ZHINAN
庄　涛 编著

策划编辑　杨　戈
责任编辑　杨　戈
责任校对　厉　勇
封面设计　王　玲
责任印制　包建辉
出版发行　浙江工商大学出版社
（杭州市教工路 198 号邮政编码 310012）
（E-mail：zjgsupress@163.com）
（网址：http：//www.zjgsupress.com）
电话：057188904980，88831806（传真）
排　　版　北京试比高科技发展有限公司
印　　刷　杭州捷派印务有限公司
开　　本　710mm × 1000mm　1/16
印　　张　29.75
字　　数　504 千
版 印 次　2023 年 8 月第 1 版　2024 年 11月第 2 次印刷
书　　号　ISBN 978-7-5178-5632-0
定　　价　168.00 元

序 一

一本指南捧在手 公文写作不用愁

中国石油集团油田技术服务有限公司办公室主任庄涛组织编写《企业常用公文写作实践指南》（以下简称《指南》）一书，邀我作序，我欣然应允。

重视公文写作，一直是我们党和国家的优良传统。伟人毛泽东一生为党和国家撰写了数以千计的公文，仅《毛泽东选集》和《毛泽东文集》收录的就有 340 多篇。他博古通今，用活泼生动的语言、辛辣幽默的文笔，将公文写得光芒四射、文质并美。中华人民共和国成立初期，邓小平主政西南，他所写的综合报告和请示，受到毛主席的高度赞扬："看邓小平的报告像吃冰糖葫芦一样。"一直以来，习近平总书记鲜明的个人文风，受到全党和全国人民的喜爱。

公文具有较强的宣贯性、政策性和指导性等特点，关乎各级机关的办事效率和水平，关乎部门和单位的发展，关乎部门和单位的形象。因此，无论哪一类企业，无论是体制内还是体制外，都应十分重视公文写作。我们的老部长余秋里刚进中华人民共和国石油工业部时，针对公文运行中的错别字，严抓机关作风，震撼了整个石油工业部机关，带出了石油工业严、细、准、狠的优良作风。

公文写作是机关工作的基本功，无论是哪个部门、哪个岗位，无论是领导还是办事员，都应该学习公文写作，懂得公文写作，自觉提高公文写作质量。

"看似寻常最奇崛，成如容易却艰辛。"要把公文写作得心应手，的确不是一件容易的事。我作为中国石油大学（北京）的兼职教授，曾在中国石油大学、中海油、中石化胜利油田、中石油勘探院、老秘网等单位和平台授过课，那时理论、原则和案例方面讲得比较多。这本《指南》却依然使我耳目一新。其最大的特点就是实用性和可操作性强。它有理论有实践，有思考有分析，有规定有范例，有方向有路径，确实是一本难得的公文写作指导书籍。你哪怕是初学者，熟读这本书，也会逐渐成为公文写作的行家里手。因此，我对这本书的评价概括为一句话：一本《指南》捧在手，公文写作不用愁。

希望这本书能够成为机关公文写作的培训教材，助力机关工作人员提高公文写作水平，也希望文字工作者多看看这本书，不断提升自己的写作水平。

王一端

2023 年 3 月 30 日

（作者简介：王一端，男，山东鄄城人，原中国石油天然气股份有限公司监事会办公室主任，教授级政工师，中国石油大学兼职教授，曾出版过《“笔杆子”碎语》《金戈铁马石油人 诗吟石油》等，参与了《中国石油员工基本知识读本》《中国科技之路 · 石油卷》《中国石油企业文化辞典》等丛书的编辑工作。）

序二

“文章千古事，得失寸心知。”当前任何一家企业，都把公文写作作为一项基本技能，都将公文管理作为一项基础工作，这对于保证政令畅通、推动工作开展、服务企业发展均有重要意义，是无论如何强调都不为过的。体制内外均是如此。

我国国有企业对公文的重视，源于优秀的历史传统，毛泽东、邓小平等老一辈无产阶级革命家，都十分重视公文写作。1948 年，毛泽东“以笔代剑”，用三篇电讯直戳敌心。进入新时代，习近平总书记以“我将无我”的担当和“不负人民”的情怀赢得全国各族人民的坚定拥护和支持。习近平总书记鲜明的文风也深受人们喜爱，对中国石油和中国石油相关工作作出的重要批示指示，给了石油行业广大干部员工很大鼓舞和激励。由此可见，公文的作用至关重要，好的公文能够发挥非常重要的作用。

中国石油向来高度重视公文写作，自玉门会战以来，先后向党中央、国务院报送了很多具有重要历史意义的公文，多次得到国家领导人的重要批示。党的十八大以来，习近平总书记对中国石油及中国石油相关工作先后作出了 10 余次批示指示，“石油战线始终是共和国改革发展的一面旗帜”“能源的饭碗必须端在自己手里”等谆谆叮嘱，是殷切期望，更是巨大鼓舞。中国石油集团油田技术服务有限公司（以下简称中油技服公司）作为中国石油天然气集团有限公司的全资子公司，一向十分重视公文写作和公文管理，一直鼓励和鞭策各级业务管理部门，持续提升公文质量和管理水平，有力促进了中国石油油田技术服务业务高质量发展。

本书的编写，是为了更好地帮助中国石油油田技术服务业务各专业力量提高公文写作水平，经中油技服公司党委研究决定，于 2022 年初正式启动，前后历时近 9 个月，最终于 2022 年 12 月圆满收官。本书是依据现行《党政机关公文处理工作条例》和《中国石油天然气集团公司公文处理办法》，以及有关规定和要求，在集团公司综合管理部的悉心指导下，主要由中油技服公司办公室系统编写完成。全书内容丰富，讲解详细，系统性、逻辑性强，并体现了当前公文研究的一些最新成果，对各专业的公文学习大有裨益。各专业人员认真研读、勤于练习，可快速提升公文写作能力，发挥好本专业“以文辅政”的作用，为推动中国石油建设成为基业长青的世界一流企业，全力书写“端牢能源饭碗”新篇章贡献智慧和力量。

中油技服公司党委

2022 年 12 月 1 日

前言 PREFACE

公文是企业管理中一个不可或缺的重要工具。公文质量及办理效率关乎企业的发展和企业的形象，体现的是企业的管理软实力。任何单位、任何部门都应高度重视公文写作，及时报告工作进展，反映客观情况，促进技术创新和管理创新，服务领导决策和企业发展。

按照中油技服公司党委部署，公司办公室（党委办公室）牵头、协同各成员企业和本部相关部门，依据现行《党政机关公文处理工作条例》和《中国石油天然气集团公司公文处理办法》编写了本书。

本书系统整理了公文的含义、分类、特点、作用和拟发公文的基本知识，公文写作的基本认识与思维方法、公文写作的一些技巧与能力提升路径，是为各专业人员提供的一种学习工具用书。通过本书学习，各专业人员可以提高对公文的认知，逐步改变对公文的观念，加快提升自己的公文写作水平。

本书最大的特色在于，用通俗易懂的语言，系统讲解了各类公文的具体特点、写作要点，提供了大量写作模板、写作范例、案例分析，有的还附上了写作点评。本书所选的写作范例和错误案例均来自日常的公文审查，写作模板均为实际工作中的通用模板，写作范例均为实用文稿，所选案例均具有一定的代表性，对拟发公文具有较大的学习参考价值。

本书在编写过程中，也参考了一些当代公文研究的最新成果以及相关书籍、网络媒体上的知识，旨在帮助大家提高公文写作的认知。本书的编写，得到了集团公司综合管理部、政策研究室等总部相关部门的大力支持和悉心指导，在此一并表示衷心的感谢和诚挚的敬意！

本书共分7章45节，50.4万字，对国有企业常用的公务类文书和事务类、会议类、礼仪类文书进行了全面系统的梳理，总结了写作要点，并附上了42个写作模板、119个写作范例和120个典型错误案例。各章主要内容如下：

第一章　公文写作的基本知识，包括公文的定义、分类、特点及作用，公文的格式和语言要求，公文的行文规则，公文写作要点提示等。

第二章 公文拟发的审核与修改，包括公文拟发的审核要点、常用公文的校核重点、常用公文的修改方法等。

第三章 拟发公文常见错误点评，系统总结了在公文拟发的 11 个主要环节中，审查发现的常见错误案例及关键知识点评等。

第四章 常用公务类文书写作，系统总结了包括请示、报告、意见、函、通知、批复、决定、通报、纪要、决议、议案等 11 种常用公文的写作要点和写作范例。

第五章 常用事务类文书写作，系统总结了包括工作总结、工作要点、工作方案、调查报告等 7 种常用应用文的写作要点和写作范例。

第六章 常用会议类文书写作，系统总结了包括主持词、会议发言提纲和会议记录等 3 种常用材料的写作要点和写作范例等。

第七章 常用礼仪类文书写作，系统总结了包括贺信（贺词、致辞）、书信（感谢信、表扬信、慰问信）等 2 种礼仪类文书的写作要点和写作范例等。

本书内容涵盖比较广，涉及的公文种类、写作模板、写作范例比较多，时间紧、任务重、文字工作量大，难免存在一些不足和瑕疵，如有发现，烦请及时相告，以便我们在后续工作中持续完善提升。衷心感谢每位读者的关注和支持！

编　者

2023 年 4 月 10 日

目录 CONTENTS

第一章　公文写作的基本知识……1

第一节　公文的定义、分类、特点及作用……1
第二节　公文的格式和语言要求……7
第三节　公文的行文规则……14
第四节　公文写作要点提示……22

第二章　公文拟发的审核与修改……34

第一节　公文拟发的审核要点……34
第二节　常用公文的校核重点……36
第三节　常用公文的修改方法……42

第三章　拟发公文常见错误点评……44

第一节　公文文种与发文形式选择不正确……44
第二节　违反行文规范……47
第三节　公文标题不规范……50
第四节　主送单位名称不规范……53
第五节　制发理由与批复态度不规范……55
第六节　公文主体常见问题……57
第七节　公文用语不规范……60
第八节　名称使用不规范……67
第九节　数字使用不规范……69
第十节　标点符号使用不当……70

第十一节　公文正文附有信息不规范 …… 72
第十二节　电子印章使用不规范 …… 75
第十三节　公文定密不规范 …… 77

第四章　常用公务类文书写作 …… 78

第一节　请示 …… 78
第二节　报告 …… 85
第三节　意见 …… 99
第四节　函 …… 108
第五节　通知 …… 121
第六节　批复 …… 138
第七节　决定 …… 143
第八节　通报 …… 147
第九节　纪要 …… 155
第十节　决议 …… 163
第十一节　议案 …… 171

第五章　常用事务类文书写作 …… 183

第一节　工作总结 …… 183
第二节　经验交流文稿 …… 201
第三节　规划纲要（方案） …… 208
第四节　生产经营类工作要点 …… 217
第五节　党委工作要点 …… 231
第六节　纪委工作要点 …… 236
第七节　工作方案 …… 239
第八节　调查报告 …… 248

目录 CONTENTS

第六章 常用会议类文书写作 254

第一节 主持词 254

第二节 会议发言提纲 328

第三节 会议记录 339

第七章 常用礼仪类文书写作 342

第一节 贺信（词） 342

第二节 感谢信、表扬信 360

第三节 慰问信 364

附录 1 公文相关制度汇编 368

附录 2 常用公文写作模板汇编 439

后 记 460

第一章 公文写作的基本知识

2012年4月16日，中共中央办公厅和国务院办公厅联合下发《党政机关公文处理工作条例》。这是党政机关公文处理工作的法规性文件，也为其他各行各业的公文处理工作提供了借鉴，对强化我国党政机关公文管理，确保党政机关公文处理的严谨一致，更好地发挥党政机关公文效力，提高党政机关公文的整体质量具有重要现实意义。

为配合条例的实施，国家质量监督检验检疫总局和国家标准化管理委员会于2012年6月29日正式发布《党政机关公文格式》（GB/T 9704—2012）国家标准，于2012年7月1日起开始实施。

为进一步加强集团公司公文管理工作，规范公文处理程序，提高公文办理质量和效率，2013年12月19日，集团公司研究制订了《中国石油天然气集团公司公文处理办法》（中油办〔2013〕536号），后续又印发了一些补充文件，形成了较为完整的公文管理制度体系，很好地指导了企业公文制发工作。

《党政机关公文处理工作条例》（中办发〔2012〕14号）、《党政机关公文格式》（GB/T 9704—2012）和《中国石油天然气集团公司公文处理办法》（中油办〔2013〕536号）是指导集团公司、专业公司和所属企业公文处理工作的基本法规、标准和依据。

第一节 公文的定义、分类、特点及作用

一、公文的定义

公文是党政机关、人民团体和企事业单位实施领导、履行职能、处理公务的具有特定效力和规范格式的文书，是传达贯彻党和国家的方针政策，公布法规和规章，指导、布置和商洽工作，请示和答复问题，报告、通报和交流情况等的重要工具。

在古代，公文是指朝廷、官府通常使用的公牍（dú）。郑观应《盛世危言·邮

政上》："凡朝廷之诏旨，臣工之章疏，本管之上、下文移，隔省之关提、照会，统谓之公牍。""牍"原意为古代写字用的木简，公牍指官方文件、书信。帝王写给臣民的文告有诏、令、命、制、谕等名目，统称为诏令类（可理解为下行文）；臣下写给帝王的上书有奏、议、章、表、疏、启等名目，统称为奏议类（可理解为上行文）。我们常见的有表和疏等。表又称"奏表"，是用来向皇帝陈述衷情的，比如诸葛亮的《出师表》、李密的《陈情表》都是感人肺腑的名篇。"疏"的本义是逐条述说，一种是向皇帝提建议、意见的文体（类似现在的意见上行文），如贾谊的《论积贮疏》、魏徵的《谏太宗十思疏》。

清朝黄钧宰在《金壶浪墨 · 关公轶事》中说："当时取有咨文，非以空言塞责也。" 清朝薛福成在《出使四国公牍序》中说："公牍之体，曰奏疏，下告上之辞也；曰咨文，平等相告也；其虽平等而稍示不敢与抗者，则曰咨呈；曰札文，曰批答，上行下之辞也。"由此来看，咨文也是公牍的一种文体，多用于同级官署或同级官阶之间（类似现在的平行文）。现在，有些国家的元首向国会提出的有关国事情况的报告也叫咨文，比如国情咨文、战争咨文、预算咨文、特别咨文等。咨呈是向同级官阶官员或向上级部门的官员呈送的文件。札文就是札付，有关解释如下：明、清时代官府上行下的文书，多指手谕。这是上级委派下级办事的指示文书，如《水浒传》第十七回："且说济州府尹自从受了北京大名府留守司梁中书札付，每日理论不下。"

除了公牍，还有一类文书，文人称之为书牍。这是与公牍相对而言的，就是指个人之间交往的书信，在古代还有书、简、笺、札、牍等名称。在古代，书信也是常用文体，是人们交流思想、通报境况的重要媒体。古人很重视书信的写作，许多书信都文质兼美、内容丰富，具有非常高的欣赏价值。比如曹丕的《与吴质书》、王维的《山中与裴秀才迪书》。

讲到这里大家应该明白，无论是古代还是现代、将来，公文都是非常重要的文书。所以，作为文字工作者，必须清楚公文写作的重要性，认真学习公文写作，积累公文知识，提升写作技能，培养"治牍"精神，发挥"治牍"效能。

二、公文的大类划分

公文的种类很多，根据公文的不同性质，可以将公文分成四大类：法定性公务文书、事务性文书、规范性文书（法律法规、规章制度等方面的文书）、日用类文书。本书不对规范性文书进行讲解。为了更好地帮助大家理解企业常用公文的用途和作用，结合企业实际，本书按照以下四种类型进行讲解，它们分别是法定性公务文书、事务性文书、会议类文书、礼仪类文书。

法定性公务文书：共有 25 种，其中通用公文有 15 种，就是《党政机关公文处理工作条例》规定的决议、决定、命令（令）、公报、公告、通告、意见、通知、通报、报告、请示、批复、议案、函、纪要 15 个文种。

事务性文书：常见的有工作总结、经验材料、规划纲要、工作计划（要点）、工作方案、调查报告等。

会议类文书：常见的有主持词、发言稿、开幕词、闭幕词、领导讲话、会议记录等。

礼仪类文书：常见的有贺信（贺词、致辞）、感谢信、表扬信、慰问信、介绍信、证明信、推荐信、倡议书、建议书等。

三、公务类文书的种类划分

集团公司常用公文有 9 种，即请示、报告、意见、函、通知、批复、决定、通报、纪要。按照行文方向，分为上行文、平行文、下行文。其中，上行文主要使用“请示”“报告”，平行文使用“函”，下行文主要使用“通知”“批复”“决定”“通报”“纪要”。“意见”既可用于上行文，又可用于下行文。

除了以上 9 种公文，企业有时也使用决议、议案（此处指企业党委会、执行董事办公会等会议审议的议题方案，本书仅仅是为了指导相关文书写作，不用对括号内说法的出处进行甄别）2 种公文。本书重点介绍上述 11 种公文。公务类文书的种类划分方式有很多种，本书重点介绍 5 种方式。

（一）按照公文的行文方向分类

1. 上行文

上行文是指下级机关向上级机关呈送的公文，一般包括请示、报告、意见。

除了以上 3 种外，议案（此处指议题的方案）大多是部门提出议题的方案，是向党委会、董事长（执行董事）办公会，或科委会、安委会等专业委员会汇报的方案，这么讲也算上行文。

2. 下行文

下行文是指上级机关向下属机关发送的公文，一般包括通知、批复、决议、决定、通报、纪要和意见。

3. 平行文

平行文是指平行机关或不相隶属机关之间相互往来的公文，用于平行文的只有函。

（二）按照公文的功能分类

1. 呈请性公文

呈请性公文是指下级机关向上级机关请示、报告有关事项的公文，如请示、报告。

2. 指示性公文

指示性公文是指上级机关要求下级机关严格落实有关部署要求或决定的公文，如批复、决定、意见、指示性通知等。

3. 周知性公文

周知性公文是指公开发布或在一定范围内发布事项的公文，如通报。

4. 商洽性公文

商洽性公文指平行机关之间或不相隶属机关之间商洽工作、询问或答复问题的公文，如函。

（三）按照公文的起源分类

1. 集团公司公文

集团公司公文是指集团公司在实施领导、履行职能、开展生产经营管理工作中形成的具有特定效力和规范体例的文书，是传达贯彻党和国家的方针政策，公布规章，请示、报告重要事项，指导、布置和商洽工作，答复问题，通报和交流情况等的重要工具。

2. 总部部门、专业公司公文

总部部门、专业公司公文是指集团公司总部部门、专业公司在各自工作职责范围内，采用文件格式、信函格式制发的公文。其中，文件主要用于对具体业务工作进行通知和批复，印发部门规章制度、表彰决定、通报等；函件用于日常业务联系、商洽工作、征询意见、沟通情况等。

3. 企业公文

企业公文是指各企业在实施领导、履行职能、开展生产经营管理工作中形成的具有特定效力和规范体式的文书。

（四）按照公文的密级分类

1. 国家秘密公文

国家秘密公文是指内容涉及重要的国家秘密，一旦泄露会使国家的安全和利益遭受损害的公文。其密级分为绝密、机密和秘密 3 级；保密期限除另有规定外，绝密级不超过 30 年，机密级不超过 20 年，秘密级不超过 10 年。

2. 商业秘密公文

商业秘密公文是指内容涉及企业商业秘密，泄露会使企业的经济利益遭受损害的公文。其密级分为核心和普通两级。集团公司总部部门、专业公司和所属企业具有核心商密、普通商密定密权，所属二级单位具有普通商密定密权。

3. 集团内部公文

集团内部公文是指在生产活动和内部管理中产生，不属于国家秘密和商业秘密，一旦泄露会干扰正常工作秩序、影响管理职能行使，在一定时间内不宜对外公开的事项和信息。

（五）按照公文的紧急程度分类

1. 特急公文

特急公文是指事情重大又十分紧急，要求以最快速度制发和办理的公文，多用于紧急重大情况的专项报告等。

2. 加急公文

加急公文是指涉及重要工作，需要从快制发和办理的公文，多用于会议通知、信息快报等。

3. 常规公文

常规公文是指按正常程序和速度制发和办理的公文。

四、公文的特点

当谈到公文的特点时，很多人都可能一时语塞。其实，公文具有什么样的特点，是由公文的定位所决定的。我们讲公文是“以文辅政”，认为公文是为政治、政策和决策服务的，必须符合一定的标准规范，还要做到言之有理、言之有据、言之有物。想到这里，再来理解公文的特点就比较容易了。公文具有以下特点：

具有法定的作者。所谓法定的作者即依法设立，并能以自己名义独立行使权力、承担相应义务的社会组织机构及其领导者。

具有法定的权威性和约束力。公文发布者依据职权制发公文，在法定的时间和空间内对收文对象产生强制影响或一定约束性影响。

具有很强的政治性和政策性。党和国家制定的路线、方针、政策，以公文形式下达，党政机关、人民团体和企事业单位负有传达、贯彻、执行的责任。因此，各单位制发的公文，要符合党和国家的方针、政策，确保各项方针政策的贯彻执行。

具有很强的针对性和时效性。公文为解决具体问题而制发，具有较强针的对性。这种针对性决定了公文的时效性，制发要及时。公文的约束力是有一定时效的，这体现了公文的时效性。

具有规范的体例格式和特定的处理程序。公文就是公务文书，具有很强的严肃性和权威性，必须遵守特定的格式、程序和相关制度规定。公文的流转效率一定要高。

五、公文的作用

指挥策令作用。各企业(部门)通过公文部署工作,传达政策意图和要求,指导和推动企业及企业所属单位工作。

行为规范作用。用以规范企业、群体或个人行为的规范性公文，必须遵守和执行。

宣传教育作用。公文不但要传达政策意图、部署任务，还要分析形势，解释、说明情况，使收文对象统一思想、明确目标，增强贯彻落实的主观能动性。

沟通联系作用。公文是用于传递信息、联系公务的文书。各企业（部门）之间可以用公文联系工作、沟通情况、交换意见、洽谈合作等。

凭证记载作用。公文是制发企业（部门）公务活动的真实记录，也是收文单位执行或处理问题的特定依据，还是收文单位工作的历史凭证及编史修志和查阅考证的重要依据。

第二节　公文的格式和语言要求

公文格式，简而言之，就是公文的表现形式。这是相对于公文的内容而言的。公文格式既由公文的内容所决定，又服务于公文的内容需要。公文格式的范畴包括承载公文的介质标准、排版印制要求、组成要素及其标注标准、数据的表现形式等。

一、公文的承载介质、排版印制及要素组成

（一）公文用纸规定与格式

《党政机关公文格式》（GB/T 9704—2012）规定，公文用纸一般使用纸张定量为 60 g/m^2 ～ 80 g/m^2 的胶版印刷纸或复印纸。纸张白度 80%～90%，横向耐折度≥15次，不透明度≥85%，pH 值处于 7.5～9.5 之间。

（二）公文用纸幅面尺寸及版面要求

《党政机关公文格式》（GB/T 9704—2012）规定，公文用纸采用《印刷、书写和绘图纸幅面尺寸》（GB/T 148—1997）中规定的 A4 型纸，其成品幅面尺寸为 210 mm×297 mm。

版面要求主要包括：对页边与版心尺寸、字体和字号、行数和字数，以及文字的颜色等方面的规定。《党政机关公文格式》（GB/T 9704—2012）规定，公文用纸天头（上白边）为(37±1) mm，订口（装订线，左白边）为(28±1) mm，版心尺寸为 156 mm×225 mm。如无特殊说明，公文格式各要素一般用 3 号仿宋体字。每面排 22 行，每行排 28 个字，并撑满版心，文字颜色均为黑色。特定情况下可以做适当调整。

（三）公文印制装订要求

制版要求：版面干净无底灰，字迹清楚无断划，尺寸标准，版心不斜，误差不超过 1 mm。

印刷要求：双面印刷；页码套正，两面误差不超过 2 mm；黑色油墨应当达到色谱所标 BL100%，红色油墨应当达到色谱所标 Y80%、M80%。印品着墨实、均匀；字面不花、不白、无断划。

装订要求：公文应当左侧装订，不掉页，两页页码之间误差不超过 4 mm，裁切后的成品尺寸允许误差 ±2 mm，四角成 90°，无毛茬或缺损。

（四）公文格式要素及划分

《党政机关公文处理工作条例》第三章第九条规定："公文一般由份号、密级和保密期限、紧急程度、发文机关标志、发文字号、签发人、标题、主送机关、正文、附件说明、发文机关署名、成文日期、印章、附注、附件、抄送机关、印发机关和印发日期、页码等组成。"

《党政机关公文格式》（GB/T 9704—2012）将版心内的 18 个公文格式要素按其所在的位置划分为版头（眉首、文头）、主体、版记（文尾）三部分。

版头，是指公文首页红色分隔线以上的部分，包括份号、密级和保密期限、紧急程度、发文机关标志、发文字号、签发人等 6 个要素。

主体，是指公文首页红色分隔线（不含）以下、公文末页首条分隔线（不含）以上的部分，包括标题、主送机关、正文、附件说明、发文机关署名、成文日期、印章、附注、附件等 9 个要素。

版记，是指公文末页首条分隔线以下、末条分隔线以上的部分，包括抄送机关、印发机关和印发日期等 3 个要素。

二、公文格式各要素编排要求

（一）版头部分

版头部分是指公文首页红色分隔线以上的部分，包括份号、密级和保密期限、紧急程度、发文机关标志、发文字号、签发人等要素。

份号。是指公文印制份数的顺序号，一般用 6 位 3 号阿拉伯数字顶格编排在版心左上角第一行，编虚位补齐，如 000001。一般公文不印份号，涉密（含国家秘密及集团公司商业秘密）公文要印份号。

密级和保密期限，涉密公文必须标注秘密等级，秘密等级和保密期限一般用 3 号黑体字，顶格编排在版心左上角第二行。标注方法如：“秘密★ 10 年”“石油核心商密★保密期限”。保密期限中的数字用阿拉伯数字标注。

紧急程度，是指对公文送达和办理的时限要求。根据紧急程度，可分别标注“加急”或“特急”，用 3 号黑体字，顶格编排在版心左上角。

发文机关标志，俗称“红头”，由发文机关全称或规范化简称加“文件”二字组成，也可以只用发文机关全称或者规范化简称。发文机关标志居中排布，上边缘至版心上边缘为 35 mm，推荐使用小标宋体字，颜色为红色，以醒目、美观、庄重为原则，字号不应大于上级机关。

发文字号，由发文机关代字、年份、发文顺序号组成。联合行文时，使用主办机关的发文字号。年份、发文顺序号用阿拉伯数字标注；年份应标全称，用六角括号“〔 〕”括入；发文顺序号不加“第”字，不编虚位（即 1 不编为 01），在阿拉伯数字后加“号”字。

签发人。上行文应当标注签发人的姓名，“签发人”三字用 3 号仿宋体字，其后加全角冒号和签发人姓名。签发人姓名用 3 号楷体字，编排在发文机关标志下空两行，与发文字号同处一行，右空一字。如有多个签发人，签发人姓名按照发文机关的排列顺序从左到右、自上而下依次均匀编排。

（二）主体部分

主体部分是指公文首页红色分隔线（不含）以下、公文末页首条分隔线（不含）以上的部分。

公文标题，由发文机关名称、事由和文种组成。一般用 2 号小标宋体字，编排于红色分隔线下空两行位置，分一行或多行居中排布；回行时，要做到词意完整，排列对称，长短适宜，间距恰当。标题排列应当使用梯形或菱形。

主送机关，是指公文的主要受理机关，应使用机关全称、规范化简称或同类型机关统称。主送机关用 3 号仿宋体字，编排于标题下空一行位置，居左顶格，回行依然顶格，最后一个机关名称后标全角冒号。

公文正文是指公文的主体，用来表述公文的内容。公文首页必须显示正文。一般用3号仿宋体字，编排于主送机关名称下一行，每个自然段左空二字，回行顶格。正文中的结构层次序数可依次用“一、”“（一）”“1.”“（1）”标注；一般第一层用3号黑体字、第二层用3号楷体字、第三层和第四层用3号仿宋体字标注。

附件说明是指公文附件的顺序号和名称。公文如有附件，在正文下空一行、左空二字编排“附件”二字，后标全角冒号和附件名称。如有多个附件，使用阿拉伯数字标注附件顺序号（如“附件：1. ×××”），附件名称后不加标点符号。

发文机关署名、成文日期、印章。发文机关署名署发文机关全称或者规范化简称。成文日期署发文机关负责人签发的日期。公文中有发文机关署名的，应当加盖发文机关印章，并与署名机关相符，印章统一采用下套方式加盖。

附注是指公文印发传达范围、联系人及联系电话等需要说明的事项。用3号仿宋体字，居左空二字加圆括号编排在成文日期下一行。有的正式下行文件需标注印发传达范围。

附件是指公文正文的说明、补充或参考资料，与正文具有同等效力。附件应当另面编排，并在版记之前，与公文正文一起装订。“附件”二字及附件顺序号用3号黑体字顶格编排在版心左上角第一行。附件标题居中编排在版心第三行。附件顺序号和附件标题应当与附件说明的表述一致。附件格式要求同正文。

（三）版记部分

版记部分是指公文末页首条分隔线以下、末条分隔线以上的部分。

抄送机关是指除主送机关外需要执行或者知晓公文内容的其他机关，应当使用机关全称、规范化简称或同类型机关统称。一般用4号仿宋体字，在印发机关和印发日期之上一行、左右各空一字编排。“抄送”二字后加全角冒号和抄送机关名称，回行时与冒号后的首字对齐，最后一个抄送机关名称后标句号。

如需把主送机关移至版记，除将“抄送”二字改为“主送”外，编排方法同抄送机关。既有主送机关又有抄送机关时，应当将主送机关置于抄送机关的上一行，之间不加分隔线。

印发机关和印发日期是指公文的印制主管部门和送印日期，一般用4号仿宋体字，编排在末条分隔线之上，印发机关左空一字，印发日期右空一字，用阿拉伯数字将年、月、日标全，后加“印发”二字。

（四）公文页码

公文页码一般用半角4号宋体阿拉伯数字，编排在公文版心下边缘的下面，数字左右各放一条一字线；一字线上距版心下边缘7 mm。奇数页码居右空一字，偶数页码居左空一字。

设置公文页码的操作步骤：

首先，选择电脑页面上部的“插入”菜单，在“页眉和页脚”栏目中选择“页码”，点击“页码”两个字下面的“▼”，然后在下拉菜单中选择“设置页码格式”，编号格式选择“1，2，3……”起始页码设置为“1”。

接着，在这个下拉菜单中选择页面底端，选择居右插入页码（普通数字），在电脑上部的菜单选项中勾选上“奇偶页不同”，再将页码设置为4号宋体字，在上部的符号菜单中选中“—”插入页码的左侧和右侧，这样奇数页就设置好了。

最后，用鼠标点击第2页（偶数页都可以）下部，选择居左插入页码（普通数字），将页码设置为4号宋体字，在上部的符号菜单中选中“—”插入页码的左侧和右侧，这样偶数页的页码就设置好了。

三、公文的语言要求

公文是党政机关行使职能的重要工具，在传达贯彻党和国家的方针政策，统一思想认识，指导和推进各项工作，具有极大的权威作用。在长期的革命斗争和建设实践中，伟大的革命领袖毛泽东，始终高度重视公文的作用，经常亲自动手起草公文，用公文来统一思想、指导工作、推进工作。毛泽东在《工作方法六十条》中指出：“文章和文件都应当具有这样三种性质：准确性、鲜明性、生动性。”如今党政机关已经实现办公现代化，但公文的特定功能却丝毫没有改变，各级党政机关对公文的要求一直非常严格。下面，我们就来谈一谈公文的“三性”。

（一）准确性

准确性是公文的第一要求，是鲜明性和生动性的前提。准确性至少包括三个方面：思想的准确性、事实的准确性和文字的准确性。公文语言的其他特点都是以这三个“准确”为前提的。

先谈思想的准确性。公文体现的是什么？公文是各级党政机关服务于国家政治、经济、科技、文化等方面发展的工具。公文的内容不能违背历史和自然规律，不能违背党中央、国务院决策部署和上级管理组织要求，要尊重客观事实、客观规律，依据要准确、充分，坚持一脉相承，一张蓝图绘到底。企业公文也一样，要以正确的思想、理念、决策等为依据，态度要明确。

再谈事实的准确性。公文表达的是什么？公文的内容是对事实的陈述、思考、分析和对下一步工作的要求。离开了事实依据，公文就是抽象的、空洞的、毫无意义的。企业公文就是为了解决问题而制发的。所以，企业公文更注重事实的准确性，更需要对工作中的实际情况进行思考和分析。只有这样，才能做出正确的决策，才能更好地解决问题、推动工作。

还有文字的准确性。比如1946年5月4日中共中央发布的经毛泽东审定的《关于土地问题的指示》（史称“五四指示”），当时由刘少奇、任弼时主持，邓子恢、薄一波、黎玉等参与，由胡乔木执笔，三易其稿，最后经毛泽东修改定稿，是我们党集体智慧的结晶。文件的措辞拿捏得十分精当准确，字斟句酌，入情入理，很有人情味，也有说服力。“五四指示”对当时推动土地工作起到了至关重要的作用。

（二）鲜明性

公文必须具有明确的态度，不能模棱两可，含糊其词。赞成什么、反对什么，要求什么、禁止什么，必须一目了然。企业在起草文件时，无论是领导讲话提纲、请示、报告还是通知等，都必须做到态度鲜明，像“差不多”“可能”“也许”之类的词，绝对不能出现在文件中。我们看看“五四指示”对当时解放区土地问题的不同意见是什么态度。文件中明确写道：“在此种情况下，我党不能没有坚定的方针，不能不坚决拥护广大群众这种直接实行土地改革的行动，并加以有计划的领导，使各解放区的土地改革，依据群众运动发展的规模和程度，迅速求其实现。”直接点明我们党对于各解放区土地问题的态度是鲜明的，就是“坚决拥护广大群众这种直接实行土地改革的行动”。

（三）生动性

公文也是文章，虽然不能像文学作品那么舒展开来，但也要在叙述方式、语言措辞上下功夫，既能让收文者感受到庄重规范，也能激发收文单位干部职工思想求进、观念求变的意愿和热情。毛泽东指出：“我们很多人没有学好语言，所以我们在写文章做演说时没有几句生动活泼切实有力的话，只有死板板的几条筋，像瘪三一样，瘦得难看，不像一个健康的人。”那么公文要使用什么样的语言呢？就是要有一定的形象性，要有变化，要使用通俗生动的群众性语言，这样的公文才有感染力、号召力和战斗力。

另外，还要注重公文语言的规范性。我们要清楚，要求公文语言生动，并不是要求必须使用华丽的辞藻，必须引经据典，什么事都是过犹不及。对于起草领导讲话之类的文件，可以略显活泼，引用少量古诗句、名言或典故。在通用性公文中，我们不提倡也不宜引经据典，要使用规范化的书面语言和公文专用语。比如“请示”“报告”，要用祈请而恳切的语气，表示对上级的尊重和对工作的重视；比如“决议”“决定”，态度或要求必须明确，语气要坚决果断，表明严正立场；比如“函”，语言要委婉、诚恳、平和、礼貌，要以询问商洽的方式向对方表达自己的意图，以求得对方的理解与支持，使问题得到尽快解决。现在公文的开头用语有“根据”“遵照”“为了”等；表态用语有“请遵照执行”“请参照办理”“拟”“准予”等；祈请用语有“恳请”“盼”“希望”等；结尾用语有“特此函告”“特此通知”“特此报告”，以及“妥否”“请批示”等。这些公文专用语的正确使用，更能显示出公文语言的特殊风格。

第三节　公文的行文规则

公文的行文规则是公文在运行中应遵循的规矩法则。行文应遵循两个基本规则：一是行文应当确有必要，讲求实效，注重针对性和可操作性；二是行文关系应根据隶属关系和职权范围确定，一般不得越级行文，特殊情况需要越级行文的，应当同时抄送被越过的机关。

一、公文的行文关系

行文关系是指单位之间的公文在互相往来中存在的授受关系，是各单位组织关系或业务关系在公文运行中的体现。行文关系根据隶属关系和职权范围确定。行文关系决定了公文的行文方向，同时也决定了不同的行文方式。在具体行文中，根据行文方向可采取下列不同的行文方式：

逐级行文是上行文和下行文普遍采用的行文方式。上行文就是下级单位直接向其上级单位报告情况，提出请求；下行文就是上级单位应对所属的下级单位传达指示、部署工作、批复请示，再由下一级单位逐级下达。逐级行文体现的是集中统一、分级管理、一级对一级负责的原则，有利于政令统一，避免政出多门、多头领导和多头指挥。

越级行文多发生在上行文中，指的是下级单位在特殊情况下，越过自己直接上级向更高的上级单位直接行文的情况。如遭遇重大自然灾害、发生特大事故时，需立即报告情况、请求指示，此时若逐级行文可能会贻误大事，造成更大损失，这种情况下可越级行文。但在越级行文的同时应抄送直接上级。

多级行文多在下行文中使用，如政府公布行政法规、规章的“令”，就是典型的多级行文。

平级行文，不相隶属的单位之间在相互告知事项、联系工作、商讨公务时，都可采取平行文的方式直接行文。

二、公文的行文要求

公文的行文规则需要按照一定的关系以及职权范围来设定。

（一）集团公司总部行文规定

总部统一以集团公司名义向国务院国资委、国务院各部委报送上行文，不宜直接向国务院报送上行文（信息报送除外）。

总部各部门、各专业公司均不得以部门名义，越级向国务院国资委、国务院各部委报送上行文。

以集团公司名义向国务院直属机构、其他中央企业、各省（自治区、直辖市）人民政府及其他不相隶属单位行文，使用平行文种“函”。

除综合管理部外，总部其他部门、专业公司不得对外正式行文。各部门、各专业公司可以部门（专业公司）函件、便函的形式对外联系、洽谈工作。

根据集团公司《关于调整规范总部下行文件主抄送机关称谓的通知》(工单综管〔2021〕1号）规定，自即日起，总部下行文件主抄送机关称谓调整为“各单位，总部各部门，纪检监察组”。其中，“各单位”包含业务板块、专业公司和企业。专业公司向成员企业印发专业公司文件（函件）时，主送机关应为其归口管理的企业。

除集团公司人力资源部可就干部任免事项向总部内设机构印发部门文件外，总部部门之间、专业公司之间、总部部门与专业公司之间的日常业务联系、商洽工作、征询意见、沟通情况时，以部门（专业公司）函件或工单行文（使用平行文种“函”），不以文件格式互相正式行文。

（二）企业单位行文规定

各单位均不得以单位或部门名义，越级向国务院国资委、国务院各部委报送上行文。

各单位可直接向集团公司（股份公司）报送正式上行文，但不得直接向集团公司（股份公司）总部部门报送正式上行文，可向总部部门报送上行函件。所属企业可向归口管理的专业公司报送正式上行文，但不得直接主送专业公司的业务部门。

各单位因工作需要向所在地的省、自治区、直辖市人民政府行文，可使用正式上行文。

（三）集团公司联合行文规定

总部部门之间、专业公司之间、企业之间，可以多单位联合行文。联合行文须遵守以下规定：

联合行文由主办单位办文，并会签相关单位。

联合行文的单位原则上应当是级别相同的单位。

联合行文时，应明确主办单位，以便分清主次责任。发文单位排序一般是主办单位排列在前。

联合行文应由主办单位先行签署，然后将原件送其他联合发文单位依次签发。

联合行文时，应使用主办单位的发文字号，成文日期署最后签发单位负责人签发的日期。

（四）党政机关行文规定

党政机关应根据各自的隶属关系和职权范围行文。

行政文件中不得有向党组织发指示、交任务的内容，必要时党政机关可以联合行文。

为沟通信息，党政机关还可以互相抄送公文。

三、拟写公文的有关事项

（一）拟写公文的基本要求

行文有必要性、针对性，行文目的要明确。的确需要行文的才可以拟写公文，可发可不发的选择不发。

文种的使用应当根据行文目的和行文关系确定。文种选择不正确的，必须改选正确的文种重新拟写。

公文内容要全面、客观、真实地反映现实问题，符合党的路线、方针、政策和国家法律法规及公文处理的有关规定。

行文要主旨鲜明，重点突出，条理清楚，层次分明，结构严谨，处理问题要注重历史经纬，尊重客观事实；文字要简练、通畅；标点符号使用正确；人名、地名、数字、引文准确无误。

（二）公文起草的准备工作

开展调查研究，充实暂有资料，了解有关背景，按照实事求是、切题、典型的原则，精准选用材料。

认真学习研究相关政策规定，做到合法合规。

准确全面领会领导意图，主动争取领导对公文起草工作的前期和过程指导。

根据职权范围和隶属关系，正确选择行文方式、发文形式和文种（依据实际情况确定 4. 和 5. 的先后顺序）。

根据行文目的，提炼主旨，编写提纲，安排结构，力求主旨准确、主题鲜明、层次清楚、思路清晰。

（三）拟写公文标题的注意事项

公文标题一般由发文机关 + 事由 + 文种三要素构成。其中发文机关可视情况加以省略，但事由和文种是必备要素。

公文标题要准确概括公文的主要内容，突出行文的主要目的，并正确选用文种。

公文标题中一般不使用标点符号，特殊情况下可使用书名号、顿号、括号、引号。

（四）公文标题使用标点符号的特殊情况

公文标题中使用标点符号的几种特殊情况：

使用缩略语和具有特定含义的词语时，要使用引号。比如《关于开展“质量月”活动的通知》。

公文标题中遇有必须将两个词语连接起来表示一个完整的意思时，应用连接号连接。比如《关于 ×× 公司 2021—2022 年“两优一先”评选结果的通知》。

公文标题中遇有必须注释的词语或补充说明的词语时，应用括号予以标明。比如《关于印发〈×× 公司印章管理办法（试行）〉的通知》。

公文标题中出现规章制度名称、书名、报刊名时，用书名号。比如《关于印发〈×× 公司制度管理办法〉的通知》。

标题中事由部分出现多个机关、人名等并列时，每个机关名称、人名之间应用顿号分开，不使用空格。比如《关于 ×××、××× 职务任免的通知》。

公文采取双式标题时，应在副标题前加破折号。如会议工作报告、调查报告、简报等事务性公文。比如：

（五）公文主送机关拟写注意事项

公文的主送机关应准确、规范、有序。

准确是指公文的主送机关，特别是上行文的主送机关，一定是具有该公文受理权限的单位。"请示""报告"等上行文，原则上只主送一个上级机关，不得多头主送。正式上行文件，一般不直接主送上级单位领导。

规范是指主送机关应当使用全称、规范化简称或者同类型机关统称。总部印发普发性下行文件，主送机关规范用语为"各单位"，若仅对某一类型企业普发文件时，可使用如"各油气田企业""各油田技术服务企业"等统称。在遇到主送机关不是同类型的全部时，应一一列出，通常不用"各有关单位""各有关部门"等不确切的概括词。

有序是指公文的主送机关超过一个时，一般按照重要程度的顺序排列。各单位之间用顿号或逗号分清层次，同类型机关内同级机关之间用顿号分隔，不同类型机关之间用逗号分隔。

（六）公文抄送机关拟写注意事项

抄送机关是指除主送机关以外需要执行或知晓公文内容的其他机关，应当使用机关全称、规范化简称或同类型机关统称。

抄送机关超过一个时，依次按上级机关、同级机关、下级机关的顺序排列。

向上级机关行文，不抄送下级机关。

特殊情况下的越级行文，应抄送被越过的上级机关。

联合发文时，联合发文的单位不作为抄送机关。

（七）公文结构安排的有关要求

安排公文的结构，是指对公文所阐述、记述、说明的内容的先后顺序和层次关系进行谋划与安排，应从为主旨服务入手，力求做到思路清晰、纲目清楚、合乎逻辑、结构严谨、详略得当。公文结构安排应满足以下要求：

应当符合一般客观规律，公文结构应当准确反映公务活动的内在联系和客观规律，做到有序、连贯、周密。如公文内容，可按时间的推移、事物的发展演变过程阐述，也可按事物的层次递进关系阐述，即可由总到分、由远到近、由局部到整体、由特殊到一般、由原因到结果等进行阐述，还可按解决问题的步骤顺序安排等。这样可使全篇思路畅通，前后衔接，语意连贯，浑然一体。

应当服从公文主旨表达。主旨是公文的核心，公文的一切要素都要为表达主旨服务。如整体结构是采用递进式还是并列式，要看哪一种结构对主旨表达最有利；如何选取材料、文字表述详略等，要看主旨表达的需要，主旨明了的一般可简略地写，主旨复杂的就要详细地写；照应和过渡，都要根据主旨表达的需要来安排。

应当符合公文文种要求。选用什么文种要看行文目的、要求和特点。选择的结构要适应不同文种的特点。比如“通知”，其内容可设计为“根据……（或为了……）”；比如“报告”，其内容可设计为“根据……”“做了……”“取得了……成果”等。

（八）公文用词的有关要求

表述明确。用词准确，遣词造句合乎语言规范，前后内容逻辑严密，内容安排恰如其分。

表意准确。根据不同的语言环境，正确使用精确词语（例如：“同意”“不同意”“不得”等）或模糊词语（例如：“近期”“大多数”“原则同意”等），使表述恰当准确。

语言平实。说明要浅显，议论要精当；要言之有物、言之有理、通俗易懂；应不矫饰、不打官腔，力戒说假话、说大话、说空话。表述应多用叙述、说明等方式，多用论述性语言和朴实、平和的语言；一般不采用描写、抒情和论辩性语言。

用语得体。按行文关系掌握好分寸。如上行文，语气要委婉，措辞要平和，恰当使用敬语、谦语；平行文，要注意礼貌用语，多用商洽性语言；下行文，应要求明确，语气坚决。

用语庄重。语言要端庄、郑重、严肃、认真，原则上不带有任何个人的情绪和感情色彩；使用规范化的书面语和公文专用语，恰当使用某些文言词语，不使用省略语、冷僻字和方言土语，尽量少用专业性太强的术语和名词，慎用外文缩写名称和术语，一般不用文言句式等。

（九）公文中的时间表达注意事项

写清楚完整的年、月、日，避免使用“上年”“今年”“本月”“上月”“去年”等表相对时间概念的词。

年份一般不能简写，比如“2022 年”不能简写为“22 年”。

表达时间范围时，可用“2020—2025 年”“5—6 月”，不能用“2020—2025 年度”“5—6 月份”。

（十）公文中的数字使用注意事项

坚持实事求是，准确无误；数字来源可靠、权威；统计口径一致，具有可比性，不能轻易被推翻或被否定。

坚持书写统一，除按要求必须使用汉字外，凡是可以用阿拉伯数字书写且又很得体的地方，均应使用阿拉伯数字。

公文中使用阿拉伯数字的情况主要有：计量和统计数字，表示时间的数字（如：年份、日期、时、分、秒），多位数字，成文日期，印发日期、附件说明的附件序号等。

公文中使用汉字的情况主要有：公文结构的第一、二层次标题；数字作为词素组成定型的词、词组、惯用语、缩略语、具有修辞色彩的词语时，以及邻近两个数字并列连用表示概数（例如：三四天、十之八九）等；除计量和统计数字外的文字表述，比如“一文一事”。

（十一）公文中数量增减表达注意事项

表示数量增多时可用倍数、百分数和分数；表示减少时可用百分数、分数，但不用倍数。

表示数量，在“增加、提高、增长、上升、扩大”或“减少、降低、缩小”等词语后面有“到、至、为”字样的句式，与后面带“了”或不带“了”字的句式相比，其语义差别很大，在使用时要特别注意不要错用。比如：“增加到过去的两倍”，表示过去为一，现在为二；“增加了两倍”，表示过去为一，现在为三。又比如：“减至过去的三分之一”，表示是过去的三分之一；“减少了三分之一”，表示是过去的三分之二。

（十二）公文中职务、姓名表达注意事项

各种职务、姓名应用全称，表示职务时，副职不得省略“副”字。不能使用“某总”“某书记”之类非正式简称。

当一人担任多项职务时，一般只列出最高职务或与公文内容有关的职务。

国外人士的姓名、职务应以新华社使用的标准译名为准，如无标准译名应注意在公文中前后使用同一译名，译名在正文中首次出现时应注明其外文姓名。

若干人物姓名同时出现时，应按一定的标准进行排序，例如职务高低、所在单位序列、姓氏笔画等。

（十三）公文中简称使用注意事项

使用公认词语，即所使用的简称必须是约定俗成或为公众所认可的，比如“四个意识”“两个确立”“两个务必”等。除上述公认度较高者外，一般须先用全称，再标注简称。

符合有关规范，即所使用的简称必须是符合有关规范的简称，简称不合适或产生歧义的不能使用。

单位名称可以使用简称，如有规范简称的，应使用规范简称；无规范简称的，第一次出现时应当用全称，并在其后加注括号，注明“以下简称××”。简称时，要力求表意明确、清晰，避免生僻晦涩、令人费解或产生歧义。

地名一律使用全称，比如“乌鲁木齐”不可写为“乌市”、“克拉玛依”不可写成“克市”。但出现特定区域名称时，可使用习惯简称，例如：“京津冀地区”“粤港澳大湾区”。

（十四）公文中外文使用有关要求

正式公文一律使用规范汉字书写、印刷，一般不使用外文；但法定计量单位、国际标准技术符号、国际组织外文简称等可使用外文字母书写。

正文中使用国际组织外文名称或其缩写形式，应当在第一次出现时注明中文译名。

外国人名、地名应使用中文音译名，必要时可在音译名后加括号注明外文名称。

（十五）公文中引文使用有关要求

公文中引述或提及其他文件时，应规范引用文件标题和发文字号，一般先引用标题（用书名号）、后引用发文字号（用圆括号），例如，《××公司关于×××× 的通知》（中油××〔××××〕××号）。当同一文件在文中被再次引用时，可只引用标题或发文字号。

公文中引述文件内容涉密，公文需按衍生标密原则设定与引文相同的密级，不能自行将涉密标志省略。

第四节　公文写作要点提示

一、发文文种的正确选择

专业公司文件主要用于职责范围内的业务通知和批复、印发规章制度、表彰决定、通报等；专业公司函件或便函主要用于日常业务联系、商洽工作、征询意见、沟通情况等。

集团公司工作会议、领导干部会议的会议通知，以综合管理部文件或函件印发；专业公司组织召开的专业会议的会议通知，以专业公司函件或便函印发，不发专业公司正式文件。

转发上级有关部门文件，有实质贯彻落实意见的，以部门函件印发，无实质要求的，以部门便函印发。

集团公司领导讲话，原则上以会议文件形式在会上印发，不发正式文件；会后确需印发的党组成员讲话，以《集团公司通报》《集团党组通报》印发。

二、发文格式的正确选择

专业公司和所属企业常用的发文形式主要有 4 种，即正式公文、信函、会议纪要、便函。

正式公文，（专网）OA 系统中带有红头、标注有发文字号的正式公文，通常用于印发内容较为重要的公文。

信函（函件），为特定公文格式，带有发文字号。除平行文种“函”

必须使用信函格式外，重要程度一般的下行文种“通知”“批复”等也可使用信函格式。

会议纪要，为特定公文格式，仅用于印发“纪要”文种，如党委会会议纪要、执行董事办公会纪要等。

便函，包括带有信函版头和不带信函版头（白头文件）两种，一般不编发文字号，用于印发不需归档的公文。

三、公文术语的正确选择

公文专业术语是人们在长期的公文写作实践中逐步形成并使用的特殊语言，对于公文的准确表达具有十分重要的作用。公文用语选择恰当，则可以更加清晰、准确地表达公文的意图、程度、范围、色彩等，否则将在不同程度上影响公文行文的效果和效力。选择公文用语，要充分考虑公文种类的语言运用原则要求，严格遵从语法规则和语言环境的需要，选取最合适有效的语言，一般不选用生僻、易产生歧义的词语，以及地方方言等，应当多选用通俗易懂的书面语，不生造词，也不使用专业性很强、晦涩难懂的词语。下面梳理了一些常用的专用语言，供大家学习参考。

（一）开端常用术语

1. 用于主动办文的语言

表达行文依据的有：经研究、经查、经 ×× （单位）研究批准、根据、按照、遵照等。

介绍人和事项的有：兹有、兹因、兹为、兹悉等。

表达行文缘由的有：为了、由于、随着等。

表达特定时间的有：目前、当前、最近、近年来、兹定于等。

表示转承关系的有：就、现将等。

2. 用在引用来文的语言

引用公文，应先引标题（用书名号），后引发文字号（用圆括号）。若在文中引用多次，第一次引用时应将标题和发文字号引全，随后再引用时，可只引标题，或只引发文字号。

（二）结尾常用术语

1. 上行文常用语

妥否，请批示（复）；特此报告；以上意见，请审查；以上意见，报供参考；请予审批；上述意见，是否可行，请批示；现随文报送 ×× （文件名称），请予审核；特先报告，详情容后续报；以上汇报，如有不妥，请予指示；本项目如何处理，请批示；可否如此办理，请予审批。

2. 下行文常用语

特此批复；特此公告（通告、布告）；特此通知，希即遵照办理；以上意见，请（即）研究执行（或参照执行、遵照执行、依照执行、认真执行、严格执行）；周知；此布；同意你部意见，本件存案备查；以上通知（批示）希即遵照执行，并定期上报；现印发给你们，请依照执行；有关制度与本通知不一致的，按本通知执行（均以本通知为准）。

3. 平行文

特此函达（告）；特此函告，供参考；特此函询；特先函商；特此函复；此复；请即函复；并希见复；特此函复，请查明办理；特此函请你部研究办理；你部是否同意，请即函告；请予研究函复；请予考虑，见复为盼；我部确有困难，未能照办，请见谅；以上意见仅供参考；随函附送 ××1 份，请查收。

（三）其他常用术语

前经、现经、均经、并经。

本部、你部、贵部、贵公司。

承蒙惠允（承蒙协助）、不胜感激（不胜荣幸、不胜企盼）、惠允（惠赠、惠示、惠寄）、鼎力支持（大力协助）。

请、拟请、提请、务请。

希、即希、恳请、务望、希予（希将、希能）、至希、尚希（尚祈、尚盼）、希望。

如蒙、勿误、即予。

总之、综上各节、综上所述。

鉴于上述情况、据此、为此、专此。

迅即、迅予、从速、在即、当即。
责成、查明、知照、下达。
会同、上报、报批、拟于。
商定、商讨、商洽。
比照、引叙来文、重申。
擅自、得以、不得、酌情处理。
颁、颁布、颁行、发布。
准予、为荷（或为盼、为要）。
左列、右列、上列、下列。
如此、于后、上项。
各项、各类、多起、数起。

四、公文术语的种类划分

（一）开头用语

开头用语通常用在正文的全篇或段落开头，表示行文目的、依据、原因、背景等的词语。比如，表示依据的有“依照、按照、遵照，根据、依据”，表示原因的有“鉴于、由于、缘于”，表示目的的有“为了、为”，表示伴随情况的有“当前、目前、兹有”，等等。

（二）起承用语

起承用语通常用于通知、决定、报告等行文中，起到起承转合的作用。比如：据此，为此，为了；现就……提出；经研究，现批复如下；综上所述；等等。

（三）称谓用语

称谓用语是通常用在公文中表示个人或单位名称的词语。比如我（部、公司）、本（部、公司）、贵（部、公司）、你（部、公司）、该（部、公司）等。

（四）引叙用语

引叙用语通常用于批复、复函等行文，用以引述来文。比如收悉、欣悉、惊悉、痛悉、前接、现接、近接等。

（五）表态用语

表态用语通常用于批复、通知、通报等行文，用以表达上级的意见、态度。表态的程度有轻有重，要根据实际需要选用不同程度的表态用语。通常使用的表态用语有：应、可、应该、应当；同意、拟同意、原则同意、不同意；批准、原则批准、不准；参照执行、遵照执行、照此办理、严格执行；供参考、可借鉴、酌情处理；等等。

（六）经办用语

经办用语通常用于通报、制度通知等行文，用于说明工作进程、办理情况、提出的要求等。比如：经、业经、现经；办理、责成办理；试行；执行、贯彻执行、贯彻落实；等等。

（七）期待用语

期待用语通常用于上行文和平行文，有时也用于下行文，表示发文机关的期望和请求。比如：希，即希，恳请，报请；盼，企盼，希望；即请，务望，希予（希将、希能）；等等。

（八）批转用语

批转用语通常用于下行文，用在上级对下级来文批示意见或向下批转、转发公文中。比如批示、审批、阅批、批转、转发、下发、下达、印发、公布等。

（九）征询用语

征询用语通常用于上行文和平行文的结尾，用以表达征求、询问对有关事项的意见和态度。比如“妥否，可否，是否妥当，是否同意，如无不当（妥），如果可行”等。

（十）结尾用语

结尾用语通常用于公文的结尾，不同种类的公文，结尾用语也不同。比如“为要”“为盼”“为荷”“为感”，通常用于请示、报告、函；比如“以上请示，请批复”“妥否，请批示”，通常用于请示；比如“特此报告”“专此报告”，通常用于报告；比如“特此批复”，用于批复；比如“特此通知（通告、函告）”“以上通知，请遵照执行”，通常用于通知（通告）等；比如“请即函复”“此复”“特此复函”，用于函。

五、公文特定术语解释

（一）开端用语

兹因：表示以事实作为行文的缘由。常用于事务性通知、函的开头，用于引出行文根据、行文目的或事故原因、背景。

顷接：表示（不久以前）刚接到的意思，用于回复公文开头，是复文引据的常用术语，比如“顷接贺信，甚感温暖”。

拟请：表示计划（打算、想）请的意思，用于拟办意见的公文。

（二）过程用语

鉴于：过渡用语，在公文中发挥承上启下的作用，表示原因或理由，意思是“考虑到”。多与“所以”“因此”等配合使用。

责成：拟办用语，用于审批拟办。意思是“指定人或机构办某事，要求负责完成”。

拟请：期请用语，意思是“打算邀请”，是请求上级批示的公文用语。

业经：经办用语，表示“已经、已被”，多用于文章表述过程中。

（三）结尾用语

此复：经办用语，多用于批复和复函的结尾，表示以上内容是给你单位（部门）的答复。

为感：期请用语，表示非常感谢，多用于平行文，大多是因为发送函件有求于人或请求别的单位协助、支持等。比如“望以到临为感”“望批准为感”“望……为感”等。

为盼：期请用语，比较委婉地表达本单位期盼和急切的心情，多用于上行文。比如“望……为盼”（支持为盼、接洽为盼、望回复为盼、批准为盼、协调为盼、协助为盼）。

企盼：期请用语，表示殷切地希望。

为荷：期请用语，“荷”是负担的意思，“为荷”就是把它当作负担。表示给别的单位添麻烦了，多用于函件、书信中。比如“请予接洽为荷”“请予协助为荷”等。

承蒙：虔敬用语，表示“得到”的意思。多用于便函的结束用语。比如“承蒙支持”“承蒙协助”等。

如蒙：期请用语，表示如果能够得到（支持、帮助等）。用于表示期望请求，多用于信函结尾。

谢忱：虔敬用语，表示感谢的心意。比如“谨致谢忱”“聊表谢忱”“承蒙协助，谨致谢忱”等。

拨冗(bō rǒng)：客套用语，表示请对方推开繁忙的工作，抽出时间来(做某件事情）。冗，繁忙。多用于邀请函的结尾。

共襄（gòng xiāng）：虔敬用语，表示“共同”的意思。襄者，助也，“辅助”的意思。共襄，就是共同、一起做什么事。比如“共襄盛举，擘画（bò huà，谋划、计划）未来”。

敬（顺）颂时祺：虔敬用语，表示衷心祝愿（顺便祝愿）您时时吉祥或身体时时健康的意思。是书信往来中的常用语。表示虔敬的用语还有敬（顺）颂冬绥（安）、敬（顺）颂春绥（安）、专此祝好、即问近祺、此请召绥等，就是问候近好、敬祝健康、此致敬礼的意思。隐含的意思是匆促草率、不尽欲言、恕不多写。

敬即尊敬、恭敬；顺即顺便；颂即祝愿；时即时时、每天；春（夏、秋、冬）即表示春天（夏天、秋天、冬天）；文即文场、学界；商即经商；崇即崇高（致上、此致）；祺即吉祥；绥即安好。以上均为书信用语。

顺颂祺祥：顺便祝福您吉祥、安好。

敬颂崇祺：恭敬祝愿长辈吉祥、安好。

敬颂钧安：恭敬祝愿长辈安康、安好。

六、常用词的种类划分

（一）领导公务活动

企业领导出席各类庆典、会议等活动时，多使用“出席”“参加”等，不使用“亲自”“莅临”“光临”等词。

企业领导赴国(境)外执行公务时，多使用“谈判”“签约”“业务交流”“参加会议”等与实际任务对应的词，慎用“访问”“出访”等词。

企业领导到基层调研、检查工作，多使用“慰问”“调研”“检查”，不使用“考察”“视察”等词。

企业领导讲话，多使用“指出”“强调”“要求”“批示”“发表讲话”

等，不使用“作出重要指示”“发表重要讲话”等词。

国家部委、地方政府及其他企业领导拜访本企业领导时，多使用“会见”“会谈”“拜访”等，不使用“接见”等词。

企业领导职务，多使用“公司领导”“公司主要领导”，或使用规范的职务名称等，不使用“首长”“老板”“老总”“班长”“一把手”等词。党内会议，不能称呼行政职务，应使用“同志”“党委委员（党组成员）”“党委（组）领导”“党委（组）主要领导”或规范职务名称等。

（二）企业经营状况

企业经营业绩方面，多使用“营业收入”“上缴税费”“利润总额”“增加盈利”“稳定增长”“稳健向好”“运行平稳”“增速变缓”“健康发展”等，慎用“拐点”“借债”“下滑”“举债”“亏损”等词，不使用“垄断”“暴利”“豪门”“衰退”等提法。

法定称谓“特别收益金”，不能称为“暴利税”。

税收方面，不存在“合理避税”这样的说法。

（三）市场营销与生产运行

市场营销方面，多使用“增加”“提高”“扩大”等词，不宜用“业务扩张”“争夺市场”等提法。

生产材料价格变化，多使用“上涨”“大幅上涨”“调整”“波动”“提高”等提法，不使用“涨价”“降价”等提法。

服务保障方面，多使用“保障率”“履行保障责任”等，不使用“占有率”“占领”“保证国家能源安全”等提法，应使用“保障国家能源安全”“保障国家能源供应”等提法。

（四）人力资源与薪酬待遇

领导职务变动，多使用“任命”“担任”“接任”“辞任”“离任”等词，不应用“掌舵”“替换”“空降”“卸任”“换帅”“更替”“一肩挑”“掌门人”等词。

用工管理变化，多使用“总量控制”“控制机构编制”“控制用工总量”“控制人工成本”“优化用工结构”“依法规范劳动用工”等提法，不使用“裁员”“买断”“下岗”“待岗”“冗员”“大锅饭”“优化下岗”等提法，慎用“瘦身”“减员”“减员增效”“精简人员”等提法。

员工岗位类别，多使用“一线员工”“基层员工”“技术岗位”“管理人员”等，不用“机关人员”“领导干部”，慎用“核心岗位”“重要岗位”“关键岗位”等提法。

员工薪酬管理，多用“规范薪酬分配”“完善薪酬体系”等，慎用“高薪”“调资”“涨工资”“高福利”“隐形收入”“薪酬上涨”“灰色收入”“提高或增加收入”等提法。

（五）资本运营管理

资本市场表现，多用“增持”“表现良好”“超出预期”“高出发行价”“低于发行价”等，可使用“反弹”等提法，不使用“圈钱”“套现”“敛财”“缩水”“破发”“旗舰”“市值蒸发”“头把交椅”“头筹”“A 股之最”“收益最佳”“第一红筹”“盈利能力最强”“全球市值第一”“资本市场的引擎”“亚洲最赚钱的公司”等提法，慎用“走红”“全线飘红”“腾飞”“登陆”“护盘”“荣登股榜”等提法。

资本运营管理，可使用“发售”“募集”“融资”“增持”“回购”“发行债券”“公开发行”“提升公司价值”等提法，不使用“救市”“现金吃紧”“现金短缺”等提法，慎用“资金紧张”等提法。

（六）安全与合规管理

生产突发事件，应以事发企业名义起草报告和新闻，如“某某公司发生一起交通事故”等，不使用“××集团某某公司”“中国××某某公司”等词。

治安案件办理，在法院宣判之前，应使用“嫌犯”“涉案人员”“犯罪嫌疑人”等称谓，不使用“罪犯”“犯罪分子”等词，慎用“不法分子”“不法人员”等词。

法律纠纷事件，应使用“依法维护权利”“某某案开审”“某某案审结”等，不使用“××公司赔偿”“××公司（遭）索赔”“规避法律风险”“规避法律责任”等提法。

（七）国际业务

海外业务合作，应使用“当地员工”“当地居民”“海外油气作业产量和权益产量”等提法，多强调“合作发展”“互利共赢”，不使用“海外收益”“当地黑人”“获取资源”等提法。

海外业务拓展，多使用“洽谈合作”“公开竞标”“项目中标”“实现共赢”等提法，不使用“海外扩张”“海外兵团”“大举进军”等提法。

相关资源国，应使用“伊斯兰国家”或“伊斯兰世界”，不使用“穆斯林国家”或“穆斯林世界”等提法。

（八）其他方面

企业地位表达，应使用统一规范的“国有重要骨干企业”等提法，一般不使用“国际先进”“行业最大”“国内第一”“航母”“旗舰”“领头羊”“排头兵”等提法。

评价产品效果，多使用“性能可靠”“性能稳定”等提法，使用效果多用定量词表达，一般不使用“最佳”“最好”等具有强烈评价色彩的词。

描述科技成果，应使用“领先”“位居前列”“重大突破”“自主创新技术”等提法，慎用“填补国内空白”“填补国际空白”“唯一”“世界第一”等提法。

七、常用公文的遣词造句与修辞手法

清代袁枚在《随园诗话》中说：“文似看山不喜平，画如交友须求淡。”意思是写文章好比观赏山峰，喜欢奇势迭出，最忌平坦。画画就像交朋友一样，须得淡雅朴素。一方面，公文语言的生动可以通过遣词造句的适当变化来体现。注重遣词造句的公文必然比刻板的公文更让人感兴趣，更具感染力和影响力，尤其是领导讲话稿与一些引导和指导性公文。另一方面，公文具有法定的权威性，是管理国家事务的务实文章，具有政策性、指向性、法令性，所以行文表达、遣词造句要比较严谨、精当，文章整体要求简明扼要、语言平实。

下面，我们共同欣赏毛泽东同志《改造我们的学习》中的一段话：

> 这两种人都凭主观，忽视客观实际事物的存在。或作讲演，则甲乙丙丁、一二三四的一大串；或作文章，则夸夸其谈的一大篇。无实事求是之意，有哗众取宠之心。华而不实，脆而不坚。自以为是，老子天下第一，“钦差大臣”满天飞。这就是我们队伍中若干同志的作风。这种作风，拿了律己，则害了自己；拿了教人，则害了别人；拿了指导革命，则害了革命。

这段话，有对偶句、排比句，整句、散句，短句、长句，句式灵活多变，错落有致，读来琅琅上口，听了和谐悦耳，生动感人，富于表现力。

由此看来，写公文同写其他文章一样，要想获得最佳表达效果，遣词造句十分重要。

（一）公文遣词造句的基本要求

语句表达意图要清晰。要认真思考每句话，确保表达的含义明确、清晰、完整，没有歧义，便于准确理解。

句子成分搭配要得当。要规范使用语法和语言规范，避免出现主谓搭配不当、动宾搭配不当、动补搭配不当、修辞语和中心词以及虚词搭配不当等典型错误。

句子结构成分要完整。一般而言，主语、谓语、宾语和附加成分要完整，不能随意省略或舍弃语句中必须有的成分。对于省略句，要确保在省去某个成分后大家依然都能理解。

选用指示代词要准确。公文表述一定要准确、严谨，指示代词不能随便使用，一定要使用指代恰当、定位清晰的代词，不能选用会产生歧义或者指代不清的代词。

公文语序安排要妥当。不同的语序反映的逻辑关系也是有区别的，有可能造成时间顺序、递进顺序的错误，尤其是反映事物之间逻辑关系的语序，不能随意变动。

（二）公文的常用句式和修辞手法

倡导使用陈述句。这是公文运用最多的句子。陈述句是叙述事实、说明情况、表明态度、分析缘由的句子，表意朴实、准确。公文也常使用祈使句，比如“请遵照执行”。大多数公文全文只使用这两类句子，很少使用疑问句和反问句。

恰当运用长句。公文中使用长句的不多，但有的地方使用长句十分必要，这是因为长句有较多的附加成分对意义加以修饰和限制，能使表意更加具体准确，比如“学习宣传贯彻党的二十大精神是当前和今后一个时期全党全国的首要政治任务，事关党和国家事业继往开来，事关中国特色社会主义前途命运，事关中华民族伟大复兴，对于动员全党全国各族人民更加紧密地团结在以习近平同志为核心的党中央周围，高举中国特色社会主义伟大旗帜，坚定道路自信、理论自信、制度自信、文化自信，为全面建设社会主义现代化国家、全面推进中华民族伟大复兴而团结奋斗，具有重大现实意义和深远历史意义”。

适当使用排比句。排比句在公文中比较常见，目的是更加清晰地表达公文的意图。有的排比句共用一个主语，比如：“在安全生产专项整治三年行动中，×× 公司按照三年行动计划及专题专项方案，以‘识别大风险、消除大隐患、杜绝大事故’为主线，坚持问题导向，健全落实安全生产责任制，强化危险化学品全过程安全管理，严格施工作业环节安全管控，推进安全科技创新，持续增强全员安全责任意识，不断夯实安全生产基础，保障公司安全生产。”这么长一个句子，主语就只有“×× 公司”。有的句子共用一个宾语，比如“要在总结全年经验的基础上努力建立、健全和推进一体化统筹的长效机制”。此句的谓语是由三个动词构成的联合词组，共用一个宾语。把三个意思凝聚在一个成分里，就使得句子结构紧凑、简洁。

恰当使用无主句。什么时候使用无主句呢？就是在公文执行主体非常明确，写作时不必再补足写明的情况下，就可以使用这样的句子，表达的意思既简练又明确。比如“经研究，批复如下”“妥否，请批示”“8 月 8 日来文收悉”等。

正确使用插入语。插入语是句子的特殊成分，一般表示强调、范围、注释、说明等。比如，要认真贯彻“两个理念、一个信念”（“两个理念”是指“一切事故都是可以避免的”，“防范胜于救灾”；“一个信念”是指“坚定‘杜绝生产安全亡人事故’的必胜信念”）和“四环节”（“四环节”是指“班前识别风险、班中防范风险、交班提示风险、班后总结风险”）要求。括号内的是插入语，起注释说明作用，指明“两个理念、一个信念”和“四环节”的具体内容，使句子表意更加具体、明确，也便于各单位贯彻执行。

公文的常用辞格。辞格一般指修辞手法，修辞手法是为增强表达效果，用于各类文章的写作语言表达方法，它通过修饰、调整语句，运用特定的表达形式来提高语言表达能力。据不完全统计，我们使用的修辞手法共有 63 大类 78 小类。企业公文通常使用的修辞手法有：比喻、对比、反复、借代、排比、对仗等。在这里要特别强调的是，修辞手法是以一定的句式为其表现基础的，在公文语言的实际运用中，不只是单独地运用某一辞格，我们往往是把多种修辞手法综合起来使用。

第二章　公文拟发的审核与修改

公文的质量直接关系着各级党政机关的权威、工作效果和作风形象，如果出现差错，其负面影响有时是难以估量的。因此，公文审核与修改是行文工作中不可或缺的一环。

《党政机关公文处理工作条例》第二十条规定："公文文稿签发前，应当由发文机关办公厅（室）进行审核。"

第一节　公文拟发的审核要点

一、是否有行文的必要

控制发文数量，可发可不发的坚决不发，这是提高公文质量的首要环节。公文管理部门务必严把关口，确保公文质量，维护企业形象。

发文禁止与倡导事项：各企业都应严格发文审核，严控发送一般性会议通知，禁止发送粗制滥造的文件，倡导同类事项合并发文。

二、公文格式是否正确

重点查看公文文种是否正确，体例格式是否符合国家标准，写法是否符合所选文种的特点。

公文各要素标志是否齐备、正确，是否符合公文处理规范。

每级标题表述风格、结构是否一致。

涉密公文是否标密，紧急程度分类是否准确，字体字号是否规范，对外行文有无联系电话等。

三、办文依据是否齐备

重点查看办文依据的电子版及纸质版文件是否齐备，办文依据的扫描件或电子版文件（PDF 格式）是否正确上传。

办文依据是否真实、有效。涉及其他单位的事项，是否履行了会签手续，会签部门是否齐全，经协商未取得一致的，是否向相关领导做出说明。

四、公文观点是否正确

重点查看公文的观点、要求及制定的政策和措施，是否符合辩证唯物主义、历史唯物主义的基本理论原则，是否符合党和国家的路线、方针、政策及集团公司的有关规定。

新出台的政策规定，是否与现行的政策规定相统一、相衔接，是否切实可行。坚决纠正片面的、绝对化的、不符合马列主义的观点和内容。

五、公文主旨是否明确

重点查看公文的主旨是否明确、唯一和统一，是否抓住了主要矛盾和矛盾的主要方面，对重点问题是否做出了明确回答，全文各段落、各层次是否围绕主旨和重要问题展开。

如果不是一文一旨，或者公文前后主旨不统一，对于分散主旨、冲淡主题、扰乱公文意图的文字必须予以修改，坚决舍弃多余的部分，避免贻误主要问题的解决。

六、公文结构是否清晰

重点查看公文结构、层次是否清晰，起承转合是否顺畅自如，是否首尾呼应一气贯通。

各部分陈述是否完美统一、详略得当，逻辑与衔接是否严密；在脉络上是否有重复叙述、与中心脱节、互不相干或自相矛盾的内容。

七、公文语言是否规范

重点查看语言表述是否规范、准确，有没有概念不清、容易产生歧义和不适宜使用的语言文字，是否存在堆砌辞藻、罗列词语的现象。

名词、数词、量词的使用是否规范，计量单位是否符合标准（一般使用国际标准）。

标题层级的设置是否规范等。

八、内容质量是否过关

如果公文内容质量太差，则需要对文稿进行较大修改，应及时同拟稿部门沟通，指出问题所在，请其负责修改。

拟稿部门修改后须经拟稿部门领导确认，并提交拟稿部门分管领导审核；拟稿部门分管领导审核通过后，再由拟稿部门送转到办公室进行二次审核。

如果修改内容很少，仅对个别文字或格式进行了修改，则修改后的文稿应由拟稿部门领导确认，再由核稿人员复核。

九、审签程序是否履行

公文印发前，办公室应对公文的审批手续、内容、文种、格式等进行复核，复核后统一编号、登记相关信息并盖章发送。

复核重点主要包括：审批、签发手续是否完备；行文格式是否统一、规范；公文附件材料是否齐全；发文字号、主抄送单位和印制份数是否准确。

第二节　常用公文的校核重点

公文审查，是每个拟稿部门负责人应尽的责任和义务。拟稿部门负责人是公文审查的第一道关口，对于保障公文质量有着至关重要的作用。任何部门都不得将公文审查责任直接推给拟稿部门分管领导，更不能将“病态严重”的公文直接送到办公室修改。我们结合集团公司公文管理要求和本单位工作实际，全面梳理了10种公文的审查重点，供大家学习参考。

一、“请示”行文审查重点

定位是否正确。重点审查以下内容：是否为一文一事；是否为越级请示；是否只主送一个上级机关，需不需要多头主送或抄送下级机关；是否为直接向集团公司领导报送的请示，如果是上级机关负责人直接交办、确需主送上级机关负责人的，则以便函形式报送，文件落款处由单位负责人亲笔签字，不加盖单位印章。

理由是否充分。重点审查请示的原因和理由。一要看请示的理由是否充分；二要看请示的内容是否联系全局说明了请示事项的迫切性、重要性和必要性。

事项是否明确。重点审查请示事项是否具体明确，是否就解决请示事项提出了本单位的处理意见，是否表明了本单位对请示事项的倾向性，供上级单位批复时参考。

语言是否恰当。重点审查行文是否言简意赅、语气委婉，言辞是否恳切，陈述理由是否开门见山，需求是否明确具体。

会签是否履行。重点审查请示事项是否涉及其他单位职能，涉及其他单位职能的请示事项是否履行了会签手续。

二、"报告"行文审查重点

文种是否正确。重点审查请示与报告是否混用。请示和报告一般情况下均不得越级报告。报告原则上只主送一个上级机关，根据需要可同时抄送相关上级机关和同级机关，不抄送下级机关。报告中不得夹带请示事项，报告中若涉及需上级单位解决的问题或批准的事项，应另文请示，不得直接以报告形式向上级机关负责人报送。

事项是否明确。重点审查报告的种类，首先要弄清楚是工作报告、情况报告、答复报告，还是报送文件或材料的报告。

重点是否突出。重点审查报告的中心是否明确，主次是否分明，详略是否得当，内容表达是否具有较强的条理性和逻辑性。

文风是否平实。重点审查报告的内容是否实事求是，观点表达是否精练清晰，文字是否简明、庄重。

用语是否规范。重点审查报告的结束语使用是否规范。报告的规范结束语为"特此报告"，不使用"特此报告，请批示（指示、批复）"等语言。

三、"意见"行文审查重点

行文方向选择是否正确。重点审查是属于上行文的意见，还是属于下行文的意见，行文方向一定要正确。

行文种类选择是否正确。重点审查意见的种类，注意区别建议性意见和建议性请示、指示性意见和指示性通知。

建议性意见和建议性请示、指示性意见和指示性通知的区别：建议性意见的行文目的是对重要问题提出见解和建议，供上级单位和领导参考；建议性请示的行文目的是请求上级单位批准或指示；指示性意见侧重于原则性和方向性，目的是让下级单位知道该怎样去做，但在具体方法上可根据实际情况，创造性地开展工作；而指示性通知具有一定的约束力。

行文标题书写是否正确。行文是否体现了全文的中心思想，联合行文时标题中是否一并写明了发文机关名称。

正文内容安排是否恰当。正文是否简明扼要、条理清晰、详略得当，处理问题的办法、措施是否符合政策要求、切实可行。

结束用语选用是否合适。意见的结尾一般是提出要求、发出号召。呈报性意见的结尾一般写“以上意见如无不妥，建议批转各单位执行”等语。指示性意见的结尾一般是提出希望和要求，也可不写结尾语句。

四、“函”行文审查重点

函适用于不相隶属机关之间商洽工作、询问和答复问题、请求批准和答复审批事项。

行文规则是否混淆。对于请求批准的函件，重点审查是否弄清楚了请求批准函件与请示文件的区别。如果审批权限在上级单位，则需用请示行文；如果审批权限在不相隶属单位，则用函行文。

关键要素是否明确。函件的种类很多，针对不同内容选择的函件种类也不一样，重点审查关键要素是否明确、齐备。

对于征询意见的函件，重点审查是否写明了需要询问或征求意见的事项（必要时应写明本单位对该事项的倾向性意见），是否写清了函复的时间要求和联系人、联系电话等内容。

对于答复意见的函件，重点审查是否写清了针对什么来函或函复。来函若为不带编号的便函，则复函时也使用便函形式回复；来函若为带编号的正式函件，则复函时相应使用正式函件形式。来函主送谁，就用谁的名义复函，即主送集团公司就以集团公司的名义复函，主送专业公司就以专业公司的名义复函。

五、“通知”行文审查重点

通知是一种应用广泛的知照性公文，适用于发布、传达要求下级机关执行和有关单位周知或执行的事项，批转、转发公文。不同类型的通知，写法上有所区别，审查时应特别注意。

依据是否充分。对于规章制度，如转发上级单位或其他相关单位公文的批示性通知，重点审查是否写明了印发或转发的对象、依据。依据不充分、可发可不发的坚决不发。

对于事务性、周知性通知，如催报材料、撤销或成立机构、启用或废止印章，重点审查是否写明了通知的缘由和依据，是否简明扼要地交代清楚了具体事项。

对于提出的工作要求，重点审查是否切实可行、具有操作性，是否属于下级单位能力及权限范围内的事情，切忌提出的要求看似站位很高但无法落地落实。

对于表述方式，重点审查是否以理性化直述为主，语言是否质朴精确，切忌使用过多的修饰和议论。

对于主送单位，重点审查主送单位的范围，不能有所错漏。对于普发性通知，重点审查开头是否写的是规范性统称，如“各单位”总部各部门“纪检监察组”。

对于报送材料及其他有时限要求的通知，重点审查是否需要写明具体日期及联系人、联系方式。

对于发文形式，重点审查发文形式是否正确。一般事项的通知使用函件或便函即可，重大事项的通知使用公司或部门文件形式印发。

态度是否明确。通知需要表明对所发公文的态度，并提出贯彻执行的具体要求。态度不明确的，不允许发出。

结构是否完善。对于部署工作、提出指导意见或管理措施的指示性通知，重点审查开头部分是否写明了行文目的和意义，采用的是综述式还是分条列项式，是否阐明了原则、明确了政策、提出了要求，是否制定了措施和办法等。

六、“批复”行文审查重点

文种选择是否正确。重点审查是否将批复写成了通知，或者用通知代替了批复。批复为回复性文种，要以请示为依据，且批复时要写明请示的标题和来文字号。

标题书写是否规范。重点审查批复标题是否规范，批复的标题不能写成《关于〈关于 ×× 请示〉的批复》，应提取标题中的事由部分。

批复用语是否合适。重点审查批复的态度是否鲜明、用语是否明确、语气是否肯定，切记不能使用模棱两可的语言。

同意性批复无须说明理由，往往是对落实批复内容提一些原则性要求。对报请审批规划、方案类的批复，要对需注意的问题加以强调。

否定性批复需阐述理由、原因。

会签程序是否履行。重点审查批复内容是否涉及其他单位职能，涉及其他单位职能的是否履行了会签手续。

七、“决定”行文审查重点

行文选择是否适合。决定适用于对重要事项作出决策和部署、奖惩有关单位和人员、变更或者撤销下级机关不适当的决定事项。不能什么事项都发决定。

表述方式是否恰当。决定一般由决定缘由、决定内容、执行要求三部分组成。表述方式上，要以概述为主，对有关事实的陈述必须简洁明了，切忌出现文学性的详述。

单位名称是否规范。对于表彰类决定，应重点审查受表彰单位是否使用了规范化全称或简称。

八、“通报”行文审查重点

通报是否及时。如果距离检查、审核等结束还有相当长的一段时间，一般不提倡印发通报。

格式是否规范。通报不要与通知混用。拟写标题时，不要写成《关于印发〈×××× 通报〉的通知》。不同内容的通报，写法不尽相同。

结构是否清晰。不同类型的通报，结构安排也不一样，但每种通报都有其通用写法和处理要求。

对于表彰性通报，正文通常介绍有关单位或个人的事迹，文字应简明精练，接着概括、评析向先进典型学习的主要内容，要详尽具体，有感染力，最后发出号召、提出要求或作出决定。

对于批评性通报，正文首先要简明扼要地写清通报单位或个人的主要错误事实、情节及错误的性质、动因等，然后陈述对所通报错误、问题或事故的处理意见和决定，并在此基础上提出告诫性要求，指出应从中吸取教训，以防类似事件再次发生。

对于情况通报，首先要交代所通报的情况，对主要情节进行客观阐明，然后在对客观事实分析的基础上，表明发文者的要求和意见。

九、“纪要”行文审查重点

中心是否明确。重点审查会议的中心任务是否明确、具体，是否抓住了会议要解决的突出问题，解决这些问题的责任是否明确。

结构是否清晰。重点审查纪要的条理化和理论化。条理化，即把会上讨论的意见分类、分层加以整理、叙述，可分部分、加标题、列条目。理论化，即对于会上讨论的意见，要保留它的理论性、说服力，对一般意见要进行理论概括和选择，不可有言必录。

考虑是否周全。重点审查解决问题的先决条件、有关事项，或会议权限之内应涉及的内容，是否写进了纪要。

十、“决议”行文审查重点

《党政机关公文处理工作条例》规定，决议适用于会议讨论通过的重大决策事项。审查决议时要关注以下几点：

态度是否鲜明。决议是否具有明确的针对性，思想、行动相关表述是否统一。

定性是否准确。决议的定性是否准确，评价是否恰当。决议最忌讳的是篇幅过长，内容面面俱到，甚至是纠缠细节。

决议的写作往往是叙议结合，以陈述为主，议论不宜过多。结构上可分为综述式和分项式两种，通常根据实际需要确定篇幅的长短，但篇幅不宜过长，一般为 2 ~ 3 页。

语言是否严谨。决议是经过全体会议或代表会议讨论通过而形成的文件，所以，语言上应当追求简洁确切、严谨有力。

第三节　常用公文的修改方法

一、重在做优化

查看公文结构是否需要优化调整。公文的结构、层次、段落顺序设计不合理的，必须进行调整，使其在逻辑关系上更严谨，在表达公文主旨方面更适宜。

查看重点语句的顺序是否需要优化调整。针对公文中的一些重点语句，查看是否存在顺序混乱、语意不明的情况，如果存在，必须进行调整，理顺该段文字内在的表述顺序或逻辑关系，使其条理更清楚，且与其他段落的表达方式相一致。

查看关键句子的词序是否需要优化调整。对一些关键句子的词语进行调整，使文句顺畅，达到语言流畅的效果。

二、善于做减法

坚决删除与公文主旨无关或联系不紧密的分支观点，以突出公文的中心思想（主要意图）。

坚决删去不具体、不确切、不足以说明观点的例证材料，太平淡、非典型的例证材料，以及司空见惯、人人借用而淹没观点的例证材料。

坚决删除一切可有可无的字、词、句、段，不多说一句话，不多用一个字，做到简洁明了。

三、学会做加法

查看公文的观点是否与例证材料脱节，需要融会贯通的，要适当增加符合逻辑的推理、论述，使理由更加充分。

查看公文的观点是否缺乏佐证或佐证不力，若是，则必须补充贴切的例证材料作为公文观点的有力依据。

查看公文的起承转合是否呆板生硬、毫无生气，若是，则需在转折生硬的地方增加合适的段、句、词进行过渡。

查看公文是否缺乏必要的补充说明，对必须交代清楚的事项提供必要的补充说明材料，补充说明材料也要简洁明了。

四、敢于从头来

查看公文主旨是否清晰、明确，对于立意浅显、模糊的必须重新明确，通过深入挖掘或改换角度，使主旨明确、统一。

查看制定的措施是否得力。对于针对性、科学性和可操作性不强，以及预期实施效果难以实现的措施，要果断舍弃或修改，要对解决问题的思路、举措和目标都予以明确。

第三章　拟发公文常见错误点评

在公文审查过程中，笔者发现在公文拟发的各个环节都有很多典型错误，在此集中梳理、点评，供大家学习参考。

第一节　公文文种与发文形式选择不正确

一、公文文种混用现象

案例 1：某企业向上级主管部门申请追加投资，结果报送的是《关于 ×× 公司追加对外捐赠预算计划的报告》。

点评：这是典型的“请示”与“报告”混用的情况。这家企业由于需要上级主管部门批准增加对外捐赠预算计划事项，故文种使用“报告”错误，应使用“请示”。公文题目应改为《关于 ×× 公司追加对外捐赠预算计划的请示》。

案例 2：某企业并未向上级主管部门报送“请示”，但上级主管部门担心项目工期较紧、无法完成建设任务，主动向该企业下发《关于 ×× 项目立项的批复》；某企业向集团公司报送《关于调整 ×× 项目的请示》，集团公司受理完该请示后，向该企业下发《关于调整 ×× 项目的通知》。

点评：这是典型的“批复”与“通知”混用的情况。“批复”属于被动行文，即一定是下属单位先有上报的“请示”，才会有下发的“批复”，这是一对一的关系。在企业未向上级主管部门报送“请示”的情况下，主管部门却主动向下属企业下发“批复”，属于错用文种，应使用“通知”；若企业向集团公司报送了“请示”，则集团公司回复该企业时须使用“批复”，而不能使用“通知”。

案例 3：某企业收到下属单位报送的“请示”，经研究后就有关事项答复下属单位，使用“复函”文种。

点评：这是典型的“批复”与“复函”混用的情况。“批复”是下行文种，而“复函”是函的一种形式，属平行文种。故答复下属单位的请示事项，应使用“批复”，而不能使用“复函”。

案例 4：某企业因某项目需要，向集团公司请示给予支持和协调。集团公司就该项目核准事宜向项目所在地政府行文，原标题为《关于申请核准 ×× 项目的请示》。

点评：这是典型的“请示”与“函”混用的情况。因集团公司与项目所在地政府不是上下级关系，故向其行文不可使用上行文种“请示”，而应使用平行文种“函”。此类请求批准的“函”是向不相隶属单位请求批准有关事项的行文，这种函的写法，在内容和要求上与请示大致相同，差别主要表现在形式上。也就是说，请求批准的事项，如果审批权限在上级单位，需用“请示”行文；如果审批权限在同级单位或不相隶属单位，则应使用“函”行文。

案例 5：为加快推进某项目，某专业公司向不相隶属的企业行文，原标题为《关于加快推进 ×× 生产的通知》。

点评：这是典型的“通知”与“函”混用的情况。因该专业公司与收文企业没有直接隶属关系，故不可使用下行文种“通知”，而应使用平行文种“函”。这种函的写法，在内容上与通知类似，但应注意避免直接提出要求，而应使用商请语气将本单位诉求准确表达出来，充分体现对收文企业的尊重。

二、公文行文规格过高

案例 6：转发集团公司部门文件时，以公司正式下行文转发。

点评：转发集团公司部门文件，一般不宜突破上级部门要求，故一般不使用公司文件转发，应使用公司函（有实质贯彻落实意见的）或工作通知（无实质要求的）转发。

案例 7：印发某项业务的会议通知时，以部门正式文件印发。

点评：一般性会议通知属于工作中产生的告知性文件，存档价值较低，为减轻收文单位办文负担，故印发公司某项业务的会议通知，应以部门函

（参会范围有不相隶属单位的）或白皮工作通知的形式印发。

三、党政公文区分不清

案例 8：某企业向上级单位（部门）报送关于召开党员代表大会的请示，以行政文件形式上报。

点评：党政机关应根据各自的隶属关系和职权范围行文。召开党员代表大会（党代会）属于党委工作事项，正确的行文方式是以企业党委文件上报请示。

案例 9：以企业名义向所属二级单位（处级）下发通知，在提出工作要求时出现“各单位党委要……”这样的表述语句。

点评：以企业名义向所属二级单位下发通知，属行政发文，其中不得有向党组织指示、交办任务的内容。若此项工作属党委业务工作内容，则应改发企业党委文件，主送下级党委。

四、公文发文形式不规范

案例 10：某企业向总部报送 ×× 方案的请示时，使用该企业上行函件，直接报送总部业务主管部门。

点评：经了解，该企业报送的 ×× 方案属于需集团公司批复的事项，业务主管部门并无该项业务的审批权限。因此，请示应使用企业正式上行文件，报送集团公司批复。

案例 11：按照某企业所隶属的专业公司下发的文件要求，某企业需要按时向专业公司报送专项工作材料，但该企业在报送材料时却使用了企业正式上行文件，并将材料报送给了集团公司。

点评：按照专业公司下发的文件要求，向该专业公司报送专项工作材料等，只需使用该企业函件，直接报送专业公司即可，无须使用企业正式上行文件，也无须报送到集团公司。

案例 12：某企业拟请上级主管部门业务专家去企业授课，以企业正式上行文件向专业公司报送“请示”。

点评：根据“行文应当确有必要”的规则，请业务专家去企业授课并不是重大事项，故无须以企业正式上行文件报送专业公司，只需以便函形式（无须编号）写一份邀请函，加盖企业公章后，以传真方式发到专业公司办公室即可。

案例 13：某企业拟邀请国外公司高层来访，请集团公司分管领导出席，以呈批件形式向集团公司分管领导报送“请示”。

点评：呈批件是企业的内部文书，仅限于在本机关内部流转。比如，总部呈批件专门用于总部部门和专业公司向集团公司领导报送“请示”或“报告”时使用，各下属企业不得使用呈批件的形式向集团公司（或股份公司）领导报送“请示”或“报告”，应使用企业正式上行文件的形式报送集团公司（或股份公司）。

第二节　违反行文规范

一、越级“请示”或“报告”

案例 14：应以企业名义就某一问题向上级业务部门“请示”的，却直接向集团公司报送“请示”。

点评：越级“请示”或“报告”，违反了按隶属关系和职权范围行文的原则，由于“请示”或“报告”事项及有关意见越过了直接管理部门，容易使问题复杂化，不利于提高办事效率。如发生重大事故、突发事件、重大自然灾害等，应在向集团公司“请示”或“报告”的同时，抄送隶属的专业公司，并电话报告。

企业可通过上行文件的形式，向集团公司直接报送“请示”或“报告”，但不可越级“请示”或“报告”本应属于其所隶属的专业公司管理范围内的事项。若请示事项确需集团公司相关部门予以支持和协调解决的，可由具有隶属关系的专业公司以上行文件报送集团公司，请集团公司给予支持和协调。

案例 15：以企业名义直接向国家相关部门报送“请示”。

点评：集团公司下属企业不可越级直接向国务院国资委或××部等国家部委报送公文。确需国务院国资委或国务院其他部委审批的事项，应以企业正式上行文件报送集团公司，然后以集团公司正式上行文件报送国务院国资委或国家相关部委。

二、上行文多头主送

案例16：某企业就××政策问题，同时向两个上级部门报送上行文“请示”。

点评：请示的主送单位应当是请示单位的直属上级机关或请示事项的主要负责单位。多头请示会使办理单位产生交叉，增加协调难度，影响办事效率。因此，该企业应将主送单位改为××政策的直接主管部门。

案例17：某企业就××政策问题分别向两个不相隶属的有关部门（非政策制定及负责解释的责任部门）同时报送“请示”。

点评：××政策问题虽然与该企业报送的两个部门都有关系，但二者均不是××政策的制定和解释部门，不宜承接请示。该企业应该将“请示”报送到上级主管部门。

三、上行文抄送下级单位

案例18：以专业公司名义向集团公司总部部门报送关于追加某业务投资的请示时，同时抄送下属企业。

点评：请示事项因尚未获得上级单位批准，故一般不抄送下级单位。此请示不应抄送下属企业，可待集团公司业务主管部门研究并给予正式批复后，再将批复转发给相应企业。

四、“请示”一文多事

案例19：某企业向专业公司报送的请示中，涉及有联系的多个事项。

点评：请示应当遵守“一文一事”的原则。如果一个请示中涉及不相关的多个事项，不利于上级单位办理和答复，影响问题的及时解决。即便是有联系的多个事项，也不应放在一个请示文件中，再多再紧急的问题都需要一件一件去解决，而不能把有联系的多个事项一并申请解决。因为多个事项可能涉及多个部门，而且多个事项同步解决可能会花费很长时间，我们应该将最紧急、最需要优先解决的一件大事放在一个请示文件中，先解决掉最关键、最核心的问题和矛盾，再逐步解决其他问题，收效一般会更好，效率也更快。

五、“报告”夹带“请示”

案例 20：某企业按照专业公司通知要求，向其报送《关于 ×× 公司 ×× 年度生产经营情况的报告》，在“有关建议”部分提出“建议将 ×× 考核政策由权重类改为约束类”。

点评：“建议将 ×× 考核政策由权重类改为约束类”这一建议事项需专业公司党委会研究，并报集团公司人力资源部批准后才能实施，故属于“报告”里面夹带了“请示”事项。“请示”“报告”虽均为上行文，但上级单位的处理方式不同，对于“报告”，上级单位一般作阅件处理，不作批复。若“报告”中夹带“请示”事项，则容易误事。若汇报工作的同时提出需解决某些问题，应将“报告”内容和“请示”内容分开，形成两个文件上报；或以“请示”公文为主，将“报告”内容附上，以便上级单位了解有关情况。

六、向集团公司领导个人报送正式上行文

案例 21：某企业以正式上行文件，向集团公司分管领导个人报送“请示”。

点评：根据公文行文规则，不得以本机关名义向上级机关负责人报送公文，也不得以本机关负责人名义向上级机关报送公文，即公文的发文机关、收文机关均应为某一单位或部门，不能为领导个人。企业单位就某一重大事项向集团公司总部报送“请示”或“报告”，主送方应为“中国石油天然气集团有限公司”或归口管理的专业公司，不得向集团公司领导个人报送正式公文。

如果某项工作确实是企业上级单位负责人直接交办、确需主送上级单位负责人的，应以信函形式报送，落款处由企业主要负责人亲笔签字，不用加盖企业印章。

七、自行杜撰文种

案例 22：将“立项申请”“工作总结”“分析报告”“情况说明”“回复”等作为正式公文的文种。

点评：应认真学习《党政机关公文处理工作条例》和《企业常用公文写作实践指南》，增强法定文种的概念和意识，不能自行杜撰文种。企业在规定的公文种类中，常用的法定文种有 9 个，分别为请示、报告、通知、批复、通报、决定、意见、函、纪要。

第三节　公文标题不规范

一、标题要素不全

案例 23：《×× 公司 ×× 年投资建议计划报告》。

点评：公文标题由“发文机关＋关于＋事由＋的＋文种”构成，其中发文机关可以省略，但其余要素均不得省略，故上述标题应改为《关于 ×× 公司 ×× 年投资建议计划的报告》。

案例 24：《“安全生产管理提升年”工作实施方案》。

点评：公文标题中的发文机关虽然有时候可以省略，但上述标题中的发文机关最好不要省略。另外，上述标题不但要素不全，而且发文事由表述不清晰，文种类别也缺失。考虑到该实施方案可以“通知”的形式印发，因此上述标题可改为《关于印发〈×× 公司“安全生产管理提升年”工作实施方案〉的通知》。

二、标题简化过度

案例 25：《关于表彰 ×× 年度财务工作先进个人的决定》。

点评：上述标题不应该省略发文单位名称，否则指代不明，仅看标题完全不知道是哪个层面发的表彰文件。因此，该标题应改为《关于表彰 ×× 公司 ×× 年度财务工作先进个人的决定》。

案例 26：《关于电驱压裂工作进展情况的报告》。

点评：上述标题发文单位名称可以省略，但是发文事由表述不清晰，看到标题无法弄清是国内、国外，还是哪个企业的电驱压裂工作进展，该标题的规范写法应为《关于 ×× 公司电驱压裂工作进展情况的报告》。

三、标题过于烦琐

案例 27：某企业以《关于转发集团公司 ×× 部〈关于做好 ×× 年 ×× 工作等问题的通知〉的通知》为标题，转发集团公司业务部门的通知。

点评：如果是在企业内部发文，上述标题中的发文机关可以省略，这是简化标题的第一步，先把可省略的要素去掉；简化标题的第二步，找准文件起源部门，再对转发文件标题事由部分进行概括。因此，上述标题可修改为《关于转发集团公司 ×× 部有关做好 ×× 年 ×× 工作等问题的通知》。只需在文件正文部分描述清楚转发的逻辑关系即可，没有必要把发文标题搞得过于复杂。

案例 28：某企业印发一通知，标题为《关于印发〈×× 公司 ×× 质量监督抽查通报〉的通知》。

点评：发文标题复杂，多数是不会处理标题要素造成的。上述标题是典型的以法定文种印发法定文种（如以“通知”印发“通报”、以“通知”印发“意见”等）的案例。因此，上述标题可改为《×× 公司关于 ×× 质量监督抽查情况的通报》。

案例 29：某企业拟印发关于加强 ×× 工作的意见，标题为《关于印发〈×× 公司关于加强 ×× 工作的意见〉的通知》。

点评：上述标题也是以法定文种印发法定文种的典型案例。因此，上述标题可改为《×× 公司关于加强 ×× 工作的意见》或者《×× 公司关于加强 ×× 工作的通知》。

四、标题未能准确反映主旨

案例 30：某企业向集团公司报送请示的标题为《关于〈关于规范集团

公司 ×× 标准的通知〉意见的请示》。

点评：上述标题写得过于繁杂，且未能准确反映出请示的主要意图，简化标题的办法请参考前面的案例和点评。要清晰表达出上述请示的主要意图，可将标题修改为《关于 ×× 公司 ×× 标准有关问题的请示》，以便上级主管部门直观了解该企业的诉求。

案例 31：某企业向专业公司报送报告，报告的标题为《以科技创新为动力、奋力开创 ×× 新局面的报告》。

点评：上述标题看似是经验交流常用的标题，但是后面标注的文种却是报告，没有搞清楚经验交流材料标题与上行文报告标题的区别，未能准确反映该公文的主要意图。因此，上述标题可修改为《关于 ×× 公司科技创新工作情况的报告》。

五、标题拟写不规范

案例 32：某企业就某项工作向上级主管部门报送《关于 ×× 的请示》，上级主管部门下发批复时，标题拟写为《关于〈关于 ×× 的请示〉的批复》。

点评：上述标题是机械套用公文种类的典型案例，上级单位切忌如此给下属企业批复请示事项。针对下属企业的请示，上级单位在拟写批复时，批复的标题应拟写为《关于 ×× 的批复》，即先对企业请示事由进行归纳概括，再将它作为标题的事由，而不应将企业请示标题原样照抄。

六、标题注释说明位置不当

案例 33：某部门拟写的征求意见函的标题为《关于征求〈×× 公司 ×× 管理办法〉（征求意见稿）意见的函》。

点评：公文标题中出现的注释说明性词语，如“试行”“暂行”“征求意见稿”等，是对公文内容成熟程度做出的限定，一般多见于印发的规章制度类文件中，是公文标题的组成部分，与标题不可分割，在书写时须将这种注释说明性词语用圆括号括上，并置于书名号之内。因此，上述标题应写为《关于征求〈×× 公司 ×× 管理办法（征求意见稿）〉意见的函》。

七、标题排列不规范

案例 34：某部门在拟写公文《关于 ×× 公司专利管理工作情况的报告》时，将标题从“情况”的“情”字处转行。

点评：公文标题排列要美观、保证词义完整。上述标题转行的做法是不正确的，若从“情”字处开始转行，则词义被分割开了，无法保证词义完整，故应从“管理”的“理”字处转行。

案例 35：某公文标题为两行排列，两行字数相同，呈矩形排列；某公文标题为三行排列，上下两行字数大致相同，中间一行字数较少，呈“工”字形排列。

点评：公文标题为两行或多行时，一般采用上梯形、下梯形或菱形排布，不使用矩形和“工”字形排列。

第四节　主送单位名称不规范

一、主送单位范围界定不清

案例 36：以中油技服的名义向成员企业发文时，将“各油田技术服务企业”写成了“各相关单位”或者“各油田技术服务企业，大庆钻探工程公司”。

点评：上述写法的结果是，将应只发送给中油技服成员企业的公文，发送给了中油技服管辖范围之外的企业，导致相关单位无从办理。

案例 37：将主送用语“各钻探企业”写成了“相关油田技术服务企业，大庆钻探工程公司”。

点评：上述写法极易让人产生误会，不清楚部门发文是要发给集团公司内部的 5 家钻探企业，还是要发给与中油技服有隶属关系的 4 家钻探企业。如果是要发给集团公司内部的 5 家钻探企业，可以用上述写法。如果是要发给与中油技服有隶属关系的 4 家钻探企业，则应写为“西部钻探工程公司、长城钻探工程公司、渤海钻探工程公司、川庆钻探工程公司”。

二、主送单位名称出现疏漏

案例38：组织召开集团公司工程技术业务工作会议时，将“各油气田企业，各油田技术服务企业，总部相关部门，以及相关单位”，写成了“各油气田企业，各油田技术服务企业”。

点评：组织召开集团公司工程技术业务工作会议、井控工作专题会议等，因参会单位和部门比较多，主送单位名称有可能出现疏漏。如果一一列出，主送单位名称又太长，后面可以用“以及相关单位”概括。后面的主送单位名称疏漏太多，显然不合适。目前集团公司层面和总部部门层面组织召开的会议多以工单形式下发，参会单位在通知内是被一一列出的，不会出现上述问题，各企业可以学习借鉴这种通知方式。

案例39：向5家钻探企业印发文件时，将“各钻探企业”写成“各相关油田技术服务企业”。

点评：如果主送单位名称为各钻探企业，即是向西部钻探工程公司、长城钻探工程公司、渤海钻探工程公司、川庆钻探工程公司、大庆钻探工程公司印发文件，主送单位名称写成“各相关油田技术服务企业”不合适，因为大庆钻探工程公司目前还不是中油技服成员单位。

三、主送单位名称书写不规范

案例40：以企业名义报送集团公司的正式上行文件时，主送单位写为“集团公司××部”。

点评：专业公司就业务范围内的重大事项向集团公司或股份公司报送“请示”“报告”等，应使用上行文版头，主送单位应写为“中国石油天然气集团有限公司”或“中国石油天然气股份有限公司”，不可直接主送某个业务部门，如“集团公司××部”或“股份公司××部”。这方面对企业也有同样的要求。

案例41：在遇到主送单位不是所有下属单位或部门时，使用“各有关单位”“各有关部门”。

点评：专业公司向所属企业印发专业公司文件（函件）时，主送单位应为归口管理的企业，如中油技服印发专业公司下行文件（函件）时，主送单位应写为“各油田技术服务企业”，不能使用“各有关单位”“各有关部门”这种不确切的概括词。当有关单位数量不太多时，可将主送单位名称全部写上；若“有关”单位数量太多，则可将所涉及的单位列入版记“抄送”之前，用“主送”的形式。

案例 42：以专业公司名义下发本部下行文件时，主送单位拟写为“本部各部门，所属各单位”。

点评：专业公司向本部各部门和直属单位下发文件时，因为机关各部门和各直属单位都是平级单位且同属于专业公司隶属的部门和单位，是同一类别，所以主送单位应拟写为“本部各部门、各直属单位”。

四、主送单位名称书写位置不规范

案例 43：某企业向集团公司领导呈送的专项工作报告，将领导姓名与正文首段首行设为左对齐。

点评：这是主送单位名称或主送领导姓名书写位置不规范的典型案例。主送单位名称或主送领导姓名书写时应从左侧顶格位置开始，不能设置为“首行缩进 2 个字符”后再书写。

第五节　制发理由与批复态度不规范

一、制发理由不充分

案例 44：某企业向具有隶属关系的专业公司报送关于购置 ×× 装备的请示，正文开头部分仅用一句话说明请示事项理由。

点评：请示的目的是得到上级单位的支持和批准，陈述请示的理由时，理由应当充分，应尽可能联系全局说明请示事项的迫切性、重要性和必要性，以引起上级单位或主管部门的重视，尽快得到批复。如果仅仅写是因为需要才购置，那么请问什么请示事项不是因为需要才请示的呢？理由不充分，如何让上级单位研判？因此，上级单位应退回“请示”，请企业补充完善申请购置装备的理由后，再报送这份“请示”。

二、公文主旨不清

案例45：某企业向上级单位报送的请示，篇幅很长，但仅详细描述了问题产生的过程，未提出请示事项。

点评：请示的事项应当明确、具体（可在请示引语部分开门见山提出，也可在请示结尾时概括提出），同时还要提出本单位的处理建议，表明本单位对请示事项的倾向，便于上级单位批复时参考。若请示事项不明确，上级单位收到请示文件不好作出研判，很难对企业请示事项作出明确的批复。

案例46：某企业为迎接上级主管部门某项工作检查，拟召开迎检动员大会，在起草会议通知时，拟稿部门写出了这样的会议通知：“经公司领导班子研究，决定于×月×日在××会议室召开各部门负责人专题会议，会议内容非常重要，请务必准时参会。”此会议通知下发后，各部门负责人纷纷打电话询问会议内容。

点评：会议通知的内容要素一定要齐全，主要包括召开时间、地点、内容、参会人员范围、报名时间、联系人及联系电话等。上述会议通知缺少了会议内容（议程）这一要素，参会人员收到通知后肯定一头雾水，不知道该做些什么准备。

三、批复态度不明

案例47：某上级单位对某企业的请示事项作出批复，批复内容是这样表述的：“建议你单位……。”

点评：对于批复的问题，态度必须非常明确（开头就要表明是同意还是不同意），语气必须非常肯定，不可使用“建议……”或其他模棱两可的表述，让企业无所适从。

第六节　公文主体常见问题

一、内容表述不清晰

案例 48：某企业在一份文件中，本来想写本单位通过探索实践，形成了多元化的市场营销体系。结果在内容中，前面写“四化”营销体系，后面写专业技术服务营销体系，形成了大体系套小体系的现象，给读者的理解设置了障碍。

点评：像这类内容，如果想报告本单位多元化市场营销体系取得的成果，一般采取总分结构布局，开头简要陈述构建这种市场营销体系的缘由、思路及成果，然后分段介绍每一个方面的典型做法及取得的成效，以及一些小的方面的机制、模式、做法等，按照类别融入每部分的介绍中。要让收文方或读者一读就懂，一看就明白，这样才能取得预期效果。

案例 49：某部门在拟发一份通知时，前面明确指出是编制下发“国内重点区域 ×× 模板”，后面有一句表述为“为全面掌握企业 ×× 模板执行情况”。

点评：起草公文时要防止产生歧义或偷换概念。如果偷换概念，拟稿人员写作的过程中容易被自己带偏，从原本想写的一件事写到了另外一件事上，这是处于初级水平的文字工作者常犯的错误。通知中的这种表述有歧义，也可以理解为偷换概念。因为该通知中写到的“国内重点区域 ×× 模板”和“企业 ×× 模板”，很容易让人产生误解。上述案例中后面想要表达的意思应是“为全面掌握 ×× 模板在各企业的执行情况”。因此，可以修改为“为全面掌握 ×× 模板在各企业的执行情况”或“为全面掌握 ×× 模板执行情况”。

案例 50：某企业在一份文件中就“创新培育市场”一段，采用了“在国内，……；在系统外，……；在海外，……”的分类方式。

点评：在国内，是包含系统外的；在系统外，是包含海外的一部分的。这是一种相互嵌套包含的叙述方式，且三种类别不是同一层面的，是不对等的分类。这样的分类方式，内容上是无法叙述清楚的。因此，建议修改为“在国内内部市场，……；在国内外部市场，……；在国际市场，……”。

二、正文写法不正确

案例 51：将议事类会议纪要写成了新闻报道，通篇都是“会议强调”“会议指出”“会议明确”“会议要求”等，“会议要求”部分也是一段非常笼统的语言，层次不清，意图不明。

点评：上述写法如果拟发了纪要，可能会让收文方感到一头雾水，不知道上面具体讲的是什么、对收文方有什么针对性要求或者有什么需要收文方知晓、落实的。议事类会议纪要有着非常鲜明的特点，一般都有这么一句话——“议定事项如下”，然后将会议议定的事项一一列出即可。学习研讨类会议需要编发纪要时，可以梳理会议主要意见，形成宏观性、方向性、总体性要求。

案例 52：拟印发开展某项工作的通知文件，工作计划时间段相互包含，比如：第一阶段，动员部署阶段（2022 年 1 月 –4 月）；第二阶段，组织实施阶段（2022 年 4 月 –11 月）；第三阶段，评价考核阶段（2022 年 11 月 –12 月）。

点评：这样的时间段划分，会让执行单位感到困惑，不清楚每个阶段的具体时间划分，不知道该怎么去安排具体工作。另外，月份中间的连接号用法也不对。因此，建议修改为：第一阶段，动员部署阶段（2022 年 1—4 月或 1—4 月）；第二阶段，组织实施阶段（2022 年 5—11 月或 5—11 月）；第三阶段，评价考核阶段（2022 年 12 月）。

案例 53：某份通知文件中，提出要求的内容相互包含，将加强领导组织的要求放在了其他内容中。

点评：公文中涉及工作要求的内容一定要分类分项叙述，不能相互包含，否则会让执行单位不清楚上级单位的要求意图，安排工作无从下手。

三、批复说明理由太多

案例 54：以上级单位名义向某企业下发关于 ×× 项目可行性研究报告

的“批复”，批复原稿的第一部分是“一、实施××项目的必要性和可行性”，且用了较大篇幅进行了详细阐述。

点评：上述写法应该是申请单位陈述的理由，却被上级单位全文引用。若上级单位同意下级单位的请示事项，则只需在“批复”中表明态度，是同意、原则同意还是不同意。因此，上述表述可修改为“同意（或原则同意）你单位实施××项目”。不需要说明太多理由。然后再对落实批复内容提出一些明确要求。

四、工作要求大而空

案例55：某企业下发《关于加强当前安全生产工作的通知》，通篇都是“各单位要加大工作力度”“各级领导干部要引起高度重视”等大而空的话，没有实质性的指导要求。

点评：对于部署工作类的“通知”，所提的工作要求必须符合实际，具有很强的指导性和操作性，下属单位有能力、有权限处理通知要求的工作事项，否则便是假大空的泛泛要求，这样的“通知”无非是以通知转发通知、以文件贯彻文件，不如不发。

五、反馈意见拟写不规范

案例56：上级单位向某企业发函，征求《加强企业××管理的暂行规定（征求意见稿）》的意见，该企业研究后，向上级单位复函反馈意见，复函的原稿第一部分是这样写的：“一、一直以来，××政策对××发挥了极其重要的作用。××部……，××部坚持以习近平新时代中国特色社会主义思想为指引，进行了大量细致工作……”第一部分用了整一页的篇幅对××部的工作进行了总结和表扬。

点评：反馈意见的“函”，其行文主旨是针对来函提出意见、做出回复。因此，应当开门见山提出本单位的具体修改意见。上述复函的第一部分，并不是具体回复意见，故应一笔带过或予以删除。

六、结束语使用不当

案例57：某企业向集团公司报送的“请示”，结束语使用的是“妥否？

请批示！”。

点评：“请示”的规范结束语为“妥否，请批示”。“妥否”后不用问号，“请批示”后不用感叹号。公文中只可用陈述语气的标点符号，如顿号、逗号、冒号、分号、句号等，不可用问号、感叹号等有感情色彩的标点符号。

案例58：某企业向集团公司报送的“报告”，结束语使用的是“特此报告，请批复”。

点评：报告的规范结束语为“特此报告”，不使用“特此报告，请批复（批示，指示）”。因上级单位对“报告”是作为阅件进行处理的，一般不作批复和指示。

案例59：某企业向具有隶属关系的专业公司报送的“请示”，结尾一句是这样写的：“经公司领导班子研究，决定停止与××公司的合作。妥否，请批示。”

点评：“请示”属于上行文，应使用语气委婉、言辞恳切的词语，结束语常用“拟××”，而不用“决定××”。应避免使用“希尽快批复”“望速批准”等具有命令、告诫意味的词语。

第七节　公文用语不规范

一、公文语序失当

案例60：某企业在经济责任审计报告中表述前任领导：“原公司总经理××……”

点评：这是属于典型的“原”字位置错用，如果“原”字用在企业名称前面，表明该企业发生了变化，被重组或注销了，抑或是已经更名、不再用以前的名称。如果“原”字用在人的职务前面，则说明这个人的职务发生了变化。因此，正确的写法应为“××公司原总经理××……”。

案例61：某部门拟发通知时，在提出工作要求部分，多次出现这样的表述“请各企业贯彻落实……”“各企业请抓好落实……”，且每个地方的表述语序均不一致。

点评：在拟发的通知中，语序排布非常重要。语序错误可能导致表达的意思发生变化；即便对表达的意思不产生影响，也会对本部门的形象产生影响。所以，无论起草哪种公文，都要高度重视公文语序的排布。

二、公文用词不当

案例 62：“截止 2021 年末，公司固定资产原值为 30 亿元。”

点评：在公文审查过程中常见错别字、漏字现象，会让审核领导有公文质量不高、粗枝大叶之感，修改起来感觉非常头疼。拟稿人员、拟稿部门负责人一定要引起高度重视，增强责任心，摆正工作态度，对公文内容和质量负责。拟稿部门务必要确保公文中用词的准确、规范，避免出现错字、漏字等“硬伤”。上述案例中，“截止”应改为“截至”或“截止到”。

案例 63：“公司拟与 ×× 公司签定项目合同。”

点评：在公文审核过程中，经常发现类似的错误，很多人搞不清楚“签订”与“签定”“签署”的区别。“签订”是法律有明确规定的专业术语，订立合同一般都用签订。“签订”可以表示订立合同的一个动作，也可以表示具体的缔约过程。而“签定”，表达的是合同订立完成、合同内容确定不可更改的意思，是一个完成时，所以使用“签定”不合适。“签署”的意思是在文件、条约、凭证上签字，一般是公对公，用于比较庄重的场合。相较而言，“签订”的意思是双方订立条约或契约并签字，使用的范围比较广。像国家与国家、地区与地区之间的重要合作，以及企业代表国家或行业开展战略性合作使用“签署”，一般企业与企业之间订立商业合同，属于一种企业正常经营行为，不是太隆重或者太庄重的场合。因此，上述表达应改为“公司拟与 ×× 公司签订项目合同”。

案例 64：“中油公司与服务公司之间的关连交易。”

点评：只有关联交易，没有关连交易。关联交易是在上市公司与关联方之间发生的交易。因此，上述表述中，“关连交易”应改为“关联交易”。

案例 65：“引发该起事故的直接原因是 ×× 管道发生了泄露。”

点评：泄漏和泄露不能通用。

一是两者的意思不同。泄露：透露出去，揭示；出现；暴露了；不该让人知道的事情让人知道了。比如，领导干部应该严格遵守纪律，不能泄露国家机密。泄漏：是渗透；漏出去。比如，食物链以一种更隐蔽的方式放大了石油泄漏的影响。

二是两者的侧重点不同。“泄露”指代的是抽象的事物。比如，这位学者在同外方交流中无意泄露了军事机密，给国家造成了巨大损害。“泄漏”指代的是客观存在的东西。比如，海上油轮原油泄漏，污染了大片海域。

因此，上述句子中，“泄露”应改为“泄漏”。

案例66：某机关拟发的通知中有一句表述为“各起夜要严格落实各项工作要求”。某企业在一份报告中有这样一句表述“公司领导深人一线，……”。

点评：“企业”写成了“起夜”，“深入”写成了“深人”。这些都属于典型的非常严重的拼写错误。拟稿人员一定要增强责任心，严防出现如此低级的错别字、漏字现象。出现这样的错误，影响比较恶劣。

案例67：“公司将于今年年底汇同××公司……。”

点评：“会同”的事物更抽象一些，大致可理解为某两个或多个事物(人物、单位）会聚在一起，共同协商、推动某项工作。《现代汉语词典》上并没有“汇同”这一词语。汇：积聚、收集和汇出。同：参与聚集。“汇”涉及的对象更具体，大致可理解为像水一样流淌的东西，都是可以“汇聚成条”的，如“汇钱、汇流、汇报、汇总”等。因此，上述句子中的“汇同”应修改为“会同”。

案例68：“为激发创新创造能力，公司出台了一系列政策措施。”

点评：这属于动宾短语中词语搭配不当。激发的意思是激之使奋起。《后汉书·皇甫规传》中有这么一句话：“威明（皇甫规字）欲避第仕途，故激发我耳。吾当为朝廷爱才，何能申此子计邪！”“激发”后面一般跟的是具有感情色彩的抽象词语，比如激发潜能、激发活力、激发动力、激发激情、激发力量、激发想象力、激发能量、激发斗志、激发本能、激发兴趣、激发情感、激发热情、激发创造力、激发积极性等。因此，上述句子可修改为“激发创新创造活力”或“激发创新创造动力”或“提升创新创造能力”。

案例69:“充分利用全媒体方式加强宣传，打造好石油工程技术利器。”

点评:《广播与电视技术》(2010年第4期)中的一篇《共赢高清全媒体运营新时代》文章对“全媒体”的概念进行了解释。“全媒体”是指媒介信息传播采用文字、声音、影像、动画、网页等多种媒体表现手段(多媒体)，利用广播、电视、音像、电影、出版、报纸、杂志、网站等不同媒介形态(业务融合)，通过融合的广电网络、电信网络以及互联网络进行传播(三网融合)，最终实现用户以电视、电脑、手机等多种终端均可完成信息的融合接收(三屏合一)，实现任何人、任何时间、任何地点、以任何终端获得任何想要的信息(5W)。全媒体的概念并没有在学界被正式提出，它来自传媒界的应用层面。“全媒体”在传媒市场领域里的整体表现为大而全，而针对受众个体则表现为超细分服务。相关的概念还有“融媒体”“流媒体”“富媒体”等。

从上面的分析来看，说以全媒体方式，非具有较强实力的传媒公司是很难做到的，也没必要采取全媒体形式。因此，案例69中的句子前半句可修改为“充分利用多种方式进行宣传”。

案例70:“为全面系统总结出现这类安全事件的一般规律，公司组织专业人员分析了前期数据统计过程中存在的问题”。

点评:这是典型的用词搭配不当案例。问题的存在，与数据统计过程无关，并不是因为开展数据统计就存在，而是问题一直就在那里，只不过是未被发现而已。因此，上述句子应修改为“分析了前期数据统计过程中发现的问题”。

案例71:“构建协同合力”;“获得业主极大认可”;“单项技术服务斩获新突破”;“以优良的服务质量”。

点评:这是典型的词语搭配不当案例。我们一般说“构建协同机制”或“增强协同合力”;“获得业主高度认可”;“单项技术服务取得新突破”或“单项技术服务实现新突破”;“以优质的服务”。

案例72:“降低了员工的施工强度”;“公司主要领导亲自组织召开了××会议”;“公司主要领导亲自主动拜访油气田企业”。

点评：词语使用不当会造成歧义或产生不好的影响。比如“工程建设强度是指单位时间内投入的工程建设资金的数量，即工程建设强度＝投资/工期”，“混凝土施工的配制强度就是在施工时，按配合比配制出来的强度混凝土标号与强度等级”。由此看来，施工强度指的是工程施工本身，与员工无关。我们一般说“降低了员工的劳动强度”。“公司主要领导亲自组织召开了××会议”应修改为“公司主要领导主持召开了××会议”。“公司主要领导亲自主动拜访油气田企业”应修改为“公司主要领导带队赴油气田企业开展工作交流”。

案例 73：“构建起相互关联、整体协同的营销体系”。“打造形成‘市场搭台、技术唱戏’的专业化技术服务营销体系”。

点评：“整体协同”应修改为“一体协同”。“营销体系”应修改为“营销模式”。

案例 74：“更加突出了技术专家对市场开发的主导作用”；“蹲点”制；“不断提升海外市场占有”。

点评：市场开发的职责在市场营销部门，而非技术专家。因此，“更加突出了技术专家对市场开发的主导作用”应修改为“更加突出了技术专家对市场开发的指导作用”。“蹲点制”是专有名词，不可写成“蹲点”制。“不断提升海外市场占有”应修改为“不断提高海外市场占有率”。

案例 75：某企业向上级机关反映汇率波动问题，在请示中这样描述：“据××公司传……，明年汇率风险将明显增加。”

点评：公文内容应实事求是、依据明确、消息确凿，不能使用“据××公司传”这么不严谨的语言，非常不严肃，也没有可以参考的实际价值。

案例 76：某企业向上级单位报送“请示”，反映物资采购价格的问题，这样描述：“该企业趁当前国际油价高企，故意抬高××材料的供应价格，将给我方生产成本造成很大压力。”

点评：公文中应尽量避免使用指责性用语，如“趁机”“故意”等，如果该企业哄抬物价的做法不合理，只需在文中用陈述性语气将相关情况及企业意见描述清楚即可，而不适宜过多使用指责性、评价性语言。

案例 77：“建立 ×× 改进措施”；“坚持 ×× 培训和 ×× 制度”；“持续健全风险防控长效机制”；“将开展效果进行定期排名通报”；“激励先进，推动后进”；“深化推进 ×× 专项治理”。

点评：以上均为词语搭配不当的典型案例，应当引起高度重视。“建立 ×× 改进措施”可修改为“制定 ×× 改进措施”；“坚持 ×× 培训和 ×× 制度”可修改为“严格执行 ×× 制度，组织开展 ×× 培训”；“持续健全风险防控长效机制”可修改为“健全完善风险防控长效机制”或“构建风险防控长效机制”；“将开展效果进行定期排名通报”可修改为“定期通报评比排名”；“激励先进，推动后进”可修改为“激励先进，带动后进”；“深化推进 ×× 专项治理”可修改为“深化 ×× 专项治理”或“推进 ×× 专项治理”。

案例 78：某一名称在一个段落中出现八九次，几乎每句话都要带上这个名称，有的地方是全称，有的地方是简称。

点评：如果一个名称在一份公文中多次出现，可以省略的就没必要重复出现，重复出现会影响段落的逻辑性，读起来还特别绕口；如果一样东西（一件事情、一个单位名称）在一份公文中反复出现且前后名称不统一，那么会让公文失去权威性。

三、公文用语定位不准

案例 79：某企业起草安全生产管理办法，对事故事件处理是这样描述的：“第十一条 情节严重的，对事故责任人进行组织处理；构成犯罪的，依法追究刑事责任。”

点评：作为企业制发的安全生产管理办法，上述内容有的已经超越企业的职责范围。企业只能对事故责任人进行组织处理、作出行政处分，但无权追究事故责任人的刑事责任。国家法律条款中方可使用“构成犯罪的，依法追究刑事责任”这样的表述。因此，上述内容应修改为“涉嫌犯罪的，依法移送司法机关处理”。

案例 80：某部门在拟发的一份通知中写道：“开展本企业工程技术模板执行率总结，内容包括但不限于……”“不限于”后面的内容超出了要求企业开展工程技术模板执行率总结的范畴。

点评：业务管理部门务必高度重视公文用语定位的准确性，否则将让收文单位感觉不严谨、不严肃，上级单位要求比较随意。上述句子中有3处明显不适当的表述。一是句子中的“本企业”多余，哪个企业能去总结别的企业的工作？二是“执行率”不能包含后面表述的所有事项。三是“内容包括但不限于”一般用于法律或合同条文中，通常是指在合同的声明里体现的内容，都包括在合同发出方所要求的权利或责任中了，但是还有很多权利、责任或者对相对方的限制等内容没一一列出，虽然没有在声明里体现的，但合同发出方依然享有相关权利。包括但不限于，顾名思义，是指所包含的种类包括了所列几种，但除此之外（不限于），还会有其他种类，只是暂时没有列举出来而已。因此，我们在拟发通知时不提倡使用这样的限定词语。综上所述，该句可改为“开展工程技术模板执行情况工作总结，包括……”。

四、语法运用不当

案例81：某企业在一份公文中这样表述：“××公司领导深入一线，严防死守，确保了……”

点评：这是省略句子成分导致的歧义。应在“深入一线”之后，增加“带领广大干部员工”，否则容易产生歧义。

案例82：某企业在一份公文中这样表述：“××公司采取有效措施，深化提升管理，有效降低了项目成本。”

点评：这属于典型的动宾搭配不当现象，“两个动词+一个宾语”。“深化提升管理”可以修改为“深化精细管理”，也可以修改为“提升管理水平”。

案例83：某企业在拟发一份公文时，使用了“大约50%左右”“约1/3左右”这样的表述。

点评：这属于典型的重复使用同义字词现象。上述句子中使用的“约”与“左右”都是指数字有一定的浮动范围，属于同义词，使用其中一个即可。

第八节　名称使用不规范

一、单位名称表述不规范

案例 84：某部门拟发文件时，对有关企业单位的名称是这样表述的："西部钻探""东方公司""海洋工程""塔里木油田"。

点评：公文中单位名称要规范准确，尤其是涉及股权划转、工商注册变更等事项的文件，企业名称必须以营业执照上的名称为准，并要认真、反复核对。上述集团公司所属企业单位名称在企业内部行文时的规范全称是"中国石油集团西部钻探工程有限公司""中国石油集团东方地球物理勘探有限责任公司""中国石油集团海洋工程有限公司""中国石油天然气股份有限公司塔里木油田分公司"；其规范简称分别是"西部钻探工程公司""东方地球物理公司""海洋工程公司""塔里木油田分公司"。

案例 85：某企业在拟发一份文件时，将更名后的"勘探与生产分公司"写成"油气与新能源公司"。

点评：中国石油天然气股份有限公司《关于调整勘探与生产分公司等专业公司名称及设置的通知》（石油人资〔2022〕120 号）明确规定：中国石油天然气股份有限公司勘探与生产分公司更名为中国石油天然气股份有限公司油气和新能源分公司。在后续工作中又明确指出，该公司简称为"油气新能源公司"。在集团公司内部印发非正式文件时，可以使用"油气新能源公司"这一简称；但在印发正式文件时，一般使用"油气和新能源分公司"。

案例 86：某企业向集团公司报送请示，其中"中国石油""中石油""中油 ×× 集团"等名称多次出现，称谓不统一、不规范。

点评：若单位名称较长且在文中多次出现，第一次出现应写规范全称，并在单位名称后面注明"以下简称 ××"，用圆括号括上，以后再次出现该单位名称时即可使用简称，且必须在后续的公文内容中进行统一。

案例 87：某企业向具有隶属关系的专业公司发函，文中出现 "工程技术有限公司""工程技术服务公司"等称谓。

点评：中国石油集团油田技术服务有限公司和中国石油集团工程技术分公司是一个机构、两个牌子，指的是同一个单位。前者简称为“中油技服”，后者简称为“工程技术分公司”。在正式公文中，主送单位名称和发文单位名称一律使用规范全称“中国石油集团油田技术服务有限公司”；便函或白头通知等，主送单位和发文单位均可使用规范简称“中油技服”。

二、地名、机构名称表述不规范

案例 88：某企业在拟发公文中出现这样的表述“新疆自治区”“山东省政府”“遵义市政府”。

点评：国内 5 个自治区的规范表述为内蒙古自治区、新疆维吾尔自治区、广西壮族自治区、宁夏回族自治区、西藏自治区。国内省、市级人民政府的规范表述为“×× 省人民政府”“×× 市人民政府”等，不可省略“人民”二字。

案例 89：某企业在拟写公文时涉及几个地名，将四川省写成了“川”，将重庆市写成了“渝”，将克拉玛依市写成了“克市”。

点评：公文中的地名一律使用全称。比如四川省不可写成“川”、重庆市不可写成“渝”、“克拉玛依市”不可写成“克市”。但出现特定区域名称时，可使用习惯简称，例如“京津冀地区”“粤港澳大湾区”。

三、人名书写错误

案例 90：某公司印发《关于调整 ×× 公司 ×× 领导小组人员组成的通知》，其中某个部门领导的姓名为“王忠 ×”，但因拟稿人粗心，将其姓名写成了“王中 ×”，该文件正式印发后数天才发现此错误，造成了不良影响。

点评：在起草表彰类、任免类、退休类、常设或非常设机构人员调整类等文件时，因涉及的人员姓名较多，一定要认真、反复核对，必须确保准确无误，否则有可能造成恶劣影响。

第九节 数字使用不规范

一、数字使用不当

案例91：在审查公文时，发现某一公文中有这些写法："增加30～50%""1～2亿元人民币"。

点评：公文中的数值范围和数字使用在《出版物上数字用法》（GB/T 15835—2011）中有明确规定，表示数值的范围时，若省略数值的附加符号或计量单位会造成歧义的，则不应省略。因此，上述数值范围的规范写法应改为"30%～50%""1亿～2亿元人民币"。

案例92：在审查公文时，发现某一公文中有这样的写法："20世纪八十年代"。

点评：《出版物上数字用法》（GB/T 15835—2011）中明确规定："如果表达计量或编号所需要用到的数字个数不多，选择汉字数字还是阿拉伯数字在书写的简洁性和辨识的清晰性两方面没有明显差异时，两种形式均可。"因此，在表述年代时一般使用阿拉伯数字，标准书写方式为"20世纪80年代"；如果使用汉字，标准书写方式为"二十世纪八十年代"。

案例93：在审查公文时，发现很多公文中使用"30次""5995米"等数字。

点评："30次""5995米"两类数字均属于字体使用错误，前者使用的是"Times New Roman"（新罗马）字体，后者使用的是"方正黑体简体"字体。其正确的字体应为仿宋简体。

二、时间表述不当

案例94：在审查公文时，发现有如此写法："自去年10月份以来"，"这几栋办公楼都建于90年代"。

点评：公文中时间表述要具体准确，不能使用"去年""上年""今年"等模糊的写法，应直接使用"2021年""2022年"等；在表达某个时代，如"90年代"时，前面应有"××世纪"作限制，即"20世纪90年代"。

案例 95：在审查公文时，发现有如此写法："21 年 4 月""22 年 9 月""一八年"。

点评：《出版物上数字用法》（GB/T 15835—2011）中明确规定，四位数字表示的年份，不能简写为两位数字。如"21 年""22 年""一八年"等都是错误的，应为"2021 年""2022 年""二〇一八年"。

三、成文日期标注不正确

案例 96：按印发日期标注成文日期；成文日期用汉字标注。

点评：通常情况下，成文日期应以签发日期为准；国标规定，成文日期用阿拉伯数字将年、月、日标全，年份应标全称，月、日不编虚位（如 1 不编为 01）。

第十节　标点符号使用不当

一、标题中的标点符号使用不当

案例 97：某企业拟写请示时，将标题拟写为《关于"×× 公司"×× 工作有关问题的请示》。

点评：公文标题对标点符号的使用有严格规定。公文标题通常情况下不使用标点符号，但对于一些特殊情况，可考虑使用引号、圆括号、书名号、顿号，禁止使用逗号、分号、冒号、句号、感叹号等。×× 公司是企业名称，并无特定含义，因此不能使用引号，正确的标题写法为《关于 ×× 公司 ×× 工作有关问题的请示》。

案例 98：某企业启用新的公章，需要下发一份通知，标题拟写为《关于启用〈×× 公司 ×× 业务专用章〉的通知》。

点评：业务专用章不是规章制度、书名、报刊名或具有特殊指代意义的事物，所以不应用书名号，正确的标题写法为《关于启用 ×× 公司 ×× 业务专用章的通知》。

二、主送单位名称之间的标点使用不当

案例 99：拟发出的公文中，主送单位为多个单位，单位名称之间的标点符号使用不规范。比如“各油田技术服务企业、各油气田企业、工程技术研究院”。

点评：主送单位不止一个时，各单位之间用顿号或逗号分清层次，同类型机关内同级机关之间用顿号分隔，不同类型机关之间用逗号分隔。因此，“各油田技术服务企业、各油气田企业、工程技术研究院”应修改为“各油田技术服务企业，各油气田企业，工程技术研究院”。

三、正文标点符号使用不当

案例 100：某部门文件中使用的引号为“　”，发文字号使用的括号为〔 〕或[　]。

点评：引号为“ ”形式，是由于正文字体使用不规范造成的。这种引号是选择使用了“Times New Roman”（新罗马）字体。按照公文管理规定，除一、二级标题及有特殊要求的除外，正文字体均应选用“仿宋简体”。括号为〔 〕或[ ]是错误用法，正确的括号应为〔 〕形式。

四、引文标注符号使用不规范

案例 101：某企业文件引用专业公司文件文号，在公文内容中这样表述：“评选条件及程序具体执行 ×× 〔2022〕153 号《关于印发〈×× 公司 ×× 管理办法〉的通知》”。

点评：公文中引述或提及其他文件时，应完整引用文件名称和文号，一般采取文件名称在前（用书名号）、文号在后（用圆括号）的书写方式。比如，《×× 公司关于 ×××× 的通知》（中油 ××〔××〕×× 号）。因此，上述表述应修改为“评选条件及程序严格执行《关于印发〈×× 公司 ×× 管理办法〉的通知》（××〔2022〕153 号）”。

案例 102：某企业文件中第二次引用同一份集团公司党组文件文号，是这样引用的：“根据中油党组〔2021〕×× 号《关于进一步加强 ×× 规范

管理的指导意见》有关精神……"

点评：引用公文，应先引用标题（用书名号），后引用发文字号（用圆括号）。若在文中需引用多次，第一次引用时，应将标题和发文字号全引用，随后再引用时，可只引用标题或发文字号。因此，上述句子应改为"根据中油党组〔2021〕×× 号文件有关精神……"

五、复合名词连接号使用不规范

案例 103："−30℃ ～ −10℃"；"1000m^3−10000m^3"。

点评：《出版物上数字用法》（GB/T 15835—2011）中明确规定，在表示数值的范围时，可采用波浪式连接号"～"或一字线连接号"—"。前后两个数值的附加符号或计量单位相同时，在不造成歧义的情况下，前一个数值的附加符号或计量单位可省略。因此，上面的表述可修改为"−30 ～ −10℃"；"1000—10000 m^3"。

案例 104："玛湖 − 吉木萨尔区域项目"；"吐鲁番—哈密盆地"。

点评：《标点符号用法》（GB / T 15834—2011）中明确规定，连接号的形式有短横线"-"、一字线"—"、波浪线"～"三种。在标示相关项目（如时间、地域等）的起止时，一般使用一字线"—"，因为"玛湖 - 吉木萨尔区域"是特指油气勘探开发区域，并非地名，所以应改为"玛湖—吉木萨尔"区域；在复合名词中起连接作用时，应使用短横线"-"，因为"吐鲁番—哈密盆地"是地名，所以应改为"吐鲁番 - 哈密盆地"。

第十一节　公文正文附有信息不规范

一、公文附件不规范

案例 105：公文附有附件，但在正文结束位置未以附件形式标注说明；附件不全。

点评：公文若有附件，应在正文之下、公文生效标志（即发文机关署名、成文日期和印章）之上，用附件说明的形式准确标注附件的顺序号和名称，以显示公文附件与正文不可分割的关系。附件应保证齐全完整。

案例 106：某份公文附件中的名称为"×× 项目质量评价统计表"，附件说明中所标注的名称为"×× 项目工程质量评价统计表"。

点评：公文附件说明中的附件名称、标注内容，应与附件中的名称、标注内容保持一致。因此，上述公文附件中的名称应修改为"×× 项目工程质量评价统计表"。

案例 107：附件的字体、字号排列随意，未按公文正文字体、字号要求排列。下面提供 2 份公文的附件排列的形式。

附件书写和排列错误例子 1：

附件 1：

附件 2：

附件 3：

……

附件书写和排列错误例子 2：

附件：

1、

2、

3、

……

点评：公文附件的字体、字号及行距等的格式要求与公文正文相同。因此，附件的字体、字号应修改为仿宋简体、3 号字。

附件正确的书写和排列形式为：

附件：1.

　　　2.

　　　3.

　　　……

案例 108：某一印发制度的通知，正文非常简短，只有两行字。制度作为附件上传，制度正文后面的附件作为通知的附件上传。附件箱中排列形式为：

附件 1　××××

附件 2　××××

附件 3　××××

制发的管理制度名称

点评：拟发的公文附件上常发现一些错误。比如附件首页左上角的“附件”两字应为“黑体简体”，且“附件”两字后面不加冒号。所上传附件的名称应与正文后面附件名称、附件首页上部的名称保持一致。印发、转发类公文，所印发、转发的内容不按附件处理。附件箱中排列形式应为：

制发的管理制度名称

附件 1　××××（附件名称应与正文后面附件名称一致）

附件 2　××××（附件名称应与正文后面附件名称一致）

附件 3　××××（附件名称应与正文后面附件名称一致）

二、公文附件缺失与错误

案例 109：在审查公文过程中，发现个别公文漏传附件。正文内容后面标注了附件及附件名称，但附件没有上传。

点评：公文附件是对公文正文内容的有效补充，是公文非常重要的组成部分。任何单位、任何部门都不应该出现这样的错误，应该引起足够的重视。

案例 110：在审查公文过程中，发现个别公文附件错误，附件文件打不开或者文件上传错误。

点评：附件文件上传后，务必打开文件认真校对一遍，查看附件文件是否能够正常打开，附件文件格式与内容是否存在不规范和错误的地方。如果发现，应立即修改后再行上传。

三、附件查看权限设置

案例 111：在审查公文过程中，发现正文内容后面跟着多个附件，本应“背靠背”发送，但因未做相应设置，所以各单位均收到了所有附件。

点评：在特定情况下，为落实工作保密要求，保证各单位工作顺利开展而需设置附件查看权限。凡是需要进行权限设置的，在拟文部门发出前，务必再三检查，确保权限设置没有差错。

案例 112：在审查公文过程中，发现正文内容后面跟着多个附件，但应当具有查看权限的单位、部门却没有获得相应权限。

点评：应当具有查看权限的，务必全部选择。如果忘记选择，则会造成一些单位收不到相应附件，无法有效执行上级政策和要求，可能对相关工作造成一定影响。发现这种情况，应立即撤办，重新设置好后再行发送。

四、联系人及联系电话标注

案例 113：某企业向具有隶属关系的专业公司报送“请示”，未以附注形式标注联系人及联系电话。

点评：上行文、平行文应标注联系人及联系电话，以方便上级单位或外部单位与发文单位进行沟通联系。具体标注的方法是：居左空二字加圆括号，编排在成文日期的下一行，回行时顶格。

案例 114：以某专业公司名义向企业下发通知，以附注形式标注联系人及联系电话。

点评：一般情况下，下行文不用标注联系人及联系电话。需要特别注意的是，下行文（如要求报送材料、反馈信息的通知）中的联系人及联系电话属于正文内容，直接在正文中标注即可，不适用以附注的形式进行标注。也就是说，下行文种的联系人及联系电话，与上行文和平行文种的联系人及联系电话，标注位置不一样。

第十二节　电子印章使用不规范

一、印章加盖位置不规范

案例 115：某企业在拟发一份公文时，因正文结束后的空白处容不下印章，该企业文书人员遂将印章加盖在了下页空白页上，出现了“空白印章”现象。

点评：印章与正文务必同处一页，印章加盖在空白页上，容易被插入内容伪造公文。根据《党政机关公文格式》（GB / T 9704—2012）规定，印章的上边缘距正文（或附件说明）应在一行之内（即 10 mm 之内）。正文之后的空白处容不下印章时，一般应当采取调整正文行距或字距的措施加以解决。具体的调整方法是：当正文之后的空白处只有一两行时，可以加宽行距，至少将一行文字移到下一页；如果正文之后的空白处仅差一两行便可容下印章位置时，可以缩小行距或缩小一两行字距，留出能容下印章的空间，便可解决问题。

二、联合行文印章加盖不规范

案例 116：A 公司与 B 公司联合行文，A 公司为主办单位，但在用印章时，将 B 公司印章排在了 A 公司印章前面。

点评：两个及以上平级企业联合行文时，一般将各发文单位署名按照发文单位顺序整齐排列在相应位置，并将印章一一对应、端正、居中下压发文单位署名，最后一个印章端正、居中下压发文单位署名和成文日期，印章之间排列整齐、互不相交或相切，每排印章两端不得超出版心，首排印章顶端应当上距正文（或附件说明）一行之内。每排最多排 3 个印章。

三、公文印章错用

案例 117：某企业在制发公文时，因文书人员疏忽，在公司行政文件上盖上了公司党委印章。

点评：企业公章与企业党委公章不可混用。盖章发送是公文制发的最后一个环节，由文书人员在发送前把关用印、正式成文，如果工作人员没有较强的工作责任心，是无法胜任文书岗位的。由此也可看出，公文制发的各个环节都非常重要，从拟稿到部门审核，再到后续的审核环节，都要对文件进行认真检查核对，确认准确无误后方可发送。尤其是有些单位的印章管理人员管理着多个印章，更需认真仔细，杜绝用错印章。

第十三节　公文定密不规范

一、密级标注不准确

案例 118：某单位下发关于未来三年或五年的涉密文件，保密期限标注为“石油内部▲ 1 年”。

点评：对于保密期限，保密法第十五条作出了明确规定，集团公司也有相关要求。实践中，应当对照相关保密事项范围的规定，确定涉密文件的保密期限。标注为“石油内部”的不是涉密文件，所以上述标注方式是错误的。某企业下发的关于未来三年或五年的涉密文件，保密期限应标注为“石油商密★ 3 年”或“石油商密★ 5 年”。

案例 119：某单位转发上级秘密级文件时，未标注相应密级。

点评：公文密级应根据内容据实标注，可参照保密法及其实施条例相关规定、集团公司保密管理规定及集团公司秘密信息分级保护目录进行确定。所拟公文涉及国家秘密或公司商业秘密、批复（函复）标有密级的来文、所拟文件的附件或引文带有密级的，其公文版头均应标注相应的密级。若公文有几个附件且密级不同，应按最高密级标注。

二、密级文件未标注份号

案例 120：企业向上级部门报送涉密公文，未标注份号。

点评：无论是涉及国家秘密，还是涉及公司商业秘密，只要是涉密公文，都必须标注份号，一般用 6 位 3 号阿拉伯数字，顶格编排在版心左上角第一行，编虚位补齐，即第一份公文份号可以编为“000001”等。

第四章　常用公务类文书写作

第一节　请示

请示作为一种报请性的上行公文，适用于下级单位向上级单位请求指示或批准。一般用于这 3 种情形：一是超出本单位职责权限，请求上级单位批准的事项；二是下级单位在工作中遇到新情况、新问题，请求上级单位解决或协助解决问题；三是对上级单位有关政策、规定中未明确的问题或工作中遇到的难以把握和确认的问题，请求上级单位指示或予以明确。

一、请示的特点

（一）期复性

请示是为数不多的双向对应文种之一，与之相对应的文种是批复。不管上级是否同意下级的请示事项，都必须回复。可以说，写请示最直接的目的就是得到批复。

（二）单一性

相比其他上行文，请示更强调遵循“一事一报”原则。一份请示中，只能就一项工作或一种情况、一个问题进行请示，不得在一份请示中就若干事项请求指示和批准。

（三）针对性

只有对本单位没有权限、没有对策、没有把握或没有能力解决的重要事项和问题，才能应用请示文种。就请示工作而言，是比较严谨、严肃的事情，此类上行文不能什么事都向上级请示，须经本单位深入研究后做出决定。

（四）时效性

请示所涉及的情况和问题，往往都有一定的迫切性，应该及时写作、及时发出，否则就会耽误解决的时机。上级在处理请示时，通常也会及时批复。

二、请示的注意事项

应做到一文一事。这样做有利于上级单位及时研究批复，提高公文处理效率。若某一请示包含不相关联的多项内容，则可能涉及较多单位和部门，上级单位需要花费更多时间进行研究协调和决策批复，假如某一项存在问题，会导致上级难以及时批复，不利于请示事项的及时解决。

主送单位要正确。应注意以下 3 点：一是主送单位只能有一个。如需同时送其他单位，应当采用抄送的形式。受双重领导的单位向一个上级单位行文，必要时抄送另一个上级单位，在拟发文件时应当写明主送单位和抄送单位，由主送单位负责答复其请示事项。二是只能主送上级单位，不能抄送下级单位或抄送领导个人。对于上级单位负责人或领导直接交办的事项，可以通过便函的形式报送，且文件落款处由本单位负责人亲笔签字，不得加盖单位印章。三是不得越级请示。

请示理由要充分。应该尽可能联系全局充分阐述请示事项的迫切性、重要性和必要性。

请示事项要明确。同时还应提出处理建议意见，表明对请示事项的倾向性，供上级批复时参考。

请示行文要规范。做到言简意赅、语气委婉、言辞恳切，特别是说明理由时要开门见山，提出需求时要明确具体。

行文程序要合规。若请示涉及其他部门或单位的职能，需要履行会签手续。

三、请示的写作要点

很多人搞不清楚请示与报告的区别，其实两者的区别十分明显，从以下 3 个方面便可区分：

两者行文目的不同。请示是指下级单位向上级单位请求对某项工作、某一问题作出指示，对某项政策界限给予明确，对某事予以审核批准时使用的一种请求性公文。报告的使用范围很广，按照上级部署或工作计划，对阶段性（每季度、半年、全年）完成的工作情况或工作进展情况向上级报告，反映工作中的基本情况、取得的经验教训、存在的问题以及下步工作设想等。

事项发生时间不同。请示的事项是未发生的，是将来时态。已经发生的事情就不用请示了，因为上级单位无须作出决策。报告的事项是已发生的。通常是某企业就已经开展的工作向上级单位报告进展情况及取得的成果，无须上级单位作出决策。即常说的，事前请示，事后报告。

两者处理方式不同。请示属于批办件，上级单位需要办理、批复。报告属于呈阅件，上级单位阅知即可，无须作出回复。

下面，简要说明一下请示文件的结构安排和一般写法。

（一）标题

请示的标题可以由发文单位、事由、文种构成，如《×× 公司关于生产自用成品油返还消费税的请示》。也可以由事由和文种构成，如《关于协调合作开发项目结算问题的请示》。

（二）主送单位

主送单位即负责受理和答复请示的单位，表述要规范。如中国石油天然气集团有限公司、中国石油集团长城钻探工程有限公司等。

若涉及对集团公司系统外单位行文或向国务院国资委、国务院其他部委报送请示，需要使用企业名称的全称。

（三）正文

请示的正文由开头、主体、结束语三部分构成。结构比较简单，通常就是讲清楚缘由、目的和建议即可，避免长篇大论、引经据典。

开头即请示缘由和目的，也是上级单位批复的主要依据。一般而言，这部分要写明请示事项的原因、背景、理由、依据和目的，特别要写清楚请示事项的重要性和必要性。例如对所遇到的新情况、新问题或自身没有能力解决的困难，要写得充分、恰当、具体，以引起上级的足够重视。如果请示仅仅是为了履行规定的程序，开头可以写得简略一些，可以是表达行文目的和意义的一两句话，也可不独立成段。

主体即请示事项（工作建议），也是请示的核心。其中对于请求指示的请示，要写明需要在哪些具体问题、方面得到指示；对于请求批准的请示，要把希望批准的事项（工作建议）写清楚，以便上级及时批复。如果请示内容比较复杂，可以在条款之下分列若干小标题，提供多种方案并分别说明理由，供上级参考决策。

结束语，请示的结束语一般比较简单，在主体之后，另起一段，写明期复请求即可。例如“妥否，请批示（审批、批复）”“以上请示，请予审批”等。需要注意的是，“否”后不用“？”，“示”后不用“！”。

四、请示的写作范例

（一）请求批准的请示

此类请示主要用于以下 3 种情况：

一是请求批准有关规定、方案和规划。主要包括：在某些特殊情况下，需要对上级的统一规定进行变通处理，此时，须提出相关方案报上级批准；需要设立新的机构、制定重要的工作规划等，也要报请上级批准。

二是请求审批某些项目、指标。在工作中遇到人、财、物方面的困难，需要调整指标、增加投入、追加计划、增配人员等情况时，可提出解决的方案报请上级审核批准，如请求采购设备物资、增加人员编制等。

三是请求批转有关办法、措施。如在本部门制定职权范围内的办法和措施后，无法直接要求同级其他部门和不相隶属的部门执行时，可通过请示的方式报请上级批转给有关部门执行。此类请示的写作模板见附录 2-1。

写作范例 1：

关于 ×× 业务 ×××× 年第 × 批投资建议计划的请示

×××（主送单位）：

根据 ×× 年 ×× 业务 1—10 月生产经营情况及全年生产经营预测情况，我公司编制了《×× 年 ×× 业务第 × 批固定资产投资建议计划》（详见附件 1、附件 2）。本次计划建议安排投资 ××× 万元，主要包括：

一、工程技术固定资产投资 ××× 万元

×× 专业 ×× 万元；×× 专业 ×× 万元；×× 专业 ×× 万元；×× 专业 ×× 万元；×× 专业 ×× 万元；×× 专业 ×× 万元；×× 专业 ×× 万元；×× 专业 ×× 万元；×× 专业 ×× 万元。

二、长期待摊投资 ××× 万元

三、安全环保隐患治理投资 ××× 万元

妥否，请批复。

附件：1. ×× 年 ×× 业务第 × 批固定资产投资建议计划说明
　　　2. ×× 年 ×× 业务第 × 批固定资产投资建议计划

（中间空 3 行）

发文单位名称（加盖印章）
×× 年 × 月 × 日（后空 4 格）

写作范例 2：

关于修改 ×× 公司章程有关事项的请示

×××（主送单位）：

集团公司于 ×× 年 × 月 × 日下发了《关于印发〈×× 公司章程〉的通知》（××〔××〕×× 号）。按照集团公司关于 ××× 的要求，×× 公司现申请对公司章程中关于党组织、公司英文名称等 7 项内容进行修订（详见附件 1），特恳请对 ×× 公司章程修改内容进行审核，提出宝贵意见。

妥否，请批复。

附件：1. ×× 公司章程修改事项
　　　2. ×× 公司章程（××× 工商备案版）

（中间空 3 行）

发文单位名称（加盖印章）
×× 年 × 月 × 日（后空 4 格）

（二）请求解决问题的请示

此类请示主要用于下级单位在工作中遇到新情况、新问题，或因条件限制自身难以解决投资、土地、协调等方面的困难，请求上级单位解决或协助解决问题。此类请示的写作模板见附录 2-2。

写作范例 3：

关于协调 ×× 项目物资铁路运输资源的请示

×××（主送单位）：

×× 公司承担的 ×× 项目正按计划推进，目前第二阶段施工已经正式启动。但由于该项目甲方指定的 ×× 公司 ×× 施工材料迟迟不能发运到位，严重影响项目整体工期及后续工程结算。恳请协调 ×× 铁路运输公司给予这批重点项目物资绿色通道，早日发运，以满足项目生产急需。现将有关情况报告如下：

一、项目情况

×× 项目是 ×× 双方合作取得的又一丰硕成果，是 ×× 双方合作再次深化的标志性工程，具有重大现实意义。该项目在合同签订后，甲方要求两年内完成全部工程任务。今年双方已将第三阶段施工排入计划，要求年底建成投产。

二、项目进度及存在的困难

2021 年 1 月 8 日，×× 项目成功举行开工庆典。×× 公司总经理 ×××、×× 公司董事长 ××× 等嘉宾出席。第三阶段施工任务目前进度及后续计划为：

第三阶段施工设计：2022 年 3 月 1 日启动，目前已经完成初步设计，7 月底完成详细设计。

第三阶段物资准备：2022 年 6 月 10 日完成招标方案，目前正在招标过程中，预计 7 月中下旬完成采购工作。

第三阶段开工准备：计划于 8 月底开工，12 月底完成。

合同签订后，×× 公司积极组织项目开工所需人员、装备、工具、材料等，确保了项目按计划正常推进，但项目所需的 ×× 吨 ×× 施工材料到货严重滞后，由 ×× 公司（我方企业）与 ×× 公司（×× 施工材料生产企业）签订采购合同，×× 公司（×× 施工材料生产企业）负责将施工材料运输到项目现场。受 ×× 影响，××（材料发出地）通往 ××（项目所在地）的铁路运输资源非常紧张，特别是今年以来通往 ××（项目所在地）的铁路频繁停运，导致施工材料运抵时间无法确定。

三、请示事项

鉴于以上情况，为确保这批施工材料按时运抵项目现场，不影响项目整体周期且避免对双方造成多方面的影响和经济损失，恳请协调 ×× 铁路运输公司给予这批重点项目所需物资车皮计划和绿色通道，尽快安排 2022 年

8月份前装车发运。

妥否，请批示。

附件：承运商及货物情况说明

（中间空3行）

发文单位名称（加盖印章）

××年×月×日（后空4格）

（三）请求指示的请示

此类请示主要用于以下三种情况：一是下级单位在工作中遇到新情况、新问题，在有关的方针、政策、规章以及上级的指示中，都找不到处理依据，无章可循，需要上级给予指示，以便解决或协助解决问题；二是对上级有关方针政策、发布的规定和指示有疑问，或者工作中遇到难以把握的问题，需要上级给予指示或明确；三是与其他部门或协作单位在较重要的问题上意见出现分歧，需要上级予以裁决的。此类请示的写作模板见附录2-3。

写作范例4：

关于从境外回运××装备参与国内市场施工作业的请示

×××（主送单位）：

近两年来，受新冠疫情全球蔓延影响，境外项目市场萎缩，部分装备长时间等停，而且国内经济发展投资力度不断加大，为保障国内市场对××装备的需求，按照“立足‘一体两面’定位，坚持市场需求导向，统筹资源规划配置，切实维护×××”的要求，××公司特申请将境外等停的一部××装备回运国内参与市场服务。

妥否，请批示。

（中间空3行）

发文单位名称（加盖印章）

××年×月×日（后空4格）

第二节 报告

报告是向上级单位汇报工作、反映情况，回复上级单位询问时使用的公文。报告的种类主要有：工作报告（包括例行性报告）、情况报告（又叫专题报告）、答复报告（答复性报告）以及呈报性报告（报送文件或材料的报告）等。

一、报告的特点

（一）汇报性

报告通常是按照上级部署或是工作计划，完成某项工作任务，及时反映工作进展情况、取得的经验教训、存在的问题及今后工作的计划或设想等，以便上级领导部门及时掌握有关工作情况并进行指导。报告不直接请求上级单位正面回应报告中的问题，所以不带请示事项，这是报告与请示的重要区别之一。

（二）陈述性

报告通常是“事后报告”，通常是向上级陈述工作的进展情况、做法、经验、体会，以及存在哪些问题和下一步工作计划，所以行文上通常使用叙述的方法，即陈述其事。报告属于呈阅件，所以不用像请示那样采用祈使、请求等语句。

（三）单向性

报告是下级单位向上级单位行文，是为上级单位进行宏观领导提供依据的，通常不需要上级单位的批复，属于单向行文。请示属于典型的双向行文，上级单位要对下级单位的请示作出批复。

（四）时效性

报告一般是报告办理结果或有关情况，通常情况下对时效要求不高。请示则不然，时效要求一般较高，通常需要得到上级单位的批示才能进行下一步工作，需要落实上级单位的批示要求。

二、报告写作的注意事项

（一）要注意行文规则

报告原则上只主送一个上级单位，根据需要可同时抄送相关上级单位和同级单位，不抄送下级单位；一般情况下不得越级报告；报告中不能夹带请示事项，若涉及需要上级单位解决的问题或批准的事项，应另文请示；不得以正式公文形式向上级单位负责人报送报告。

（二）内容要切合实际

报告主要是向上级单位汇报工作、反映情况、介绍经验，因此文风要平实，内容要实事求是，观点表达要精练清晰，文字简明、庄重，不可浮华、冗长、拖沓。

（三）要做到重点突出

报告要中心明确，主次分明，详略得当，并要注意表达的条理性和逻辑性。综合报告在写作时要做到点面结合，突出主干；专题报告要突出一个“专”字，始终围绕一项工作、一件事情、一个问题去写，不可节外生枝。切忌报告中夹带请示事项，否则往往不但达不到行文目的，还会影响工作。

（四）要规范结束用语

报告的规范结束语为“特此报告”，不使用“特此报告，请批示（指示、批复）”。

三、报告的写作要点

报告通常由标题、主送单位、正文、结尾组成。

（一）标题

标题包括发文单位、事由和文种名称。

（二）主送单位

主送单位是指收文单位名称。

（三）正文

其结构与一般公文相同。从内容方面看，报告情况的，应该有情况、说明、结论三部分，其中情况是绝对不能省略的；报告意见、设想的，应该有依据、说明、设想三部分，其中意见、设想不能省略。

（四）结尾

可以对下一步工作进行展望、预测。如果结束语是“特此报告”，展望、预测部分可以省略。最后还要写明发文单位、日期，必要时还需注明联系人、联系方式等。

四、报告的写作范例

（一）工作报告

工作报告主要是下级单位向上级单位汇报工作、反映情况的报告，内容要求全面、概括、精练，主要是为了便于领导掌握情况，为决策提供有用信息，除其中少数领导批转下发外，一般只予呈送，并不要求领导回复或批准。

这类报告的正文一般分为取得成果（工作亮点、取得经验）、主要工作进展情况（主要工作做法等）、下一步举措（下一步工作计划）三部分。第一部分写取得成果，必须用精练的语言高度概括，让领导有眼前一亮的感觉，切忌一味邀功表功、长篇累牍。第二部分写重点工作进展情况（主要做法或主要举措 + 成果），要总结出亮点，尤其是创新点，侧重用数据或实例说话（证明）。第三部分写下一步举措，必须有很强的针对性和可操作性，是经过慎重考虑、认真研究做出的具体安排。工作报告模板见附录 2-4。

写作范例 5:

×× 公司工作汇报

××× 公司（上级主管单位）：

今年以来，×× 公司认真落实集团公司党组决策部署，扎实推进各项工作任务，取得了阶段性工作成果，现作一简要汇报。

一、主要生产经营成果

1—9 月，×× 公司认真贯彻集团公司工作会议精神、领导干部会议精神和 ×× 批示要求，立足“一体两面”定位，助力上游业务经营业绩创近年来最好水平，开创了高质量协同发展新局面。完成三维采集 ×× 万平方千米、钻井进尺××万米、压裂××万层段，同比分别增长××%、××%和××%；风险作业商品气量××亿立方米，同比增长××。实现收入××亿元，同比增长××%；净利润××亿元，同比增加××亿元。

二、重点工作进展情况

（一）推进“四提工程”，保障油气增储上产。认真落实年度服务保障框架协议，队伍平均动用率××以上，内部服务保障率××%、××市场占有率××%，同比分别提高××个和××个百分点。一是加快实施物探三维采集项目，已完成××个，正在施工××个，累计采集××平方千米、完成率××%。二是大力推进工程提速，监控五类重点井××口，完井××口，钻井提速××%；工厂化压裂平均效率××段/天，同比提高××%。开展井筒工程效率提升劳动竞赛，长庆、川渝、塔里木单队作业效率同比分别提高××%，××%，××%。三是狠抓井筒质量管控，井身质量合格率××%、固井质量合格率××%，分别提高××个和××个百分点。四是强化重点项目支撑保障，完钻风险探井××口、正钻××口，监控××井、××井等××口风险探井试油，××井、××井、××井等井试获高产油气流；全面完成××地区××亿吨探明储量的试油保障任务，××口/××层见到工业油流；××（地名）三口续钻井项目进展顺利，将于×月×日全部完工交井。五是发挥三级EISC远程技术支持作用，总部EISC实质化运行；××(地名)EISC中心智能支持服务××个平台××口井，试点取得初步成效。

（二）强化“四精”管理，提升价值创造能力。推进提质增效“八项工程”，实现提质增效××亿元，“两利四率”指标持续改善，百元收入营业成本同比下降××元，年化劳动生产率××万元/人，同比提高××%。……一是落实××工作要求，加快推动解决××问题。目前各企业已将××材料提交至××企业，等待××企业核实数据、反馈意见，拟于×月上旬向××作专题汇报。……二是亏损治理、法人压减成效明显。全级次亏损子企业××户，同比减少××户，亏损额××亿元，同比减亏××亿元，亏损面下降××个百分点；压减法人××户，完成年度任务目标。三是推进电代油钻机、电驱压裂规模化应用，编制“十四五”后三年电驱压裂规模化应用工作方案和ZJ50及以上机械钻机电动化自动化改造方案，同××公司商定开展××装备成套长期干租合作，动用电代油钻机××部、完成电驱压裂××段，使用网电××亿千瓦时，替代节约柴油××万吨。

（三）严守底线红线，保持井控安全平稳。坚定必胜信念，牢固树立“一切事故都是可以避免的”“防范胜于救灾”等理念，保持了安全平稳发展态势。一是突出井控重中之重，深化“三评估、三分级”成果应用，着力防控塔里木、四川等极高风险盆地和矿权流转区块井控风险，监控一级井控风险井 ×× 余口，发现并成功处置溢流 ×× 起，同比减少 ×× 起、降幅 ××%，实现了“两个 100%”。二是提升本质安全水平，完成 ××、××、××、×× 等 ×× 大盆地 ×× 家企业下半年审核，发现问题 ×× 项；完善升级管理项目清单 ×× 项、禁止作业清单 ×× 项，确保了特殊敏感时段安全生产；开展安全里程碑活动，对 ×× 人记分 ×× 分，×× 支队伍实现 ×× 年安全生产无事故。三是持续抓好疫情防控，专项督导查改问题 ×× 项，办公、生产场所保持零感染。

三、下一步工作思路

×× 公司将深入贯彻落实集团公司工作会议精神和领导干部会议部署要求，坚持问题导向，突出重点难点，采取有力措施，坚决完成全年各项任务目标。一是狠抓风险管控，将安全合规作为一切工作的前提，不断完善制度、堵塞漏洞、强化管理，坚决守住底线红线。二是做优服务保障，深化资源统筹共享，做好冬季施工准备，打好模板升级、劳动竞赛、远程支持组合拳，助力油气高效勘探、效益开发。三是深化精细管理，充分发挥一体化统筹作用，持续推进提质增效工程，抓好亏损企业治理和法人企业压减工作，确保完成全年各项经营指标。四是深化改革创新，做好集团公司重大科技专项立项，增强科技创新创效能力；加快推进企业组织体系优化提升工程，力争 × 月末二、三级机构，中层和基层领导人员职数总体压减 ××%。

我们将大力弘扬石油精神，苦干实干、担当作为，推动各项工作再上新台阶，全力保障油气增储上产，为集团公司建设基业长青的世界一流企业做出新的更大贡献。

（中间空 3 行）

发文单位名称（加盖印章）

×× 年 × 月 × 日（后空 4 格）

（二）情况报告（专题报告）

情况报告，又叫专题报告，是指向上级机关（单位）反映本机关（单位）的某项工作、某个问题、某一方面的情况，要求上级对此有所了解的报告。这类报告的时效性较强，要及时，一事一报（如专利工作报告、员工素质调查报告、企业薪酬调查报告等）。呈报、呈转要分清写明。

情况报告具有很强的针对性，是针对上级关心关注的重点工作、重点项目、重要情况（问题）等方面的专题报告，或者是针对企业存在突出问题的专题报告。情况报告需要完整、准确、客观地报告上级单位（上级领导）部署的专项工作进展情况、存在问题及下一步举措（下一步工作安排），能够让上级单位（上级领导）全面掌握有关情况，为决策提供信息。这类报告一般也希望领导回复或批准什么。

这类报告的正文一般分为某项工作取得的阶段性成果、重点工作进展情况、存在的问题、下一步重点举措等四部分。第一部分写取得的阶段性成果，客观陈述某项工作开展以来，具体取得了哪些阶段性成果。第二部分写重点工作进展情况（主要做法或主要举措＋成果），为了推动某项工作，采取了哪几方面的主要举措，要总结出举措的创新点和成绩亮点，用数据和事例说话（证明）。第三部分写当前某项工作中存在的问题，要根据客观实际将存在的问题讲清楚，缘由是什么，有哪些表现（或体现）。第四部分，要针对某项工作的奋斗目标和存在的问题，制定具有较强针对性的措施并进行安排。

这类报告若是正式公文，主送单位应是集团公司或上级单位，其名称应是规范全称；若是线下行文，主送领导应严格遵守集团公司下发的领导人员的规范称呼。情况报告模板与工作报告类似。

下文是 ×× 公司就集团公司党组领导对加强专利工作提出要求和作出批示的专项工作报告。大家可以通过学习，体会一下这类情况报告应当如何起草。情况报告模板见附录 2-5。

写作范例 6：

×× 公司专利工作情况报告

×× 同志：

×× 公司按照集团公司董事长 ×× 提出的“×××”要求和您关于加强专利工作的批示要求，持续推进工程技术知识产权强企建设，提高专利管理水平，解决现场生产技术难题，提升原始创新能力，满足油气勘探开发技术需求，更好地服务保障油气增储上产降本。现将 ×× 公司专利工作情况汇报如下：

一、专利工作进展情况

“十三五”以来，×× 公司按照集团公司总体部署，在科技管理部的统一指导下，强化知识产权保护和专利管理工作，专利数量不断增加，质量不断提升。截至目前，集团公司有效专利总量 ×× 项，有效发明专利累计 ×× 项，有效发明专利占比 ××%；×× 公司累计有效专利 ×× 项，有效发明专利 ×× 项，占比 ××%；国际（PCT）授权专利 ×× 件（×× 分公司授权 ×× 件，×× 分公司授权 ×× 件）。×× 公司有效专利和有效发明专利分别占集团公司的 ××% 和 ××%。

（一）专利质量不断提高。“十三五”以来，×× 公司年均专利申请量保持在 ×× 项左右的情况下，发明专利申请数量由 2016 年的 ×× 项增至 2021 年的 ×× 项，占比由 2016 年的 ××% 提高至 2021 年的 ××%，圆满完成了 2021 年度集团公司下达的发明专利申请占比 80% 以上的目标。有效发明专利占比也由 2016 年的 ××% 提高至 2021 年的 ××%。

（二）专利水平不断提升。2019—2021 年，集团公司连续开展了三届专利奖评选，共评选出 ×× 项专利金奖、银奖和优秀奖。×× 公司获得专利金奖、银奖和优秀奖共计 ×× 项（专利金奖 ×× 项，银奖 ×× 项，优秀奖 ×× 项），占总奖励数量的 ××%。其中，×× 分公司获得专利金奖、银奖和优秀奖共计 ×× 项（专利金奖 ×× 项，银奖 ×× 项，优秀奖 ×× 项），占集团公司专利奖总数的 ××%，占 ×× 公司获奖总数的 ××%。

二、近期开展的重点工作

（过渡句略）

（一）完善专利管理制度，规范专利工作流程。全面贯彻集团公司“集中产权、分类管理、分级负责”的要求，健全和完善企业相关管理制度体系，自 ×× 年集团公司新版知识产权管理信息平台上线运行以来，各企业完成专利代理机构选聘和备案，专利创造、维护、运用和保护等工作全程线上运行，坚决杜绝 ×× 违规现象，实现了专利的规范化管理。

（二）严格审核把关，专利质量明显提高。建立专利分级审核制度，突出专利分类和申请质量审核，严格控制专利申请数量，推动专利工作由数量积累向质量提升转变。×× 年，×× 公司申请专利 ×× 项，其中申请发明专利 ×× 项，占比达到 ××%，同比提高近 ×× 个百分点。同时，下达 ×× 年专利申请质量考核指标，控制专利申请总量，提升发明专利和国际专利比例，进一步提高专利申请质量。

（三）**加强顶层设计，强化关键核心技术领域专利布局**。围绕创新链设计专利池，依托集团公司××、××等关键核心技术攻关项目，从学科和专利类型两个维度构建专利池，布局关键核心、卡点、难点突破专利技术，打造原创技术策源地。

（四）**强化激励导向，用好考核激励措施**。为深入贯彻落实集团公司科技创新战略部署，××年初，××公司下发了《科技奖励办法（试行）》，设立××万元科技奖励基金，对获得国家和集团公司专利奖的企业和个人给予配套奖励。

（五）**开展宣传培训，增强知识产权保护意识**。积极采用知识竞赛、新媒体和专家讲座等多种形式组织宣贯《“十四五”国家知识产权保护和运用规划》《集团公司知识产权管理规定》《集团公司专利管理办法》等法律法规、规章制度。开展“知识产权宣传周”活动，实现工程技术服务企业和所属二级单位全覆盖，进一步增强员工的专利保护意识。

（六）**实施专利许可，促进成果推广应用**。优选先进成熟适用的技术成果，鼓励各单位对知识产权转化应用、转让或许可取得效果，积极申报集团公司科技成果转化创效奖。××年，××等××项技术成果通过专利许可，逐步上规模推广应用，促进专利成果转化，全年科技成果转化创收超××亿元。

三、存在的问题

（一）各企业间专利发展不均衡。（内容略）

（二）国际专利数量少。（内容略）

（三）授权发明专利数量和比例呈现下降趋势。（内容略）

四、下一步重点工作

××公司将认真落实集团公司知识产权工作高质量发展实施方案，按照集团公司科技管理部统一安排，持续推动专利工作再上新台阶。重点开展以下几项工作：

（一）**明确努力方向，全面实现专利工作目标**。到“十四五”末，围绕集团公司科技发展思路与目标，加大工程技术业务知识产权管理力度，力争累计申请发明专利××件以上，发明专利申请占比不低于××%，授权发明专利占比不低于××%；国际专利（PCT）申请超过××件；科技专利成果转化创收超过××亿元以上；培养××名懂技术、管理和法律的复合型知识产权专家，××名具有知识产权战略管理和专利分析能力的知识产权业务骨干，××名具有专利申请和专利相关知识的知识产权管理人员。同时，持续加快建立常态化的专利申报质量的审核机制，强化发明专利质量和应用转化，确保高质量完成计划任务。

（二）加强组织协调，统筹专利布局。加强专利知识宣传和培训，持续提高××企业对专利工作重要性的认识，提高专利工作管理水平。超前谋划，系统布局，围绕××技术服务特点，对专利的结构、数量、分布进行布局设计，保护核心技术，提升集团公司××业务科技创新能力和核心竞争力。推进管理改革创新，制定知识产权管理流程模板，组织编制科技项目知识产权分析和验收报告、专利维持/放弃评估方法、知识产权工作年度考评方法等模板，提高专利管理水平。

（三）优化专利结构，加强对高质量高价值专利的管控和维护。进一步清理无效和非核心专利，优选关键核心和优势技术领域的高质量高价值专利，加快推进国际专利（PCT）申请，确保"十四五"期间国际专利（PCT）申请超过××件。同时，构建核心专利技术保护网，利用专利之间的相关性和差异性，形成完整性更佳、保护范围更大、竞争优势更强的专利集合体，充分挖掘专利组合的价值。"十四五"期间，力争授权发明专利占比不低于××%，科技专利成果转化创收超过××亿元。

（四）加强人才培养，打造高水平工程技术专利队伍。进一步贯彻落实《××知识产权高质量发展指导意见》和《集团公司知识产权工作高质量发展实施方案》，严格按照集团公司知识产权人才培养各项要求，加强知识产权人员培训，畅通知识产权人才培养、评价和成长的职业化通道，打造一支结构合理、素质较高的专利人才队伍。"十四五"期间，培养××名懂技术、管理和法律的复合型知识产权专家，××名具有知识产权战略管理和专利分析能力的知识产权业务骨干，××名具有专利申请和专利相关知识的知识产权管理人员。

（五）创新管理机制，构建专利工作发展新格局。认真落实集团公司专利申请全部上线运行的要求，严格执行年度专利申请考核指标和专利申请ABC分类制度；积极落实专利工作费用，精准激励专利工作先进单位和个人，鼓励相关人员参加知识产权师及专利代理人考试，对取得证书的单位及个人进行表彰，对取得国家、集团专利奖的单位和个人进行配套奖励。

（六）全面加快知识产权成果科技转化。持续优化知识产权支持与服务体系，创新服务模式，推动专利变成科技成果，为市场服务提供强力支撑。统筹推进技术、专利与标准协同发展，将自主知识产权转化为技术标准和体系；加大数字化、智能化、低碳绿色、新能源等领域专利向产品、工艺、材料、装备等方面的转化力度，支撑××技术数字化转型和向新能源领域的拓展。

××公司将始终坚持激励创造、有效运用、依法保护、科学管理的工作方针，加强组织领导，完善管理体系，规范工作程序，创新管理模式，持续加大专利管理政策宣传和培训力度，为集团公司专利工作高质量发展作出更大贡献。

特此报告。

（中间空3行）

发文单位名称（加盖印章）

××年×月×日（后空4格）

（三）答复报告（答复性报告）

答复报告是针对上级领导部门或业务管理部门所提出的问题或某些要求而写的报告。这种报告要求问什么答什么，不要涉及询问以外的问题或情况。答复报告模板见附录2-6。

写作范例7：

××公司关于参股经营投资问题整改情况的报告

×××（主送单位）：

根据《关于加快完成参股经营投资问题整改工作的紧急通知》（××函〔××〕××号）文件要求，现就××公司参股经营投资问题整改情况汇报如下：

一、参股经营投资问题整改进度

列入本次整改计划的参股公司共××家，均属于××分公司。涉及需要整改的问题××项，已完成××项，正在整改的××项。

（一）××公司

1. 问题描述

未向该公司委派董监事或重要岗位人员。

2. 主要措施

××分公司于××年×月以××（出资股东）名义向××公司（我方投资企业，此处备注在正式行文中无此解释，下同）致函，要求在召开股东大会时对我方提名董事进行选举。××年×月，××公司（我方投资企业）

召开股东大会选举董事会成员，我方提名董事参与选举，但最终未能当选。

×× 年 × 月，×× 分公司上报了《关于 ×× 股票出售事宜的请示》，并获得集团公司批复。目前 ×× 分公司正在按照批复择机出售所持该公司股票。鉴于 ×× 分公司已启动股权退出程序，已无须委派董事参与该公司日常经营决策，且考虑到 ×× 公司（我方投资企业）选举董事的程序，我方也不可能获得该公司董事席位。

视同整改完成。

（二）×× 公司

1. 问题描述

应退出参股经营。

2. 目前整改情况

×× 公司（我方投资企业，此处备注在正式行文中无此解释，下同），×× 年集团公司已批准 ×× 分公司对所持全部股权（××%）进行股权转让。×× 分公司为此开展了大量工作，派专人到 ××（地名，此处备注仅为了让读者了解）进行现场沟通，聘请专业机构进行初步评估，并就该股权转让相关问题咨询了专业律师。由于该公司净资产为负，加之进行评估（出具最终报告）和挂牌交易均会产生一定成本，同转让收益相比不具有可行性，很难找到合适的受让人，因此暂缓了该公司的股权转让。同时，×× 分公司再次聘请中介机构研究核销该股权方案，但研究发现该股权确定不符合股权核销条件，遂终止该计划。

该公司属于历史遗留问题，×× 分公司将按照集团公司批复要求，寻求多种途径，加快推进该历史遗留问题公司的股权转让退出，目前无法预计完成时间。

二、问题及建议

问题：×× 分公司已寻求多种途径处置 ×× 公司股权，但该公司已停业多年，我方持股比例较小，处置工作难以推进。

建议：对于已长期停业、无实质经营的参股公司，采取股权核销方式处置。

（中间空 3 行）

发文单位名称（加盖印章）

×× 年 × 月 × 日（后空 4 格）

写作范例 8：

×× 公司关于开展全口径全层级 ×× 问题综合整治专项行动情况的报告

×××（主送单位）：

根据《关于开展全口径全层级 ×× 问题综合整治专项行动的通知》（××函〔××〕×× 号）要求，×× 公司 ×× 家所属企业对全口径全层级境内外法人企业进行了全面梳理，结果已报集团公司 ×× 部。×× 公司无 ×× 等问题。

特此报告。

（中间空 3 行）

发文单位名称（加盖印章）

×× 年 × 月 × 日（后空 4 格）

（四）呈报性报告（属于报送文件或材料的报告）

呈报性报告主要用于下级向上级报送文件、物件而随文呈报的一种报告。一般是用一两句话说明报送文件或物件的依据或目的以及相关事宜。呈报性报告模板见附录 2-7。

写作范例 9：

关于报送 ××× 工作计划的报告

×××（主送单位）：

根据集团公司 ××× 统一部署要求，现将我公司《×× 年生产运行工作计划》报告予以报送，请审阅。

（中间空 3 行）

发文单位名称（加盖印章）

×× 年 × 月 × 日（后空 4 格）

（中间空 1 行）

（联系人：×××，电话：×××）

（五）例行性报告（属于工作报告的一个种类）

例行性工作报告是下级单位因工作需要定期向上级单位或业务主管部门所作的报告。如日报、周报、月报、年报等，用于向上级汇报阶段性工作，内容包含工作进度、成效以及经验、体会、存在问题和解决办法等。即便是例行性报告，我们也不能随便应付，使之变成“例行公事”，而要随着工作的进展，及时反映新情况、新问题，突出重点、抓住亮点，写出新意。例行性报告模板见附录 2-8。

写作范例 10：

×××公司
生产经营周报

一、上次例会相关部署落实情况

（一）重点工程项目进展情况。与××公司联合成立工作专班，制定工作方案，共同推动××项目。该项目于××年×月×日启动，目前已经进入工程实施的第三阶段，工程质量获得高度评价，施工效率较去年同类项目提高 16%。按照目前进度来看，预计能够在今年 10 月份完工，较计划提前 20 天。

（二）保障××复产上产。同××公司联合召开××复产上产服务保障对接会，针对××公司提出增加××部主体装备的需求，××公司（我方）将加强一体化统筹，挖掘内部资源潜力，通过跨区域资源调配、优化装备运行安排等方式尽快协调满足资源需求，同时协调推动××公司密切合作，加快下达方案设计，推进井场建设，为新增装备动迁上钻创造有利条件，共同推动××安全高效复产上产。

（三）积极开展“质量月”活动。一是印发《关于督办“质量月”重点活动的通知》，督导企业开展××质量原因分析，制定整改措施；二是在下半年 QHSE 体系审核中开展质量专项审核，累计发现问题××项；三是组织成员企业积极参与全面质量管理知识竞赛，××名员工参与活动。

二、一周工作要情

（一）贯彻落实××批示要求，联合××公司编制《集团公司“十四五”后三年××规模化应用工作方案》。力争到 2025 年底，××工作量占区域总数的××%，××工作量占区域总数的××%以上，××装备××万水马力（其中自有装备达××万水马力以上），××装备××万水马力，分别占区域装备总量的××%和××%以上。

（二）完成井控“三评估三分级”。组织专家对××、××、××、××等××个重点盆地进行现场复评，召开东部、西部、西南地区专题评审会，审定评估分级结果。共评定井控极高、高、中、低风险盆地（地区）分别为××个、××个、××个、××个，极高、高、中、低风险区块分别为××个、××个、××个、××个，对××家公司服务的所有××队、××队进行了定级，并印发了评定结果。目前××家公司已完成证书颁发及现场挂牌，××家公司受疫情影响暂未颁发，预计××月完成。

（三）组织召开三项制度改革工作推进会。听取所属企业三项制度改革和人才强企工程推进情况，要求企业持续优化调整业务结构和组织机构，强化任期制和契约化管理，严格控制员工总量，深化薪酬分配改革，全面实施人才强企工程，确保××月末保质保量完成集团公司下达的改革重点任务。

三、本周主要工作

（一）编制公司××年“三大计划”和科技立项计划。

（二）完善法人清理处置及亏损企业深化改革工作方案。

（三）加强节前安全生产检查和节日期间值班值守、应急保障等工作。

附件：1. ××公司主要生产经营数据及相关信息

2. 国内装备队伍动用及等停情况表

3. 国内装备动用率及完成工作量同期对比图

【写作点评】

上述范例是报送集团公司生产经营周报的规范格式，要求正文内容控制在4页以内，共分为3个部分：上次例会相关部署落实情况（一般为上上周至目前的进展）、一周工作要情（上周工作）和本周主要工作。通常要求专业公司将汇报时间控制在5分钟以内。强调的是上级决策部署的执行落实和专业公司的一体化统筹安排，这对于提高会议效率和决策效率、改进会风文风和工作作风大有裨益。起草生产经营周报（月报、季报都有类似要求），功夫在起草之外，重在加强督查督办，第一时间传达贯彻、第一时间形成督办工作单、第一时间统筹推进、第一时间报送落实情况（或进展情况）总结。但起草工作亦比较辛苦，需要及时收集总结、全面查看、统筹布局（结构安排）、整理提炼，通过系统梳理、精心构思、用心运笔，最终形成简洁明了的短短4页周报。周而复始、年复一年，需要很大的耐心和责任心方可完成此项工作任务。

重点提示：

汇报选材，必须遵循四象限法则（第一象限，紧急、重要，必须选用；第二象限，不紧急、重要，择机选用；第三象限，紧急、不重要，尽量不用；第四象限，不紧急、不重要，直接舍去）。

汇报数据，必须使用统一口径的数据，必须和责任部门再三核实，确保数据准确、真实，无差错、无误报。

相关名称，比如领导姓名、职务，部门和单位名称，必须使用集团公司明确的规范全称或规范简称，不得有任何差错。

内容核查，打印有没有打印错误，有没有错页漏页、有没有错字漏字；全面检查各级标题是否规范，字体是否规范，页码设置是否规范；检查份数是否符合会议要求等。

第三节　意见

意见是公文的主要文种之一，适用于对重要问题提出见解和处理办法。在行文方向上，意见既可用于上行文，也可用于下行文；在内容安排上，除了对重要问题提出见解和处理办法，供上级单位和领导参考之外，还用于对下级单位提出原则性和方向性的指导意见。

一、意见的特点

（一）指导性

用于下行文时，意见虽然在文种的字面含义上只是对某一项工作提出意见以供参考，没有指示、批复等明显的指导色彩，实际上也是指导性很强的一个文种。这种情况下，意见对收文单位来说，仍然具有较强的约束性，需要遵照执行。

（二）针对性

意见有着较强的针对性。往往根据实际需要，针对某一重要的问题，提出见解或处理意见，对于解决目前存在的问题，有着积极作用。

（三）原则性

意见通常不是具体的工作安排，而是多从宏观上提出见解和意见，要求收文单位结合具体情况办理。下级单位在落实意见精神时，相比执行规章制度和批复有更大的灵活性。

二、意见的分类

意见主要有指导性意见和建议性意见两种。指导性意见常用于上级单位直接对重要问题发表意见，提出工作原则、工作要求，指导下级单位的工作。建议性意见多用于下级单位对重要问题提出见解和建议，供上级单位和领导参考。

三、意见的写作要点

（一）标题

意见的标题形式一般为“发文单位＋关于＋主要内容＋的＋文种”，如《××公司关于严格控制用工总量的意见》，有时发文单位可省略，如《关于严格控制用工总量的意见》。有的意见起草时就不用考虑发文单位名称，如《关于提高××党员领导干部民主生活会质量的意见》。

（二）主送单位

一般分为两种情况：对于以通知形式转发的意见，意见正文中一般不写主送单位这一项，而是在转发该意见的通知中，把主送单位写清楚。对于直接发布的意见，要有主送单位，主送单位的排列方法和一般公文相同。

（三）正文

1. 发文缘由

意见的开头部分，通常要写清发布该意见的背景、依据、目的、意义等，但不要面面俱到，可长可短，最后以“现提出以下意见”或“特制定本实施意见”等过渡性语句转入下文。如“为适应公司大幅提升企业效益水平和发展质量的总体要求，优化人力资源配置，……全面提升人力资源管理水平，特制定本实施意见”，重点指出了发文的目的和意义。

2. 意见条文

这是意见的主体，要把对重要问题的见解或处理办法一一写明。

对于内容繁多的执行性指导意见，可列出小标题作为各大层次的标志，小标题下再分条表述。如《××公司关于严格控制用工总量的意见》，主体分为四大部分：指导思想；基本原则；控制目标；主要措施。每一小标题下列出若干条文，其中第四部分主要措施分为深化调整优化组织结构、逐步压缩低端低效队伍数量、大力实施工程业务分包外包、积极创新基层队伍综合服务模式。

对于某项工作的意见，主体部分直接列条即可，不必再设小标题。如《关于提高 ×× 党员领导干部民主生活会质量的意见》，主体部分就直接分为4条：（1）进一步提高对开好领导干部民主生活会重要性的认识；（2）明确民主生活会的目的要求，充分做好会前的准备工作；（3）严肃认真地开展批评和自我批评；（4）党委主要负责同志要切实担负起开好民主生活会的重大责任。

3. 执行要求

有些意见需要对贯彻执行提出一些要求，可以列入条款，也可单独在正文最后写一段简练的文字予以说明。如实际工作中认为没有必要的，这方面可以不写。

四、意见的写作范例

（一）指导性意见

指导性意见分为规划性意见和实施性意见两类：前者通常是上级单位对某一时期某一方面工作提出大体构想或总体要求，如《关于编制集团公司工程技术业务“十四五”规划的指导意见》；后者通常是为贯彻落实某一重要决定或中心工作所制定的实施方案，重在阐释上级的有关精神，使下级单位对上级的文件精神有更深入的理解，同时提出较为具体的行动方案和工作安排，如《关于进一步深化“安心工程”的意见》等。指导性意见的写作模板见附录 2-9。

写作范例 11：

×× 公司关于加强员工健康管理工作的意见

为深入贯彻党中央、国务院“健康中国”战略部署，提升公司健康管理水平，守护员工健康，指导工作开展，现就加强员工健康管理工作提出以下意见：

一、指导思想

按照"人民至上、生命至上"的总方针，以习近平新时代中国特色社会主义思想为指导，以守护广大员工健康为目标，坚持员工健康与生产安全并重，健全健康管理体制机制，配齐人财物资源，制定精准有效措施，大幅消减职业卫生和员工健康风险，真正实现从以疾病为中心向以健康为中心的深刻转变，为员工幸福生活和公司高质量发展提供坚实的健康保障。

二、总体要求

（一）基本原则

坚持预防为主、持续改进的原则。预防是最经济、最有效的健康策略，要推动预防关口前移、重心下沉，持续改进员工疾病预防控制体系，以预防为中心的健康管理理念落实落地。

坚持单位主抓、员工主动的原则。发挥单位主导作用，明确职责定位和任务目标，抓好措施落实，树立个人是自己健康第一责任人的意识，激发员工的主动性与参与性。

坚持立足实际、稳妥有序的原则。立足员工队伍健康现状与单位实际，以健康问题为导向，制定切实方案，落实管理举措，稳妥有序实施，确保员工健康水平提升见实见效。

坚持部门联动、共建共享的原则。加强组织领导，明确各部门责任分工，建立部门协作机制，借助各类健康资源，推动健康人人参与、人人尽力、人人享有。

（二）工作目标

到 2025 年，规范实用的健康管理体系基本建成，场所职业有害因素全面受控，员工健康风险基本受控，员工健康素养水平持续提高，落实健康中国战略成效走在前列。

到 2030 年，规范实用的健康管理体系全面建成，员工健康风险全面受控，健康高风险员工的跟踪干预率达到 100%，员工在岗期间突发疾病死亡事件基本杜绝，健康工作和生活方式全面普及，公司健康管理工作在 ×× 保持领先。

三、主要任务

（一）健全职能机构

员工健康管理实行统一领导，主要领导负总责，分管领导具体负责，将员工健康管理纳入年度业绩考核和 QHSE 绩效考核。各分公司要对照国家法律法规、公司规章制度和标准规范，结合本专业实际，建立健全健康管理制度，使职业卫生和员工健康规章制度衔接配套，构建健全高效的健康管理机制。各分公司和地区企业要明确健康管理牵头部门，配备满足要求的专兼职健康管理人员，将相关机构和人员信息表于 × 月 × 日前报公司公共卫生和职业健康技术中心。

（二）确保资金到位

健康经费是健康管理工作开展的基础性保障，主要包括健康宣教费、健康体检、评估和干预费、健康设备设施费、健康档案费、健康信息化平台建设费、传染病防控费和公共卫生费等。地区企业要依据公司有关规定，在企业年度投资计划、财务预算内统筹安排健康管理专项费用支出，从生产成本、员工福利、管理成本等方面理顺费用使用渠道和标准，使之满足健康管理要求。要在安全生产费用中明确列支急救设施配套费，保证 AED、急救包等设施配备和日常维护。健康经费实行分级管理、专款专用，如遇政策性费用标准调整，要综合平衡，统筹安排，保障员工健康管理工作顺利开展。要加强对健康经费使用情况的监督，建立台账，严格登记，确保合规使用。鼓励涉国际业务单位为员工配置涵盖海外救治、航空医疗转运、遗体转运等内容的国际医疗保险。

（三）完善健康设施

地区企业要加快推进职业卫生和员工健康设备设施完善计划，依法依规履行建设项目职业病防护设施“三同时”制度，优先采用有利于防治职业病和保护员工健康的新技术、新工艺、新设备、新材料，加快完善保障员工健康的设备设施，配备药品。野外一线、海外单位无有效医疗保障的区域，可通过自建或以购买服务的方式，设置企业医务室，满足员工基本医疗需求。加快完成一线生产班组小药箱、急救包配备全覆盖，鼓励在专业人员指导下为高风险员工配发便携式应急药品，配备可穿戴健康设备，通过智能化手段提高员工健康指标监测效率。人员集中场所、偏远厂矿推广安装 AED 设施，建立 AED 地图，提高员工突发心脑血管疾病生命救助能力。海拔 3000 米以上生产施工场所要配备制氧机、吸氧机、血氧检测仪、人工呼吸球囊等设备和抗缺氧药品。海外项目要探索完善员工远程医疗问诊和便携式健康监测设备设施应用。要大力提倡健康工作和生活方式，统筹推进健身运动设施建设，因地制宜建设员工运动步道、健身室、心理解压室等，配备配齐健康运动器材，成立各类健康运动协会，推广工间操、健步走、太极拳、八段锦等健身运动，为员工提供科学专业的健身运动指导。

（四）实施监测预警

地区企业要建立职业卫生和员工健康监测预警机制。产生职业病危害因素的工作场所要依法依规委托有资质的职业卫生技术服务机构，开展职业病危害因素定期检测，适当配备在线监测设备设施，实现超标实时预警。关注员工日常倒班轮岗前的健康状态，对健康状态欠佳的员工及时采取措施，有效防控在岗期间员工健康和生产安全风险。开展员工健康监测，以年度体检、定期检测、信息登记等方式，对工作场所健康危害因素、员工重点医学指标、患疾情况、因病死亡等进行监测，每年对员工群体健康数据、指标、危害因素及风险进行记录、对比分析。开展员工队伍健康评估，通过自建健康评估平台或委托购买专业健康机构服务的形式，每年至少组织1次员工队伍健康评估。根据健康评估结果，实现对员工队伍中大病人群、慢病人群、异常人群、风险人群、健康人群的分类分级健康管理和指导。

（五）落实干预促进

地区企业要推动健康管理关口前移，开展健康干预与促进行动。要按标准要求定期组织接害人员进行职业健康检查，对结果异常人员落实复查、调整岗位、诊断等措施。要定期开展健康宣教，建立并及时更新员工健康素养基本知识和技能传播资源库，将个人健康防护、科学健身知识、急救知识和技能纳入员工年度培训工作。要积极开展健康食堂创建，根据地域、饮食习惯等制订“员工营养计划”，落实“三减三健”（减盐、减油、减糖，健康口腔、健康体重、健康骨骼）活动。要推进无烟单位建设，实现室内公共场所、工作场所和交通工具全面禁烟。要设立心理健康室，通过内外部结合服务模式建设专业团队，明确各自职责，为员工提供心理健康促进服务。要高度关注员工心脑血管疾病，定期对超重肥胖、高血压、高血糖、血脂异常等员工开展风险评估和干预指导。要持续改善环境卫生，消除鼠害、蚊蝇等病媒生物的危害，提升饮用水卫生标准，对污水、污物等进行无害化处置。

（六）抓实能岗匹配

地区企业要建立完善职业卫生和员工健康的岗位风险匹配机制，落实入职上岗前健康体检和评估，强化员工健康状况与岗位匹配度管理。要根据本单位实际制定高原、高温、高湿等特殊环境和高处作业、职业机动车驾驶、接触有毒有害作业等特殊岗位工作的健康标准，合理安排员工上岗，依法加强员工劳动保护，执行特殊作业岗位健康红线要求，坚决杜绝违反健康红线上岗。要建立健康异常人员清单，及时跟踪诊断、治疗和康复情况，评估其健康状况的岗位相容性，对于有岗位职业禁忌证的人员，要调整其岗位，患有明显焦虑、抑郁等心理和精神疾病的人员，应及时开展心理援助，同时调整到其力所能及的工作岗位。境外项目人员出境前必须进行健康评估，合格后方可出境参与工作。

（七）建设健康企业

地区企业要明确健康企业建设工作的部门职责分工，设置专项经费，大力组织开展健康企业建设活动。要按照试点先行、分步推进的要求，制定整体推进方案和具体实施细则，选择部分单位率先开展建设试点，总结典型经验做法，形成具有本单位特色的建设标准并全面推广。要加强宣贯动员，广泛发动员工主动参与健康企业建设，营造浓厚氛围，定期开展员工感知度调查，切实解决员工健康关切。要对照健康企业建设和评估标准，严把质量控制关，逐条落实，定期开展自查评估，梳理问题清单，逐项落实整改提升。要积极配合地方政府健康企业创建活动，达到条件的要主动向地方政府部门申请健康企业评定。各分公司要结合专业特点和试点企业先期建设经验，在×月×日前完成本专业健康企业建设实施细则，并报公司××部备案。

（八）完善信息档案

地区企业要加快建设员工健康信息档案平台，完善员工健康信息档案，制定员工健康档案管理制度。按照先建后管、先简后难的原则，采取自主建设或购买服务形式，加快推进员工健康信息档案建设，开展员工个人健康信息采集，整理分类员工健康体检资料和医疗卫生记录，为员工建立起全职业周期的健康信息档案，指导和服务员工健康管理。在做好纸质档案建设管理的同时，加快推进职业卫生和员工健康档案信息化建设，方便单位和员工个人查询和利用，提升健康档案管理水平。

四、保障措施

（一）强化组织领导

各单位要充分认识加强员工健康管理的重要性、必要性和紧迫性，各级HSE委员会要将加强员工健康管理工作纳入议事日程，广泛征求意见，结合企业实际制定具体实施方案，明确责任主体，抓好任务落实，全面提升员工健康管理水平。

（二）拓宽保障渠道

员工健康管理是一项长远性、系统性工作，各单位要建立健全统筹协调机制，由归口管理部门主导、多部门协作参与，加大人、财、物资源的投入，严格工作程序，规范组织实施，全力保障员工健康管理各项措施落实落地。

（三）强化考核考评

各单位要将员工健康管理纳入业绩考核，定期对员工健康管理工作开展情况进行督导检查和评估，加强过程督导和专业指导，确保重点任务落实。对员工健康管理工作不重视、工作落实不到位、措施不得力、效果不明显的，要严肃追责。

（四）营造健康氛围

各单位要加强健康工作宣传，教育员工牢固树立每个人是自己健康的第一责任人理念。要通过多种形式和载体，营造健康氛围，引导员工主动关注自身健康，参与自我健康管理，积极改变个人不良健康行为和工作生活方式，确保员工健康管理各项措施取得实效。

公司 ×× 部联系人：×××；电话：×××

邮箱：×××

公司公共卫生和职业健康技术中心联系人：×××

电话：×××；邮箱：×××

（中间空 3 行）

发文单位名称（加盖印章）

×× 年 × 月 × 日（后空 4 格）

写作范例 12:

关于进一步深化“安心工程”的意见

公司所属各单位，本部各部门：

常年奋战在外部市场的员工队伍（以下简称“驻外员工”）为公司保持安全稳健发展作出了重要贡献，加强对驻外员工的服务工作是公司各级工会组织的重要职责。按照公司党委关于打造心系基层、群众信任典范的工作要求，为进一步深化“安心工程”，更好服务驻外员工的工作生活，特制定本指导意见。

一、指导思想

以党的二十大精神为指导，按照公司党委提出的牢固树立“以员工为中心”的发展理念，以及着力打造心系基层、群众信任典范的工作要求，全面准确把握、理解员工的诉求和期盼，进一步深化“安心工程”，持续提高服务跨国跨区域在外部市场施工员工的水平，切实解除驻外员工的后顾之忧，营造和谐稳定的内部发展环境，为公司高质量发展保驾护航。

二、工作原则

（一）坚持以问题为导向的原则。……

（二）坚持政策向外部市场一线倾斜的原则。……

（三）坚持资源整合共享的原则。……

三、主要内容

（一）做好突发事件应急服务。完善驻外员工信息档案，建立“爱心联系卡”。建立应急预案，有效应对社会安全、政局动荡、重大疫情、员工突发伤病、意外伤害等突发问题。建立“半小时应急圈”，及时为驻外员工及其直系亲属遭遇突发事件等提供帮助。

（二）加强驻外员工健康管理。……

（三）完善后方服务保障机制。……

（四）丰富员工业余文化生活。……

（五）畅通员工合理诉求渠道。……

（六）健全员工各项福利政策。……

四、几点要求

（一）统一思想、凝聚共识，切实提高工作站位。……

（二）注重实效、细化方案，研究制定切实可行措施。……

（三）严格落实、强化考核，推动各项工作迅速开展。……

（中间空 3 行）

发文单位名称（加盖印章）

×× 年 × 月 × 日（后空 4 格）

（二）建议性意见

建议性意见通常是为做好某项工作提出可行性建议，一般所涉及的内容比较具体，有时会将所提的工作建议的依据、思路、措施和目标等内容罗列，以得到上级单位的理解和支持。建议性意见的写作模板见附录 2-10。

写作范例 13:

关于进一步规范公司科研项目管理工作的意见

公司科技管理委员会：

近年来，在公司科技管理委员会的关心和指导下，××（单位名称）科技管理工作水平持续提高，科研成果丰硕，取得良好经济效益。为更好落实公司“十四五”科技规划部署，现就科技管理工作提出以下意见建议：

一、加快科技管理机制改革，建立以项目负责人为核心的科技项目管理模式，赋予科技项目负责人更大的技术攻关决策权、经费支配权和资源调动权。

二、适度减少科技项目推进过程中的检查评估次数，将更多精力投入理论创新、现场试验和成果测试，努力提高科研成果转化率，让更多科研成果转化为公司经济效益。

三、加大对青年科技人才开展研发活动的资金支持，重点支持原创性技术研究，鼓励青年员工勇于创新、担当尽责，加快促进青年员工成长成才。

四、完善升级 ×× 重点实验室、×× 研发中心等科技条件平台，以适应当前和今后一个时期的科技研发需要，加快释放科技创新潜能，更好服务公司高质量发展。

恳请公司科技管理委员会研究 ××（单位名称）提出的意见建议。××（单位名称）将认真落实公司科技管理委员会意见，按要求做好相关工作，更好发挥 ××（单位名称）科技先锋作用，支撑和保障公司国内外市场工程作业项目。

（中间空 3 行）

发文单位名称（加盖印章）

×× 年 × 月 × 日（后空 4 格）

第四节 函

函是实际工作中广泛使用的一种平行文，行文方式灵活，既可以发正式公文函件，也可以发便函（无发文代字）；既可以给不相隶属单位行文，也可以给关联单位行文；既可以用于商务洽谈、技术交流、问题答复，也可以向有关主管部门请求批准事项，向上级单位询问具体事项。

一、函的特点

（一）沟通性

函通常用于平行单位之间、不相隶属单位之间相互商洽工作、有关询问和答复问题的沟通协调。这是平行文种的独特之处。

（二）单一性

函是唯一的平行文种，通常结构简单，篇幅短小，语言简洁。公函要严格按照公文的格式写，内容必须专一、集中。一般来说，一个函件以讲清一个问题或一件事情为宜。

（三）灵活性

函在发文形式、内容编排、使用语言、效用发挥等方面都具有较大的灵活性。

二、函的种类

按行文性质划分，函可以分为公函和便函两种。公函用于机关单位正式的公务活动往来；便函用于日常事务性工作的处理。便函不属于正式公文，可以没有标题和发文字号，在最后署上发文单位名称、成文时间并加盖公章即可。

按发文目的划分，函可以分为发函和复函两种。发函即为提出公务事项所发出的函，复函则是为回复对方来函所发出的函。

按内容和用途划分，函还可以分为商洽事宜函、请示批复函、征求意见函、工作联系函，以及告知函、催办函、转办函、报送材料函、答复事宜函等。

三、函的写作要点

函包括标题、主送单位、正文、落款等。

（一）标题

函的标题形式通常为“发文单位＋关于＋事由＋的＋文种”，发文单位可省略。复函的标题中要写明为“复函”，也可以加复函对象。

（二）主送单位（即收函单位）

函通常只有一个主送单位，也可以有多个，根据工作需要确定即可。复函的主送单位只有一个，就是来函的发文单位。

（三）正文

正文通常由发函缘由、沟通事项、要求（诉求）、结语等组成。

正文开头部分，首先简要写明发函的根据、目的及原因。复函则先用一句话引述对方来函的标题（或主要内容）、发文字号（如有的话），说明函已收悉。例如：你公司《关于×××的函》（××〔××〕××号）

收悉。接着写“现将有关情况说明如下”“现将有关问题复函如下”等。

发函事项部分，要写明所商洽、询问、告知或请求批准的事项，内容较多时分条叙述。复函要针对来函事项给予明确答复。

要求（诉求）部分，要写明发文单位的具体意见、建议或有关诉求。复函也可对来文单位提出具体处理意见、希望或要求。

公函的结语惯用语一般有以下几种：

商洽函：“请予（大力、鼎力）支持（协助、帮助、配合），为感（谢、荷、盼）！”“请即函复为盼（谢、感）”“请研究后函复”“可否，请予研究函复”。

请批函：“特呈函，请予批准函复”。

询答函：“盼予函复”“即请复函”“敬请回函”“务希见复”。

邀请函：“敬请参加（出席、光临、指导）”“请届时出席”“此致、敬礼”“顺致节日问候”。

拜访函：“望予接洽为盼”。

催办函：“特此函告”。

告知函：“特此函达”“专此函达”“特此知照”。

便函可以不用结语，像普通信件一样，使用“此致、敬礼”。

复函的结语惯用语一般包括“特此函复（答、告）”“此复”。（“荷”读作 hè，此处作负荷、负担、负重解，“为荷”取引申义：对其负重负担的感谢，意同“为感、为谢”）。有的复函只提要求，没有结语（如甲乙方之间的复函）。

（四）落款

函的落款一般包括发函单位名称、成文日期以及印章。

四、函的写作范例

（一）商洽函

这类函用于不相隶属单位之间商洽工作，联系有关事宜，如人员商调、联系参观学习等。正文通常由商洽缘由（发函的原因）和商洽事项两部分组成。商洽缘由要明确依据（有的是国家或上级单位下发的规定或文件要求），讲清楚需要商洽的事项内容。商洽函的写作模板见附录 2-11。

写作范例 14:

×× 公司关于建立战略合作关系的函

×××（主送单位）:

近年来,我公司与贵公司在制约深层资源勘探开发技术上开展合作交流,取得了突出成效,得到了×××(上级单位)的肯定和支持。为深化双方合作、巩固研究成果，现提出如下意见:

一、双方签订战略合作协议，明确合作内容。

二、定期开展工作和技术交流，及时解决遇到的问题。

三、共同投资技术攻关所需的高、精、尖仪器设备，共享共用技术攻关项目所涉及的设备、人才、信息资源。

以上各项，如蒙同意，建议互派工作人员就有关内容进行磋商，达成协议，以利工作。特此函达，务希研究见复。

（中间空 3 行）

发文单位名称（加盖印章）

×× 年 × 月 × 日（后空 4 格）

（联系人：×××；电话：×××）

（二）请批函

这类函用于不相隶属机关之间请求批准和答复审批事项。正文通常由请批的缘由（依据）和请批事项两部分组成。与请批函事项相关的材料要随函一并附上。请批函的写作模板见附录 2-12。

写作范例 15:

关于申请批复 ×× 公司内部队伍和内部企业资质的函

×××（主送单位）:

按照《关于进一步理顺 ×× 资质管理的通知》（××〔××〕×× 号）及《×× 公司 ×× 服务企业和队伍资质申办工作规程》(××〔××〕×× 号）要求，我公司对所属 ××、××、×× 等单位申请的 ×× 支自有服务队伍

和 ×× 家自有服务企业进行了资质复审，其中 ×× 支队伍需要到期换证，分别为：……；新增 ×× 家企业资质，分别为：……。

近年来，国内勘探开发重点已由常规资源开发转向深层超深层、非常规资源开发，为确保自有装备能够满足目标市场需求，全力提升单队单机作业能力，实现“少队高效”的集约式高质量发展，我公司坚持“控规模、调结构”原则，在保持现有队伍规模不增的前提下，压减 ×× 装备，增加施工能力和自动化程度高的装备。此次申报的 ×× 支队伍和 ×× 家企业是以市场需求为导向，在保持规模不增的基础上，对现有自有队伍进行的优化调整，并经初审、复审等环节，均符合 ×× 队伍资质管理规定和相关专业资质审核标准要求，现报请贵部门研究批准。

附件：1. ×× 队伍资质审查情况明细表
　　　2. ×× 队伍资质审查情况明细表
　　　3. ×× 队伍资质审查情况明细表

（中间空 3 行）

发文单位名称（加盖印章）
×× 年 × 月 × 日（后空 4 格）

（联系人：×××；电话：×××）

（三）询答函

这类函用于平级单位征求意见，或不相隶属单位之间相互询问和答复有关具体问题。询答函分为询问和答复两种情况。询答函涉及的多数是问题而不是具体的工作。询问函的写作模板见附录 2-13 和附录 2-14，答复函的写作模板见附录 2-15。

写作范例 16：

关于征求公司 ×× 建设规划意见的函

×××（主送单位）：

根据公司对 ×× 建设规划的总体安排，×× 部已完成公司 ×× 建设规划的征求意见稿。现按照“三上三下”修订完善的要求，下发各单位征求意见。请你单位结合本单位实际，认真组织研究，提出修改意见，于××年×月×日前反馈我部。联系人：×××；电话：×××；邮箱：×××。

附件：公司××建设规划（征求意见稿）

（中间空3行）

发文单位名称（加盖印章）
××年×月×日（后空4格）

写作范例17：

关于××公司与××公司战略合作框架协议征求意见的复函

×××（主送单位）：

贵部《关于征求××公司与××公司战略合作框架协议意见的函》（××〔××〕××号）收悉。经研究，我公司对××公司与××公司战略合作框架协议无不同意见，将按照集团公司战略部署和要求，推进落实相关工作。

特此函复。

（中间空3行）

发文单位名称（加盖印章）
××年×月×日（后空4格）

（联系人：×××；电话：×××）

（四）交流函

这类函其实也是一种工作联系函，包括邀请函、拜访函等，在企业市场开发工作中应用较为广泛，主要用于商定工作交流的时间、地点、参会人员等相关事宜。正文一般由致谢语、发函缘由、致函事项三部分组成。致谢语一般是感谢对方的感谢和支持；发函缘由要写明邀请或拜访的原因；致函事项就是要说清楚工作交流的具体内容；结语用礼貌性语言提出企盼、盼望。邀请函、拜访函的写作模板分别见附录 2-16 和附录 2-17。

写作范例 18：

关于邀请 ××× 参加 ×× 项目中期评审的函

×× 部：

根据集团公司 2022 年 ××× 项目工作部署和要求，决定于 9 月 16—17 日在四川成都对该项目进行中期评审，特邀请贵部 ××× 同志参加此次评审工作。

特呈函，盼予函复。

（中间空 3 行）

发文单位名称（加盖印章）

×× 年 × 月 × 日（后空 4 格）

（联系人：×××；电话：×××）

写作范例 19：

关于赴 ×× 公司进行工作交流的函

×× 公司：

为感谢贵公司对 ×××（前去拜访一方的单位名称）长期以来的鼎力支持，更好支撑和保障 ×× 油田增储上产，×××（前去拜访一方的单位名称）××× 一行，拟于 × 月 × 日（周 ×）上午 9：00，前往贵公司进行工作交流。

望予接洽为盼。

附件：参加工作交流人员及航班信息

（中间空 3 行）

发文单位名称（印章）

××年×月×日（后空4格）

（联系人：×××；电话：×××）

（五）催办函

这类函一般是催促相关方履行义务的函。正文通常由催办事项和催办缘由两部分组成。有的催办函是直接要求对方履行义务，并提出相关要求；有的催办函是先陈述催办事项，讲清楚是什么具体事项，然后再说明催办缘由，最后提出希望或要求；有的催办函还需要在开头写上致谢语，然后再陈述催办事项和催办缘由。催办函的写作模板见附录2-18。

写作范例20：

关于催办×××的函

×××（主送单位）：

截至××年×月×日，贵公司尚欠我公司×××项目应付合同金额×××万元（大写人民币×××万元整）。根据双方签订的×××项目合同约定，贵公司应在××年×月×日之前支付上述款项，但我公司至今仍未收到该笔款项。为不影响双方良好的合作关系，请贵公司于××年×月×日之前向我公司支付上述款项。

（中间空3行）

发文单位名称（加盖印章）

××年×月×日（后空4格）

（联系人：×××；电话：×××）

写作范例 21：

关于催办 ××× （事项）的函

×××（主送单位）：

贵公司 ×× 年为我方建造的深水作业平台，已经交付我方两年有余，当时在建造合同中约定安装的深水作业扶正器至今仍未安装。为此我方已多次赴贵公司协调，但未果。深水作业风险极高，为安全执行施工任务，我方已租用相关设备暂时替代深水作业扶正器，但使用过程中时刻背负着安全风险，且经济上损失很大。为此特致函贵公司，尽快为我方接收的贵公司负责建造的平台安装深水作业扶正器，以确保深水作业安全施工。

敬礼

（中间空 3 行）

发文单位名称（加盖印章）

×× 年 × 月 × 日（后空 4 格）

（联系人：×××；电话：×××）

写作范例 22：

关于催办 ××× （事项）的函

×××（主送单位）：

首先，衷心感谢贵公司一直以来对 ××× 公司的大力支持（致谢语）。我公司于 2020 年 3 月 1 日中标渤海湾 ×× 项目，并于 2021 年 9 月 30 日按时完工、顺利通过贵公司组织的完工验收。截至目前，该项目已通过完工验收整整一年时间，但贵公司仍未支付该项目的 20% 尾款。请贵公司专题研究，安排相关部门与我公司接洽，尽快支付该项目尾款。

再次对贵公司的理解和支持表示感谢！

（中间空 3 行）

发文单位名称（加盖印章）

×× 年 × 月 × 日（后空 4 格）

（联系人：×××；电话：×××）

（六）告知函

告知函通常是告知不相隶属单位有关事项。这类函的正文通常由告知缘由和告知事项两部分组成。根据实际需要，有的告知函还可以提出期望或建议。告知函的写作模板见附录 2-19。

写作范例 23:

××公司关于办公地址变更的函

×××（主送单位）：

根据发展需要，自××年×月×日起，×××公司及在京所属公司搬迁至海淀区×××（新办公地址名称）集中办公。衷心感谢贵公司一直以来的大力支持！期待今后进一步加强沟通联系，深化交流合作，推动共同发展。

通讯地址：北京市海淀区××大厦

邮　　编：×××

联系电话：×××

传　　真：×××

特此函告。

（中间空 3 行）

发文单位名称（加盖印章）

××年×月×日（后空 4 格）

写作范例 24:

关于告知××公司所提供产品存在质量问题的函

×××（主送单位）：

贵公司为我方×××项目提供的××产品，在实际使用过程中发现一些缺陷和不足，影响了该项目的施工进展。××年×月×日，我方已电告贵公司销售部门，所有问题产品已悉数退回。为了维护双方利益，保证我方×××项目的顺利实施，请贵公司按照双方合同约定，严把质量关，提供符合我方要求的合格产品。具体事宜请与我方联系人进行沟通。

（中间空3行）

发文单位名称（加盖印章）

××年×月×日（后空4格）

（联系人：×××；电话：×××）

（七）提醒（示）函

这类函通常是上级主管部门对下级单位（行政级别平级）就某些需要关注、解决的问题、风险等进行提示，或者项目甲方对乙方就某些应注意、解决的问题及时采取必要措施进行提示。正文一般由发函缘由、提醒事项、有关要求等部分组成。提示函的写作模板见附录2-20。

写作范例25：

关于提示×××安全风险的函

×××（主送单位）：

近期，你公司部分队伍调配进入××地区施工，××地区历来是集团公司高风险作业区。为防范风险，杜绝事故，现作以下主要风险提示：

一、主要风险

（一）井控风险。××地区地质条件复杂，喷漏同层现象比较突出，××、××地区存在多套浅层气，××构造存在高压、高含硫油气藏，历史上曾发生多起井喷事故和高套压事件，整体井控风险大，施工作业面临严峻考验。

（二）安全风险。本次组建的队伍，新员工占比高，队伍对××地区地层油气藏、地质特性、管理方式等不熟悉，易产生风险辨识不全、管控措施不落实等情况，施工过程中容易引发安全风险。

（三）健康风险。××地区属于高原地区，海拔高，空气稀薄，夏季昼夜温差大，距离城市较远，专业医疗救援比较困难，部分员工可能产生高原反应，部分患有高血压、糖尿病等基础疾病员工可能突发健康事件。

二、相关要求

结合上述风险，你公司要切实履行企业安全生产主体责任，牢固树立“一切事故都是可以避免的”“防范胜于救灾”等理念，坚定杜绝生产安全亡人事故的必胜信念，狠抓“班前识别风险、交班提示风险、班中防范风险、班后总结风险”四环节风险防控机制建设，切实防范化解新市场施工风险。重点做好以下工作：

（一）务必高度重视。（略）

（二）加强井控管理。（略）

（三）坚持“四不开工”。（略）

（四）做好技术交底。（略）

（五）关心关爱员工。（略）

请你公司严格落实上述要求，发现问题及时正确处置。队伍动迁情况请在完成验收后两天内上报。

（中间空 3 行）

发文单位名称（加盖印章）

××年×月×日（后空 4 格）

（联系人：×××；电话：×××）

（八）转办函

这类函运用范围非常广泛，正文通常由转办事项、转办缘由及有关情况等组成，转办事项相关文件或材料一般要随函附上。转办函的写作模板见附录 2-21。

写作范例 26：

关于转办××部×××（事项）的函

×××（主送单位）：

接群众举报，你单位×××作业队于××年×月×日在×××（地名）施工作业严重扰民，当地治安部门已函告我部。我部高度重视，请你单位立即组织人员将×××队在×××（地名）的施工作业情况调查清楚，并采取有效措施避免扰民事件再次发生。请于 × 月 × 日前将处置情况报送我部。

（中间空 3 行）

发文单位名称（加盖印章）

×× 年 × 月 × 日（后空 4 格）

（联系人：×××；电话：×××）

（九）报送材料函

这类函一般用于向有关部门或单位报送工作材料。正文通常写清楚上报事项即可。报送材料函的写作模板见附录 2-22。

写作范例 27：

关于上报《×× 公司 ×× 报告》的函

×××（主送单位）：

按照 ×× 通知要求，现呈报《×× 公司 ×× 报告》，请审阅。

附件：×× 公司 ×× 报告

（中间空 3 行）

发文单位名称（加盖印章）

×× 年 × 月 × 日（后空 4 格）

（联系人：×××；电话：×××）

第五节 通知

一、通知的特点

通知是党政机关向收文对象告知有关事项的公文，是一种对时间要求高、适用范围广的公文。

中央办公厅、国务院办公厅于2012年4月16日印发的《党政机关公文处理工作条例》规定，通知适用于发布、传达要求下级机关执行和有关单位周知或者执行的事项，批转、转发公文。

通知是发文单位受限最少的文种之一，无论是高层的党政机关，还是基层的企事业单位，都可以使用。通知的功能是所有公文里最为丰富的，它可以用来布置工作、传达指示、晓谕事项、发布规章、批转和转发文件、任免干部等等。

二、通知的分类

通知的种类主要有：印发或转发类通知、传达或部署性通知、周知性通知、会议通知、人事任免通知等。

三、通知的写作要点

通知的行文部分主要由标题、主送单位、正文、落款构成。通知的标题形式为："发文单位＋关于＋事由＋的＋文种"，发文单位可省略。如《××公司关于成立信息工作领导小组的通知》，亦可改为《关于成立公司信息工作领导小组的通知》。通知的主送单位可以是一个，也可以是若干个。若主送单位较少，则一一列写单位名称，如"××公司、××公司，××部"。若是普发性通知，则可用主送单位的规范性统称，如"各单位，总部各部门，各专业公司""各单位，各部门"。其一般由开头（缘由）、主体（事项）、结尾（结束语）构成。落款主要是发文单位署名和成文日期。

（一）转发性通知的标题处理

这类通知遇到层层转发、批转时，标题往往需要进行简化处理。

例如：公司××部的多层转发的通知，如果不做简化处理，则为关于《转发集团公司××部关于转发××部〈关于×××工作的若干规定〉的通知》的通知。

这样的标题太冗长、太绕口，应省略掉集团公司××部及其所发的通知，可以写成“关于《转发××部〈关于×××工作的若干规定〉》的通知”。

（二）发布性通知标题中的动词选用

发布性通知根据所发布公文的重要程度，分为颁布、发布、印发（公布）三种。颁布一般用于法规、规章；发布一般用于需要在一定范围内公开的选举、推荐及有关结果性的内容；印发使用范围最为广泛。

（三）通知标题中的说明性文字选用

通常有三种情况：如果事项紧急，可写为《关于防范××风险的紧急通知》；如果是多个机关联合发文，可写为《关于联合印发×××的通知》；如果需要印发补充通知，可写为《关于印发×××的补充通知》。

（四）通知正文表述需要注意的问题

表述方式上以理性化直述为主，语言要质朴精确，忌过多修饰议论；提出的工作要求必须切实可行，具有操作性，且属下级单位能力及权限范围内的，忌要求大而空；报送材料及其他有时限要求的任务，需要写明具体日期及联系人、联系方式；发文形式上，一般事务性的通知使用函件或便函即可，重大事项的通知使用公司或部门文件形式印发。具体写法上，不同类型的通知写法是不相同的。

日常事务性工作，以及要求有关单位办理或周知的事务性和周知性通知，如催报材料、撤销或成立机构、启用或废止印章，要写明通知的缘由和依据，并简明扼要地将具体事项交代清楚。

四、通知的写作范例

（一）印发或转发类通知

印发或转发类通知是指印发规章制度，转发上级单位、不相隶属单位公文的通知。这类通知一般包括标题、主送单位、正文、附件、发文单位署名、成文日期等。印发或转发类通知模板见附录 2-23 和附录 2-24。

1. 标题

通知的标题形式为“关于印发或转发《×××》的通知”，比如〈关于印发《调整重大科技项目评价考核办法〉的通知》、《关于转发〈××部关于调整重大科技项目评价考核办法的通知〉的通知》。

2. 正文

印发或转发类通知的开头部分应写明行文目的，拟写时要写明印发或转发的对象、依据，表明对所发公文的态度，并提出贯彻执行的具体要求。

3. 附件

正文下方附件中的文件名称，应与上级单位或有关业务主管部门印发的文件名称一致，将 PDF 或扫描件原文上传到附件中。

写作范例 28：

关于转发《第×届中国××经济学术年会征文通知》的通知

各单位，总部各部门：

现将中国××学会××经济专业委员会《第×届中国××经济学术年会征文通知》转发你单位，请广泛宣传并积极组织参加。

附件：1. 第×届中国××经济学术年会征文通知
2. 第×届中国××经济学术年会论文申报表

（中间空 3 行）

发文单位名称（加盖印章）
××年×月×日（后空 4 格）

写作范例 29：

关于转发《××公司、××大学战略合作协议》的通知

各单位，总部各部门：

××公司与××大学签署了《××公司、××大学战略合作协议》。现将签署的协议文本转发你单位，请根据协议内容，按照职责分工落实好相关工作，并严格遵守协议中有关保密条款要求。

附件：×× 公司、×× 大学战略合作协议

（中间空 3 行）

发文单位名称（加盖印章）
×× 年 × 月 × 日（后空 4 格）

写作范例 30：

关于转发《关于征集“第 × 届中国（深圳）能源科技影视大会”参赛作品的通知》的通知

各单位：

现将《关于征集“第 × 届中国（深圳）能源科技影视大会”参赛作品的通知》转发给你们，请根据你单位实际情况组织参加。

附件：关于征集“第 × 届中国（深圳）能源科技影视大会”参赛作品的通知

（中间空 3 行）

发文单位名称（加盖印章）
×× 年 × 月 × 日（后空 4 格）

（二）传达或部署类通知

传达或部署类通知是指部署工作、提出指导意见或管理措施的通知。这类通知一般包括标题、主送单位、正文、附件、发文单位署名、成文日期等。传递或部署类通知模板见附录 2-25。

1. 标题

标题由“关于 + 事由 + 文种”构成，比如《关于调整企业年金个人缴费比例的通知》《关于开展 ×× 领域安全风险专项治理工作的通知》《关于开展 ×× 督办工作的通知》等。

2. 正文

开头部分应写明行文的目的和意义。一般开头为“为了 ×××，经研究，决定 ×××”，或者为“为 ×××，按照 ×××，于 ×××（时间）开展 ×××”，再将“现将有关事项（或内容、要求）通知如下”作为过渡句。

主体部分，大多采用分条列项法，具体要阐明目的意义、工作原则，明确工作内容，提出要求、措施和办法等。可以采用典型的“三段论”或“四段论”形式。有的是“三段论”结构，比如：指导思想、工作目标、重点任务，或者基本原则、工作内容、相关要求，或者督办范围、督办时间、相关要求。有的是“四段论”结构，比如：总体要求、整治内容、时间安排、保障措施。

无论采用哪种结构，只要将工作目的（意图）、工作内容、工作要求、保障措施等分别表述清楚即可。

3. 附件

如果正文太长或附件是独立的部署（实施）方案等，可将工作部署或工作方案放在附件中。这样正文就会显得短小精悍、逻辑清晰、目标明确、措施具体。

写作范例 31：

关于做好 ××× 年秋冬季物探采集工作的通知

×××（主送单位）：

为落实集团公司董事长 ×× 在《关于加大地震勘探实施情况的报告》中的批示要求和 ×× 同志在 × 月 × 日听取油气勘探工作汇报时提出的工作要求，×× 公司于 × 日组织召开了 ×× 年秋冬季物探采集工作推进会，研究制定了《×× 年秋冬季物探采集工作实施方案》。望各单位严格落实方案各项部署要求，安全、优质、高效地完成全年生产任务，加强精细处理解释工作，有力支撑油气勘探开发取得新突破。

附件：×× 年秋冬季物探采集工作实施方案

（中间空 3 行）

发文单位名称（加盖印章）

×× 年 × 月 × 日（后空 4 格）

【写作点评】

这是典型的传达性通知，就是将上级的部署和要求以公文形式传达到所属企业，请所属企业做好学习贯彻落实。这类通知可长可短，如果想提出更为具体的要求，可以将通知写长。比如该通知的正文结构可以改为“开头＋主体＋附件”形式，主体内容包括：主要学习内容、重点落实任务、相关工作要求，或者总体要求、重点任务、督查督办、相关要求。如果不想提出具体要求，仅仅提出概括性的总体要求（这样的要求一般是原则性、普适性的），让所属企业自行把握即可。

写作范例32：

关于开展××××年下半年QHSE体系审核问题和建议整改督办工作的通知

×××（主送单位）：

为落实××年下半年QHSE体系审核总结报会精神，认真做好体系审核的“后半篇文章”，巩固用好审核成果，不断提升××业务QHSE管理水平，经研究，决定近期对体系审核发现问题和提出建议的整改情况进行督办。有关内容通知如下：

一、督办范围

（一）下半年QHSE体系审核发现的××项严重问题、××项重复性问题，以及××项通用建议和××项针对性建议，详见《××年下半年QHSE体系审核督办事项清单》。

（二）集团公司安委办提出的“队伍素质能力、设计标准与执行、设备本质安全完整性、监管模式、应急”等方面的问题和相关建议。（安委办函〔××〕××号）。

督办事项清单及督办任务分解表详见附件1。

二、时间安排

（一）××年×月×日至×日，研究制定本单位整改方案，经主管领导审核通过后报送××公司。

（二）××年×月×日至××年×月×日，完成上述问题整改，并将本单位整改工作报告报送××公司。

三、相关要求

（一）加强组织领导。各企业要高度重视，主管领导要组织开展问题和建议的深入分析、系统研究，建立解决问题的制度规程和管理措施，杜绝屡改屡犯现象。

（二）严格过程管控。各企业要明确整改责任部门、责任单位和整改责任人，按照整改方案推进整改工作，确保所有问题均得到有效整改。请各企业于 × 月 × 日前报送 1 名工作联系人（企业督办工作联系人信息反馈表详见附件 2）。

（三）加强整改督导。建立月度进展跟踪督导机制，各企业每月 ×× 日报送整改进展总结（企业整改工作总结报送模板详见附件 3）。×× 公司将对各企业整改情况进行检查、访谈，对整改不力的单位进行督导，确保每项问题整改均实现闭环管理，努力消减安全风险隐患。

（四）严肃考核评价。×× 公司将综合运用查看企业报送信息、体系审核、专项检查等形式，对整改工作质量进行验证和评价，并将评价结果纳入年度 QHSE 过程量化考核（企业整改工作质量评价表详见附件 4）。

联系人：×××；电话：×××。

附件：1. 督办事项清单及督办任务分解表
2. 企业督办工作联系人信息反馈表
3. 企业整改工作总结报送模板
4. 企业整改工作质量评价表

（中间空 3 行）

发文单位名称（加盖印章）

×× 年 × 月 × 日（后空 4 格）

【写作点评】

部署性通知是企业常用的公文文种。这类通知一般都是“三段论”或“四段论”。写作范例 32 便是典型的“三段论”结构。在公文审核过程中，有三个方面的错误给予提示。

一是结构安排混乱。有的部门拟写这类通知，开头语中有重点工作内容，但重点工作内容部分反倒没有什么实质性内容或者内容不全面；有的部署性通知，将重点工作内容放在了后面的工作要求部分，存在内容错位现象。

二是内容表述混乱。有的部门在拟写督办工作通知时，没有明确督办工作的时间安排。试问，没有明确的时间节点如何进行督办呢？这样的督办工作通知又有什么意义呢？有的部门在拟写部署性通知时，工作内容不分段，就独立一段，把所有的事项堆在一起，用“包括×××，以及×××，以及×××”的形式放在那里了事。如果工作内容较多，要用（一）（二）（三）分条列出。

三是公文用语不规范，存在乱用词语、公文用语使用不恰当的情况。比如，在安排类通知中频繁出现商请类词语。

（三）周知性通知

周知性通知多用于上级单位向下级单位宣布某些应知事项，无强制落实要求。如成立、调整、撤销或合并业务机构，启用或废止单位印章，废止制度文件，变更单位名称、工作地址、联系方式等。这类通知一般包括标题、主送单位、正文、发文单位署名、成文日期等。周知性通知模板见附录 2-26。

1. 标题

标题形式为《关于 ××× 的通知》。比如《关于成立 ×× 公司试油技术研发中心的通知》。

2. 正文

只需说明意图和情况即可，没必要提出希望和要求。比如《关于成立 ×× 公司试油技术研发中心的通知》，正文只需说明为了什么目的，研究决定成立试油技术研发中心，再将中心主要职责表述清楚即可。

写作范例 33：

关于成立 ×× 技术中心的通知

×××（主送单位）：

为深入贯彻落实集团公司稳油增气战略部署，提升工程技术创新能力，打造 ×× 技术创新平台，经研究决定，成立 ×× 技术中心。现就有关事项通知如下：

一、功能定位

（具体内容略）

二、人员机构

中心设 × 级干部职数 × 人，其中：正 × 级干部职数 × 人，担任中心主任职务；副 × 级干部职数 × 人，担任中心副主任职务。

三、运行机制

（一）建立市场化引才机制。实施积极的人才引进政策，围绕技术创新需求面向全球引进高层次技术专家和科技创新人才，锻造一支集研发、技术、服务于一体的高素质研发团队。

（二）建立项目制运行机制。根据中心功能定位，研发采用完全项目制，自主研发和联合研究并行，根据需求组建 ×××、×××、××× 等方面的研发项目组，打造没有“围墙”的创新团队，实施项目全生命周期目标管理，形成市场驱动、利益共享、风险共担的有机整体，最大限度激发科技创新活力。

（三）加强对外合作交流。加强同当地高等院校、科研院所的合作交流，充分利用当地政府重点扶持的科技创新孵化平台，同外部研究机构组建联合技术攻关项目组，有效促进适用技术转移和成果转化，构建产学研用紧密融合的长效机制和创新体系。

成立 ×× 技术中心是聚焦公司战略发展要求，加快推动工程技术差异化发展、实现高水平自立自强的重要举措。各单位要充分认识成立 ×× 技术中心的重要意义，切实把思想统一到公司决策部署上来，瞄准市场需求，协同开展创新，为公司建设一流示范企业贡献智慧和力量。

（中间空 3 行）

发文单位名称（加盖印章）

×× 年 × 月 × 日（后空 4 格）

写作范例 34:

关于成立 ×× 高级 ×× 技术培训中心的通知

×××（主送单位）：

根据《关于印发〈进一步加强 ××× 培训工作的意见〉的通知》（××〔××〕×× 号），经研究，决定成立 ×× 高级 ×× 技术培训中心，中心设在 ××× 研究院，重点负责 ×× 高级 ×× 技术培训工作。

培训中心领导人员组成如下：

主　任：×××
副主任：×××　×××　×××　×××

（中间空 3 行）

发文单位名称（加盖印章）
××年×月×日（后空 4 格）

（四）人事任免通知

人事任免通知主要是进行人事任免和聘用的通知，对于某些人或者某个职位进行任免和聘用，发给当事人以及当事单位的一种告知性文件。这类通知一般包括标题、主送单位、正文、发文单位署名、成文日期等。人事任免模板见附录 2-27 和附录 2-28。

写作范例 35：

关于×××等×名同志职务任免的通知

中共××公司委员会（主送单位）：

经××公司党委××年×月×日研究，决定：

×××同志任××分公司党委委员、书记。

免去×××同志的××分公司党委书记、委员职务。

免去×××同志的××分公司党委委员职务。

（中间空 3 行）

发文组织名称（加盖印章）
××年×月×日（后空 4 格）

写作范例 36：

关于×××等×人职务任免的通知

××公司（主送单位）：

经研究，决定：

×××任××分公司总经理。

免去 ××× 的 ×× 分公司总经理职务。

免去 ××× 的 ×× 分公司副总经理职务，另有任用。

（中间空 3 行）

发文单位名称（加盖印章）

×× 年 × 月 × 日（后空 4 格）

（五）会议通知

会议通知是用于组织召开各类工作会议的通知文件。这类通知一般包括标题、主送单位、正文、发文单位署名、成文日期等。正式公文会议通知和白头会议通知模板见附录 2-29 和附录 2-30。

1. 标题

正式公文的会议通知（或工单形式的会议通知）标题为《关于 ××× 的通知》，比如《关于召开公司 ×× 年工作会议的通知》。白头通知标题一般直接写会议通知，会议名称在正文中注明。

2. 正文

会议通知的正文，一般包括会议时间、会议地点、会议内容、参加人员、有关事项等内容，只要将这些内容明确即可。

写作范例 37：

关于召开集团公司北京冬奥会、冬残奥会服务保障工作总结表彰会议的通知

×××（主送单位）：

按照集团公司党组安排，决定召开 ××× 北京冬奥会、冬残奥会服务保障工作总结表彰会议。现将有关事项通知如下：

一、会议时间

×× 年 × 月 × 日（周 ×）××：××。

二、会议地点

主会场设在 ××× 报告厅，各单位设分会场。

三、参加人员

1. 主会场：集团公司党组成员，总经理助理、管理层成员；总部各部门、驻厦各单位各1名负责同志；冬奥先进集体和先进个人代表。

2. 分会场：各单位领导班子成员，总经理助理、副总经济师，机关部门主任负责同志，冬奥先进集体和先进个人代表。

四、会议内容

1. 播放冬奥视频片。

2. 宣读冬奥工作表彰决定。

3. 为冬奥先进集体和先进个人代表颁奖。

4. 交流发言。

5. 党组书记、董事长 ××× 讲话。

五、有关事项

1. 请严格按照疫情防控要求做好会场组织工作（详见附件1），严格落实集团公司和属地政府疫情防控措施要求，……

2. 参会人员着商务便装或工装；主会场、分会场人员提前10分钟进入会场；保持会场纪律，关闭手机或静音，……

3. 本次会议为交互双流模式，请分会场积极配合主会场做好会议联调……（联系人：×××；电话：×××）。

4.请于×月×日前将报名回执(详见附件2、附件3)发至会务邮箱,……

会议报名联系人：×××；电话：×××

报名邮箱：×××

附件：1. 新冠肺炎疫情防控方案

2. 主会场报名回执

3. 分会场报名回执

（中间空3行）

发文单位名称（加盖印章）

××年×月×日（后空4格）

写作范例 38：

关于参加第 × 届中国国际进口博览会的通知

×××（主送单位）：

第 × 届中国国际进口博览会（以下简称“进博会”）将于 ×× 年 × 月 ×—× 日在国家会展中心（上海）举办，按照 ××× 相关要求，集团公司将统一组织集中签约、参观考察、国际合作论坛等重要活动。为统筹做好参会工作，确保疫情风险受控，现就有关事项通知如下：

一、日程安排

× 月 × 日报到，地点：×× 大酒店（具体地址）。

× 月 × 日下午，第 × 届 ××× 国际合作论坛暨签约仪式，地点：×× 大酒店。

× 月 × 日上午，组织 ××× 交易分团签约仪式，地点：国家会展中心（上海）。

……

× 月 × 日返程。

二、参会报名

1．×× 部负责统一组织集中签约和参观考察，预计时间为 × 月 ×—× 日，请各单位选派物资采购业务主管领导及相关业务负责同志参会。

2．×× 部负责统一组织参加国际合作论坛，预计时间为 × 月 ×—× 日，请有关单位选派 1 名相关业务负责主管领导参会。

参会人员分配表详见附件 1。

三、有关要求

1．请各参会单位于 × 月 × 日前将报名回执电子版发送至报名邮箱，报名回执详见附件 2；请于 × 月 × 日前在进博会官方网站完成报名工作，网上报名流程说明见附件 3。

2．参会期间统一接送、统一活动、统一食宿，确保防疫安全。请参会代表于 × 月 × 日前在专区填报提供住宿、交通信息，以便会务组统一安排。

在沪期间统一安排核酸检测，参会代表持专业观众证件、身份证进行检测。

地点：×× 大酒店 ×× 层。

时间：× 月 ×—× 日，××：××—××：××

3．参展证件、参会指南将于报到日在酒店签到台发放。

4. 参会期间住宿费用由各单位据实自行结算报销。

……

四、会务服务

1. 注册报名联系人：×××；电话：×××
报名邮箱：×××

2. 签约参观联系人：×××；电话：×××
报名邮箱：×××

3. 合作论坛联系人：×××；电话：×××
报名邮箱：×××

4. 接送站/机联系人：×××；电话：×××
报名邮箱：×××

5. ××酒店联系人：×××；电话：×××
报名邮箱：×××

附件：1. 参会人员分配表
2. 报名回执
3. 网上报名流程说明书
4. 疫情防控操作指南
……

（中间空3行）

发文单位名称（加盖印章）
××年×月×日（后空4格）

写作范例39：

关于召开公司××××年三大计划研讨会的通知

×××（主送单位）：

按照集团公司关于精心编制××年三大计划的部署要求，××部、××部、××部会同成员企业，依据“十四五”规划、中长期发展规划和关键核心技术攻关计划，研究编制了《××年三大计划（征求意见稿）》。经研究，拟于近期组织召开专题会议进行研究讨论。现将有关事项通知如下：

一、会议时间

××年×月×日（暂定）。

二、参会人员

（一）主会场参会人员

1. 公司相关领导。

2. 公司本部××部、××部……××部主要负责同志。

（二）分会场参会人员

1. 各单位相关领导。

2. 各单位机关××部、××部……××部主要负责同志。

三、会议议程

（一）××部汇报××××年投资计划（汇报时间）

（二）××部汇报××××年财务预算（汇报时间）

（三）××部汇报××××年生产经营计划（汇报时间）

（四）讨论发言

（五）公司执行董事、党委书记×××讲话

（中间空3行）

发文单位名称（加盖印章）

××年×月×日（后空4格）

（联系人：×××；电话：×××）

写作范例40（多用于白头通知）：

会议通知

会议名称：公司网络安全与信息化工作领导小组会议

会议时间：××年×月×日（周×）××：××

会议地点：×××会议室

主　　持：×××

会议内容：

（一）工作汇报

1. 听取××公司信息化建设总体框架方案。

（汇报人 ×××，×× 分钟）

2. 听取 ×× 公司智慧能源平台项目汇报。

（汇报人 ×××，×× 分钟）

3. 听取 ×× 公司数字化转型总体方案汇报。

（汇报人 ×××，×× 分钟）

（二）讨论发言（内容略）

（三）××× 讲话（内容略）

参加人员：

1. 公司领导班子成员。
2. 总经理助理、副总经济师。
3. 本部部门及直属单位主要负责同志。

有关事项：

1. 请参会人员全程佩戴医用口罩。
2. 汇报要突出重点，严格控制汇报时间。
3. 请于 ×× 日 ×× 时前将参会人员和会议发言情况报办公室。

会议联系人：×××；电话：×××

报名邮箱：×××

（中间空 3 行）

发文部门名称（加盖印章）

×× 年 × 月 × 日（后空 4 格）

写作范例 41（多用于白头通知）：

会议通知

会议名称：领导工作例会

会议时间：×× 年 × 月 × 日（周 ×）××：××

会议地点：××× 会议室

主　　持：×××

会议内容：

（一）学习“第一议题”内容

（二）各部门作工作汇报

（三）×× 部作专题汇报
（四）公司领导发言
（五）××× 讲话
参加人员：
1. 公司领导班子成员。
2. 总经理助理、副总经济师。
3. 本部部门及直属单位主要负责同志。
有关事项：
1. 严格控制参会范围，不携带助手参会。
2. 严格落实疫情防控要求，会议期间全程佩戴口罩。
3. 严格控制汇报时间，只汇报重要情况和需要协调解决的事项，不汇报日常工作。
4. 请于 ×× 日 ×× 时前将参会人员和会议发言情况报办公室。
会议联系人：×××；电话：×××
报名邮箱：×××

（中间空 3 行）

发文单位名称（加盖印章）
×× 年 × 月 × 日（后空 4 格）

写作范例 42（会议安排）：

公司网络安全与信息化工作领导小组会议安排

会议时间：×× 年 × 月 × 日（周 ×）××：××
会议地点：××× 会议室
主　　持：×××
会议内容：
（一）工作汇报
1. 听取 ×× 公司信息化建设总体框架方案。
（汇报人 ×××，×× 分钟）
2. 听取 ×× 公司智慧能源平台项目汇报。
（汇报人 ×××，×× 分钟）

3. 听取 ×× 公司数字化转型总体方案汇报。
（汇报人 ×××，×× 分钟）
（二）讨论发言
（三）××× 讲话

第六节 批复

批复是答复下级单位请示事项时使用的回复性文种。作为下行文的一种，仅限于特定条件下对所隶属的下级单位行文使用。

一、批复的特点

（一）被动性

批复以下级单位的请示为前提，先有上报的请示，后有下发的批复，有来才有往，被动行文。

（二）针对性

批复应针对请示内容回复意见，就请示事项明确作出是否同意、是否可行的答复。请示提出什么问题，批复就答复什么问题，不能答非所问。因此，批复篇幅一般都不长。

（三）及时性

下级单位请示的事项往往比较紧要，有较强的时限性，因此上级单位应当依据有关规定和程序，及时作出批复。

（四）权威性

批复是上级单位依据有关政策，经过认真研究后作出的结论性、决定性意见，一旦下达，下级单位须无条件严格执行。批准的内容应在上级单位管辖权限范围之内，批复内容若涉及其他部门，应进行会签，确保批复内容严谨、效力充分。

二、批复的种类

按内容和性质分，批复分为表态性批复和指示性批复两大类。表态性批复是针对请求批准或审批的事项进行明确表态的文件。指示性批复是针对请求给予指示的事项进行答复，主要用于对有关政策、规定、执行标准等进行解释和说明，具有指导和规范作用；授权性批复作为指示性批复的一种，主要用于授权下级单位具体办理某个事项。

三、批复的写作要点

批复一般由标题、主送单位、正文、落款四部分构成。

（一）标题

批复的标题一般由“发文单位 + 事由 + 文种”或“事由 + 文种”构成。事由部分应当提炼下级单位请示的事项或问题，不能写成《关于〈关于 × × × 请示〉的批复》。

（二）主送单位

主送单位通常只有一个，即报送请示的下级单位；极特殊情况下，如需针对多个单位请示的同一事项或同一问题集中批复，应一一列明相关单位名称或使用规范统称。

批复内容同时涉及其他部门或单位时，一般应采用抄送形式送达相关部门或单位。

（三）正文

正文一般包括批复引语、批复意见和批复要求三部分。

批复引语。通过引述来文简要说明批复依据和缘由，引述请示的来文日期、标题和发文字号应齐全，后面加上“收悉”，通常接着写明“经研究，现批复如下”。

批复意见。针对请示中提出的具体问题或事项作出明确答复或指示，态度要鲜明，表述要严谨，用语要简洁，语气要坚决，不能含糊其词、模棱两可，以利于下级单位贯彻执行。特殊情况下，由于事项的复杂性，原则同意，但对个别环节和个别方面提出不同意见或要求，不违背态度鲜明原则。

涉及内容较多的批复，如对规划、方案类的批复，可以在正文中简要写明批复意见，具体批准的规划、方案用附件形式下达。

批复要求。作为上级单位，可以就落实批复内容提出一些原则性要求或补充性意见，其中对报请审批规划、方案类的批复，应对需要注意的问题加以强调。否定性批复也可提供其他解决办法。

如无要求，可以用“特此批复”作为结语或秃尾结束。

（四）落款

落款一般包括发文单位署名、成文日期和印章。

四、批复的写作范例

（一）指示性批复

指示性批复通常是指在审批某项请示时，先明确答复请示事项，接着再提出指示性意见，要求下级机关贯彻执行。批复正文应以易理解、无歧义的表述回答清楚请示事项，明确执行的标准和要求。指示性批复模板见附录 2-31。

写作范例 43：

关于 ×× 公司数字化转型智能化发展试点实施的批复

×××（主送单位）：

你公司《关于 ×× 公司数字化转型智能化发展试点实施方案的请示》（××〔××〕×× 号）收悉。根据 ×× 年 × 月 × 日 ××（专业公司名称）数字化转型智能化发展试点实施方案审查会专家评估意见和要求，现批复如下：

试点实施方案符合《集团公司数字化转型智能化发展试点实施方案编制提纲》要求，方案中对 ×× 行业的特点、痛点及挑战的分析符合实际，总体目标、各阶段目标清晰，重点内容、业务场景及技术实现科学可行，实施计划可操作性强，对数字化转型效果、价值效益目标、价值预测量化分析合理，同意试点实施方案。

请你公司按照“以高水平数字化转型支撑集团公司高质量发展，着力推进数字化转型智能化发展试点建设，把数字化转型融入企业创新体系”的工作要求，认真落实集团公司和专业公司数字化转型智能化发展部署，统筹结合 ×× 项目，加强资源投入和人才队伍建设，充分发挥“先行先试，示范引领”作用，全力当好 ×× 业务数字化转型、智能化发展的先行者和排头兵，为下一步 ×× 业务在其他 ×× 企业的推广应用作出贡献。

（中间空 3 行）

发文单位名称（加盖印章）

×× 年 × 月 × 日（后空 4 格）

（二）表态性批复

表态性批复用于回答请求批准事项的请示，即明确表明上级机关的态度，是同意还是不同意。如果同意下级的请示事项，勿需说明理由；如果不同意下级的请示事项，需要阐明理由、原因；如果对下级的请示事项，存在不完全同意的情况，需要明确讲清同意部分和不同意部分，并分别阐明理由、原因。表态性批复模板见附录 2-32。

写作范例 44：

关于推进 ×× 市场开发工作的批复

×××（主送单位）：

你公司《关于推进 ×× 市场开发的请示》（××〔××〕×× 号）收悉。经研究，现回复如下：

结合 ×× 当前社会安全形势，同意你公司在严格遵守集团公司关于疫情防控和禁止 ××× 等相关规定的前提下，发挥市场主体作用，积极开拓 ×× 市场，为时机成熟时重返 ××、再拓规模市场创造必要条件。

（中间空 3 行）

发文单位名称（加盖印章）

×× 年 × 月 × 日（后空 4 格）

写作范例 45：

关于××公司降低××区域服务价格有关事宜的批复

×××（主送单位）：

你单位于××年×月×日提出降低××区域项目服务价格的请示收悉。经研究，不同意你公司提出的在××年执行价格的基础上，对××区域项目服务价格再降低5%的做法。该区域属于国内××行业高风险作业区，加之近年来大宗物品价格大幅上涨，提供项目支持服务的企业承受着巨大的经营压力，承担着很高的施工作业风险，以往因承担你公司项目已产生严重亏损。请你公司加强形势研判，做好市场分析，综合××情况，适度提高××区域服务价格，并在今后保持基本稳定，有效激发支持服务企业的积极性和主动性。要协同支持服务企业优化项目方案设计、提高施工效率、提高服务质量，促进该区域项目效益提升。

（中间空3行）

发文单位名称（加盖印章）

××年×月×日（后空4格）

写作范例 46：

关于境外回运××装备参与国内市场施工作业请示的批复

×××（主送单位）：

你单位《关于境外回运××装备参与国内市场施工作业的请示》（××〔××〕××号）收悉。经研究，现回复如下：

鉴于××项目市场出现萎缩，编号为×××的一部××装备长期等停无后续工作量。为满足国内市场对××装备的大量需求，同意你公司将该装备回运国内。

特此批复。

（中间空3行）

发文单位名称（加盖印章）

××年×月×日（后空4格）

第七节　决定

决定适用于对重要事项作出决策和部署、奖惩有关单位和人员、变更或者撤销下级单位不适当的决定事项。

一、决定的特点

（一）权威性

决定是一种重要的指挥性和约束性公文。党政机关对重要事项或重大部署作出安排一般都用“决定”。这类公文用语严肃，语气坚决，具有很强的权威性。

（二）广泛性

决定是针对重要事项、重大部署进行的工作安排，具有广泛的约束力，必须服从决定。

（三）单一性

决定事项重大，且主要包含一个事项，不过多涉及其他内容。

（四）示范性

决定要求下属单位必须无条件执行，不能推脱，对其他类似行为具有一定的示范效应。

二、决定的种类

决定的种类主要分为表彰决定、处分决定、重要事项或重大行动安排的决定。从决定的用途来看，决定的行文方向是向下行文。对重要事项作出决策和部署，目的是让本级机关和下属单位执行落实的，行文方向是本级机关和所属单位；奖惩有关人员，目的是奖励表扬先进，号召学习先进，或者惩处违规人员，让人引以为戒，行文方向也是本级机关和所属单位；变更或撤销下级机关不适当的决定事项，行文方向也是向下行文。

三、决定的写作要点

决定通常由标题、主送单位、正文和落款组成。

（一）标题

决定的标题形式一般为“发文单位＋关于＋事由＋的＋文种”，发文单位有时可以省略，简化为“关于＋事由＋的＋文种”。

（二）主送单位

主送单位是决定的主要受理单位，即对公文负主办责任的单位。

（三）正文

决定的正文相对简单，一般有以下三种情况：一是“缘由＋决定”型。这是大多数决定采用的写法，一目了然，便于执行。二是“缘由＋决定＋要求”型。在之前的类型上加上了实施要求部分，一般适用于部署性决定。三是直接叙述型。该种决定单刀直入，直接阐述决定内容，不再说明原因，一般多用于法规修改等决定事项。

（四）落款

决定的落款一般包括发文单位署名、成文日期以及印章。

（五）注意事项

决定表述以概述为主，对有关事实的陈述必须理性化，切忌出现文学性的详述。具体而言，一是决定要有明确的政策法规作为依据；二是语言要准确、语气要坚决，切忌拖泥带水；三是文字详略分布要得当，针对不同类型决定进行书写；四是要紧扣决定的主题，涉及的事项要有明确的处理结果；五是拟写表彰类决定时，要注意对表彰单位使用其规范化全称或简称。

四、决定写作的典型范例

（一）表彰决定

表彰决定是用来肯定和鼓励受表彰者工作成绩或业绩的公文。这类公文的正文一般由四部分组成：表彰的根据和原因（目的）；表彰对象的基本情况；表彰的具体决定；提出希望、发出号召。表彰决定的写作模板见附录 2-33。

写作范例 47:

关于表彰公司年度市场开发工作先进单位、先进集体和先进个人的决定

×××（主送单位）：

2021 年，面对新冠疫情等严峻挑战，各企业按照统一安排部署，严格落实市场主体责任，强化协同配合，一体化优势有效发挥，市场竞争力明显增强，服务保障率显著提升，为集团公司油气增储上产降本提供了坚强保障。

为树立市场开发方面的先进典型，充分发挥先进示范引领作用，经各成员企业自评申报、×× 组织评审、×× 公司党委会审议和公示，决定授予 ×× 等 ×× 家企业“市场开发工作先进单位”称号，授予 ×× 等 ×× 家单位“市场开发工作先进集体”称号，授予 ××× 等 ×× 名同志“市场开发工作先进个人”称号。

希望获得嘉奖的单位和个人再接再厉、再创佳绩。各企业和广大干部员工要牢固树立“成就甲方才能成就自己”的理念，认真学习借鉴先进经验和典型做法，解放思想、勇于创新，攻坚克难、真抓实干，持续提升服务保障质量效率，为集团公司建设基业长青的世界一流示范企业作出新的更大贡献。

附件：××× 公司 2021 年度市场开发先进单位、先进集体和先进个人名单

（中间空 3 行）

发文单位名称（加盖印章）

×× 年 × 月 × 日（后空 4 格）

（二）处分决定

处分决定是给予违反相关纪律及规定的人员处分的公文。这类公文的正文一般由三部分组成，即：被处分单位或个人（或事故、事件）的基本情况，分析事故事件性质及主要原因；给予处罚的依据及具体处理意见（处分决定）；提出要求，举一反三、吸取教训。处分决定的写作模板见附录 2-34。

写作范例 48：

关于给予 ××× 处分的决定

×××（主送单位）：

×××（被处分人或单位基本情况，以及违规违纪事实，产生的危害或不良影响）。

×× 年 × 月到 × 月期间，×××（单位名称）连续发生两起安全生产事故。其中：× 月 × 日，×× 装备维修时，发生 ×× 中毒事故，造成 × 人死亡；× 月 × 日，×× 处发生 ×× 事故，造成 × 人死亡。

经查，两起事故均是风险识别不到位导致的责任事故，给集团公司造成不良影响，给员工生命财产造成重大损失。

依据 ×××（处分依据），决定给予 ×××（受处分人或单位）××× 处分（具体处分决定）。

希望受到处分的单位和个人，要深刻吸取这两起事故的教训，认真学习《国家安全生产法》和集团公司安全管理有关规定和要求，提高安全认识，增强防范意识，采取有效措施，将安全生产责任落到实处，维护好员工生命和国家财产安全。

（中间空 3 行）

发文单位名称（加盖印章）

×× 年 × 月 × 日（后空 4 格）

（三）重要事项或重大行动安排的决定

重要事项，一般是指带有全局性或具有重大意义和影响的事项，重大行动是指对社会产生巨大影响的行动。重要事项和重大行动是相对而言的。这类公文的正文一般包括两部分：发布决定的背景、依据、目的和意义；决定事项。这类决定的写作模板见附录 2-35。

写作范例 49：

关于调整 ×× 公司 HSE（安全生产）委员会成员的决定

×××（主送单位）：

根据 ××× 相关规定，结合 ×× 人员变化情况，经 ×× 委员会审议通过，决定调整 ×× 成员名单如下：

主　任：×××

副主任：×××

委　员：×××、×××、×××、×××

委员会办公室设在 ×××，××× 兼任办公室主任。

（中间空 3 行）

发文单位名称（加盖印章）

×× 年 × 月 × 日（后空 4 格）

第八节　通报

通报是一种内容比较详细的周知性文种，适用于重要精神和重要情况的传达，以使有关单位和人员知晓，一般起到引导、警诫、启发、教育和沟通情况的作用。主要作为下行文，特殊情况下兼作平行文。通报的语言庄重，与一般公文采取概述不同，通报需要详细叙述。特别是在表彰或批评中，不只介绍事件梗概，还要叙述较多的细节，比较详尽具体，供学习借鉴或吸取教训。

一、通报的特点

（一）真实性

通报的内容必须实事求是、真实准确，不能主观臆断。

（二）典型性

通报的事项或情况必须具有典型性，思想意义强，具有以点带面的积极作用。

（三）引导性

通报要坚持弘扬优秀传统、贯彻政策要求，必须明确发文机关的态度。表彰性通报要肯定成绩、表扬先进、引导后进；批评性通报要指正错误、严肃批评，起到吸取教训、引以为戒的作用。

（四）及时性

通报印发必须及时。要及时总结通报好的做法、好的成绩、优秀集体和个人，并及时对错误行为进行警醒。

二、通报的种类

按内容和目的分类，通报可以分为表彰性通报、批评性通报和情况通报 3 种。

三、通报的写作要点

通报由标题、主送单位、正文、落款等组成。通报的内容不同，其正文内容有所变化。

通报的标题，形式通常为“发文单位 + 关于 + 事由 + 的 + 通报”或“关于 + 事由 + 的 + 通报”。标题中的发文单位视情况可省略。

主送单位，通报主要是对下级和有关方面进行指导、警醒、启发、教育和沟通。所以主送单位一般为下属单位及有关部门。

正文，一般由引言、事实、分析处理、要求四部分组成。引言部分，主要是概括通报的内容、性质、作用和要求。例如：表扬性通报引言，“特对 ××× (单位或个人)通报表扬，望各单位组织学习”。批评性通报引言，“现将 ××× 通报给你们，望从中吸取教训，引以为戒”等。有的通报正文部分不写引言，开门见山直接叙述事实。事实部分，表扬性通报写先进事迹，批评性通报写错误事实。要把主要事实叙述清楚，在详细描述的同时兼顾精练概括，不能拖泥带水、记流水账。分析处理部分，先进事迹要写出先进性，总结经验进行推广，错误事实要剖析原因，并提出处理（处分）意见。号召或要求部分，表扬性通报一般要写出期望，批评性通报要提出思想和行动上的具体要求。

落款，包括发文单位署名、成文日期和印章等。

四、通报的写作范例

（一）表彰性通报

表彰性通报是用于表彰先进个人或先进单位的通报（这类公文也可以用决定发文）。这类通报，着重介绍人物或单位的先进事迹，点明实质，提出希望和要求，然后发出学习的号召。

这类通报的正文通常先介绍有关单位或个人的事迹，概括基本情况，篇幅较短、简明精练。接着概括评析和指出向先进典型学习的主要内容，要详尽具体，有感染力，不能夸大或过分渲染；接着提出表彰决定，即什么会议或机构决定给予什么表彰奖励；最后提出希望号召。表彰性通报模板见附录 2-36。

写作范例 50：

关于表彰集团公司 ×× 业务金银铜牌队的通报

×××（主送单位）：

为进一步促进 ×× 基层队伍建设，充分发挥优秀基层队伍模范带头作用，持续增强 ×× 业务的核心竞争力，勉励在 2016—2018 年 ×× 业务中作出突出贡献的优秀基层队伍，按照 ××〔××〕×× 号文件要求，集团公司组织开展了 ×× 业务金银铜牌队伍评比活动。本次活动覆盖 ×× 企业和 ×× 企业的 ××、××、××、××、×× 等 ×× 个专业。在企业评选推荐的基础上，经公司审核，决定授予 ×× 公司 ×× 队等 ×× 支队伍“集团公司 ×× 业务金牌队”称号，授予 ×× 公司 ×× 队等 ×× 支队伍“集团公司 ×× 业务银牌队”称号，授予 ×× 公司 ×× 队等 ×× 支队伍“集团公司 ×× 业务铜牌队”称号（详见附件）。希望受到表彰的队伍继续发扬 ×× 精神，以这次荣誉为起点，勇于挑战，不断进取，继续在生产经营、HSE 管理体系建设上取得新业绩，在保质量、提效益等方面发挥模范带头作用。各企业要认真组织学习推广金银铜牌队伍的典型经验，进一步加强基层队伍建设，走管理技术型发展道路，为集团公司全面建成基业长青的世界一流企业提供强有力的支撑和保障。

附件：集团公司 ×× 业务金银铜牌队名单

（中间空 3 行）

发文单位名称（加盖印章）

×× 年 × 月 × 日（后空 4 格）

（二）批评性通报

批评性通报用于批评典型人物或单位的错误行为、不良倾向、丑恶现象和违章事故等。这类通报、通过摆情况、找根源、阐明处理决定，使人从中吸取教训，以免重蹈覆辙。这类通报应用面广，数量大，惩戒性突出。

批评性通报的正文通常先简明扼要地写清楚被通报单位或个人的主要问题、情节及错误的性质、动因等；然后陈述对所通报错误、问题或事故的处理意见和决定，并在此基础上提出告诫性要求，指出应从中吸取教训，以防止类似事件再次发生。批评性通报模板见附录 2-37。

写作范例 51：

关于对 ××× 事故的通报

×××（主送单位）：

××× 事故发生后，按照 ×× 要求，×××（单位或部门名称）对 ×× 事故进行了调查处理，基本查明了事故发生的经过、原因、应急处置、经济损失等情况，认定了事故性质和责任，提出了对事故责任者的处理建议。目前，根据 ××× 调查报告，结合 ××× 前期初步开展调查的情况，对责任单位和责任人提出处理意见。现将有关情况通报如下：

一、主要情况

（这部分要如实详细陈述事故发生的责任方及责任事实。如讲清楚某项工程的具体情况，包括工程项目本身的说明，还包括谁投资、谁设计、谁建设、谁监理、谁检测和事故发生的详细经过等准确信息。具体内容在此不作披露。）

二、事故原因和性质

（一）直接原因

（本部分要写明事故发生的直接原因是什么，是如何导致事故的。通常写法是“经调查分析，……是事故发生的直接原因”。具体内容在此不作披露。）

（二）间接原因

1. ×× 公司施工管理不到位。×× 作业违反 ×× 规定，所用 ×× 材料与工艺技术要求不符。对相关从业人员资格审查不严，项目经理没有执业资格，×× 人员没有岗位安全认证证书。

2. ×× 公司隐患排查不力。施工作业前，对施工现场隐患排查工作不细致，未及时发现 ×× 存在的质量问题。

3. ×× 公司未有效履行工程监理责任。对从业人员资格审查不严，现场监理不到位，对施工、检测单位疏于管理，监理报告存在填写不规范、报告与记录不一致等问题。

……

（三）事故性质

经 ×× 事故调查组分析认定，该事故是一起一般生产安全责任事故。

三、责任追究

依据 ×× 事故调查组责任认定，结合 ×× 前期初步调查的情况，按照《×× 公司质量事故管理规定》（××〔××〕×× 号）、《×× 公司管理人员违纪违规行为处分规定》（××〔××〕×× 号）有关规定，以及《×× 公司安全事故与环境事件责任人行政处分规定》（××〔××〕×× 号）中生产安全事故责任追究标准，对事故有关责任人提出以下处理意见：

（一）×× 公司

1. ×××，时任 ×× 公司董事长，公司质量第一责任人。

2. ×××，时任 ×× 项目经理，项目质量管理第一责任人。

……

鉴于该公司已经从公司承包商资源库名单中清除，以上 ×× 名人员列入公司“黑名单”。

（二）×× 公司

1. ×××，时任 ×× 项目的分包工程项目经理，项目质量管理第一责任人。

2. ×××，时任 ×× 项目经理的分包工程项目经理，具体负责项目质量管理工作。

……

以上 ×× 名人员系外部员工，列入公司“黑名单”。×× 公司从公司承包商资源库中予以清除。

（三）×× 公司

1. ×××，时任 ×× 公司经理，×× 项目实施过程中，负责公司全面工作，对 ×× 事故负有重要领导责任，给予行政警告处分。

2. ×××，时任 ×× 项目监理部经理，对 ×× 项目负有主要领导责任，给予行政记过处分。

……

上述受到处理的单位和个人要深刻吸取事故教训，增强质量意识，严格落实参建各方主体和从业人员质量责任，特别是建设单位的首要责任。加强 ×× 项目隐患排查和治理，杜绝此类事故再次发生。

公司各单位要引以为戒，举一反三，牢固树立防患于未然的理念，按照 ××× 要求，全面加强项目全生命周期管理，做到 ×××，对工程质量问题和隐患做到“零容忍”。进一步健全完善工程监管制度体系，夯实高质量发展基础，从源头上防范化解工程质量安全风险。

（中间空 3 行）

发文单位名称（加盖印章）

×× 年 × 月 × 日（后空 4 格）

（三）情况通报

情况通报使用范围比较广，可以用于上级机关把社会上出现的不良风气，或企业部署的重点工作进展情况，出现的安全生产、合规管理等方面的重要情况告知所属单位和群众，让其了解全局、了解风险、了解危害等，统一认识，提高认识，与上级保持一致，克服存在的困难，开创新的局面。

这类通报的正文通常先要叙述基本事实，交代所通报的情况，阐明发布通报的根据、原因、目的等；接着在客观描述情况的基础上，分析深层原因、梳理归纳；然后在对客观事实分析的基础上，提出希望和要求，抓住重点、要点，措施要切实可行。情况通报模板见附录 2-38。

如果仅仅是某方面工作进展情况的通报，将基本情况写清楚即可，无须写明根据、原因、目的，也不需要提出工作要求。

写作范例 52:

关于 ×× 年保密工作现场检查评价结果的通报

×××（主送单位）:

×× 年，按照公司保密委员会安排，保密办组织对 ×× 公司等 ×× 个单位开展了保密检查。检查组依据公司《保密管理规定》和《保密工作现场建设标准规范》进行全面检查和量化评分。现将检查评价结果（按得分高低排序）通报如下:

一、检查结果评价为优秀的单位（× 个）

1. ×× 公司

2. ×× 公司

……

二、检查结果评价为达标的单位（× 个）

1. ×× 公司

2. ×× 公司

……

三、检查结果评价为不达标的单位（× 个）

1. ×× 公司

2. ×× 公司

……

（中间空 3 行）

发文单位名称（加盖印章）

×× 年 × 月 × 日（后空 4 格）

写作范例 53:

关于公司 ×× 年重点改革任务进展情况的通报

×××（主送单位）:

×× 年以来，各单位认真贯彻公司改革部署要求，聚焦推进公司治理体系和治理能力现代化，高质量完成国企改革三年行动，狠抓重点改革举措落实落地，全年改革工作超计划推进，完成国企改革三年行动的 50% 以上。公司安排的 ×× 类 ×× 项改革任务全部启动，其中 ×× 项任务已完成，

××项任务进度过半，××项任务进度在30%以上。现将有关情况通报如下：

一、重点改革任务进展情况

（一）公司治理体系建设稳步推进

1. 公司结构体系方面。（具体工作进展情况略）
2. 公司组织体系方面。（具体工作进展情况略）
3. 公司运行体系方面。（具体工作进展情况略）
4. 公司制度体系方面。（具体工作进展情况略）
5. 公司监督体系方面。（具体工作进展情况略）
6. 公司党建体系方面。（具体工作进展情况略）

（二）国企改革三年行动加快推进

截至目前，公司层面承担的改革任务××项，全面完成的××项，占比××%，××、××、××等××个部门已经全面完成牵头承担的改革任务，××、××、××等××个部门完成牵头承担任务的70%以上。企业层面，承担的改革任务××项，全面完成的××项，占比××%，××、××、××等××个单位已经全面完成牵头承担的改革任务，××、××、××等××个单位完成牵头承担任务的70%以上。

二、下一步工作安排

（一）做好改革政策引导。公司改革牵头部门要组建政策宣贯工作组，经常、主动深入基层单位讲形势、讲政策、讲任务，引导各单位正确处理好改革发展与防范风险的关系，坚持稳中求进，稳妥推进各项改革任务落实落地。

（二）加强改革督办力度。坚持做好重点改革任务的督办工作，定期深入基层单位检查进度、摸排情况、查找问题，督促各单位及时研究解决遇到的问题，确保改革任务按计划推进。

（三）及时总结推广经验。公司改革牵头部门要及时总结改革三年行动取得的工作成效，及时发现并总结推广好经验好做法，促进各单位学习借鉴、改进提升，确保公司各项重点改革任务达到预期效果。

附件：××年重点改革任务进展情况

（中间空3行）

发文单位名称（加盖印章）

××年×月×日（后空4格）

写作范例 54:

关于 ×× 年 × 季度督查督办工作情况的通报

×××（主送单位）：

× 季度，各部门高度重视、狠抓落实，工作质量效率显著提升，为推动公司高质量协同发展作出了积极贡献。

× 季度，办公室共督办重点事项 ×× 项，其中 ×× 项已办结，×× 项未到期。公司主要领导对 × 季度按期办结事项进行了满意度评价，现将相关情况通报如下：

× 季度主要领导满意度评价事项 ×× 项。其中，×× 部 ×× 项，×× 部 ×× 项，×× 部 ×× 项，×× 部、×× 部各 ×× 项，×× 部、×× 部、×× 部、×× 部、×× 部各 ×× 项。详见附件。

附件：×× 年满意度情况统计表

（中间空 3 行）

发文单位名称（加盖印章）

×× 年 × 月 × 日（后空 4 格）

第九节　纪要

纪要是用于记载会议主要情况和议定事项的规定性公文。

纪要行文的形式主要有以下两种：一是以纪要的特定格式印发纪要，纪要标题由“××× 纪要”组成；二是以通知为文种，印发纪要。

一、纪要的特点

（一）纪实性

纪要是根据会议或会议记录整理而成，必须如实反映会议情况，不能脱离实际人为创作，不能随意发挥，否则就违反了纪实的原则。

（二）要点性

纪要是反映会议的综合情况，撰写会议性的纪要应围绕主旨及主要成果来整理、提炼和概括，择其要点重点反映，其重点是介绍会议成果，而不是叙述会议过程；会议性的纪要围绕会议的主要议题、主要精神、有关决定或决议而写。

（三）条理性

拟写会议纪要应注意条理化和理论化。条理化，即把会上讨论的意见分类、分层加以整理、叙述，可分部分、加标题、列条目；理论化，即采用会上讨论意见时，要保留它的理论性、说服力，一般意见要进行理论概括和选择。

（四）称谓的特殊性

纪要一般采用第三人称来写，反映的是与会人员的集体意志和意向，常以“会议”作为表述主体，“会议认为”“会议指出”“会议决定”“会议要求”“会议强调”等就是称谓特殊性的表现。

（五）备考性

纪要还可作为迎接上级检查时的重要依据。

二、纪要的种类

按会议类型划分，纪要通常分为党委会议纪要、办公会议纪要、工作例会纪要、专题会议纪要等；按照表述形式划分，纪要通常分为决议式纪要、概述式纪要和记录式纪要；按照会议内容划分，纪要通常分为决议性纪要和综合性纪要。

三、纪要的写作要点

（一）关于纪要的结构

会议纪要通常由首部、正文、尾部组成。首部由标题、期号、发文单位、成文日期四部分组成。正文包括前言和主体两部分内容，前言主要交代会议时间、地点、主持人、议题等要素；主体是会议纪要的核心内容，主要反映会议情况和会议结果。整理过程中要围绕中心议题，把会议的基本精神，特别是会议形成的决定、决议，准确概述清楚，做到条理清楚、具体明确。尾部，要一一列明参会人员的姓名，并注明是否作为列席人员；版记部分要写清楚分送领导、单位和部门、印发单位、印发时间（领导签发日期）等。会议纪要不需要署名，不加盖公章。

（二）关于纪要的标题

纪要的标题一般由“发文单位名称 + 会议名称 + 文种”构成，形式为“×× 公司 ×× 会议纪要”，居中排布，上边缘距版心上边缘为 35 mm，推荐使用小标宋字体，发文单位名称的字号一般为小一号字，“会议纪要”四字一般为 38 磅；期号等同于发文字号，居中编排在发文单位标志下空两行位置，可采用“（28）”等形式，推荐使用小标宋小一号字；发文单位，在发文期号的下一行居左排布，推荐使用楷体简体小三号字；成文日期，在发文期号的下一行居右排布，形式为“×× 年 × 月 × 日”，推荐使用楷体简体小三号字。

（三）关于纪要的概述方式

根据会议性质、规模、议题等不同，纪要正文部分常用以下三种整理方法：

集中概述法（综合式）：这种写法是把会议的基本情况，讨论研究的主要问题，与会人员的认识、议定的有关事项（包括解决问题的措施、办法和要求等），用概括叙述的方法，进行整体的阐述和说明，多用于小型会议，讨论的问题比较集中单一，意见比较统一，容易贯彻操作，篇幅相对短小。

分项叙述法（条项式）：这种写法是把会议的主要内容分成几个大的议题，然后加上标题或小标题，分项来写，多用于办公会议、工作例会、专题会议等大中型会议或议题较多的会议。

发言提要法：这种写法是把会上具有典型性、代表性的发言加以整理，提炼出内容要点和精神实质，然后按照发言顺序或不同内容，分别进行阐述说明。这种写法的优点是能够如实反映与会人员的意见。有些情况下，按照上级要求，需要了解与会人员不同意见会议的纪要，可采用这种写法。

四、纪要的写作范例

（一）党委会会议纪要

党委会会议是开展第一议题学习和“三重一大”事项决策，前置研究讨论重大生产经营管理事项的会议。党委会会议纪要包括标题和正文两部分。党委会会议纪要模板见附录 2-39。

1. 标题

标题形式为“发文单位 + 会议名称 + 期数 + 纪要”（×× 公司党委会会议第 ×× 期纪要），发文单位名称可省略，期数也可以题注形式标注。

2. 正文

前言部分，通常包含时间、地点、主持人等要素。

主体部分，是纪要的核心内容，要依次对每一项议题的决议情况进行简要表述，随后归纳出针对每项议题提出的具体意见和要求，内容较多的可以分条款写，具体内容要符合逻辑，做到详略得当、层次分明。

写作范例 55:

中共 ×× 集团 ×× 有限公司党委会 （小一号字）

会议纪要 （38 磅）

（空两行）

（×× 年第 ×× 期）

×× 年 × 月 × 日下午，公司党委书记 ×× 在 ××× 会议室主持召开年度第 ×× 次党委会会议，审议了 ××× 部、×× 部提交的 ×× 项议案。现纪要如下：

一、《关于推荐中国共产党 ×× 公司新一届委员会和纪律检查委员会组成人员候选人预备人选的议案》

会议审议通过该议案，同意新一届党委委员候选人预备人选 ×× 人（按姓氏笔画排序：×××、×××、×××、×××、×××、×××、×××），党委书记候选人预备人选 ×××、党委副书记候选人预备人选 ×××；纪委委员候选人预备人选 ×× 人（按姓氏笔画排序：×××、×××、×××、×××、×××、×××），纪委书记候选人预备人选 ×××。由 ××× 部按照程序上报集团公司党组和纪检监察组。

二、《关于 ××× 投资项目立项的议案》

会议审议通过该议案，同意 ×× 公司《关于 ××× 投资项目立项的请示》，由 ×× 部组织 ××× 公司编制 ××× 投资项目可行性研究报告，

尽快上报集团公司 ×× 部履行 ××× 投资可研报告审批程序。

出 席：××× ××× ××× ××× ×××

第一议题列席：××× ×××
第二议题列席：××× ××× ××× ×××

（二）执行董事办公会议纪要

执行董事办公会议是开展生产经营重要事项研究决策的会议，会议纪要包括标题和正文两部分。执行董事办公会议纪要模板见附录 2-40。

1. 标题

标题形式为“发文单位 + 会议名称 + 期数 + 纪要”（×× 公司执行董事办公会议第 ×× 期纪要），发文单位名称可省略，期数也可以题注形式标注。

2. 正文

前言部分，包含时间、地点、主持人、议题等要素。

主体部分，是执行董事办公会议纪要的核心内容，要依次对每一项议题决议情况进行表述，归纳出针对每项议题提出的具体工作要求，内容较多的可以分条款写。

写作范例 56：

中共 ×× 集团 ×× 有限公司 （小一号字）
执行董事办公会议纪要 （38 磅）

（空两行）

（×× 年第 ×× 期）

×× 年 × 月 × 日，公司执行董事 ××× 在 ××× 会议室主持召开了年度第 ×× 次执行董事办公会议，审议了公司本部制度体系建设事宜。现纪要如下：

一、关于制定《×××管理规定》和《×××创先评优管理办法》的议案

会议审议并原则通过该议案，由××部按照会议意见修改完善，报公司主管领导审定后，印发施行。

二、关于制定《×××管理办法》和修订《×××管理办法》的议案

会议审议通过该议案，由××部负责印发施行。

三、关于制定《×××管理办法》的议案

会议审议并原则通过该议案，由××部按照会议意见修改完善，报公司主管领导审定后，印发施行。

出 席：××× ××× ××× ××× ×××

列 席：××× ××× ××× ××× ×××

（三）领导工作例会纪要（董事长办公会议）

领导工作例会（董事长办公会议）是指对生产经营整体工作进行阶段总结和安排部署而定期召开的会议，领导工作例会纪要包括标题和正文两部分。领导工作例会纪要模板见附录 2-41。

1. 标题

标题形式为“发文单位 + 会议名称 + 期数 + 纪要”（××公司领导工作例会第××期纪要），发文单位名称可省略，期数也可以题注形式标注。

2. 正文

前言部分，包含时间、地点、主持人等要素。

主体部分，重点整理、归纳、提炼会议议定和安排事项。明确每项工作安排的分管领导和责任部门。

写作范例 57:

中共 ×× 集团 ×× 有限公司 （小一号字）

领导工作例会纪要 （38 磅）

（空两行）

（×× 年第 ×× 期）

×× 年 × 月 × 日下午，公司执行董事、党委书记 ××× 在 ××× 会议室主持召开领导工作例会。会议首先传达了全国安全生产电视电话会议精神，学习了习近平总书记关于安全生产的重要指示精神，……，传达学习了集团公司安全生产工作视频会、领导工作例会等会议精神。

会议强调，要认真贯彻落实集团公司党组决策部署，进一步提高政治站位，统筹谋划好当前重点工作，压实各级责任，牢牢守住底线，……。

会议议定和安排事项如下：

一、狠抓安全环保井控和疫情防控工作

（一）严格落实升级管控 ×× 部、×× 部负责。（内容略）

（二）突出加强井控管理 ×× 部负责。（内容略）

（三）抓实疫情防控工作 ×× 部负责。（内容略）

二、抓好几项具体工作

（一）落实好集团公司近期部署要求

（二）编制好 ×× 年“三大计划”

（三）组织好新制修订制度宣贯工作

……

出　席：×××　×××　×××　×××　×××

列　席：×××　×××　×××　×××　×××

（四）专题会议纪要

专题会议是指因工作需要或研究专项问题而召开的会议。专题会议纪要包括标题和正文两部分。专题会议纪要模板见附录 2-42。

1. 标题

标题形式为“发文单位 + 会议名称 + 期数 + 纪要”（×× 公司专题会议第 ×× 期纪要），发文单位名称可省略，期数也可以题注形式标注。

2. 正文

前言部分，包含时间、地点、主持人、主要议题等要素。

主体部分，首先对会议情况进行简要表述，重点突出会议提出的具体工作要求，内容较多时可分段落对会议讨论成果进行归纳总结，要做到重点突出，简洁明了，抓住实质。

写作范例 58:

中共××集团××有限公司　（小一号字）

专题会议第××期纪要　（38磅）

（空两行）

××年×月×日，公司召开专题汇报会。会议听取了××部关于加快绿色低碳转型发展的工作汇报、××部关于加快推广科技创新成果的汇报，与会人员结合业务实际，进行了充分讨论。会议对下一步工作作出部署。现将会议主要内容纪要如下：

一、加快绿色低碳转型发展

会议要求，各企业要认真落实集团公司党组领导的批示要求，按照集团公司绿色低碳战略部署，积极发展新能源服务业务，持续完善以电代油为主的清洁用能替代体系，推动油基钻井液、压裂返排液回收再利用，积极发展CCS/CCUS技术服务，构建清洁用能替代、新能源业务和环保产业化“三位一体”绿色转型发展新格局。××（所属单位名称）要根据实际情况，在本单位组织开展电代油等清洁用能替代工作，融入绿色转型发展新格局。××部负责督促指导。

二、加快推广科技创新成果

会议要求，要进一步提高认识、坚定信心，将×××作为今年的一项重点工作来推动落实。特别是在当前××背景下，要强化效益意识，杜绝等待观望、抱残守缺心态，主动出击、先行先试，促进科技创新成果转化，创造良好经济效益，掌握未来发展主动权。

（一）强化顶层设计××部负责。（内容略）

（二）强化装备保障××部负责。（内容略）

（三）强化协同配合××部负责。（内容略）

参会人员

×××　×××　×××　×××　×××　×××
×××　×××　×××　×××　×××　×××

第十节　决议

决议是国有企业非常重要的一种公文，常用于企业党代会、职代会等各类代表会议中，是经过企业党代会、职代会等讨论通过，要求所属单位（党委）和广大党员（干部职工）贯彻执行的一种公文。决议集中体现的是会议的成果，反映与会者的共同意志。党委工作报告决议一般由党委组织部门起草，职代会工作报告一般由党群工作部门（群众工作部门）起草。

一、决议的特点

（一）权威性

决议作为国有企业重要决策事项的公文，是在企业重要高级别会议上研究、讨论后形成的，代表着与会党员（职工）代表的共同意志，要求广大共产党员（干部职工）必须遵照执行、不容改变的公文，对未来一个时期的工作具有非常重要的指导和指示作用。

（二）决策性

决议是企业高级别会议研究讨论确定的指导性文件，是全体与会者或多数与会者的共同意志，代表着企业广大共产党员（干部职工）的根本利益和共同诉求。

（三）针对性

在国有企业中有党委工作报告决议、纪委工作报告决议和职工代表大会工作报告决议，具有很强的针对性。其他方面的工作，一般不需要决议性文件。

二、决议的种类

国有企业常用的决议有批准性决议和、布署性决议两种。批准性决议涉及的内容比较具体，一般用于批准企业高级别会议的召开，如《中国共产党 ××× 第 × 届委员会第 × 次全体会议关于召开中国共产党 ××× 第 × 次代表大会的决议》《×× 公司 × 届 × 次职代会关于召开 ×× 公司职工代表大会的决议》。部署性决议，是用于发布经会议通过并要求贯彻执行的重要决策事项的决议。

三、决议的写作要点

决议一般由标题、通过的会议和日期、正文三部分组成。

（一）标题

决议的标题要求比较规整，要求严格按照规定的格式完整写出，充分体现决议的权威性和决策性特点。但除了上述两种类别的决议外，还有安排具体工作的决议，这类决议在国有企业行文中很少用到，在此不作赘述。

（二）通过的会议和日期

这类公文在标题和正文之间要说明该决议由什么会议、于何时通过，并用括号括上。如（×× 年 × 月 × 日中国共产党 ××× 第 × 届委员会第 × 次全体会议通过）。

（三）正文

决议的正文因类型不同写法也不同。批准性决议要将大会研究讨论的内容写完整，一般包括决定召开的时间、地点，大会的指导思想、主要议程，代表名额、分配原则及产生办法，最后发出号召。工作报告决议的正文一般包括大会对工作报告的审议结果，肯定成绩、分析形势、强调部署、发出号召。

四、决议的写作范例

（一）批准性决议

国有企业常用的就是批准党代会和职代会（企业职代会通常是与工作

会合并召开，所以下面提供的是企业工作会暨职代会的写作范例）召开的决议。这类公文的结构比较严谨、固定，是严格履行民主程序的公文。

写作范例 59：

中国共产党 ×× 公司第 × 届委员会第 × 次全体会议关于召开第 × 次代表大会的决议

（×× 年 × 月 × 日中国共产党 ×× 公司
第 × 届委员会第 × 次全体会议通过）

一、中国共产党 ×× 公司第 × 届第 × 次代表大会定于 ×× 年 × 月 × 日在 ××（会议地点名称）召开。

二、大会的指导思想（内容略）。

三、大会的主要议程

1. 听取和审查中国共产党 ×× 公司第 × 届委员会报告。

2. 审查中国共产党 ×× 公司第 × 届纪律检查委员会工作报告。

3. 选举中国共产党 ×× 公司第 × 届委员会。

4. 选举中国共产党 ×× 公司第 × 届纪律检查委员会。

5. 选举出席中国共产党 ×× 公司第 × 次代表大会（如果时间契合，可在此次会议上选举上一级党代会）代表。

四、代表名额、分配原则及产生办法。

中国共产党 ×× 公司第 × 届第 × 次代表大会的代表名额为 ××× 名。代表名额的分配，由公司党委根据各选举单位所管理的党组织数量、党员人数和工作需要确定，并由这些选举单位按照公司党委提出的选举办法和差额比例，召开党员代表大会（党员大会）或代表会议选举产生。

五、全会号召各级党组织和全体共产党员坚持以习近平中国特色社会主义思想为指引，深入贯彻落实中央精神及集团公司党组决策部署，锚定一流目标，立足“一体两面”定位，积极投身“七年行动计划”，苦干实干、砥砺奋进，推动集团公司油气勘探开发实现新的更大突破，有力支撑集团公司履行保障国家能源安全责任，以优异成绩迎接 ××× 第 × 次代表大会的召开。

【写作点评】

党的地方各级委员会和基层委员会任期届满，需要召开党员代表大会进行换届选举的，应召开党的委员会全体会议，作出关于召开党代表大会的决议。决议一般由党委组织部门负责起草，主要内容包括但不限于以下五项内容：召开党代表大会的依据和召开党代表大会的时间、地点；召开党代表大会的指导思想；党代表大会的主要议程；党代表大会代表名额、分配原则及产生办法；号召全体党员团结一致，努力工作，迎接党代表大会的胜利召开。因为党代表大会是规定动作，也有规定程序，其他方面在此不再赘述。

写作范例 60：

××公司第×届职工代表大会第×次全体会议关于召开第×次代表大会的决议

（××年×月×日××公司第×届
职工代表大会第×次全体会议通过）

一、××公司第×届第×次职工代表大会定于××年×月×日在××（会议地点名称）召开。

二、大会的指导思想（内容略）。

三、大会的主要议程

1. 传达集团公司党组对××公司的批示、集团公司和××公司××年工作会议精神。

2. 听取和审议××公司工作报告。

3. 审议××公司财务工作报告。

4. 听取公司×届职代会×次（上次）会议提案办理情况的报告，审议公司×届职代会×次会议提案审查和立案情况的报告。

5. 组织公司领导班子及班子成员测评、后备干部推荐、“一报告两评议”工作、公司组织部长履职、党建工作责任制测评。

6. 签订公司××年党风廉政建设责任书、意识形态责任书、绩效合同（经营承包责任书）和安全环保责任书。

7. 表彰公司×××—×××年度先进集体、劳动模范、先进工作者。

四、全会号召广大干部员工高举习近平新时代中国特色社会主义思想的伟大旗帜，深入贯彻落实集团公司党组批示、集团公司和××公司工作会议部署，在集团公司和××公司的坚强领导下，以锐意创新的勇气、敢为人先的锐气、蓬勃向上的朝气，直面挑战不畏难，务实重干不懈怠，贯彻新发展理念，服务和融入新发展格局，勇担找油找气神圣使命，用忠诚担当和激情奋斗，探索新思路，实现新突破，取得新业绩，不断开创世界一流企业建设新局面。

【写作点评】

企业职工代表大会每年召开一次，很多企业通常把年度工作会议同职工代表大会合并召开。这类会议一般由党群工作部门组织，决议由党群工作部门负责起草，主要内容包括但不限于以下五项：听取并审议公司工作会议报告、财务工作报告、上年度职工提案办理情况的报告、本年度提案审查和立案情况的报告；组织公司领导班子和中层干部测评等；签订年度绩效合同和党风廉政建设责任书、意识形态责任书和安全环保责任书；表彰先进典范；号召广大干部员工聚焦工作目标、凝聚强大合力，推动公司各项工作迈上新台阶。因为职工代表大会是规定运作，也有规定程序，其他方面在此不再赘述。

写作范例 61：

中国共产党 ×× 公司第 × 次代表大会
关于中国共产党 ×× 公司委员会
工作报告的决议

（×× 年 × 月 × 日）

中国共产党 ×× 公司第 × 次代表大会批准 ××× 同志代表公司第 × 届党委作工作报告。报告高举中国特色社会主义伟大旗帜，以党的十八大及历次全会精神为指导，客观分析了国内外形势变化，回顾总结了过去五年党的建设工作取得的主要成绩与基本经验，指出了公司面临的机遇和挑战，提出了今后一个时期公司党的建设工作总体要求、工作目标和主要任务，是公司今后一个时期党的建设各项工作的基本遵循。

大会对公司第 × 次党代会以来的工作给予高度评价。大会认为，公司第 × 届党委团结带领广大党员干部员工，坚持以中国特色社会主义理论体系为指导，认真贯彻落实党的路线、方针、政策，特别是党的十八大精神和习近平总书记系列重要讲话精神，忠实履行“×××”历史使命，推动“×××”战略落地和稳健发展，以改革创新的精神加强党建思想政治工作，积极探索将政治优势转化为竞争优势的有效途径，努力构建与现代企业制度相匹配、与公司稳健发展相适应的党建工作格局，为公司改革发展稳定各项事业提供了坚强保证。

大会同意报告对公司面临形势的分析和下一步工作安排。各级党组织一定要团结动员广大党员、干部和员工，解放思想、坚定信心，迎难而上、开拓进取，以更加饱满的热情和奋发有为的精神状态迎接新的挑战和新的考验。大会强调，公司各级党组织和全体共产党员要认真学习党的十八大及历次全会精神和习近平总书记系列重要讲话精神，坚决贯彻全国国有企业党的建设工作会议精神，忠实履行“×××”神圣使命，紧紧围绕“×××”发展战略，严格落实全面从严治党要求，以改革创新精神加强和改进党的建设。要坚持党的领导，增强管党治党意识，落实党建主体责任，坚持融入中心工作，把握正确用人导向，充分发挥党组织政治核心作用，确保公司正确发展方向。要突出“×× 建设”，大力加强思想建设、组织建设、作风建设、反腐倡廉建设和制度建设，持续提升党建科学化水平，服务和保障公司稳健发展。

要大力弘扬“×× 精神”，筑牢共同思想基础，抓实基层建设，创新企业文化，加强新闻宣传，用“×× 精神”凝聚重塑良好形象、推进稳健发展的新动能。要汇聚各方力量，加强对工团工作的领导，发挥好党群干部作用，努力营造和谐稳定环境，齐心协力共同推进公司稳健发展。

大会号召，各级党组织要在新一届党委的领导下，带领公司广大党员、干部和员工牢记责任使命，不忘初心，勇往直前。要以这次大会为新的起点，始终坚持党的领导，全面加强党的建设，充分发挥党的优势，继续保持昂扬向上的精神状态，坚定目标、牢记使命，开拓进取、不断超越，为早日建成具有国际竞争力技术服务公司而努力奋斗。

【写作点评】

党的委员会报告决议的标题是制式标题，采用公文类文书的正规标题，由“会议名称 + 事由 + 文种”构成。报告决议的主体内容主要包括四部分：第一部分，批准和肯定上届党的委员会所作的报告；第二部分，客观评价上届党的委员会所做的工作；第三部分，大会对报告中公司面临形势的分析和下一步工作安排表明态度；第四部分，发出锚定目标、接续奋斗的号召。撰写党的代表大会报告决议体现的是党代表的集体意志，主体内容没有二、三级小标题，一般由“大会批准，……大会指出，……大会强调，……大会号召，……”引出每一部分的内容。报告决议的大部分内容是对上届委员会报告的提炼和升华，要体现出权威性、决策性和针对性。

【相关知识】

党代表大会（或党员大会）就本单位党的建设及其他有关重大问题作出决议，是一件非常慎重的事情，必须在广泛发扬党内民主、充分酝酿讨论的基础上，按照少数服从多数的原则，通过举手、投票或者其他方式表决通过。党的委员会报告的决议的程序是：召开党代表大会主席团会议审议决议（草案）；将经主席团审议的决议（草案）提交党代表大会各代表团组酝酿讨论，并由主席团责成党代表大会秘书处根据多数代表的意见进行修改；提交党代表大会全体代表会议（一般是在党代表大会闭幕会上）表决通过。

（二）部署性决议

国有企业常用的部署性决议是党代会和职代会审议通过的工作报告决议，这类决议的结构一般比较固定。下面提供两个范例供参考。

写作范例 62：

×× 公司 × 届 × 次职工代表大会
关于 ×× 公司工作报告的决议

（×× 年 × 月 × 日）

×× 公司 × 届 × 次职工代表大会经过认真审议，决定通过公司执行董事、党委书记 ××× 同志所作的《×××、×××，全面开启率先打造世界一流新征程》的工作报告。

会议认为，工作报告通篇贯彻党的十九届五中全会和中央经济工作会议的新论断新要求，通篇贯彻集团公司工作会议新战略新布局，通篇贯彻公司党委推进高质量发展的新部署新决策新举措。会议一致认为，工作报告高屋建瓴、立意深远，统筹谋划、切实可行，符合 ××× 要求，符合高质量发展需要，符合职工群众共同愿景，是一个开拓创新、引领发展的好报告，是公司全面开启率先打造世界一流新征程的冲锋号、宣言书。

会议对公司××年的工作业绩给予充分肯定。会议认为，××年是公司发展历程中极不平凡、极具挑战的一年。一年来，公司面对新冠疫情和×××造成的前所未有的挑战，坚持以习近平新时代中国特色社会主义思想为指导，深入贯彻落实×××决策部署，团结带领全体干部员工知难而进、迎难而上，越是艰险越向前，全力打赢疫情防控阻击战和效益实现保卫战，在极不寻常的年份取得了极不寻常的成就。××能力显著提升，参与集团公司国内外××参与率均达100%；公司发展取得良好业绩，市场开发再创新高，生产经营取得历史最好效益，成为全球唯一效益正增长的主要××公司；主营业务优势更加凸显，××利器打造成果丰硕，公司治理能力持续增强，安全生产平稳受控，党的建设全面加强，政治文化优势充分彰显。在“大战”“大考”之年经受住了考验，向集团公司党组和职工群众交上了一份优异答卷，在公司发展史上书写了浓墨重彩的壮丽篇章。

会议认为，工作报告系统总结了公司“十三五”以来取得的发展成果和工作经验，冷静审视了公司“十四五”发展面临的内外部形势，做出公司发展仍处于重要战略机遇期、但机遇和挑战都有新的发展变化的科学判断。进入新发展阶段，报告锚定率先打造世界一流目标，科学谋划了公司“十四五”高质量发展规划，确立了瞄准“××目标”，深化实施“×××”战略，统筹谋划“××文章”和“××工程”总体工作布局，聚焦××做强做快六大主营业务的战略体系，架梁立柱、守正创新，具有很强的前瞻性、创新性和实践性，是指导公司“十四五”高质量发展的总纲领、总遵循。报告对2021年××个方面工作进行了安排部署，明确了全年重点工作任务。

会议号召，蓝图已经绘就，奋进正当其时。率先打造世界一流，既是我们崇高的追求，也是我们伟大的事业。初心如磐，使命在肩。让我们以习近平新时代中国特色社会主义思想为指导，在×××的正确领导下，凝聚智慧力量，坚定信心决心，始终保持勇往直前、勇争一流的胆略气魄，坚决扛起××历史使命，始终向着率先打造世界一流的目标奋勇前进，努力为××公司建设世界一流综合性国际能源公司作出新的更大贡献，以优异成绩向建党100周年献礼。

【写作点评】

职工代表大会工作报告决议的标题是制式标题，采用公文类文书的正规标题，由“会议名称＋事由＋文种”构成。报告决议的主体内容主要包括四个部分：第一部分，审议和通过本次大会的工作报告；第二部分，客观评价上年度的工作成绩；第三部分，大会对报告中公司面临形势的分析和下一步工作安排表明态度；第四部分，发出锚定目标、接续奋斗的号召。撰写职工代表大会报告决议体现的是职工的集体意志，主体内容没有二、三级小标题，一般由“大会经过认真审议，决定通过……会议认为，……会议强调，……大会号召，……”引出每一部分的内容。报告决议的大部分内容是对本次大会工作报告的提炼和升华，要体现出权威性、决策性和针对性。

【相关知识】

职工代表大会就本单位工作报告和职工所关心的有关重大问题作出决议，是一件非常慎重的事情，必须在广泛发扬民主、充分酝酿讨论的基础上，按照少数服从多数的原则，通过举手、投票或者其他方式表决通过。工作报告的决议的程序是：组织召开大会各代表团组会议，审议工作报告内容，并由各代表团组秘书处整理汇总大多数职工代表提出的意见建议；召开大会主席团会议，听取各代表团组的审议情况，对决议（草案）进行审议，根据多数职工代表的意见建议进行修改完善；提交大会第二次全体会议（一般是在职工代表大会闭幕会上）表决通过。

第十一节　议案

议案，顾名思义，就是列入议事日程的议题的提案。企业借用这一名词，是指提请公司党委（党组）会议、董事长办公会（执行董事办公会）以及专业委员会会议等企业高级别会议审议的议题的工作方案。在此特别声明，这里所指的议案是为了指导议题工作方案的写法，不同于法定议案，请不要纠结这种说法是否妥当。

党委（党组）会议的议题一般是由有关的职能部门报经分管领导审核以后提出，党委（党组）书记确定是否上会；党委（党组）书记对议题的工作方案有审核把关和确定的权限。

一、议案的特点

（一）合规性

议案作为国有企业重要决策事项的公文，是向企业重要高级别会议提请研究、讨论后形成可以印发实施文件的方案。首先议题的实施方案要合规，须经企业法律部门进行涉法论证的必须由企业法律部门提供证明，然后才能提交会议审议。不合规的议题和议案不得提请会议审议。

（二）决策性

议案是企业高级别会议研究讨论并要确定实施的工作文件，是全体与会者或多数与会者的共同意志，代表着企业广大共产党员（干部职工）的根本利益和共同诉求。

（三）特定性

议案是针对某项、某个方面工作提出的实施方案或改进提升方案，具有很强的针对性。

（四）时效性

一般而言，提请会议研究讨论的议案，时间要求相比其他日常工作要紧迫，有的议案是落实既定工作计划，有的议案对时效性要求非常高，必须限期审议表决或提出处理意见，并上报上级机关。

二、议案的种类

国有企业常用议案涉及的内容必须是该级组织或专业委员会职权范围内的事项，否则便无权审议。由于企业各级组织和专业委员会的职权范围不同，议案的内容也有所不同。

对于职权范围内的事项，本级组织或专业委员会便可以审议通过并实施。这类议案的内容一般包括提请说明、审议事项。

对于职权范围外的事项，本级组织或专业委员会集体研究讨论后，须形成呈报上一级组织或专业委员会的提请审议建议。这类议案的内容一般包括提请说明、审议事项和工作建议。

类似“三重一大”事项，属于需党委前置研究生产经营管理事项清单的，还要先提请公司党委会会议研究讨论通过后，再提请公司董事长（执行董事）

办公会审议。

三、议案的写作要点

议案一般由标题、说明、正文三部分组成。

（一）标题

议案的标题要求比较规整，和部分正式公文标题形式相同，即“××公司＋关于＋事项＋文种”，如《××公司关于申请注销大不列颠国际贸易公司的议案》。有时单位名称可省略，如《关于增加对外捐赠预算的议案》。

（二）说明

这类公文在正式汇报审议的事项之前，应将提请会议审议事项的缘由、依据、目的、意义和提请审议的主要内容是什么讲清楚，以便组织和专业委员会快速决策。如果没有这部分简要说明，只能等到汇报完整个事项的前因后果才明白是怎么回事，然后再进行研究讨论，就会拖延决策的时间，对决策产生一定影响。有的人认为这部分说明可有可无，当面谈谈也可以，但有的事项本级组织和专业委员会应当清楚缘由和依据后才能作出正确的决策。如果提交议案的部门没有讲清楚上级某项工作的政策和要求，就有可能影响组织决策的正确性。

（三）正文

议案的正文其实就是议题本身。如果提请会议审议的是制度制定或修订，提请事项就是新制修订的制度；如果提请会议审议的是干部聘任或任免，提请事项就是干部任免的内容；如果提请会议审议的是投资、采购等事项，提请会议审议的就是投资计划、采购方案等内容。也就是说，议案的正文需要根据提请会议审议的事项而确定，正文没有固定的格式，但是须符合一般公文的行文规则，对合规性、科学性、可行性、逻辑性要求比较高。

四、议案的写作范例

（一）说明部分的写作范例

议案的说明部分结构比较严谨、固定，应严格履行民主程序。

写作范例 63：

关于审议《中国共产党 ×× 公司党员大会工作报告》的议案

公司党委：

按照公司党员大会任务分工，党委办公室负责起草了党员大会工作报告。充分征求并采纳了公司领导和各部门的意见和建议，现提请会议审议。有关情况汇报如下：

报告是在落实喜迎党的二十大系列部署、学习贯彻党的二十大精神和习近平总书记重要批示指示精神，以及集团公司党建工作部署和直属党员代表大会部署要求的基础上起草的，集团公司和公司党建工作重点部署落实情况都有体现。

报告标题为《坚持和加强党的全面领导 为率先打造一流示范企业提供坚强保证》，内容分为三部分（共 ×× 页 ×× 字）。第一部分系统回顾了公司成立 5 年来取得的发展业绩，总结了“5 个必须”的经验启示；第二部分分析了新时代新征程蕴含的新机遇和带来的新挑战，提出了未来 5 年的发展思路和任务目标；第三部分从加强党的政治建设、发挥党的政治优势、深化党的组织建设、牢牢守住底线红线、坚持全面从严治党、强化思想文化引领 6 个方面，部署了未来 5 年工作。

在报告的第二部分，提出了未来 5 年的发展思路和奋斗目标。这些目标数据是在公司“十四五”规划目标的基础上，由相关业务依据国内外形势变化、集团公司政策支持，结合公司发展实际，经过对标测算出来的。请公司党委进行重点讨论。

下面，党委办公室宣读党委工作报告，请予审议。

附件：中国共产党 ×× 公司党员大会工作报告（会议讨论稿）

（中间空 3 行）

党委办公室

×× 年 × 月 × 日（后空 4 格）

写作范例 64：

关于《×× 公司碳达峰实施方案》的议案

公司党委：

为全面贯彻落实国家“双碳”战略，加快推动 ×× 公司绿色低碳转型和高质量发展，根据集团公司碳达峰实施方案编制要求，我部组织编制了《×× 公司碳达峰实施方案》。

按照集团公司“清洁替代、战略接替、绿色转型”三步走的绿色低碳转型发展总体部署，×× 年之前要全面实现集团公司国内上游业务碳达峰目标任务。

在认真分析近五年 ×× 公司能耗、碳排放、清洁用能替代等情况的基础上，结合 ×× 公司“十四五”发展规划和新能源新业务发展规划部署，提出了 ×× 公司 ×× 年全面实现碳达峰，助力油气田企业和所在省、自治区、直辖市按时间节点实现碳达峰的总体目标。按照积极构建清洁用能替代、新能源业务和环保产业化“三位一体”绿色转型发展新格局的战略部署，分企业、分区域落实了 ×× 年和 ×× 年能源消费总量、非化石消费占比、万元产值能耗、二氧化碳排放总量、万元产值二氧化碳排放量等指标，并从六个方面对重点任务举措进行了细化部署，确保达到集团公司和国家指标控制要求。

×× 公司碳达峰实施方案已经征求有关部门和公司领导意见。现在汇报方案的主要内容，请予审议。

附件：×× 公司碳达峰实施方案（会议讨论稿）

（中间空 3 行）

××× 部

×× 年 × 月 × 日（后空 4 格）

写作范例 65：

关于 ×× 公司购置 ×× 采集设备项目可行性研究初审报告的议案

公司党委：

×× 年 × 月 × 日，×× 公司上报了《关于 ×× 采集设备投资项目可行性研究报告的请示》（××〔××〕××号），申请投资××亿元，购置××设备及配套。

该项目为二类项目，由公司负责初审，集团公司发展计划部负责审批。公司发展计划部与国际事业部联合对项目可行性研究报告进行了初审，认为：为保障已中标项目的顺利实施，在统筹协调利用现有导航、二次定位等设备资源，租赁主要船舶设备的基础上，购置××设备及配套是必要的，项目购置方案合理，投资估算合适，建议同意通过项目初审，按程序报集团公司审批。

现在汇报××公司购置××采集设备项目初审情况，请予审议。

附件：关于××公司购置××采集设备项目可行性研究报告的
　　　初审报告

（中间空3行）

×××部

××年×月×日（后空4格）

（二）正文部分的写作范例

议案的正文虽然没有统一的写作模板，但对于很多事项而言，可以提供一种借鉴范例。

写作范例66：

关于修订《××公司工作规则》的议案

公司党委：

按照公司关于优化规章制度体系相关要求，结合公司管理实际，办公室对《××公司工作规则》进行了修订，并按公司规章制度管理规定，充分征求并采纳了本部各部门、国际事业部意见，现提请会议审议。有关情况汇报如下：

一、《××公司工作规则》修订原因

1. 需要规范原制度部分条款表述。

2. 按照公司精简各类制度要求，丰富制度内容，减少制度数量。将会议制度、督查督办管理办法等4项原有制度和拟制定的公文管理制度相关内容整合纳入工作规则，可减少办公室负责的制度5项，新修订的工作规则共9章60条。

二、《××公司工作规则》主要变更内容

（一）第一章 总则，增加了拥护“两个确立”相关内容，调整了建设让“党组放心、油田满意、企业认同、员工幸福”的一流示范企业、“六型”机关等表述。

（二）第三章 会议制度，将原会议制度、总经理办公会议事规则相关内容整合纳入，删除了季度生产经营分析例会，将“年中工作会议”名称调整为“年中工作推进会议”，增加了党风廉政建设和反腐败工作会议、科技委员会会议的相关规定和会议费审批程序，精简了条款表述。

（三）第四章 公文制度，按照收发文工作流程进行了重新制定，侧重规范如何办理，具体公文标准执行集团公司要求。

（四）第五章 请示报告，对请示报告的内容进行了规范，增加了内部请示报告（部门呈批件）的运行规定。

（五）第六章 调研活动，按照集团公司党组和公司党委《关于贯彻落实中央八项规定精神的实施细则》，对调研活动组织进行了规范。

（六）第七章 督查督办，将原督查督办管理办法整合纳入，核心内容基本一致。

（七）第八章 作风纪律，将原首问首办负责制及限时办结制管理规定整合纳入，并增加了协同办理制要求。

（八）第九章 附则，对相关制度进行了废止。

（九）另外，对请销假制度、外事管理等已由专项制度规定的，进行了删减，附件保留了5份审批类表单。

以上是《××公司工作规则》修订原因说明和主要修订部分的汇报内容。妥否，请予审议。

附件：1.《××公司工作规则》修改内容汇总表
2.《××公司工作规则》反馈意见处理情况汇总表
3.《××公司工作规则》制度（修订稿）

（中间空3行）

办公室

××年×月×日（后空4格）

写作范例67：

关于××公司购置××采集设备项目可行性研究的初审报告

公司党委：

××年×月×日，××公司（以下简称×××）上报了《关于××采集设备投资项目可行性研究报告的请示》（××〔××〕××号），申请投资××亿元，购置××设备及配套。公司经初审认为，为保障已中标项目的顺利实施，在统筹协调利用现有导航、二次定位等设备资源，租赁主要船舶设备的基础上，购置××设备及配套是必要的，项目购置方案合理，投资估算合适，建议同意通过项目初审，按程序报集团公司审批。现将有关情况报告如下：

一、项目基本情况

××年×月×日，×××在与××、××等公司的激烈竞争中，成功中标××采集项目，并正式收到项目授标函，合同额××亿美元。这是×××继中标××项目以后，在全球中标的第三大××项目，也是迄今为止××海域最大的××项目。

项目施工期××个月，工区位于××油田，满覆盖面积××平方千米，水深××至××米。按照标书要求采用全数字地震采集、高效震源激发等系列技术进行高效采集，设计炮点距××米，检波点距××米，至少需要××个设备及配套。

完成该项目后，本项目的设备资源可动迁至××，用于BGP正在投标且中标概率较大的××项目。××正在招标××、××、××等3个项目，区块工作量共计××平方千米，水深××—××米，每支队伍需配备××个。

二、×××海洋××设备情况

×××海洋勘探业务具有从过渡带到浅海、深海的完整海上地震勘探技术服务能力，可提供2D/3D/4D拖缆、OBC及过渡带、××采集一体化服务，是目前全球最大的××服务商，2021年占××市场份额的××%。自有××个MASS节点、××个Z100节点、××个GPR节点，能够同时运作××支××队伍。

目前自有的××设备在时间上均不能满足××项目的需要。其中：××个MASS节点在××海上项目使用，预计××年末才能释放出来；

××个GPR节点在××项目使用，预计××年方能释放；××个Z100节点在××项目浅水区块使用，至××年末才能释放。为保障该项目顺利实施，急需购置××个××设备及配套。

三、设备购置方案及投资估算

根据甲方对设备的具体要求以及×××现有设备的实际情况，在协调利用现有设备、租赁主要船舶基础上，需要新购置××个××设备及配套：

（一）统筹协调现有资源。（具体内容略）

（二）目前租赁设备资源。（具体内容略）

（三）计划新购设备数量。（具体内容略）

新购设备项目报批总投资为××万元，其中使用外汇××万美元。项目税前年均利润总额××万元，所得税后内部收益率××%，税后财务净现值××万元。

××型海洋××采集系统为×××与××联合研发产品，已在××项目中成功使用，性能可靠，价格相比国际同类产品低××%左右，×××建议优先采购。

四、初审意见

公司经初审认为：×××现有海洋××采集设备正在执行现有项目施工，无法满足新中标××项目施工工期要求，同时本项目购置的采集设备可用于正在投标且中标概率较大的××项目，在充分利用现有设备、租赁主要船舶的情况下，购置满足项目标书要求的××个××设备及配套是必要的。项目符合集团公司和公司“十四五”发展规划，市场前景广阔，设备购置方案合理，投资估算基本合适，经济评价效益较好，建议同意项目通过初审，按照项目审批流程上报集团公司审批。

（中间空3行）

发展计划部

××年×月×日

写作范例68：

××公司党委党史学习教育专题民主生活会整改方案

按照集团公司《关于开好党史学习教育专题民主生活会的通知》和《集团公司党员领导干部民主生活会若干规定》要求，××公司党委党史学习教育专题民主生活会于××年×月×日召开。为做好专题民主生活会的“后半篇文章”，针对检视剖析发现的问题和征求的意见建议，按照集团公司党组分管领导讲话要求，制定如下整改方案。

一、思路目标

坚持把检视剖析问题和征求意见建议整改落实作为当前和今后一个时期的一项重要政治任务，与学习领会习近平总书记重要指示批示精神结合起来，与巩固拓展党史学习教育成果结合起来，与贯彻落实集团公司和公司××年工作会议精神结合起来，认真制定整改措施，确保所有措施落地见效，以实际行动彰显捍卫“两个确立”，做到“两个维护”的政治自觉、思想自觉和行动自觉，以整改成果成效迎接党的二十大胜利召开。

二、组织领导

成立党史学习教育专题民主生活会整改落实工作领导小组。

组　长：×××

副组长：×××

成　员：×××　×××　×××　×××　×××
×××　×××　×××　×××　×××
×××　各部门主要负责同志

领导小组下设办公室，办公室设在×××部。

三、任务分工

结合工作实际，将征求意见建议主要内容纳入检视剖析问题（涉及问题一、四、六和十一）一并整改，具体分工如下：

（一）在带头深刻感悟“两个确立”的决定性意义，深刻感悟党坚持把马克思主义同中国具体实际相结合、同中华优秀传统文化相结合的非凡历程，全面贯彻习近平新时代中国特色社会主义思想，树立正确党史观，坚定信仰信念信心，增强“四个意识”、坚定“四个自信”、做到“两个维护”方面：

问题一：×××。

整改牵头部门：××部。

整改配合部门：××部。

问题二：×××。

整改牵头部门：××部。

整改配合部门：××部。

（二）在带头牢记我们党是什么、要干什么这个根本问题，胸怀“国之大者”和“企之要情”，立足新发展阶段，贯彻新发展理念，履职尽责、担当作为，聚焦常态化疫情防控、促进“碳达峰”、促进“碳中和”、深化改革、提质增效、推进高质量发展等工作，不折不扣把中央决策部署以及党组工作要求落实到位方面。

问题三：×××。

整改牵头部门：×× 部。

整改配合部门：×× 部。

问题四：×××。

整改牵头部门：×× 部。

整改配合部门：×× 部。

问题五：×××。

整改牵头部门：×× 部。

整改配合部门：×× 部。

（三）在带头践行以人民为中心的发展思想，坚持以人为本，紧密联系群众，尊重职工群众主体地位和首创精神，注重听取群众心声，虚心接受群众意见，支持群众开展工作，千方百计为群众办实事解难题，全力推动发展成果更好惠及广大职工群众，增强职工群众获得感幸福感，始终保持我们党同人民群众的血肉联系方面。

问题六：×××。

整改牵头部门：×× 部。

整改配合部门：×× 部。

问题七：×××。

整改牵头部门：×× 部。

整改配合部门：×× 部。

（四）在带头学习运用党在不同历史时期成功应对风险挑战的丰富经验，增强忧患意识，清醒认识世界大势、国内形势、行业趋势、市场走势、企业态势，充分认识可能面临的各种风险挑战，保持战略定力，提高能力本领，敢于斗争、善于斗争，积极防范化解重大风险，有效破解改革发展难题，加快推动企业高质量发展方面。

问题八：×××。

整改牵头部门：×× 部。

整改配合部门：×× 部。

问题九：×××。

整改牵头部门：×× 部。

整改配合部门：×× 部。

（五）在带头深刻汲取党史中正反两方面经验，履行全面从严治党责任，旗帜鲜明讲政治，严守党的政治纪律和政治规矩，落实中央八项规定及其实施细则精神，持续用力纠“四风”树新风，坚决反对形式主义、官僚主义，加强对“一把手”监督和领导班子监督，坚决同一切违规违纪违法现象作斗争方面。

问题十：×××。

整改牵头部门：×× 部。

整改配合部门：×× 部。

问题十一：×××。

整改牵头部门：×× 部。

整改配合部门：×× 部。

以上问题的具体内容、整改措施及时限要求见任务分解表。

四、相关要求

（一）抓好组织领导。公司党委领导班子对整改工作负总责，班子成员根据职责分工督促责任部门整改落实。各牵头部门在现有整改措施基础上，结合工作实际，落细落地，抓好整改；配合部门主动对接，做好整改配合工作。

（二）抓好推进落实。各牵头部门及时总结整改进展（具体时间节点由党群工作部提前通知），发现问题及时向分管领导汇报，按照领导要求协调配合部门积极推动整改落实。问题整改实行销项制，整改彻底的，作销项处理；未整改完成的，纳入下一年度民主生活会整改方案持续整改。

（三）抓好整改公开。按照有关要求，整改情况将通过适当方式，在一定范围内向党员、群众公开，接受员工群众监督，促进各项整改措施有效落实，提升专题民主生活会效果。

附件：×× 公司党委党史学习教育专题民主生活会整改任务分解表

第五章 常用事务类文书写作

第一节 工作总结

工作总结对于企业而言至关重要。这是总结、分析、研究一段时间（一定时期）内的决策是否正确、部署是否落实、成效是否显著、问题是否存在、计划是否修正的系统性、评价性、研究性的有效手段。开展工作总结，通常要运用战略思维、系统思维、逻辑思维、创新思维和辩证思维五种思维方式，总结成绩、分析问题、得出经验、吸取教训，积极摸索事物的发展规律，用于指导下一阶段工作。

领导者为什么如此重视工作总结？历史反复证明，不谋万世者不足谋一时，不谋全局者不足谋一域。毛泽东同志曾指出："领导者的责任，就是不断指出斗争的方向，规定斗争的任务，而且必须总结具体的经验，向群众传播这个经验，使正确的获得推广，错误的不致重犯。"工作总结解决和回答的中心问题，是对某种工作部署（方案）实施结果的总体鉴定和全面评价，是对以往工作实践的一种理性认识。做好工作总结，才能验证历史、辅助决策，为未来的发展指明方向和目标。

一、工作总结的正确定位

宋代苏轼在《赠刘景文》一诗中说："一年好景君须记，最是橙黄橘绿时。"意思是：一年中最好的光景你一定要记住，那就是橙子金黄、橘子青绿的秋末冬初的时节啊。个人理解，我们每年都有值得回忆的好时节，每天都发生好多事情，一年当中肯定有很多工作值得回顾、总结。有的人说，感觉也没有什么值得总结的，这一年没有多少亮点，写不出来什么东西。岂不知"浓绿万枝红一点，动人春色不须多"（王安石《咏石榴花》）。其实，一年总结，无须你总结出一本书来，能够总结出几个闪光点就可以了。我们每年能够做多少事呢？没必要计划太多，计划再多实施不了，还叫什么计划？工作中切忌好高骛远、画饼充饥，制订的计划不实施等于没有计划，或者说就没有明确的目标。如果一个部门总结出 2 个闪光点，那么一个企业就有 20 多项工作可圈可点，这绝对是了不起的成就。

我们的愿望往往都是好的，但要想实现美好的愿望，还需将理想照进现实、汗水洒到岗位、情怀洒向事业。只有行动，才有收获。可以说，任何一份总结是“写”出来的，更是“干”出来的。总结工作，既是为了回顾过去、总结成绩、总结经验、分析不足，更是为了厘清思路、谋划未来。对企业来讲，工作总结有着至关重要的作用，各级机关、各个层面、各个专业都要高度重视，只有系统梳理一个阶段的工作及取得的成果，才能看到差距和不足，及时修正思路、举措，尽快实现既定的奋斗目标。

二、工作总结的重要作用

（一）明鉴古今，继往开来

习近平总书记在 2021 年春节团拜会上说：“我们要认真回顾走过的路，不能忘记来时的路，继续走好前行的路，坚定理想信念，牢记初心使命，植根人民群众，始终保持蓬勃朝气、昂扬斗志。”铁人王进喜有“五讲”，即讲进步不要忘了党、讲本领不要忘了群众、讲成绩不要忘了大多数、讲缺点不要忘了自己、讲现在不要割断历史。欲知大道，必先为史。唯有不忘来时之路，方知革命寻路之难，方知建设探路之苦，方知改革闯路之险，方能在复兴之路上行稳致远。

（二）通报进展，沟通要情

这是由企业的职责和使命决定的。上级机关要掌握下级机关工作的开展情况和取得的成效，就需要看下级报送的工作总结。本企业领导要及时掌握重点部署的落实情况，也需要看各业务部门报送的工作总结。工作总结虽然具有全面性、系统性等特点，但也要突出重点、亮点，这样才能让上级机关和本企业领导更好地掌握实际情况，给出客观评价，才有助于上级机关和本企业领导作出正确决策。

（三）发现典型，示范引领

做好工作总结，最重要的是要总结成绩、总结经验、发现典型，好的经验、好的做法要及时推广，涌现出的典范要及时宣传，就是为了强化引领、鼓舞士气。做好工作总结，最关键的是要发现问题、发现不足、及时修正。

任正非有句名言：让听见炮声的人呼唤炮火。2017 年，任正非在俄罗斯代表处的讲话中更进一步得表示：过去我们说“让听得见炮声的人呼唤炮火”，现在改成“让听得见炮声的人指挥战争”。工作总结贵在实事求是，好就是好，不好就是不好，将真实的情况反映到基层，让基层单位的负责人（指挥员）有针对性地指挥好员工开展各项工作，这样才能有利于引领和推动企业高质量发展。

三、工作总结的起草要领

（一）首先要明确方向

从事文字工作要培养战略思维能力。任何单位、任何部门都需要重视和培养战略思维能力，要观大势、谋全局、志存高远。观大势，就是要着眼于百年未有之大变局，着眼于国内和国际形势变化；谋全局，就是要始终胸怀“国之大者”和“企之要情”，清楚企业在国有经济中的地位和作用，清楚企业的中心任务和所从事业务对服务中心任务、推动企业发展的作用；志存高远，就是要坚持争创一流、追求卓越，端正工作态度、增强责任心，即便是一份工作总结，也要做到精益求精。所以，任何单位、任何部门对待工作总结的态度要端正，都能够立足于所从事的业务战略规划和年度工作计划，找到某个阶段工作总结的方向和主题。

方向远比速度重要。所以明确工作总结的方向至关重要，这是做好工作总结的第一个步骤。要切忌管中窥豹，眼睛只看到视线范围内的那点工作。没有明确的努力方向，岂不是越努力越糟糕，这样埋头干活是很难出彩的。

（二）重在确定思路

如何确定工作总结的总体思路呢？可以重点从三方面入手：

首先，要限定工作总结的时间段。有的人说，这有什么好限定的呢？不就是总结半年或者全年的工作吗？确定时间段的真正意图是，要将这段时间与业务战略规划中的那一段时间契合，在确定这一阶段战略目标的前提下，做好对标对表，以便正确确定要梳理的重点工作。比如，“十四五”的起始之年、“十四五”的收官之年，阶段性的战略目标肯定是不一样的。战略目标不一样，战略重点也不一样，总结的方面肯定也不一样。只有所处的时间段确定了，才能找到工作总结的准确定位。所以说，抓住时间线，有助于找到这段时间和空间的业务发展轨迹。

接着，要准确把握工作中的题眼。何谓题眼？前后文点题的字眼称为题眼。题眼是与主题相关的字眼，体现的是工作总结的主题和中心思想，是工作总结所依仗的若干线索。那么，这些线索是什么呢？就是上级和本企业作出的决策部署。比如这一年当中，重要的决策部署不止一项，这一项项决策部署就是题眼。总结工作要抓住这些决策部署落实，每一项决策部署就是一个题眼，把这些重要的决策部署系统串联起来，就是准确把握住了工作中的题眼。说到这里，大家似乎明白了，原来这些题眼就是总结的主线。但是仅理解对了一半。因为，大多数文章都有两条主线，一条是实的主线，比如上面讲的落实业务决策部署的进展情况；一条是虚的主线，比如某项业务的年度工作总结，往往还体现出这项业务对于经营业绩的贡献价值。

清代文学家刘熙载曾说："文固要句句字字受命于主脑，而主脑有纯驳平陂高下之不同，若非慎辨而去取之，则差若毫厘，缪以千里矣。""主脑"即为主题，就像经验交流材料一样，有的既有主题又有副题，即便是主题也是分主次（主副）的。文章的主线也是一样，明的主线是要实实在在总结出来的，暗的主线是读者读过之后能够切实体会出来的。

最后，要总结出工作中的亮点。就像写文章一样，有了点睛之笔，才能让文章熠熠生辉。亮点就是工作总结的点睛之笔。有人说，工作总结是写出来的，但必须是以干出来的成果为前提的。我们写工作总结，可以参考王安石《咏梅》的呈现方式："墙角数枝梅，凌寒独自开。遥知不是雪，为有暗香来。"这首诗没有描写梅花的枝叶和花朵形态，而是着意写梅花"凌寒独自开"的品格，写它的沁人心脾的"暗香"。

对待任何工作，有的人能够很快掌握住一项技术的要领，有的人却认为这项技术没有多大用途。区别在哪里？就在于看待工作的态度和认识问题的角度不一样。总结工作是同样的道理，有的人总结出来高屋建瓴、重点突出，有的人却认为这项工作看不出有什么好总结的，都是一些日常琐事。这需要提高站位、提高思想认识，不要总盯着眼前的琐碎事务，要将本岗位的工作放在全局中去看待，学会站在"巨人"的肩膀上看问题，把自己的视野打开。平日工作要把视野打开，总结工作时还要学会聚焦。因为，思维发散很重要，思想聚焦同样重要。在这方面，我们都要向古诗人学习。

诗词是阐述人的心灵的文学艺术，诗人严格按照韵律要求，用凝练的语言、绵密的文思、充沛的感情以及丰富的意象来高度集中表现社会生活和人类精神世界。总结业务工作，就是先使用发散思维，将上级部署、公司要求都尽收眼底；再把部门所做的工作系统梳理出来，很多看似单独的几项工作，往往都是有关联的，是贯彻落实上级重要部署的几个方面。确定了主题、题眼和亮点，总体思路就呈现出来了。

（三）做好工作总结的谋篇布局

正所谓“工欲善其事，必先利其器”，谋篇布局就是搭建工作总结的结构框架。工作总结通常采用“总—分—总”的结构，开头表明主论点，中间讲述分论点，结尾再呼应开头，升华主题。中间部分的分论点可以是并列关系、递进关系和对比关系，但切忌是包含关系或者交叉关系，这样会让工作总结的逻辑关系显得混乱。具体而言，就是要根据部门职责、工作思路、所采取的措施、工作特色、时间顺序等要素，以及重点解决的问题，搭建工作总结的各部分结构。总结的一级标题无论多少，都必须受命于“主脑”（服务于主题），每一级标题下的二级标题都必须间接受命于“主脑”（服务于主题），如果有三级标题也是一样，否则就要果断舍弃。这样搭建起来的总结架构才是点面结合，定性与定量、数据和事例相结合的完美总结。

四、工作总结的写作范例

（一）党委工作总结

党委工作总结是党建工作应用写作的一种文体，是对党委某一阶段工作的回头看，就其内容而言，重点总结成绩、方法和经验，剖析问题和不足，为研究部署下一个阶段工作提供重要参考。

1. 具体特点

问题导向性。自我革命精神是中国共产党永葆青春活力的重要支撑。我们党历经百年沧桑更加充满活力，其奥妙就在于始终坚持真理、修正错误，敢于直面问题，勇于自我革命。党的二十大报告明确指出，在充分肯定党和国家事业取得举世瞩目成就的同时，必须清醒看到，我们的工作还存在一些不足，面临不少困难和问题。对这些问题，我们已经采取一系列措施加以解决，今后必须加大工作力度。党中央对待存在的不足、困难和问题，一直都毫不避讳。因此，企业党委工作总结，必须客观看待过去、正视问题和不足，这样才能科学制订下一步工作计划，推动党的建设各项工作持续前进。

客观性。实事求是，是马克思主义的根本观点，是中国共产党人认识世界、改造世界的根本要求，是我们党的基本思想方法、工作方法、领导方法。回望党的百年历史，注重实际、实事求是，是一条我们党用鲜血和生命换来的、贯穿党的全部理论和实践的红线、生命线。总结党委工作，必须坚持实事求是的原则，坚持用马克思主义之“矢”射企业党的建设各项工作之“的”，在研究新情况、解决新问题上指明正确的方向和科学的方法。

指导性。习近平总书记在庆祝中国共产党成立100周年大会上指出：“以史为鉴，可以知兴替。我们要用历史映照现实、远观未来，从中国共产党的百年奋斗中看清楚过去我们为什么能够成功、弄明白未来我们怎样才能继续成功，从而在新的征程上更加坚定、更加自觉地牢记初心使命、开创美好未来。”重视对历史的学习和对历史经验的总结与运用，从中找到前进的正确方向和正确道路，是中国共产党的一个好传统，也是我们党领导中国革命、建设、改革不断取得胜利的一个重要原因。党委工作总结就是在不断总结历史，用实践检验我们的工作做法是否正确，是否符合中央精神，是否践行党章宗旨，是否有利于广大员工群众，从而正确客观反映事物的本来面目，得出规律性认识，谋划和部署好未来的工作。

2. 结构形式

党的二十大报告中明确指出：我们要落实新时代党的建设总要求，健全全面从严治党体系，全面推进党的自我净化、自我完善、自我革新、自我提高，使我们党坚守初心使命，始终成为中国特色社会主义事业的坚强领导核心。国有企业党的建设工作都要围绕党的建设总要求，统筹部署、推动落实各项工作。

接着，报告明确指出了加强党的建设7项重点工作任务：

政治建设。报告指出，坚持和加强党中央集中统一领导，健全总揽全局、协调各方的党的领导制度体系，完善党中央重大决策部署落实机制，确保全党在政治立场、政治方向、政治原则、政治道路上同党中央保持高度一致，确保党的团结统一。

思想建设。报告指出，坚持不懈用新时代中国特色社会主义思想凝心铸魂，全面加强党的思想建设，加强理想信念教育，引导全党牢记党的宗旨，自觉做共产主义远大理想和中国特色社会主义共同理想的坚定信仰者和忠实实践者。

制度建设。报告指出，完善党的自我革命制度规范体系，坚持制度治党、依规治党，健全党统一领导、全面覆盖、权威高效的监督体系，发挥政治巡视利剑作用，落实全面从严治党政治责任，用好问责利器。

干部队伍建设。报告指出，建设堪当民族复兴重任的高素质干部队伍，坚持德才兼备、以德为先，五湖四海、任人唯贤，树立选人用人正确导向，选拔忠诚干净有担当的高素质专业化干部，选优配强各级领导班子，加强干部斗争精神和斗争本领养成，激励干部敢于担当、积极作为。

组织建设。报告指出，增强党组织政治功能和组织功能，坚持大抓基层的鲜明导向，把基层党组织建设成为有效实现党的领导的坚强战斗堡垒，激励党员发挥先锋模范作用，保持党员队伍的先进性和纯洁性。

作风建设。报告指出，坚持以严的基调强化正风肃纪，锲而不舍落实中央八项规定精神，持续深化纠治“四风”，重点纠治形式主义、官僚主义，坚决破除特权思想和特权行为。

反腐败斗争。报告指出，坚决打赢反腐败斗争攻坚战持久战，腐败是危害党的生命力和战斗力的最大毒瘤，反腐败是最彻底的自我革命。只要存在腐败问题产生的土壤和条件，反腐败斗争就一刻不能停，必须永远吹冲锋号，坚持不敢腐、不能腐、不想腐一体推进，以零容忍态度反腐惩恶，决不姑息。

按照党的建设总要求，企业中党的建设工作总结的结构安排就十分清晰，采用总分结构，大致分为三部分：

开头部分，提纲挈领写明认真贯彻党的建设总要求，按照集团公司党组工作部署（处级单位写按照公司党委工作部署即可），公司采取什么举措，取得了什么成果。

主体部分，围绕党的建设七项重点工作任务，采取平行分条方式，简要总结每个方面采取的主要措施、典型做法和取得的成果。

结尾部分，坚持实事求是原则，精准分析企业党建存在的不足、困难和问题，为谋划下一步工作找准着力点。

3. 写作要点

（1）思路要清，文章结构逻辑性强

第一步，要紧扣主题。起草党委工作总结前，最重要的就是确定年度党委工作的主题和主线，做到纲举目张、形散神聚。首先，要认真学习上级党组织和本级党组织在年初作出的工作部署，看安排了什么主题活动，部署了哪些重点工作，有哪些具体要求。其次，要整理查看年初以来上级党组织和本级党组织印发了哪些文件，有哪些新的工作部署和要求。最后，要把年初至目前的党委工作主题、主线和部署、要求做系统梳理，确保主题不偏离、工作不漏项（这里的工作指的是主要工作部署）。

第二步，要厘清结构。就像搭积木、建房子一样，要根据所掌握的基础材料，思考搭建一座什么样的房子，怎么样搭建房子的基础和架构。起草党委工作总结，确定了主题后，最重要的就是要列出逻辑严谨的篇章结构，也就是文章的主体框架，这是决定党委工作总结是否统揽工作的关键。那么，如何思考搭建这样的文章的主体架构呢？就是按照新时代党的建设总要求，结合本单位工作实际，将贯彻落实情况进行系统总结，搭建出突出本单位特色的报告框架。也就是说，起草党委工作总结，并不一定要面面俱到，主要是抓住重点、突出特色。

新时代党的建设总要求是：坚持和加强党的全面领导，坚持党要管党、全面从严治党，以加强党的长期执政能力建设、先进性和纯洁性建设为主线，以党的政治建设为统领，以坚定理想信念宗旨为根基，以调动全党积极性、主动性、创造性为着力点，全面推进党的政治建设、思想建设、组织建设、作风建设、纪律建设，把制度建设贯穿其中，深入推进反腐败斗争，不断提高党的建设质量，把党建设成为始终走在时代前列、人民衷心拥护、勇于自我革命、经得起各种风浪考验、朝气蓬勃的马克思主义执政党。

第三步，要对号入座。就是要把年度（或季度、半年等）各方面工作的落实情况放在对应的位置（如："第一议题"学习要放在思想建设方面，纠四风、树新风工作要放在作风建设方面，反"围猎"工作要放在纪律建设方面）。然后再根据各项工作的重要性进行合理排序，比较重要、富有特色的可以略加篇幅，日常工作一般少讲或不讲。如此梳理出来的文章，

即便是文采不够，条理也是清晰的。

从事党建工作的同志要养成一种好习惯，就是要把每年上级党组织和本级党组织印发的文件及领导讲话稿，分门别类及时整理，这项工作如果作为日常习惯一点都不难，如果到了起草总结的时候才动手，那就有点费劲了。整理这类材料，建议设置一个党的建设政策文件文档库（涉密的仅作时间 + 标题留存即可），将政治建设、思想建设、组织建设、作风建设、纪律建设列为一个个类别，建一个简明目录，如："时间 + 文件名"（2022-10-29《中共中央关于认真学习宣传贯彻党的二十大精神的决定》），放在思想建设类里面。

有的人认为自己不会起草党委工作总结，写出来心里没有底，别人看着也犯晕，不知道你写的是什么。这是为什么？其实就是没有做好上述基础工作。如果你是一名党建工作者，养成这样的好习惯，就很容易厘清总结的起草思路，掌握确定主题和主线的方法。如果你想成为单位中的党建工作专家，你不妨试一下，领导肯定对你刮目相看。

（2）论据要明，分析评价说服力强

如果说文章没有主题，就像人没有灵魂，那么，文章缺乏论据，就像河流没有源头一样。写文章讲求的是要有源头活水。源头就是开展某项工作的依据，活水就是工作实践。那么，总结党委工作，应该如何找到源头活水呢？

第一步，抓住年初以来（有的时间跨度大一些）上级党组织印发（发布）的重要文件、召开的重要会议、作出的部署要求。

2016 年 10 月 10 日，习近平总书记在全国国有企业党的建设工作会议上发表重要讲话，深刻回答了国有企业要不要加强党的建设、怎样加强党的建设等一系列重大理论和实践问题，为新时代坚持党对国有企业的全面领导、做强做优做大国有企业指明了方向，提供了根本遵循。

习近平总书记提出，坚持党的领导、加强党的建设，是我国国有企业的光荣传统，是国有企业的"根"和"魂"，是我国国有企业的独特优势。

习近平总书记指出，国有企业是中国特色社会主义的重要物质基础和政治基础，关系公有制主体地位的巩固，关系我们党的执政地位和执政能力，关系我国社会主义制度。

习近平总书记强调，坚持党对国有企业的领导是重大政治原则，必须一以贯之；建立现代企业制度是国有企业改革的方向，也必须一以贯之。

2018 年和 2021 年，中央组织部、国务院国资委党委两次召开中央企业党的建设工作座谈会，深入学习贯彻习近平总书记关于国有企业改革发展和党的建设的重要论述，对全面提高中央企业党的建设质量、以高质量党建引领保障企业高质量发展作出部署。

2021 年，中央办公厅印发《关于中央企业在完善公司治理中加强党的领导的意见》，对中央企业进一步把加强党的领导和完善公司治理统一起来、加快完善中国特色现代企业制度作出部署、提出要求。

第二步，学习领会习近平总书记重要指示批示精神，落实上级党组织作出的批示要求、重要督办事项。这是总结党委工作、推动落实重要工作的依据和抓手。

2021 年 10 月 21 日，习近平总书记在胜利油田考察调研时强调：

"石油能源建设对我们国家意义重大，中国作为制造业大国，要发展实体经济，能源的饭碗必须端在自己手里。"

"石油战线始终是共和国改革发展的一面旗帜，要继续举好这面旗帜，在确保国家能源安全、保障经济社会发展上再立新功、再创佳绩。"

党的十八大以来，习近平总书记站在统筹中华民族伟大复兴战略全局和世界百年未有之大变局的高度，统筹国内国际两个大局、发展安全两件大事，提出了"四个革命、一个合作"能源安全新战略，围绕推动能源消费革命、能源供给革命、能源技术革命、能源体制革命，全方位加强国际合作，实现开放条件下能源安全，提出了一系列新理念新观点新要求：

——"能源安全是关系国家经济社会发展的全局性、战略性问题，对国家繁荣发展、人民生活改善、社会长治久安至关重要。"

——"能源低碳发展关乎人类未来。中国高度重视能源低碳发展，积极推进能源消费、供给、技术、体制革命。"

——"对于我们石油能源产业来说，下一步就是要把技术搞上去，不断提高生产能力、降低成本，同时按照绿色低碳转型的方向，实现节能降碳的目标。"

——"立足我国国情，紧跟国际能源技术革命新趋势，以绿色低碳为方向，分类推动技术创新、产业创新、商业模式创新，并同其他领域高新技术紧密结合，把能源技术及其关联产业培育成带动我国产业升级的新增长点。”

——“要把现代能源经济这篇文章做好，紧跟世界能源技术革命新趋势，延长产业链条，提高能源资源综合利用效率。”

——“要集中资源攻克关键核心技术，加快清洁高效开发利用，提升能源供给质量、利用效率和减碳水平。”

——“能源合作是共建‘一带一路’的重点领域。我们愿同各国在共建‘一带一路’框架内加强能源领域合作，为推动共同发展创造有利条件，共同促进全球能源可持续发展，维护全球能源安全。”

——“坚持战略协作，推动全球能源治理体系协调发展。要推动建设更加公平公正、均衡普惠、开放共享的全球能源治理体系，为全球能源治理贡献更多方案。”

第三步，认真梳理各项工作落实的具体情况，开展得有声有色的工作要详细了解，在党委工作总结中放在较为突出的位置。

例如：中国石油党组提出的“四个诠释”，即用担当诠释忠诚、用实干诠释尽责、用有为诠释履职、用友善诠释正气。

“四个诠释”是中国石油天然气集团有限公司党组落实全面从严治党要求形成的重要思想成果，是“两学一做”学习教育的特色实践，是“四个合格”在中国石油的具体化。

像这样富有创新的工作开展情况就要放在突出位置，详细了解开展情况，作出客观深入总结，便可增加总结的分量和色彩。

（3）内容要实，事项选择针对性强

党委工作总结反映的是某一年度、某一阶段党委组织开展的全面工作，具有很强的系统性、专业性和针对性。如何充分展现各个方面工作的开展是否求真务实呢？那就要紧紧围绕主题和主线，从大量工作中选取最具代表性的事项，切忌“西瓜、芝麻一把抓”胡乱堆砌素材。要始终围绕主题、主线，选取工作典型，使之成为某方面工作乃至全篇的“重头戏”。

（4）表述要精，文字表达感染力强

起草党委工作总结政治站位要高、考虑问题要全、遣词造句要准。那么，

如何才能写出富有感染力的党建文章呢?

第一，精在有高度。就是政治站位要高，必须放眼大局、着眼全局，立足党委“把方向、管大局、促落实”的地位和作用，对工作进行概括与梳理、浓缩与提炼、归纳与总结，确保精准体现上级决策部署、本级工作思路、企业发展成效，以及总结形成的具有指导性、规律性的经验和认识，起到承前启后、鉴往知来的作用。

第二，精在有内涵。就是考虑问题要全，必须始终胸怀“国之大者”、心系“企之要情”，将本级党组织贯彻落实中央精神和上级党组织部署的情况考虑全面。要深刻认识到，国有企业是中国特色社会主义的重要物质基础和政治基础，是党执政兴国的重要支柱和依靠力量。国有企业必须始终坚守“在经济领域为党工作”的理念，牢固树立“四个意识”，不断做强做优做大国有资本，为巩固党的执政基础作出努力。

第三，精在有创新。就是思路举措要新，必须大胆解放思想、转变观念，以新时代中国特色社会主义思想为指引，立足于“以高质量党建引领和推动高质量发展”思考上级党组织决策部署和本级党组织作出的安排，用本级党组织的生动实践和党建工作者的跳动字符展现党的权威和党的建设工作的成效。

第四，精在有限度。党委工作总结不宜过长，要字斟句酌、简短精悍。读完要给人一种无限遐想、意犹未尽的感觉。要想写出这么富有张力的文章，就要把握三点：一是紧扣文章主题，把握特定对象要求，紧扣工作意图，确保每部分内容都不偏离主题；二是把握文章结构，做到重点突出、详略得当，敢于取舍、善于取舍；三是用好党建语言，做到活学活用，体现专业素养，写出精神斗志，使文稿有主导基调贯穿牵引。切忌直接将生产经营、改革发展等方面的工作和问题放在党建材料中，毫无节制，洋洋万言，让人不胜其烦。

第五，精在有数据。实事求是，是中国共产党人以中国化的语言，对马克思主义根本观点、根本要求和根本方法的高度概括，是党的思想路线的精髓。起草党建工作总结，必须坚持实事求是，确保采用的数据准确。一要抓住关键，用数据体现工作成效、客观反映变化，特别是党委服务生产经营中心任务方面的总结，必须事要实、数要准。二要直面问题，将党委工作总结作为自我评判的有效工具，用好数据统计和数据分析，认真开展自我评判，不断改进提升党建工作。三要坚持对标对表，以最有说服力的数据、事例作为贯彻落实上级政策和部署的佐证，把最能说明情况的数据、最能体现成效的事例用好用活。

写作范例 69:

×× 公司党委 ×× 年工作总结

一年来，公司党委坚持以习近平新时代中国特色社会主义思想为指导，认真落实集团公司党组各项决策部署，以加强党的建设为根本，团结带领各族员工，统筹推进疫情防控、提质增效、井控安全等各项工作，积极有效应对突发事件，实现了“××××”目标，推动管理技术型企业建设取得新进步。

一、坚持党的领导，政治建设不断加强

锚定正确航向。坚持以科学理论指导实践，完善了管理技术型企业的“创新、市场、低成本、一体化”战略，较好完成全年生产经营任务，发展大局保持稳定。（内容略）

突出政治功能。建立学习贯彻习近平总书记重要指示批示精神落实机制，以保障国家能源安全为重点，以服务油田发展为使命，打出一批重大发现井，助力油田效益开发取得新成效。（内容略）

健全领导机制。修订公司章程、党委工作规则，严格落实民主集中制，完善“三重一大”决策机制，深化了党委把方向、管大局、促落实作用。（内容略）

二、坚持固本强基，党建工作更具生机活力

从严治党责任有效落实。制定全面从严治党主体责任清单，落实党群工作例会、述职评议等制度，建立公司领导年度党建联系点 9 个，有效推动基层建设水平提升。（内容略）

干部人才队伍更具活力。制定修订干部选拔任用工作规范、责任追究办法等制度，完善人才引进机制，搭建人才成长平台，引领服务生产，助力发展。（内容略）

基层党建工作不断夯实。巩固软弱涣散党组织整顿成果，抓实党支部建设和基层建设，提高专业能力和素质。（内容略）

基础工作不断加强。（内容略）

三、坚持正风肃纪，党风廉政建设深入推进

有效落实责任。加强对党风廉政建设和反腐败工作的统筹谋划与分析研判，深化廉洁教育，持续深化“三转”，进一步压紧压实责任。（内容略）

强化政治监督。（内容略）

保障合规经营。将监督渗透到生产经营各环节，建立“业务部门＋审计＋纪检”合规监管体系，堵塞了管理漏洞。（内容略）

作风持续改进。（内容略）

四、坚持思想建设，文化引领作用充分发挥

主题教育见实效。（内容略）

意识形态工作不断夯实。（内容略）

企业文化建设落地深化。（内容略）

五、坚持统筹协调，发展大局和谐稳定

群团工作深入开展。（内容略）

民心工程落地见效。加快民生工程建设。（内容略）

积极履行社会责任。全力决胜脱贫攻坚，扎实做好维稳信访工作，常态化推进“民族团结一家亲”和民族团结联谊活动。（内容略）

存在的问题：

一是全面从严治党有待进一步向基层延伸。（内容略）

二是党建基础工作有待进一步夯实。（内容略）

三是思想政治工作创新不够。（内容略）

【写作点评】

《××公司党委××年工作总结》全面系统梳理了党委全年重点工作，客观总结了工作成绩，充分体现了公司党委领导对全年工作的定性评价。首段，先行陈述总体情况，以全局高度概括全年工作思路、抓住重点工作及取得的成效。后分五个方面，采用“措施＋成效”或“思路＋实施＋成效”等方式展开总结党委工作及成效，做到条理清晰、衔接顺畅。第一部分，总结政治建设成效，突出党委“把方向、管大局、保落实”作用，高度总结在党的领导下公司生产经营取得的优异成绩。第二部分，总结组织建设成效，从压实主体责任、加强干部人才队伍建设和基层建设等方面梳理了党建工作重要举措和成效。第三部分，总结全面从严治党成效，突出加强政治监督、加强合规管理等重点。第四部分，总结思想建设成效，结合××年特色活动和文化建设等重点，概括总结所推进的思想文化建设工作。第五部分，总结群团、维稳信访等工作成效，突出党建带团建、民生工作等内容。结尾，简明提出公司党委存在的三点问题，并作简要分析，为加强下一年工作提供参考。

（二）综合性工作总结

企业综合性工作总结是指某个单位对全年或某一阶段开展的工作，进行系统性总结回顾和分析研究。正文就是总结成绩，查找不足，明确方向，提出举措。

1. 写作特点

全面性。综合性工作总结突出的特点就是涉及单位方方面面的工作，重点工作不能有遗漏。主要内容包括党的建设、生产经营、科技创新、改革管理、安全环保等方面。

客观性。总结成绩要实事求是，剖析问题要深入透彻，最关键是要对照上级单位和本单位年初工作部署，查看各项工作的落实情况，客观评价和认识过去的工作。

经验性。通过开展系统性总结分析，认清不足，找出差距，从而获取经验，吸取教训，为进一步做好工作提供借鉴和参考，更好地指导和推动下一步工作。

2. 内容与结构

这类工作总结的文章结构通常包括标题和正文两部分。如果是呈送上级领导的工作总结，最后还要有落款。

标题。通常包括单位名称、时间、内容和文种类别四部分。例如，《××公司××年工作总结》。有时仅写时间和“工作总结”，省略单位名称。

正文，通常包括概述、工作成果、经验体会、问题不足、下一步措施。经验体会和问题不足两部分是否需要视情况而定。

第一，简写概述。正文开头的概述部分是高度凝练的总结语言，通常不超过300字。通报内容要包括工作背景、依据、成果和效果等。首先，集中概述一年工作的基本情况；接着总结全年或某一阶段取得的工作成果；最后进行总体客观评价。

第二，详写成果。通常从几个方面进行系统性总结，每个部分包括具体举措、典型做法、典型事例、具体数据等。重点要突出创新举措、创新做法，并以典型事例作为佐证。

第三，概写体会。经验体会是对全年或某一阶段工作做法的提炼和升华，说明哪些做法是成功的或行之有效的。做法和成绩一定要能表现经验，经验体会则是用成绩或收获证实了的规律性认识。有的工作总结没有专门的经验体会部分，而是与第二部分合写，或者不明写。这部分一定要精练，只用几句话叙述观点，一般不需要展开阐述。

第四，深写问题。要坚持不护短、不避丑，基于全面工作查找存在的问题和不足，可直接陈述几个方面，也可通过对当前形势的分析判断引出，站位要高，要找得准、点得透。

第五，实写对策。在完成以上工作后，就要简要概述下一阶段工作的总体思路、目标和举措（对策）。

写作范例 70：

×× 公司 ×× 年工作总结

×× 年是公司承压前行、起步筑基取得重要成果的一年。一年来，面对服务价格下降、大宗物资涨价、市场竞争加剧和税费政策调整等困难挑战，我们在集团公司党组的坚强领导下，以“12236”部署为引领，大力推进三大战略，以提质增效为主线，着力稳增长、强管理、抓创新、破困局，各方面工作取得新成效。

主营业务全面增长。（内容略）

服务油气成效突出。（内容略）

科技创新成果领先。（内容略）

经营业绩好于预期。（内容略）

党的建设扎实有力。（内容略）

重点抓了以下 6 个方面工作：

一是以党史学习教育为抓手，全面从严治党纵深推进。（内容略）

二是强化“四提”带动，工程技术各业务协同发展。（内容略）

三是突出深耕细作，风险合作业务持续增产增效。（内容略）

四是狠抓提质增效，经营管控能力实现新提升。（内容略）

五是主动创新变革，发展动力活力不断增强。（内容略）

六是强化专项整治，各类风险总体平稳受控。（内容略）

一年来的创新实践，我们进一步深化了对复杂形势下推动公司高质量发展的重要认识：

必须坚持党的建设与生产经营相融合，把党的领导和中央决策部署落实到公司改革发展全过程，牢牢把握正确方向；

必须坚持保障责任与效益发展相促进，牢记初心使命，在服务油气增储上产中作出贡献、实现价值；

必须坚持稳健务实与创新进取相协调，一切从实际出发，统筹兼顾“稳”与“进”，确保公司行稳致远；

必须坚持战略引领与问题导向相结合，聚焦目标不动摇，坚定不移办好自己的事，在破解难题中推动发展；

必须坚持企业发展与员工福祉相统一，紧紧依靠职工群众办企业，把改革发展成果惠及全员，凝聚攻坚克难的强大力量。

当前，百年未有之大变局加速演变，叠加疫情衍生风险和新能源加快发展等多重因素，油气供需格局进入再平衡，油价中低位震荡将是常态。集团公司加快实施勘探开发“七年行动计划”，油气田加快上产与投资不足的矛盾更加突出，低成本开发的市场和政策约束不断收紧；加之……，公司基础市场面临的竞争更加激烈，量价齐跌的困难形势进一步加剧；随着作业对象向“深、低、非”领域集中……同时，作为公司效益支柱……业务，受……等影响，持续效益发展面临更多不确定因素。这些挑战与公司……等问题相互交织，公司依靠……面临重大挑战，这是我们今后一个时期必须着力破解的发展困局。

××年是党的二十大召开的政治大年，也是公司在新起点实施“十四五”规划的重要一年。

总体工作思路：

坚持以习近平新时代中国特色社会主义思想为指导，深入贯彻党的十九大和十九届历次全会精神，认真落实集团公司党组和党委工作部署，完整、准确、全面贯彻新发展理念，坚持稳中求进总基调，全面加强党的领导和党的建设，聚焦攻坚工程技术业务不盈利矛盾，强化创新意识、系统思维，突出战略引领、问题导向，持续推进“12236”总体部署，统筹推进提质增效和三大战略，着力抓好服务油气、创新驱动、管理变革、人才强企、风险防控，高质量完成各项目标任务，以优异业绩迎接党的二十大胜利召开。

重点工作部署：

（一）坚持党的领导，引领保障公司高质量发展

1. 深化全面从严治党。（内容略）

2. 实施人才强企工程。（内容略）

3. 凝聚全员智慧力量。（内容略）

（二）深化提质增效，着力增强价值创造能力

1. 全力以赴抢抓高效市场。（内容略）

2. 提高工程技术业务整体质效。（内容略）

3. 促使风险合作业务提产增效。（内容略）

4. 加快提升经营管理效能。（内容略）

（三）推进三大战略，持续提升创新动能活力

1. 深入实施技术立企战略。（内容略）

2. 大力推进数字赋能战略。（内容略）

3. 扎实抓好成本领先战略。（内容略）

4. 全面完成改革三年行动。（内容略）

（四）突出严抓严管，加快推进安全绿色发展

1. 健全体系管理。（内容略）

2. 强化风险管控。（内容略）

3. 做实环保节能。（内容略）

【写作点评】

企业工作总结有综合性工作总结（包括年度工作总结、半年工作总结、季度工作总结、月度工作总结、每周工作总结）、部门工作总结（专业工作总结）、党委工作总结、纪委工作总结、群团工作总结等。无论是哪种工作总结，其实思路、结构都可以是一样的，只不过是综合性与专业性的内容不一样而已。在此介绍一种通用写法。

第一部分，统领全文，见事具体。要开门见山，直奔主题，给人“春色满园关不住，一枝红杏出墙来”的新鲜感。意思就是把全年最亮的几个“绣球”摆在开头，以达到引人入胜的目的。

第二部分，事项分列，抓住重点。要临山观景，静享繁华，给人“忽如一夜春风来，千树万树梨花开”的舒爽感。意思是让读者看工作总结就像登山观景一样，山、水、亭、阁清晰可见（结构清晰、逻辑清晰），无论是这山、这水，还是那亭、那阁都独具特色、美不胜收（每个方面都有很多亮点）。这样的总结有谁会不喜欢呢？毛泽东曾说，看邓小平的报告好像吃冰糖葫芦。这句话就是在称赞邓小平的报告写得好。

有的单位、部门写出来的工作总结平平无奇，有的甚至是一团糟，结

构安排不合理，逻辑关系混乱，给人一种“十扣柴门九不开”的感觉，思路老套，而且难以找到一个亮点。如果是这样的情况，部门的工作应该是怎样的一个状态，各项工作又应当如何开展的呢？

第三部分，高度概括，理出经验。要给人“众里寻他千百度，蓦然回首，那人却在灯火阑珊处”的感觉。前两部分给人留下了非常深刻的印象，既有新鲜感（让人耳目一新），又有舒爽感（总结得酣畅淋漓），读者不禁要问，工作做得如此之好，这是怎么做到的呢？把一年的经历和收获高度凝练出来，就是值得推广学习的经验。经验和体会来源于生活而又高于生活，既可以是精神层面的，又可以是操作层面的；既可以是说明某种逻辑关系，又可以是理念与实践的辩证统一。别人没想到的，你想得到；别人总结不出来的，你能总结出来。这就是能力。

写作范例 70，之所以为大家附上完整的工作总结结构提纲，就是让大家更为清晰地了解，其实工作总结与工作要点是有内在逻辑关系的，但在表述方式上有很大不同，从前后两部分的各级标题形式就可以看出来。

第二节　经验交流文稿

经验交流文稿不属于正式文种，也不是规范性公文，在实际工作中应用广泛：在行文方向上，经验交流文稿是一种参考性文件，没有固定的格式，是限制比较少的一类文种。在内容安排上，经验交流文稿是为了表彰先进、传播事迹、交流经验的文件，通常用于大会发言、表彰评比、宣传印发或文件转发，具有一定的指导作用。

一、经验交流文稿的特点

（一）典型性

被选定经验交流的是具有代表性的技术、管理、党建等方面的工作做法及取得的成果，具有一定推广价值和普遍指导作用，可供同类单位、人员学习和借鉴。

（二）经验性

这类文稿重在抓住事物的突出特点，能够总结带有本质和规律性的东西，而不是表面性、不具普遍性的工作。

（三）统一性

这类文稿的陈述内容必须与主题思想相统一，与企业整体发展思路相统一。围绕主题选取支撑事例材料要生动、具体、真实，思想观点要高度凝练，能支撑和体现主题思想。

二、经验交流文稿的写作要点

这类文稿通常包括标题、前言、正文、结尾四部分。

（一）标题部分

标题形式不统一，有的形式为《××公司井控工作汇报》，有的形式为典型经验文稿的通用标题格式，如《用好实践练兵场 建强干部预备队 全力打赢保障油气增储上产进攻仗》。

（二）前言部分

前言通常是说明经验取得的背景和突出成果。有的背景叙述包括基本情况、历史沿革和社会背景，要简洁明了，杜绝繁文缛节，把背景讲清楚即可。成果方面要抓住突出业绩，使之与前面陈述的背景形成强烈反差。

（三）正文部分

要紧扣交流主题，按照明确的主线安排各项内容。如人才强企工程建设交流主题，可以讲本单位的高端人才引进和培养经验、科研队伍高精尖人才队伍建设、国际化人才队伍建设、基层人才队伍建设等等。内容可以分为人才队伍建设目标、具体采取的创新举措、实施以来取得的阶段性工作成果等几部分。内容无论从几方面讲，都要保证各部分之间的内在联系（可以是平行关系，也可以是递进逻辑），每一个部分都是紧紧围绕交流主题展开工作。这类经验交流文稿，切忌逻辑混乱，更忌各部分相互包含、内容重复。经验材料的质量要求比较高，要有思想、有做法、讲逻辑、重成效，还有事例和数据要真实。

（三）结尾部分

一般为工作表态或秃尾结束。

三、起草经验交流文稿应注意的事项

要注意工作总结和经验交流文稿的区别。

（一）从内容上讲

工作总结内容比较全面，既要肯定成绩，又要指出问题。经验交流文稿重在讲成绩、讲经验，要把成绩中最精粹、最闪光、最独特的东西提炼出来，供大家学习借鉴。

（二）从作用上讲

工作总结主要是汇报工作、展示亮点、鼓舞士气。经验交流文稿主要是总结成绩、提炼经验，用以指导以后的工作。经验交流文稿比工作总结要更深刻、更独特、更凝练。

（三）从参照物上讲

工作总结的参照物是某一时段初期的工作计划、安排部署，主要是进行自我纵向对比，经验交流文稿的参照物是同行业、同类别企业，不仅要进行自我纵向对比，更重要的是进行横向对比。

四、经验交流文稿的写作范例

（一）集团公司领导干部大会经验交流发言

集团公司领导干部大会一般在每年 7 月中旬召开，2021 年集团公司领导干部会议主题为“坚持‘两个一以贯之’ 实施人才强企工程”。下面介绍集团公司一家所属企业的大会经验交流材料，全文紧紧围绕会议主题，突出亮点工作和典型做法。

写作范例 71：

用好实践练兵场　建强干部预备队
全力打赢保障油气增储上产进攻仗

××公司是集团公司重组设立的首家××企业，地处自然环境艰苦，施工风险高，难度大，油气资源潜力巨大的西北边陲，肩负着保障重点资源区增储上产的重大责任。近年来，公司党委围绕管理技术型企业建设战略目标，突出铸魂赋能，加强实践磨砺，全力打造一支讲政治、善作为、敢打硬仗、能打胜仗的钻探生力军，为保障油气业务高质量发展注入强劲生机与活力。

一、用铁人精神炼初心，筑牢年轻干部的石油梦想

作为从铁人故乡玉门走出的队伍，我们坚持用好“传家宝”，大力实施新兵铸魂计划，引领年轻干部坚决听党话、跟党走。

一是优选苗。（内容略）

二是强信念。（内容略）

三是塑油魂。注重传统会战和新运行模式相结合，选派100余名优秀年轻干部投入××、××、××、××（地名）等集中上产区域，通过亲历××亿吨××油藏发现与建产，3000万吨、300亿立方米、6000万吨大油气田诞生等重大历史事件，让他们在唱主角、当先锋过程中，增强“当个石油工人多荣耀”的自豪感。（内容略）

二、用广阔现场练本领，锻造年轻干部的强健体魄

“刀在石上磨，人在事上练”，在××、××、××（地名）的“三超”井管控、海外市场的营销博弈中，大力实施磨砺赋能计划，促进年轻干部历练成长。

一是在重难点工程现场练兵。针对公司每年承担集团公司三分之一以上风险井的钻探任务，围绕油田高效勘探、效益开发需求，按照工程技术负责人培养方向，建立重难点工程年轻干部选配机制，在××、××、××等井施工中，优选一批具有专业背景的“85后”“90后”年轻干部担任项目长、井队长，定好目标值，签下军令状，让年轻干部在接“烫手山芋”过程中历练成长，提升专业素养和能力。

二是在科研创新阵地练兵。（内容略）

三是在海外市场前线练兵。（内容略）

四是在队站管理岗位练兵。（内容略）

三、用科学机制选贤才，壮大年轻干部的集群规模

坚决打破论资排辈、隐形台阶和惯性思维，健全选用机制，大力实施优选接替计划，让优秀年轻干部队伍郁郁葱葱、蔚然成林。

一是搭台铺路及时用。实施“基层队+项目部/机关部门”递进式培养路径，配套建立基层钻井队负责人职级聘任机制，学专业、干专业、表现突出的大学生，3年内走上队长岗位，并可直接聘任为三级正副职，再经过基层项目部历练，快速走上二级副以上岗位。近年来，按此轨迹新提拔 ×× 名二级干部，占总量的 ××%。

二是激活岗位择优用。（略）

三是严把关口大胆用。（略）

×× 公司将以新时代党的组织路线为指引，大力实施人才强企战略，全面加强优秀年轻干部建设，加速提升服务保障能力，更好助力油气业务高质量发展，为集团公司建设基业长青的世界一流示范企业作出更大贡献！

【写作点评】

这是入选集团公司领导干部会议的典型交流发言。这家企业紧紧围绕集团公司领导干部大会主题，交流了“生聚理用”的典型做法及取得的成效。标题为《用好实践练兵场 建强干部预备队 全力打赢保障油气增储上产进攻仗》，是整篇经验交流材料中心内容的浓缩。导语点出实施背景，指出了实施人才强企工程的必要性和要达到的目标。正文分为三部分，标题精练准确，概括性强，三部分互相关联、逻辑递进，从选人、培养、锻炼、用人四方面，系统阐述了人才培养的创新做法，每部分有思想、有做法、有成效，并以取得的成果数据作为支撑。结尾进行了拓展延伸，表达了大力推进人才强企工程、服务集团公司高质量发展的坚定决心。

（二）集团公司工作会议经验交流发言

经验交流是集团公司年度工作会议的一项重要议程。按照惯例，每年年底由中油技服推荐 2 家业绩突出的成员企业在会上交流，其中 1 家企业作大会交流发言，1 家企业作书面交流。经验交流的选题由各企业自行选定，报集团公司综合管理部审核通过后进行准备。经验文稿主要介绍先进典型工作经验或成功做法，着重反映先进典型怎么做，目的是学习推广、促进工作。

写作范例 72：

锚定一流目标　矢志改革创新
在率先打造世界一流新征程中奋勇前行

××公司

（××年×月×日）

××年岁末，××公司海外市场再传捷报。在××、××等9个国家再获××亿美元工作量，市场规模突破××亿，全年海外市场投标中标率达到××%，经营业绩再创历史新高，销售收入连续××年保持全球××行业首位，综合实力持续提升，公司高质量发展基础更加坚实，为率先打造世界一流新征程创造了条件、赢得了主动。

一、聚焦标杆定位，全面提升国际竞争实力。作为国务院国资委对标世界一流管理提升标杆企业，我们坚持从思想破冰入手，志存高远、脚踏实地，着力打造能够引领全球××行业技术发展、具有话语权和影响力的世界一流企业。**一是始终坚持以战略为先导。**我们精心进行战略布局，深入谋划“十四五”高质量发展规划，从价值创造理论出发，围绕国务院国资委“三个领军、三个领先、三个典范”要求，聚焦绩效、能力、理念三个层位，形成了由××项一级指标、××项二级指标和××项三级指标构成的对标评价体系，开展定量和定性评价，破解了公司处于行业领先形势下“对什么、跟谁对、怎么对”的难题，研究制定了《加快建成世界一流实施方案》，为公司全面建成世界一流企业提供了路径和方法。**二是始终坚持高标准谋划发展。**把国际标准与公司实际相结合，致力走符合国际惯例、具有东方特色的发展之路，树立全球视野，聚焦高端定位，大力实施“××、××、××、××”市场开发策略，构建了“四国七中心”软硬件研发格局，建成了海外××大规模基地，打造了××、××等一大批行业标杆项目；积极参与全球××行业规则制定，充分发挥外籍专家作用，采取线上线下相结合的方式参加××、××等行业年会，充分树立了××国际大××公司的品牌形象。**三是始终坚持把人才作为第一资源。**我们在全球范围内扩大招才引智视野，更加突出市场化引才引智，更加注重“引智”与“提质”的关系，打破体制机制束缚，进一步构建事业留人、机制留人、感情留人的“引才用才”环境，建立与市场接轨的薪酬激励机制，领导班子定期听取专门汇报、开展联系慰问，有效激发了人才队伍动力活力。××年，从××、××引进××名高层次技术人才，从××公司成功引进××人组成的顶尖××

科研团队，构建了一支国际化的高层次研发队伍，实现了海洋多次波等关键技术的快速突破，取得了“当年引进、当年出成果”的良好效应。

二、立足自立自强，全力打造科技创新高地。我们从建设世界一流企业出发，瞄准技术创新最前沿，精准把握全球 ×× 技术发展方向，勇闯技术“无人区”，抢抓创新主动权。**一是突出科研自主创新。**始终保持 ××% 以上科研投入强度，下大力气攻克关键核心技术，成功研发了大道数、低成本的 ×× 节点仪，实现了 ×××× 技术从有线向无线发展的革命性变革；打通 ×× 数据处理全流程，实现了混采数据分离、速度建模等 ×× 项关键核心技术的快速突破，×× 项成果亮相国家“十三五”科技创新成果展。**二是突出开放联合创新。**先后与 ×× 大学、×× 油田等 ×× 家院校和企业开展合作，共同打造 ×× 个“共建、共享、共赢”示范工程，形成了 ×× 项 ×× 示范共建技术；与 ×× 公司合作研发新一代海洋节点 ××，生产线成功在国内 ×× 合资公司投产，彻底扭转了海洋核心装备长期受制于人的局面；聚焦打造创新联合体，与 ×× 家企业签订共建协议，申建国家油气 ×××× 技术创新中心并通过国家科学技术部批准，进入专家论证阶段。**三是突出油气需求导向。**始终把找油找气作为最大责任，聚焦“五油三气”六大盆地，围绕“双复杂”勘探难题，加大 ×× 技术攻关力度，强化新区新领域研究，推进地震地质工程一体化，集团公司国内外重大油气发现参与率始终保持 100%，全年提交建议井位 ×× 口，为 ×× 井、×× 井、×× 井等重大油气发现作出了积极贡献。

三、突出变革思维，全速打造价值创造引擎。我们把价值创造作为打造世界一流企业的出发点和落脚点，勇于突破条条框框，敢于打破路径依赖，全面打造提质增效“升级版”。**一是创新市场开发模式。**面对常态化疫情，积极实施营销模式转型，制定了“顶层设计、合理布局、因地制宜、高层推动”的市场开发策略，构建了“多层次、立体化、多维度”的市场营销体系，先后与 ××、×× 等 ×× 家油公司举行线上会议，开展“一对一”技术推介 ×× 场次。海洋业务负责人带领市场、生产、设备管理人员专门到 ×× 办公，选派 ×× 名市场经理赴海外开展客户营销，与客户零距离沟通，为海外市场逆势上扬奠定了坚实基础。全年中标海外超亿元合同 ×× 个，海外高端市场占比超过 ××%，公司市场规模达到全球 ××% 以上。**二是创新生产组织模式。**加快数字化转型智能化发展，积极打造智慧 ××，让数字化为项目运作插上智慧的“翅膀”，成功研发智能化 ×× 队系统，在 ×× 个 ×× 项目推广应用，实现了关键作业环节实时质控和生产调度，推动了 ×× 野外作业管理变革和流程再造，成功运作了 ××、××、×× 等 ×× 项目，平均日效提高了 ××%。特别是 ×× 项目，作业效率提高了 ××%，创造了海上单日采集 ×××× 的世界纪录，成为国家“一带一路”油气合作示范工程。三是创新党建融合模式。坚持把党建优势作为公司价值链上的重要环节，创新开展党史学习教育，深入开展“我为员工群众办实事”活动，在党史学习中汲取奋进力量；深入开展“转观念、勇担当、高质量、创一流”主题教育，积极推动“三基本”建设与“三基”工作有机融合，具体实践做法走进中央党校课堂，国有企业独特政治优势已经成为我们参与国际竞争的最大比较优势。

【写作点评】

这是入选集团公司工作会议的典型交流发言。这家企业紧紧围绕集团公司工作会议主题，交流了改革创新的典型做法及取得的成效。标题为《锚定一流目标 矢志改革创新 在率先打造世界一流新征程中奋勇前行》，是整篇经验交流材料中心内容的浓缩。导语亮出了该公司改革创新取得的丰硕成果和实际成效，用实践证明了推进改革创新的选择是正确的、效果是显著的。相当于强调该公司推进改革创新取得了成功，是有值得与大家分享的多方面经验的。正文分为三部分，从人才强企业、科技创新、价值创造三方面进行了经验介绍，标题精练准确，概括性强，三部分是平行关系，但也体现了一定的递进逻辑，首先招才引智才能促进科技创新，技术水平提升了才能创造更多的价值。所以说，三部分是互相关联且逻辑递进的关系，系统阐述了企业改革创新唯有重视人才队伍、重视科技创新、重视价值创造，才能实现高质量发展。每部分有思想、有做法、有成效，并以取得的成果数据作为支撑。

第三节 规划纲要（方案）

无论是规划方案、工作要点，还是某项工作或某个项目的工作方案，都是工作计划，只不过时间跨度有长有短，辐射范围有大有小，事情重要程度有轻有重。西汉戴圣在《礼记、中庸》中说：“凡事预则立，不预则废。”所以，制定规划方案对企业发展而言十分重要。好的方案可以达到事半功倍的效果。

一、规划纲要（方案）的特点

（一）系统性

制定的方案要自成体系，需要统筹考虑一些方面和一些因素，处理好纵向和横向的关系，根据上级部署和要求、发展实际或工作实际，研究制定一个完整、有效的方案。

（二）逻辑性

方案的结构安排要具有较强的逻辑关系，不能前后矛盾，不能过于发散，要有明确的目标（或主题）、重点内容、实施路线（或主线）、工作要求和保障措施等。

（三）完整性

方案的要素、内容要齐备、完整。方案的内容能够覆盖涉及的全盘、局部或某一方面的工作，每一部分内容都要讲清楚，能定量的不能只定性，要充分考虑内因和外因，将重点任务、主要举措、影响因素等各部分各要素考虑周全。

（四）创新性

方案的内容要有创新性。不能总是写“去年今日此门中”“桃花依旧笑春风”这样的方案，去年是这么写的，今年还是这么写，没有一点点新意，对工作没有任何借鉴意义和促进作用。要写出“横看成岭侧成峰，远近高低各不同”详略得当、重点突出、富有特色的方案，既务实，又有新意。

（五）实用性

规划方案要对企业发展的目标要求、工作内容、实施路线、方法步骤及保障性措施等各个环节，都做出具体明确的安排。任何人看了方案，都明白要干什么，要怎么干。

二、计划类方案的类别差异

规划纲要（方案）、工作要点、工作方案都是计划类公文，既有区别，又有联系。

从宏观与微观方面来看，规划纲要（方案）、工作要点、工作方案依次承接：规划纲要（方案）层次最高，是企业战略层面的计划方案；工作要点次之，是企业某一年度（某一阶段）的重要工作安排；工作方案层次最低，是比较具体的工作计划方案，涉及的都是微观事项。

从长远与当前方面来看，规划纲要（方案）一般为三年或五年的实施方案，是宏观、概括性的方案；工作要点一般为一年的工作安排，包括目标、任务和要求等；工作方案是针对具体的事项或具体的问题，制订的具体计划安排，比如会议方案、会议通知，包括会议名称、会议地点、会议内容、参加人员、具体要求等，都是一些具体内容和工作细节。

从重大与重要方面来看，规划纲要（方案）、工作要点、工作方案的重要程度依次减弱，但可操作性依次增强。规划纲要（方案）是企业对长远发展的战略安排，规划了将来要实现的愿景（蓝图）；工作要点是对年度工作的统筹谋划和安排，是近期的目标和计划；工作方案是对当前工作的具体计划，是即将付诸行动的具体事情。

三、规划纲要（方案）的写作要求

（一）做到言之有物

打个比喻，规划是战略部署，要点是战术安排，方案是战斗方案。规划纲要（方案）是在调研的基础上，对各项业务做出的科学规划与合理预测；工作要点是在总结的基础上，对要解决的问题和实现的目标作出的合理安排；工作方案是针对当前要解决的问题，对各方面做出的具体安排。无论制定哪种方案，都要做到言之有物，每部分安排都是为解决问题而设计，不是“拍脑袋”决定。有人讲：规划就是鬼话。觉得三年或五年甚至更长时间的目标，能不能实现谁又说得好呢。听着貌似有理，其实却毫无道理。如果方案都是“拍脑袋”拍出来的，那能实现目标就是个奇迹。计划类方案最忌讳的就是“假、大、空”。

（二）做到言之有序

这是对方案结构和内容的要求。言之有序，意思就是方案要在统筹全面的基础上，作出具有科学的布局、合理的结构、清晰的条理的计划方案。总结成绩要简明扼要、重点突出、亮点典型，经验总结要有很强的针对性和推广价值。分析形势和问题要准确概括、入木三分，工作部署要统揽全局，措施要精准有效，能够起到很好的引导和推动作用。总之，每个部分之间的逻辑关系要紧密，每个部分的内容也要有较强的关联性。不能堆积、拼凑材料，形成松散的、毫无价值的方案。

（三）做到言之有方

就是要制定符合实际、能够解决问题、操作性强的方案。这就要求：第一，要找准定位、指明方向，让大家都知道要往哪个方向努力；第二，要明确目的、重点任务，让大家清楚通过努力要达到的目标，有什么具体任务要落实，各单位各部门要承担什么样的责任，担任什么样的角色；第三，要确定路线（主线）、方式方法，通过采取某种技术路线、管理创新、业绩考核，以及具体的工作方法等，努力实现我们制定的规划和目标；第四，要注意规范用语和数据使用。这类公文对内容的要求比较高，对语言的运用和数字的使用也比较严格，要注意与一般性公文写作的区别。

四、规划纲要（方案）的写作范例

不同类别的方案，内容的结构安排也是不一样的。上述三类计划方案的结构安排在形式上有很大区别，但总体思路是基本一致的，都是提出问题、分析问题、解决问题。下面，按照每个类别，详细叙述一下各自的特点和写作要点。

（一）企业战略规划纲要（方案）

编制规划纲要（方案），是根据上级战略部署和发展要求，结合本单位实际，对较长时段内企业的发展定位、思路、战略、原则、方向、目标、任务（计划和投资可放在这部分）、保障措施的统筹概括。规划方案通常由“标题＋开头＋主体”组成。

1. 标题，一般为“单位名称＋限定时间＋文种”，比如《××公司“十四五”发展规划方案》。

2. 开头部分，通常陈述制定本方案的依据。

3. 主体部分，通常由企业概况、环境分析、思想目标、重点任务、实施计划、保障措施等部分组成。每部分的标题名称自拟，每部分的结构也可稍做调整。比如，有的可以将企业概况与环境分析合并，标题为优势与劣势分析，有的将思想目标拆成了发展定位与发展战略、发展愿景与实施路径两部分，有的将重点任务和实施计划合并成了一部分。具体怎么安排主体部分，由企业根据自身实际需求确定。

企业总体概况，通常主要介绍公司的发展历程、现行组织框架、法人治理结构、主营业务构成，以及主要装备、技术及经济指标分析等。

发展环境分析，通常从宏观（PEST）和微观两方面入手，对企业的内外部发展环境进行分析，运用 SWOT 分析法，分析发展机遇与面临挑战，为战略制定和战略实施提供客观依据。在分析过程中，要重点关注企业优势与劣势、市场变化与客户需求、行业特点与发展趋势等方面，并对这些方面进行研判。

思想目标定位即战略指导思想和发展目标定位。战略规划是由企业领导班子统领全局、集合大家智慧的战略选择和顶层设计，决定了一个企业未来一个时期的指导思想、战略依据、目标定位和发展走向。因此，制定战略规划方案，必须按照企业高层领导意见，认真思考企业领导班子尤其是主要领导，对企业发展定位、发展愿景、责任使命、指导思想等方面的思考与筹划。要按照高层的统筹谋划与全局考量，制定企业的发展体系。发展体系既要有总体发展目标，也要有分业务、分单位、分年度的具体目标。

战略路径选择，企业所处的经营状况不同，选择的战略路径也不同。企业的经营状况有增长型、稳定型、收缩型、混合型等多种类型。一般来说，增长型企业的战略选择可能比较激进，收缩型企业的战略选择可能就比较保守。当然，企业的发展战略选择有很多种，比如技术驱动型、成本效率型、管理技术型。技术驱动型企业往往主要把技术作为发展的驱动力，比如华为公司。这类企业必须拥有技术和产品完整的技术专利和知识产权，战略选择肯定是走技术型路线。成本效率型企业，往往主要把对成本的控制和企业运营的效率作为发展的驱动力，比如销售公司。这类企业的主要竞争力来自规模销售，由规模生产带动规模采购（有的销售企业不生产产品），从而大幅降低成本。但销售公司企业不能忽略技术的支撑作用，不能轻视技术创新，现在是大数据时代，谁掌握具有相当规模的优质数据资产，谁就有可能是时代的赢家。所以，这类企业的战略选择，建议选择走整合资源、创新策略、优化管理的管理技术型路线。战略路径的选择至关重要，至于选择哪种战略路径，需要符合企业发展实际，具体情况具体分析。

⑤ 战略实施计划。对于任何企业而言，战略路径选择都是关键抉择。在选择了战略路径之后，应当根据企业现实情况，结合当前面临的发展环境，制定具有创新性、前瞻性、可操作性的具体实施计划。这类实施计划通常包括：体制与机制创新、核心竞争力提升（包括产业优化整合、关键技术攻关、装备能力升级、产品优化升级、产品结构调整等方面的一面或多面）、依法合规管理、人才强企工程、投融资计划、企业文化建设等。

具体保障措施，通常要从实现既定战略目标、保障和促进战略规划方案实施的角度，提出务求实效的保障性措施。比如加强组织领导、明确责任分工、做好宣传宣贯等，从而最大限度保证企业战略规划方案的实现。

写作范例 73：

××公司“十四五”发展规划方案

一、发展基础与面临形势

（一）规模实力

1. 经营业绩稳健向好
2. 服务能力显著增强
3. 业务结构持续优化
4. 核心技术实现突破
5. 投资业务快速发展
6. 安全基础不断夯实

（二）问题挑战

1. 国际业务规模萎缩
2. 风险投资不及预期
3. 部分装备老化严重
4. 科技创新动力不足
5. 高端人才依然短缺

（三）面临形势

1. 市场形势与需求分析
2. 行业发展对标分析
3. SWOT 分析（优势、劣势、机遇、挑战及应对策略）

二、发展定位与发展战略

（一）发展定位

（二）发展思路

（三）发展战略

（四）发展原则

（五）发展方向

三、发展愿景与实施路径

（一）发展目标

（二）发展策略

（三）发展任务

1. 统筹做好“四篇文章”

2. 大力实施“九大工程”

3. 持续优化业务结构

4. 优化投资与资源保障

四、情景规划与风险分析

（一）情景规划

（二）风险分析

（三）保障措施

（二）企业专项工作规划

企业某项具体业务的规划方案，同企业战略规划方案基本思路是一致的，不同的只是细节方面的区别。但是业务规划方案和某项具体业务的工作计划书不是一回事，业务规划方案属于战略规划范畴，时间至少在三年以上，比如《×× 公司“十四五”后三年 ×× 业务发展规划方案》《×× 公司人才发展规划方案》等；而某项业务的工作计划书只是一个短期阶段的工作计划，可能是一个月、三个月或者半年。

写作范例 74：

×× 公司人才发展规划方案

为贯彻落实《中共 ×× 公司党组人才强企工程行动方案》，大力实施人才强企工程，建立健全“生聚理用”人才发展机制，持续优化人才队伍结构，提高人才队伍素质，加强高端人才培养，结合公司实际，制定本人才发展规划方案。

一、基本情况

（一）组织机构情况

（内容略）

（二）人才队伍情况

1. 类别结构。（内容略）

2. 年龄结构。（内容略）

3. 学历结构。（内容略）

4. 职称结构。（内容略）

5. 技能结构。（内容略）

二、人才发展存在的问题

（一）组织体系职能交叉，人才浪费现象较为突出

（二）人力资源管理薄弱，人才价值未能充分体现

（三）干部队伍出现断层，年轻干部培养力度不够

（四）高端人才依然缺乏，人才队伍结构不尽合理

（五）“生聚理用”机制不健全，人才资源作用发挥不足

三、今后一个时期人才发展思路、原则、目标和任务

（一）发展思路

（内容略）

（二）基本原则

——党管人才，服务发展。（内容略）

——高端引领，提升价值。（内容略）

——以人为本，完善机制。（内容略）

——工程思维，务求实效。（内容略）

（三）战略目标

人才强企工程与公司“十四五”规划及中长期发展战略同步谋划，总体上按“三个阶段”推进：

第一阶段：到 2025 年，在打赢“观念转变、机制创新、结构优化”三大攻坚战上快速突破，人才队伍建设质量迈上新台阶。

（内容略）

第二阶段：到 2030 年，在打赢“短板补齐、高端集聚、战略储备”三大进攻战上全面突破，人才实力国内行业领先。

（内容略）

第三阶段：到2035年，人才规模、质量、结构与战略目标相匹配，建设国际领先的人才队伍。

（内容略）

（四）主要任务

1. 深入推进组织体系优化。（内容略）

2. 着力突出人才价值提升。（内容略）

3. 注重强化“三强”干部队伍建设。（内容略）

4. 加快推进“高精尖缺”人才队伍建设。（内容略）

5. 健全完善“生聚理用”人才发展机制。（内容略）

四、人才队伍建设实施计划

（一）着眼“提效赋能”，构建优化新型高效组织体系

1. 持续优化公司各级组织机构。（内容略）

2. 系统推进企业机构和业务改革。（内容略）

3. 优化改进基层生产组织方式。（内容略）

（二）践行“价值理念”，推动人力资源价值持续增值

1. 强化人力资源价值评价。（内容略）

2. 健全人才考核评价体系。（内容略）

3. 用好薪酬分配价值导向。（内容略）

（三）注重“选育管用”，锻造高素质专业化干部队伍

1. 做好谋划培养开发。（内容略）

2. 全面提升实干本领。（内容略）

3. 注重队伍梯次配备。（内容略）

（四）突出“高精尖缺”，打造引领发展的一流人才队伍

1. 持续优化人才结构。（内容略）

2. 壮大高端人才队伍。（内容略）

3. 打造科技创新示范团队。（内容略）

4. 加强核心技能人才队伍建设。（内容略）

5. 打造复合型数字化人才队伍。（内容略）

6. 加快建强市场开发人才队伍。（内容略）

7. 重视新能源技术人才队伍建设。（内容略）

（五）围绕“生聚理用”，完善特色人才发展体制机制

1. 聚焦生才有道，着力在人才培养上做文章。（内容略）

2．聚焦聚才有力，着力在人才引进上筑高地。（内容略）

3．聚焦理才有方，着力在人才激励上下功夫。（内容略）

4．聚焦用才有效，着力在人才使用上开新局。（内容略）

五、主要保障措施

（一）加强组织领导（内容略）

（二）统筹规划实施（内容略）

（三）营造良好环境（内容略）

第四节　生产经营类工作要点

工作要点通常是部署某一年内计划开展的重点工作的公文，是企业全局或某项业务年度工作计划的“总纲领”。这类公文对篇幅、内容、文字都有比较高的要求。

一、工作要点的特点

（一）思想性强

作为“总纲领”，工作要点需要高度概括出指导思想或工作思路，以引领和指导企业全局或某项业务年度重点工作开展，让所有部门和单位理解开展这些工作的重要意义，清楚应当按照什么样的指导思想和总体路径推动工作。

（二）针对性强

工作要点是企业在超前谋划、统筹部署的基础上形成的，对每个方面、每项重点工作都作出了安排和要求，针对性、可行性非常强，是企业推动各专业、各项工作的“思维导图”。各部门、各单位只要按照工作要点推动工作，就不会偏离方向、脱离“轨道”，就可以顺利实现既定工作目标。

（三）约束性强

无论是涉及全局性还是某项业务的工作要点，都是全年重点工作的总体安排，所有部门和单位都要严格依照总体安排和总体目标推进，是部门和单位必须执行和遵循的“工作纲领”。因此，工作要点具有较强的约束力。若有人认为工作要点不重要，那要么是制定工作要点不认真，所制定的工作重点针对性、可行性不强，要么就是我行我素，没有引起高度重视，打折扣、搞变通。

二、工作要点的写作要点

（一）标题部分

这类公文的标题通常由“单位名称＋限定时间＋业务名称＋文种”四部分组成，如《××公司××年国际业务工作要点》等，有的单位生产经营类只有一个总的工作要点，这时业务名称可省略，如《××公司××年工作要点》。

（二）前言部分

这类公文的正文可以安排前言部分，也可以不安排前言部分。前言一般是明确工作要点的制定依据、方针或者任务要求、指导思想等，尤其是指导思想必须明确。如果不安排前言部分，通常第一部分就是指导思想或工作思路，相当于前言内容。

工作目标是工作要点的重要组成部分，为各项重点工作指明奋斗方向。有的工作要点工作目标是安排在指导思想或工作思路之后单独呈现的，有的工作要点工作目标是安排在重点工作内容之中的。处理原则是，能够单独成段呈现的，就不要融入重点工作内容之中。具体依据业务特点决定。

重点工作，通常是先按大的方面进行分类，每类工作下面安排若干个事项。每类、每项工作都要坚持问题导向、目标导向、结果导向，针对企业面临的问题和矛盾进行有针对性的安排，必须有利于解决问题、化解矛盾、促进发展。

（三）文字部分

编制工作要点，对文字要求非常高。冠以要点，就不可能是长篇累牍，必须简明扼要，即思路清晰、语言精练、表达精准。对起草者的要求是：

第一，站位要高，至少要站在引导和推动企业发展的高度。如果你是企业管理部门工作人员，就要学会站在集团公司的高度审视和思考本单位的工作，这样才能突破平台的局限性，摆正位置，客观理性。

第二，视野要宽。安排工作最忌为了安排工作而安排工作，始终跳不出那“一亩三分地”。要养成一种习惯，就是开展横向研究和纵向思考，要善于对标对表，学习借鉴先进理念、先进技术、先进模式、先进经验，重点工作安排要有新观点、新思路、新举措。按照这样的统筹安排，每项工作才能取得新成效、新成果，才能更好更快地推动企业发展。

第三，胸怀要广。好的工作要点通常要经过三轮修改才能定稿。初稿完成后，首先自己要认真审视，然后再请别人进行批判，修改完善后再进行检查，最后呈送领导审核。如果领导一审不通过，千万不要气馁，要深入领会领导的指导意见，虚心请教部门领导和身边同事，只要用心打磨，终会成为精品。

在这里多讲一段。有的人爱面子、好虚荣，接受不了别人的意见。殊不知，别人的批判就是在成就你自己。我们要理性看待“是平台成就了你，而不是你成就了平台”这句话。无论在哪一个岗位上，都要做出一番成绩来证明自己。只有掌声和鲜花，没有批判和批评，这是被孤立的一种表现。我们的成长，离不开平台给你的关心和帮助，但只有让别人发现你的价值所在，你所在的工作平台才会越来越重视你、重用你。

三、工作要点的写作范例

这里重点介绍两个工作要点，一是财务工作要点，二是综合性工作要点，供大家学习参考。

写作范例 75:

×× 公司 ×× 年财务工作要点

一、工作思路

认真贯彻落实集团公司财务管理部署要求，牢固树立“企之大者”和“基层好、成员企业好、技服才能好”的理念，坚持问题导向、目标导向、结果导向，抓主要矛盾和矛盾的主要方面，着力打造提质增效管理平台，持续深化预算管理、资金管理、经营分析、会计核算、服务支持五类重点工作，努力实现财务新作为。

二、工作目标

贯彻落实集团公司和××公司年度工作会议精神，全面完成集团公司下达的十六项财务相关预算目标，实现“两利四率”“两增一控三提高”，发挥好财务服务保障、决策支持、价值引领和风险管控作用，为公司稳健高质量发展提供有力支持。

三、重点工作

（一）以“质”“效”双增、价值创造为主线，持续打造提质增效管理平台

1. 深入推进提质增效工程。认真贯彻集团公司工作部署，聚焦高质量发展，着力从“三个升级、三个覆盖、三个导向”方面持续打造提质增效“升级版”。坚持战略导向、坚持问题导向、坚持稳中求进、聚焦价值创造、突出创新驱动等五项原则，大力实施“八项增效工程”，重点推进一体化统筹、对标管理提升、“四提”工程、改革创新、亏损治理、法人压减、陈欠清收等重点工作。制定针对性工作措施，明确每条措施的具体量化目标，确保措施落地、有效执行、成效明显。强化工作组织实施，按月跟踪工作成效，定期开展通报对标，强化过程监督，进行风险预警。通过绩效考核和加强宣传等手段，引导全员树立开源节流、降本增效思维，推进企业价值提升。

2. 狠抓全级次亏损企业治理。在集团公司下达目标的基础上，进一步自我加压，将公司××年全级次亏损子企业减亏目标定为比××年减亏××%，消灭新增亏损和小额亏损企业。贯彻集团公司精准识别、精准分析、精准谋划、精准施策、精准推进、精准考核的治理要求，聚焦本质扭亏，突出“五个重点”，对亏损企业实行分级分类管理。组织制定“一企一策”方案，按照“三步走”的路径和“四个一批”的要求，以专班工作制、定期分析会等形式，强力推进亏损治理取得实效。

3. 狠抓低效无效法人压减。制定法人压减专项激励政策，实行工资总额专项奖励，激发企业法人压减的主动性，全面完成集团公司下达的任务目标。加快退出“长期亏损、长期停业、资不抵债”的法人企业，加快清理退出“两非”企业，力争出清以前年度已批复、尚未完成股权处置的全部法人企业。持续加强股权投资源头控制，按照“严进宽出、限制参股”的原则，严把投资入口关，避免新增“低小散乱”法人。

4. 狠抓陈欠清收。持续抓好陈欠清收工作，协助国际事业部推动××、××、××等重点项目应收账款清收工作，继续执行历史陈欠清收奖励办法，精准激励作出贡献人员，调动清陈欠的积极性，力争取得重大进展。

5. 狠抓关联交易资金结算。全面落实集团公司和股份公司两个财务部下发的《关于进一步加快关联交易结算进度的通知》政策规定，强化与 ×× 企业沟通协调，坚持集团内部应收账款月度清零机制，确保资金及时足额回笼，有效提高资金周转效率。持续做好合同资产深入分析，紧密跟踪合同资产增减变化情况，抓住 ××、××、×× 等 ××，帮助企业解决合同资产问题。

（二）持续深化“以目标导向和责任传递为核心”的预算管理，实现事前算赢、事中干赢、事后报赢

1. 建立业务与财务联动的效益测算模型。着力提升效益预测能力，建立业财融合的效益测算模型，准确测算内外部经营环境变化对效益的影响，提出有针对性的措施建议。同时，建立分市场分专业盈利能力、大宗材料价格上涨、人工折旧成本、科研经费等专项预算分析模型，提升服务决策能力。

2. 对标推进提质增效向纵深发展。横向对标有参照，补短板。强化与 ××、××、×× 财务成本指标对标，查找差距、挖掘潜力；发布企业月度提质增效对标表，督导企业对照先进值找短板、补弱项。纵向对标有目标，抓重点。发布企业月度提质增效目标进度完成表，瞄准年度目标任务，积极探索企业向管理要效益的新方法、新模式、新途径。

3. 加强预算动态管控。健全以“三个月、三个季度、三个年度”为周期的“三个三”滚动预算机制，抓好旬预测、月分析和季考核，督导企业对照预算进度找短板、补弱项，及时发现预算偏差，明确工作措施，确保完成全年预算目标。

（三）持续深化“以问题导向和决策支持为核心”的经营分析，做好经营者的眼睛

1. 构建生产经营分析体系。树立“没有利润的收入不是高质量收入，没有现金流的利润也不是高质量效益”的观念，持续完善成本倒逼机制，从市场、经营效益、财务状况等 3 个方面建立分析体系。市场分析指标体系包括工作量、结算价格、市场占有率、合同签订额、设备动用率等指标；经营效益指标体系包括分市场、专业收入成本利润，与上年同期、预算指标进行增减变化因素分析；财务状况指标体系包括资产、负债、所有者权益、自由现金流、“两金”及合同资产等项目增减变化情况。

2. 全力做好月季年度生产经营分析。坚持做好集团公司月度分析报告、月度简报和季度经营分析报告、技服季度生产经营分析会；坚持问题导向，及时发现问题，持续精准发力，推动经营分析能力提升。

3. 加强专项经营分析。针对经营中暴露的问题配合业务部门，做好专项经营分析，为公司市场决策、项目评价、经营决策提供财务支持。

（四）持续深化“以安全稳健和高效协同为核心”的资金管理，强化资金平衡和风险管控

1. 深化资金平衡管理。着力强化一体化统筹，做好财务预算、投资计划与资金计划的衔接，做好年、月、周、日资金预测和资金计划编制及衔接工作，着力提高资金计划符合率；坚持“以收定支、量入为出”，将企业用款与收款挂钩，从严控制资金透支，确保技服自由现金流为正。

2. 持续抓好控贷降息。紧紧围绕合同资产和“两金”压降做文章，做好跟踪、分析和协调工作，减少资金占用；定期对企业的有息债务、资产负债结构进行分析，重点是抓好资金回款，控制债务规模，扎实推进降杠杆减负债工作，严控资产负债率。

3. 持续提升资金风险防控能力。开展资金内控专项检查工作，督导企业不断完善资金授权、审批、支付等相关制度和流程，加强资金活动管控，明确各环节职责划分和内部控制等要求。加大外汇资金风险防控力度，鼓励企业科学运用金融衍生工具，对冲外汇风险敞口，“锁定”境外资金汇率。

（五）持续深化“以价值数据和快速反馈为核心”的会计核算，夯实财务管理基石

1. 完善财务报告体系。打造“标准、合规、高效、精益”的报告体系，研究推进会计核算标准化工作，打通产业链条各环节财务数据的衔接通道，构建全产业链分析报告体系，聚焦价值提升，加强管理会计工具和方法应用，挖掘数据价值，提升精益化水平。

2. 提高财务报告质量。分析总结企业在国家审计署、内部审计巡视以及中介机构评审等工作中暴露出的问题，举一反三，加强整改落实，进一步提高会计信息质量。完善会计报告内控制度和财务合规制度，严守会计信息质量关，高质量完成各期财务报表和年终决算的编报，真实准确完整反映公司财务状况、经营成果和现金流量，满足经营管理各层次需要和决策支持。

3. 做好国内外一体化统筹改革支持工作。围绕和支持国内外市场一体化统筹，积极配合国际业务改革，深入推进海外业务“净额法”核算模式，分析研究与“五统一、六共享”相配套的会计核算办法，促进企业资源共享。

（六）持续深化“以承接、支持、服务为核心”的支撑保障职能，展现财务工作价值

1. 承接好集团管理要求。承接好集团公司预算、资金、会计、报表、股权、税价、资产等财务管理职能延伸，落实好集团公司各项管理要求，积极主动承担工作任务，进一步加深集团公司各相关处室的支持和信任，组织企业做好财务检查、税务检查及各类专项检查工作，高质量报送各类管理数据，做好年度财务决算、资本运营决算、国别报告的编报工作。

2. 支持业务高效发展。做好公司改革创新和业务发展的支持保障工作，为公司发展出谋划策，业务在哪里，财务就在哪里，充分发挥财务促发展、控风险的作用；为业务部门提供高质量的数据、分析和建议，做业务部门“靠谱的伙伴”，为领导决策和业务管理提供数据支持。

3. 服务好企业“急难愁盼”。“想企业之所想，急企业之所急”，积极主动帮助企业解决问题，体现工作价值，展现责任担当，推动公司高质量发展。

写作范例 76:

×× 公司 ×× 年工作要点

一、工作思路

坚持以习近平新时代中国特色社会主义思想为指引，认真落实集团公司党组决策和 ×× 子集团部署，履行“一体两面”责任，坚持“安全、合规、效率、效益”方针，大力实施“创新、市场、低成本、一体化”战略，不断增强战斗力、竞争力、保障力、创新力和创效力，努力实现发展质量、结构、速度、规模、安全、效益的有机统一，全力保障油气增储上产降本，加快建设让“党组放心、油田满意、企业认同、员工幸福”的一流示范企业。

二、工作目标

——完成三维地震 ××× 万平方千米、钻井进尺 ××× 万米、测井 ×× 万井次、压裂 ×× 万层段，风险作业生产天然气商品量 ××× 亿立方米，支撑集团公司实现原油、天然气产量目标。

——实现收入 ××× 亿元，净利润 ×× 亿元，全员劳动生产率 ×× 万元 / 人，百元营业收入成本 ×× 元，“两利四率”等各项指标持续改善。

——集团公司国内整体服务保障率 ××% 以上、×× 公司作业者项目市场占有率 ××% 以上。

——单队单机作业效率提升 ××% 以上，五类重点井钻井、工厂化压裂提速 ××% 以上，探井单层试油周期降低 ××%。

——健康安全环保井控实现“七个杜绝”。

三、重点工作

（一）牢记责任使命，在能源安全保障上作出新贡献。锚定油气增储上产降本目标，当好服务保障主力军

聚焦三个专项行动。聚焦国内高效勘探专项行动。立足“五油三气”六大盆地，坚持风险探井、重点井“一井一工程”，打成试好×××、×××等重点探井，推动×××和×××深层、×××、×××等重点区带油气勘探取得更大突破。聚焦新区效益建产专项行动。联合推广“大平台布井”“工厂化作业”等高效建产模式，提高甜点识别精度和储层钻遇率，重点保障×××、×××、×××三个国家级页岩油示范区，以及×××、×××、×××三个大气区建设，助力油气田高质量完成产能建设任务。聚焦老油气田稳产专项行动。发挥技术服务优势，协同推动“稠油稳产、化学驱稳产、气驱上产”三个千万吨工程，助力老油气田稳产上产。

强化重点区域支撑。××油田，计划部署钻机××部、压裂机组××套，力争完成钻井进尺×××万米，服务保障率提高××个百分点。推广“区块总包+井型专打”模式，实行产建项目一体化管理，持续推广以“一趟钻”为核心的优快钻井技术，提升效益建产能力。××油气田，计划部署钻机××部、压裂机组××套，加快引进高温旋转导向及配套工具，确保完成钻井进尺××万米，服务保障率××%。突出抓好深井井身结构优化，开展高效承压堵漏技术攻关，力争井漏损失减少××%、事故复杂下降××%。××油田，计划部署钻机××部、压裂机组××套，完成钻井进尺××万米，服务保障率××%以上。推行区块专打，推广“高效钻头+高效工具+强化参数”，力争提速××%以上。××油田，计划部署钻机××部、压裂机组××套，完成钻井进尺×××万米，服务保障率××%。加强南缘井漏防治技术攻关，升级玛湖超长水平段优快钻井技术，力争漏失损失时间减少××%、钻完井周期缩短××%。××公司重点项目，优化资源配置，提升服务效率，重点保障×××、×××等重点项目顺利实施。

深化工程提质提速。狠抓事故复杂治理。严格井筒质量监督，建立钻井液处理剂、固井添加剂标准体系，升级川渝页岩气套变防治技术，确保井身和固井质量合格率持续提升。开展钻具事故、卡钻、井漏等专项治理，力争事故复杂时率再降××%以上。推动区域集群提速。优化提速模板，建立技术标准体系，发挥联合领导小组和区域联合工作组的作用，推进提速模板进设计。发挥井筒工程技术专家作用，促进技术交流和资源共享。近期要分区域开展技术模板宣贯培训，严格监督检查，确保重点区域执行率100%。设立×××万元专项奖金，在重点区域开展提速竞赛，在国内外市场开展劳动竞赛，推动单队单机作业效率大幅提升。

（二）坚持技术立企，在科技创新驱动上实现新跨越。立足推动高水平科技自立自强，打造集团公司油气工程技术高地

完善科技创新布局。优化体制机制，健全完善三级科技创新管理体系，明确技服和企业两个层面功能定位，优化“总院+分院”模式，充分发挥科研院所和专业技术中心的创新引领作用。设立×××万元科技和信息化专项奖励，用好研发费用加计扣除政策，激励企业加大研发投入，增强创新能力，力争×家以上成为集团公司科技创新型企业。创新科研模式，加快落实项目经理制，建立与市场接轨的引才用才机制，实施精准激励、差异化激励，充分发挥科技人才队伍作用。加强合作创新，扩大与国内科研院所的跨学科跨领域合作，形成开放创新大格局。

加快科技创新创效。突出重大科技攻关。按照集团公司统一部署，认真落实批复方案，助力打造陆上油气资源勘探开发原创技术策源地。重点推进×××、×××等××项国家科技攻坚任务，主动参与×××国家重大专项接续项目，集中力量攻关万米特深层油气科学探索等领域，牵头研制特深井钻机、万米连续油管作业机，打造国之重器。加快成熟技术产业化。完善科技成果管理平台，建立集团公司内部成熟技术产品选商方案，大力支持内部企业创新发展，逐步实现系列化产业化。大力推广×××、×××等特色产品。

破解工程技术“卡点”。围绕“十四五”规划确定的××个技术方向，着力攻关××项重大任务。物探业务要大力发展×××技术，解决×××等技术难题。钻井业务要攻关×××技术，加快技术升级迭代。储层改造业务要增强×××能力，攻关×××等关键技术，提升单井产量和储量动用率。试油业务要专题研究×××技术，加快×××等工具研发，做精勘探试油保障。测井业务要攻关×××等关键核心技术，推广×××，提升储层钻遇率。聚焦现场服务保障，立项××大类××个项目，着力破解×××、×××等难题。

推进智能××建设。利用2~3年时间，初步构建“智能技术装备+智能现场作业+智能运行管理+智能经营决策”的智能××。打造智能支持体系。组织现场经验交流，加快三级EISC建设，按期建成总部EISC。开展××、××地质工程一体化智能支持先导试验，加快实现地质导向、风险诊断、早期预警与优化决策等钻井全过程自动化智能化，力争钻井周期和事故复杂降低 ××%。加快数字化转型。加大基层数字技能培训力度，打造“数字化基层队 + 数字化井场”，推动传统生产组织和安全管控模式变革。×××、××× 试点建设要实现重大突破。打造高端智能装备。与装备制造企业协同攻关，重点研发 ×××、××× 等系列智能化装备，升级传统操控模式。

（三）突出效益导向，在企业价值创造上展现新作为。实施“全产业链创收、全价值链降本、全管理链保障”，持续优化业绩考核政策，加快推动公司由生产型向价值创造型企业转变

统筹国内国外两个市场。强化市场意识，加大激励力度，提高内部服务保障效率，增强外部创收创效活力，力争收入规模突破 ××× 亿元。国内内部市场，加强互访、深入交流，精准配置资源、提供高效服务，通过单队单机作业效率提升，提高服务保障率 × 个百分点，力争营业收入突破 ××× 亿元。国内外部市场，积极拓展 ×××、××× 项目，力争营业收入突破 ××× 亿元。海外市场，坚持竞合共赢原则，持续优化布局，跟进 ×××、××× 等潜力项目，重点打造 ×××、××× 等规模高效市场，确保队伍动用率 ××% 以上，力争营业收入突破 ××× 亿元。

做优做精风险作业业务。坚持效益优先，进一步巩固创效主体地位。持续做优现有区块。围绕 ××× 亿平方米产能建设目标，建立统一共享机制，提高产建速度和质量，确保 ×××、××× 产能贡献率分别保持在 ××% 和 ××% 以上。加强地质研究，精细储层刻画，选准打准甜点，强化低成本配套工艺技术攻关，努力在提高单井产量、降低完全成本上取得新突破。推动老井稳产增产。推广侧钻水平井、柱塞排水采气等成熟经验，加强瓶颈技术攻关，控制老井递减速率，力争措施增产比例达到 ××% 以上。全年治理 ××× 低产、停产井 ××× 口以上，措施增产 ×× 亿立方米。扩大风险合作规模。加快 ××× 和 ××× 评价进程，推进富集区优选、钻井及储层改造工艺优化等工作，实现高效建产与效益开发。

打造提质增效“升级版”。加强全价值链全要素管理，提质增效 ×× 亿元。狠抓源头管控，按照“规划引领、量入为出、保障重点、效益优先”原则，突出保障 ×××、××× 等关键装备，以及海外效益项目投资。深挖降本潜力，健全三级成本控制体系，建立国内市场边际效益、大宗材料价格、人工成本等预测模型，推动单队单机作业能力提升，确保百元收入营业成本持续下降。推动管理增效，深入推进亏损治理、法人压减、陈欠清收等三个专项工作，力争全级次亏损子企业亏损额控制在 × 亿元以内、法人户数同比减少×户，“两金”余额同比下降×%。持续强化供应链降本，建设装备租赁平台，推进“零库存”管理，增效××亿元。加快推进海外业务集中共享和物资采购本地化进程，不断提高海外雇员本土化率和项目管理效率效能。

（四）深化改革重组，在公司治理能力上实现新提升。坚持一体化统筹、专业化发展，加快完善符合上市条件的体制机制

强化一体化统筹。××公司层面，协同×××、×××，健全完善常态化沟通机制，持续规范内部市场运行，巩固关联交易结算模式，推动百万吨产能建设投资约束下的“工程总承包”和“项目总承包”，共同落实规模储量，提高SEC储量替换率和单井产量，加快效益建产。深化与×××、×××等企业战略合作，完善多领域协同机制，促进集团公司利益最大化。在页岩油气开放市场，开展钻井队市场化机制考核试点。成员企业层面，要严格落实“五统一、六共享”要求，坚决打赢攻坚战和阵地战，减少运动战，将主要力量集中在增储上产的主战场上。×××要统筹服务好×××、×××、×××、×××等×个油田的增储上产，增强西部油田勘探开发保障能力；××公司要建立津冀一体化统筹机制，ZJ40以上钻机年均进尺突破××万米；××公司要发挥××作用，统筹协调各钻探企业，共同推动服务保障质量和效率双提升。要深化海外“六统一”管理，发挥联管优势，推动信息、资源、技术、人才共享，增强一体化竞争能力。××公司、××公司、××公司要发挥海外区域化统筹作用，持续打造××、××、××三大品牌。

加快专业化发展。推进专业化重组，借鉴国际油服区域和业务双矩阵管理模式，落实集团公司专业化发展要求，整合规模较小的钻井和井下公司，有序推进录井、固井、定向井等业务跨区域整合，坚决压减国内重点区域项目管理机构××%以上。推进差异化发展，做强××、××、××、××和××五大核心业务单元，培育××、××等潜力业务，打造核心竞争优势。聚焦××、××、××等新能源，××、××等新材料布局，积极培育科技型新兴产业。

完善公司治理体系。深入开展对标世界一流管理提升行动，细化对标分析，制定领跑、并跑、跟跑等不同领域提升措施，推动××公司、××公司、××公司率先建成世界一流示范企业。打赢改革三年行动收官战，高质量完成各项改革目标任务。深化三项制度改革，落实集团公司企业组织体系优化提升工程意见，持续精简机构和领导职数；坚决打破人员流动壁垒，大力压减用工总量，调剂盘活人员 ××% 以上，努力改善人工成本利润率、全员劳动生产率等指标。坚持依法合规治企，健全重大涉法事项法律论证管理制度，定期开展合同检查，加强 ××× 等问题专项整治，有效预防和化解各类风险。

（五）坚守底线红线，在安全绿色发展上见到新气象。牢固树立“一切事故都是可以避免的”“防范胜于救灾”等理念，坚持严抓狠管、久久为功，维护公司安全发展大局

筑牢井控安全基础。践行积极井控理念，强化责任落实，狠抓制度执行，全力以赴减少溢流、遏制高套压、杜绝井喷。健全风险预防机制。严格落实“三评估三分级”要求，确保施工队伍能力与井控风险级别精准匹配。重点关注 ××× 等高风险区域，强化漏转溢等风险识别和措施落实，加大井控专家技术支持，最大限度消除隐患。强化井控过程管理。分盆地、分油田开展井控大检查，加强重点地区、高含硫气田、矿权流转区块、海上作业井控专项督查，对于不具备安全生产条件、不执行井控要求的队伍坚决停工整改。严格落实“司钻是现场关井第一责任人”“发现溢流立即正确关井、疑似溢流立即关井检查”要求，建立较大井控隐患问责及举报奖励机制，重点关注高套压事件，确保溢流发现及时率和关井及时率“两个 100%”，力争企业“应急零启动”。加快基层能力提升。以执行力建设为核心，加强队伍井控能力建设，开展关键管理技术人员和司钻全覆盖培训，增强班组溢流发现和及时正确关井能力。加快三个井控应急救援响应中心建设，强化联合演练和实操培训，增强抢险实战能力。

提升本质安全水平。保持高压严管态势，升级冬奥会、党的二十大等特殊敏感时段管控措施，重点整治“严格不起来、落实不下去”突出问题，坚决杜绝亡人事故。优化 HSE 管理体系，健全工程技术服务专业标准规范，编制统一视频操作规程，规范作业流程和员工操作标准；将体系审核结果纳入先进企业评选，推广驻点督查、专项审核、大数据分析等有效做法，提升体系审核效果；大力实施“科技兴安”，探索建设安全领航系统，提升风险智能化管控水平。狠抓关键领域管控，重点关注国内社会化用工、海外当地雇员“两大群体”能力提升，严格承包商管理，开展高风险企业专项评估，深化“四不两直”检查、安全记分管理和安全里程碑活动，从根源上遏制违章、消除事故。强化 ××× 等高风险项目动态管控，坚决杜绝公共安全事件。加快健康企业创建，慎终如始抓好疫情防控，健全疫情防控组织体系和管理机制，落实“两方案一预案”规定，对重点地区、重点项目实行升级管理，坚决守住“零感染”底线。开展全员健康评估，建立体检不合格及罹患高危疾病员工的退岗转岗机制，确保非生产亡人总量硬下降。针对边疆、高原、海外等艰苦地区，加大力度改善现场生产生活条件。

推动绿色低碳转型。积极落实“双碳计划”，发展新能源替代和新能源服务业务，改进推广 CO_2 驱油和无水蓄能压裂等 CCUS 技术，持续扩大网电应用规模，加快打造绿色竞争优势。严守生态环保红线，抓好中央环保督察发现问题的整改工作，加强重点区域污染防治，科学处置固体废弃物，坚决杜绝污染事件。

（六）持续强“根”铸“魂”，在加强党的建设上取得新成效。充分发挥党的政治优势，推进党的建设与生产经营深度融合

加强党的政治建设。坚决执行党的政治路线，严格落实“第一议题”制度，将学习贯彻党的十九届六中全会和二十大精神作为首要政治任务，深刻领会“两个确立”的决定性意义，不断增强做到“两个维护”的思想自觉、政治自觉、行动自觉。

狠抓执行力建设。执行力是领导干部的组织力和引领力，更是企业的竞争力和生命力。各级领导干部要锚定目标、率先垂范，不折不扣落实好集团公司党组的决策部署和党组领导的批示要求；要强化执行、担当尽责，抓住主要矛盾和矛盾的主要方面，带头破解瓶颈难题，助力打赢“四个攻坚战”，充分发挥工程技术在推动勘探开发高质量发展中的关键作用。

深化基层组织建设。扎实推进基层党建“三基本”建设与石油传统“三基”工作有机融合，着力提升基层组织执行力和战斗力。建立健全组织融合机制，压紧压实基层领导班子责任，认真落实“一岗双责”，明确责任清单，完善责任体系。选优配强懂业务、通党建的党支部书记，建好建强基层组织和基层队伍。建立健全考核评价机制，坚持党务干部与行政干部双向培养，推动基层党支部“六位一体”考评，着力打造新时代铁人式队伍。建立健全文化聚力机制，加大“石油名匠”、劳动模范等先进典型选树力度，将人文关怀贯穿日常管理，厚植尊重奉献者的企业文化，构建富有特色的企业文化体系。

实施人才强企工程。坚持党对人才工作的全面领导，以工程思维推进人才强企工程。锻造“三强”干部队伍。分层次建立完善年轻干部人才库，畅通基层干部晋升通道，持续优化年龄和专业结构，着力锻造政治坚强、本领高强、意志顽强的干部队伍。健全“生聚理用”机制。突出“高精尖缺”，编制人才培养引进目录，面向全球引进科技领军人才 ××× 人以上，新聘集团和企业级专家 ××× 人以上。围绕现场工程技术需求，实行工程师、技师“双师制”培养，加强关键岗位人才储备。

营造风清气正氛围。压紧压实全面从严治党主体责任，健全完善党内监督体系，深化党风廉政建设和反腐败工作。严格落实中央八项规定精神，驰而不息纠治“四风”。坚持系统思维，一体推进“三不”，不断巩固发展风清气正的良好政治生态。

【写作点评】

企业年度工作要点，就是年度工作计划。上述两个范例都是同样的结构安排，均由标题、思路、目标和重点工作安排四部分组成，没有前言。其实，工作要点是否安排前言部分，需要根据实际情况确定。但笔者认为，工作要点一般可以不安排前言部分，在工作思路中明确贯彻落实什么精神、什么要求，提出下一步的工作主线即可。

比如范例75，结构安排非常清晰，逻辑关系比较严密，采用的是总分结构。先说明总体思路和总体目标，再从六个方面阐述如何落实好总体思路和总体目标。第一部分，工作思路明确了全面工作主线，就是按照上级部署要求，树牢“两个理念”，坚持“三个导向”、抓住“两个方面”、打造“一个平台”、深化“五类工作”；第二部分，明确了三个方面的工作目标；第三部分，重点工作，就是对打造“一个平台”、深化“五类工作”做出的具体安排。

比如范例76，同样采取的是三段论，即工作思路、工作目标和重点工作安排。范例76与范例75有同样的结构安排和逻辑关系。为什么为大家提供这两个范例呢？主要是想让大家了解，企业综合性工作要点的一般写法和结构，重点工作到底如何来安排。在第一部分，工作思路指出按照上级部署，履行好责任，提出了全年工作必须坚持的方针和实施战略，重点强调的是增强“五个力”和实现质量、结构、速度、规模、安全、效益等六个方面的有机统一。在第二部分，提出了明确的工作目标。在第三部分，围绕如何增强“五个力”、实现六个方面的统一，做出了六个方面的工作部署。这六个方面中的每一方面都自成体系，有着其内在的逻辑。比如第（一）部分，服务保障对应的就是保障力，主要论述的是如何实现质量与速度的有机统一；第（二）部分，科技创新对应的就是创新力，主要论述的是如何实现速度与效益的有机统一；第（三）部分，价值创造对应的就是创效力，主要论述的是如何实现规模与效益的有机统一；第（四）部分，公司治理对应的就是竞争力，主要论述如何实现结构与质量、效益的有机统一；第（五）部分，安全管控对应的也是保障力，主要论述如何实现安全与效益、安全与速度的有机统一；第（六）部分，党的建设对应的就是战斗力，主要论述的是为实现六个方面的有机统一提供坚强保障。

上述两个范例大家可以认真研读，读懂其中的战略思维、系统思维、逻辑思维、创新思维和辩证思维，实现写作水平的跃升。

第五节　党委工作要点

党委工作要点是企业党的建设的年度总体工作部署，属于工作要点的分类范畴，内容包括党建、纪检、干部、人才、巡视、监察、工团、统战、保密等工作。党委工作要点一般由党委办公室或党群工作部（具体由职责分工确定）负责起草。

一、党委工作要点的特点

（一）政治性

党委工作要点是企业党委落实“两个责任”的重要抓手，所有工作都是围绕落实“两个责任”安排的，所有工作都是以政治建设为中心，为服务企业发展而开展的，对于企业党委充分发挥“把方向、管大局、保落实”的领导核心和政治核心作用，推进全面从严治党具有重要的政治意义。

（二）思想性

坚持党的领导、加强党的建设，是我国国有企业的光荣传统，是国有企业的“根”和“魂”。高质量党的建设是国有企业高质量发展的根本保障。在全面建设社会主义现代化国家的新发展阶段，必须坚持以习近平新时代中国特色社会主义思想为指导，坚持党对国有企业的领导不动摇，巩固深化国企党建工作成果，推动党建工作和生产经营深度融合，巩固完善中国特色现代国有企业制度，以高质量党建引领国企高质量发展。因此，起草党委工作要点，必须牢牢把握党的建设的指导思想，将坚决贯彻落实中央精神和习近平总书记重要讲话、重要指示批示精神作为最基本的要求，不断增强“四个意识”、坚定“四个自信”，用实际行动捍卫“两个确立”、做到“两个维护”。

（三）指导性

党委工作要点是企业党委贯彻落实“两个一以贯之”，发挥政治引领功能，谋全局、议大事、抓重点，以高质量党建引领高质量发展的统筹安排，充分体现了党委“把方向、管大局、保落实”的作用。其中，安排的内容必须是大事、要事和根本性工作，对于指导工作实践具有很强的针对性、科学性和可行性。

（四）全面性

党委工作要点包含的范畴更广，不仅要包括党建工作的五大方面，还要包含纪检、干部、人才、巡视、监察、维稳、保密、工团、统战等其他由党委管理的工作，不能缺项漏项。

（五）严谨性

党委工作要点的指导思想、工作安排通常都要有明确的依据，依据包括中央精神、中央文件、组织决策、领导批示、领导要求等。叙述方式与领导讲话、工作报告都有所不同，工作要点更加注重主题鲜明、内容简洁、用词准确，是企业党委集体意志的体现。

二、党委工作要点的写作要点

这类公文通常由标题、正文和结尾三部分组成。标题形式为“×× 公司党委＋限定时间＋文种”，如《×× 公司党委 ×× 年工作要点》。正文重点考虑三个方面的内容。

（一）前言部分

前言主要起到统领全文的作用，交代清楚要点制定的形势背景、目的依据和指导思想等。前言是高度概括的精练语言，但有的规范表述、固定名词不能自行改为概括性语言，除非有规范简称或明文规定。

（二）内容安排

重在贯彻落实中央精神和上级党组织决策部署。起草人员要认真梳理上级党组织印发的文件和领导批示要求，按照上级部署要求做好统筹安排，做到件件有抓手、事事有回音。尤其要认真学习习近平总书记重要指示批示精神，特别是总书记对中国石油和相关工作作出的历次重要指示批示精神，不断提高自身对政治的敏锐判断力、政策的准确把握力。

（三）落款部分

落款一般包括制发要点的组织机构名称、成文日期及印章。

三、党委工作要点的注意事项

（一）关注细节

党委工作要点须集中体现党委决策，是企业党委对企业战略制定及贯彻、深化国有企业改革和企业治理、“三重一大”决策、生产经营等重大事项的领导，还要把党管干部、党管人才、党管保密等重点工作安排好，不能缺项漏项。

（二）注重逻辑

在起草要点时，应提前充分了解本单位党的建设工作现状，把握好取得的成绩、典型做法、存在不足、提升方向，充分结合本年度单位党的建设工作会议精神和党委有关部署要求，明确工作思路和工作意图，在起草中做到有的放矢。

（三）联系实际

要避免“上下一般粗”，必须结合本单位实际，进行“创造性落实”。要突出工作重点，明确工作重心，对各项工作进行总体安排和分类指导，要各有特色，做到“横看成岭侧成峰，远近高低各不同”。切记，一般情况下，单个事项尤其是分量比较小的事项，不能独立成段。

（四）语言严谨

文字表述要实事求是、平实庄重、干练简洁，用最简练的文字表达最精准的内容。禁止使用官话套话、堆砌辞藻，避免使用“可能、大约、估计、也许、左右、上下”等不确切、模棱两可的词语。重点工作安排中的举措和办法要概述、简述，杜绝侃侃而谈、长篇大论。

（五）重视保密

党委工作要点作为本单位党委贯彻落实党中央和上级党组织部署要求

的工作准则，具有极强的政治性。近年来，集团公司党组工作要点均以保密文件形式下发，按照派生定密原则，各单位党委工作要点在编制、下发过程中也应做好保密管理，杜绝失密、泄密事件发生。

四、党委工作要点的写作范例

党委工作要点的写法有很多种，可以围绕党的政治建设、思想建设、制度建设、干部队伍建设、组织建设、作风建设和党风廉政建设展开，也可以围绕某年度重大战略任务展开。无论采用哪种方式，都必须包含党的建设各项工作任务，不能缺项漏项，不能偏离主题方向，部署的工作要有依据、有思路、有目标、有举措、有计划，能够形成比较完善的年度工作计划体系，便于公司上下执行落实。

写作范例 77：

××公司党委××年工作要点

××年是党的二十大召开之年，是公司奋进“十四五”高质量发展、加快建设世界一流企业的关键一年。公司党委要以习近平新时代中国特色社会主义思想为指导，深入贯彻党的十九大和十九届历次全会和中央经济工作会议精神，坚决贯彻××省国资委党委、集团公司党组及××公司党委决策部署，牢牢把握稳中求进总基调，落实“四个坚持”兴企方略、“四化”治企准则和“四大战略举措”，坚定履行找油找气责任使命，大力实施“两先两化”发展战略，坚持和加强党的全面领导，大力推进“1661”党建引领工程，确保公司党的建设始终走在集团公司和××省国资委所属企业前列，不断开创公司高质量发展的新局面，为集团公司建设基业长青的世界一流企业作出积极贡献，以优异成绩迎接党的二十大胜利召开。

一、全面加强党的政治建设

1. 深刻认识“两个确立”的决定性意义，坚决做到“两个维护”。……

2. 健全完善习近平总书记重要指示批示精神落实机制，深入学习贯彻习近平总书记对中国石油和相关工作作出的××次重要指示批示精神。……

3. 严格执行《关于新形势下党内政治生活的若干准则》，扎实落实《公司党委关于加强党的政治建设的重点举措》……

4. 主动做好向集团公司党组、××公司党委请示报告工作，持续完善相关制度规定，确保政令畅通、令行禁止。……

5．认真落实“第一议题”制度和党委理论学习中心组学习制度。……

二、引领企业保持高质量发展

1．切实把加强党的领导和完善公司治理统一起来，加快推进党的领导融入公司治理制度化、规范化、程序化。……

2．以强化战略战术执行为抓手，扎实推进“十四五”和中长期发展规划。……

3．持续推进科技自立自强，完整、准确、全面贯彻新发展理念。……

4．持续深化公司内部改革，全面完成改革三年行动任务。……

5．持续提升企业治理效能。……

三、加强人才干部队伍建设

1．以完善领导体制为重点，立足两级班子接替储备。……

2．优化中层领导干部年龄结构，落实三个“1/3”要求。……

3．贯彻集团公司人才强企工程总体部署。……

四、推进全面从严治党向纵深发展

1．认真贯彻落实中央纪委六次全会精神。……

2．认真贯彻落实《中国共产党纪律检查委员会工作条例》，全面履行纪委监督责任和协助职责。……

3．严格执行《公司党委关于进一步贯彻中央八项规定精神实施细则》。……

4．落实巡察工作主体责任，系统谋划新一轮五年巡察工作规划。……

5．认真落实《关于加强对“一把手”和领导班子监督的意见》。……

6．坚决落实《关于进一步推进受贿行贿一起查的意见》，重点查处党的十八大后不收敛不收手领导干部。……

7．创新落实公司党委《构建大监督格局工作规则》，紧盯“物资采购、科研经费”等问题易发多发领域。……

8．严格执行集团公司党组《违纪违法和内部违规处理职责分工》和公司党委《干部容错纠错机制暂行办法》。……

五、全面提升基层党建工作水平

1．大力推进“1661”党建引领工程，坚持党的全面领导、加强党的建设这条主线。……

2．认真对标《中国共产党国有企业基层组织工作条例（试行）》等党内法规，切实提升党建工作标准化规范化水平。……

3. 持续推进基层党建“三基本”建设与石油传统“三基”工作有机融合，进一步固堡垒、强管理、促发展。……

4. 坚持党建带团建，充分发挥群团组织桥梁纽带作用，凝聚员工群众同心协力推进改革发展。……

六、不断加强宣传思想文化建设

1. 严格落实意识形态工作责任制，强化阵地管理，构建全媒体传播体系，维护意识形态领域安全。……

2. 开展石油精神和大庆精神、铁人精神再学习再教育再实践再传播活动。……

3. 按照集团公司文化引领专项工作部署，推动石油文化创造性转化、创新性发展。……

七、积极推进和谐企业建设

1. 贯彻以人民为中心的发展思想，常态化开展“我为员工群众办实事”实践活动。……

2. 加强和改进党对工会工作的领导，切实维护好职工的基本权益。……

3. 加强信访维稳安保防恐工作，确保各级责任履行到位。……

4. 加强保密管理，防止泄密事件发生。……

5. 认真贯彻《中国共产党统一战线工作条例》。……

6. 持续做好乡村振兴和驻村帮扶工作。……

第六节 纪委工作要点

一、纪委工作要点的特点

（一）政治性、原则性

企业单位纪委是党内的专责监督机关，政治属性鲜明，纪委工作必须以习近平新时代中国特色社会主义思想为指导，必须切实担负“两个维护”的重大政治责任，工作原则性强，程序严谨。所以，纪委工作要点具有政治性强、原则性强的鲜明特点。

（二）严肃性、战略性

企业单位纪委工作要点作为纪委对某一年度工作的总体规划安排，是企业纪检工作机构阶段性战略的集中体现，必须受到高度重视。所以，纪委工作要点具有严肃性、战略性的鲜明特点。

（三）方向性、指导性

企业单位纪委工作要点是贯彻落实党中央精神、中纪委及上级党组织、纪检监察工作部署要求的具体体现，是指导和推动本单位纪检工作的统领性文件，具有很强的方向性和指导性特点。

二、纪委工作要点的写作要点

（一）标题部分

这类公文的标题形式为“发文单位名称 + 限定时间 + 文种”，如《××公司纪委 ×× 年工作要点》。正文通常包括前言、主体和结尾三部分。

（二）前言部分

前言部分通常是阐述依据、概述情况或者是直述目的，要求简明扼要、高度凝练。纪委工作要点也可以不要前言部分，直接写正文的第一部分，即指导思想或工作思路。

（三）主体部分

主体部分是要点的核心内容，通常采用并列式结构写法，主要是阐述纪委工作任务、目标、要求和措施办法等。这部分要紧扣上级有关精神和本单位工作实际，统筹安排好全年的纪委重点工作。

（四）结尾部分

结尾部分可要可不要，依据实际需求确定即可。重在强调开展纪检工作的重要性，并借此发出号召。

三、纪委工作要点的注意事项

（一）切实可行

要点的目标、任务、标准等要以上级精神、文件、要求和本单位实际为依据，不能因循守旧，也不能盲目冒进。

（二）对上负责

要坚决贯彻执行党和国家的有关方针、政策和上级纪委的指示精神，不能闭门造车、凭空设想。

（三）突出重点

工作安排要突出重点，不能偏离纪委工作中心，也不能泛泛而谈、以偏概全、主次不分。

（四）着眼长远

要立足当前、着眼长远，有一定的前瞻性，把某一阶段中的重点工作或行之有效的典型做法进行长远谋划。

四、纪委工作要点的写作范例

纪检机关领导体制沿革是一个改革、探索的过程，大致经历了三个阶段：一是各级纪委在同级党委领导下工作。党的七大、八大和十一大对党章都作过相应规定。二是 1980 年 2 月，中央批准地方纪委改为受同级党委和上级纪委双重领导，但以同级党委领导为主。三是党的十二大对党章修改并规定地方纪委在同级党委和上级纪委双重领导下进行工作，不再沿用以同级党委领导为主的表述。这个发展过程实质上是逐步加强了上级纪委对下级纪委的领导。

党的二十大党章第四十三条再次明确：党的中央纪律检查委员会在党的中央委员会领导下进行工作。党的地方各级纪律检查委员会和基层纪律检查委员会在同级党的委员会和上级纪律检查委员会双重领导下进行工作。

党的二十大党章第三十七条规定：党的纪律是党的各级组织和全体党员必须遵守的行为规则，是维护党的团结统一、完成党的任务的保证。党组织必须严格执行和维护党的纪律，共产党员必须自觉接受党的纪律的约束。

综上所述，我们可以把握，企业纪委工作安排必须严格遵守和执行上级纪律检查委员会和同级党委的部署和要求，是上级纪律检查委员会和同级党委有关工作的部署和要求的细化落实。所以纪委工作要点比较严肃，在完成规定动作的前提下，可以适当安排一些自选动作。本书提供了一份纪委工作要点的写作范例，供大家学习参考。

写作范例 78:

×× 公司纪委 2021 年工作要点

2021 年是中国共产党成立 100 周年，2021 年也是公司实施“十四五”规划的开局之年。按照集团公司纪检监察组、×× 省国资委纪委总体部署和公司党委安排，公司纪检工作总体要求（或思路）是……

一、突出政治监督，坚定自觉践行“两个维护”

（一）准确把握政治监督着力点。……

（二）建立协同高效的政治监督机制。……

（三）把政治监督做在日常严在经常。……

二、有效一体推进“三不”，坚定不移深化反腐败斗争

（一）以震慑遏制强化“不敢”。……

（二）以扎紧笼子强化“不能”。……

（三）以筑牢堤坝强化“不想”。……

三、深入纠治“四风”，积极营造风清气正的干事创业氛围

（一）整治形式主义官僚主义。……

（二）严查享乐主义奢靡之风。……

（三）持续整治群众身边腐败问题和不正之风。……

四、有力推动各类监督融合，不断提高监督治理效能

（一）压实党委主体责任。……

（二）推动各类监督贯通协同。……

（三）着力提升监督效能。……

五、严格强化自我监督约束，建设忠诚干净担当的纪检铁军

（一）突出政治统领，着力打造过硬班子。……

（二）强化能力建设，着力提升专业素养。……

（三）加强干部选用，着力激发队伍活力。……

（四）健全体制机制，着力强化自我监督。……

第七节　工作方案

工作方案是内容结构较为复杂的计划类文书，在企业中使用比较多。比如企业改革方案、装备改造方案、工程实施方案、问题整改方案、体系审核方案、会议筹备方案等。大多数方案通常包括指导思想、主要目标、主要内容、重要举措、保障措施等。

一、工作方案的种类

方案主要包括两大类：一类是企业内部制定的推动某项工作的单项实施方案，比如会议筹备方案、问题整改方案、项目实施方案等，这类方案一般不用正式行文；另一类是上级单位制定的需要下级单位执行落实的实施方案，比如企业改革方案、装备改造方案、体系审核方案等，这类方案一般需要正式行文。具体是否需要正式行文，视领导要求和工作情况而定。往往涉及全局性的重要工作方案，需要正式行文。如果需要正式行文，严格执行公文行文规范即可，在此不作赘述。

二、工作方案的写作要点

（一）标题部分

这类文书的标题通常形式为“发文单位＋事由＋文种”，比如《××公司“十四五”发展规划总体方案》。有时发文单位可省略，比如《××项目实施方案》。

（二）正文部分

正文一般包括前言（引语）、基本内容、附件、落款等，同普通下行文一样。无须对起草或编制方案发愁。为什么这么讲？这里简要介绍一下编制方案的思维逻辑。即便看似再复杂的方案，正文都有清晰的逻辑结构和内容安排。比如会议筹备方案，无非就是在开头讲清楚这次计划召开的会议的缘由和目的，接着再把会议主题、时间安排、参会范围、会议议程、相关要求明确下来即可。大家说难吗？其实只要掌握了这种常用结构和逻辑安排，就比较容易起草出高质量的会议筹备方案。

那么，起草方案应该做好哪些基本工作呢？

第一步，要清楚编制某个方案的缘由和目的。编制方案前，首先要搞清楚实施方案的权威依据，以及要实现什么样的目的（目标）。这是能够拿出高质量方案的最基本工作。有些人之所以认为方案很难写，就是因为没有搞清楚编制方案的缘由和目的。

第二步，要深入了解方案的实施意图。就是要掌握计划编制的方案将会发挥什么样的作用。有些人可能在想，前面不是讲要弄清楚缘由和目的，不是已经很清楚了吗？其实不然，编制某个方案固然是想达到某个目的（目标）。这个时候起草人还要思考，如果没有这个方案能否达到这个目的（目标）？很显然，如果没有明确的方案指引，就很可能不会顺利达到目的，要么有可能时间上会延长，要么有可能实现效果上打折扣。

第三步，要周密设计方案的基本内容。这就像是由你负责精确画出一张航海图，拿着这张航海图，大家按图索骥，就能够一步步实现既定目标。我们常讲“方向比速度更重要”“没有完美的过程，就没有完美的结果”，就是这个道理。基本内容包括哪些方面？这要依据方案而定。如改革方案，通常包括改革依据、改革内容、改革目标、改革步骤（计划时间）、责任部门（单位或责任人）等。

第四步，要关注方案中的有关问题。任何方案，都是以完成任务、实现目标为根本前提和重要保障的。在方案实施过程中，肯定会遇到这样或那样的问题和挑战。那么，有的方案制定过程中就要考虑需要解决的问题。如是否需要成立领导小组和领导小组办公室、是否需要做好经费预算、是否需要解决信息共享问题、是否需要考虑汇兑损益问题、是否需要制定奖惩机制，以及是否会面对什么风险或挑战，等等。在编制方案过程中，要尽量把可能遇到的问题和挑战都考虑清楚，想好处置方法和应对策略。如果自己难以解决，要进行周密考虑，然后向领导汇报，以得到领导或相关部门的大力支持，解决好、处理好这些问题。

三、工作方案的注意事项

韩愈的《师说》中有言：“闻道有先后，术业有专攻。”编制方案务必要按照业务分工，该由哪个部门负责的方案，就安排给哪个部门负责。如果方案编制工作安排给了其他部门，也不能埋怨或推脱，要切实注意以下几个方面的事项：

第一，方案中的工作目标要由对应业务部门负责测算。确定工作目标不是拍脑袋的事，必须有充足的依据来支撑。

第二，方案中的费用预算要由对应业务部门负责统筹。绝对不能越俎代庖，认为这方面的费用预算比较简单。殊不知，有些方面可能是方案编制人员不了解的，一旦方案确定下来，在实施过程中出现费用支出超出预算的情况，会使工作非常被动。

第三，方案中的任务落实要由对应业务部门牵头负责。在编制方案过程中，要搞清楚权责关系，该由哪个业务部门负责的任务就由哪个业务部门负责，不清楚要请示领导或查部门职责分工。

第四，方案编制过程中要广泛征求意见建议。初稿完成后，要呈送公司领导和相关部门广泛征求意见，或者组织召开专题讨论会，虚心听取大家的意见建议，通过吸收大家的思想精华，进行修改完善。经过全面详细检查后，再呈送领导审阅。

四、工作方案的写作范例

这里重点介绍两类工作方案，一类是某项工作的实施方案，一类是某个会议的筹备方案，供大家学习参考。

写作范例 79：

×× 公司单井安全提速创效工程实施方案

为贯彻落实 ××（上级单位名称）单井安全提速创效工程工作部署，根据《关于实施单井安全提速创效工程的指导意见》（××〔××〕×× 号），结合公司实际，制定本实施方案。

一、指导思想

借鉴承包责任制中“上交国家的、留够集体的、剩下都是自己的”思路，深化单井考核，强化激励约束，搞活分配机制，激发员工活力，建立以市场为导向的单井经营管理模式，加快公司由生产型向经营型、利润导向型企业转变，推进高质量发展。

二、工作目标

×× 单位单井考核覆盖率 100%；专业化单位单井、单队（项目）考核覆盖率 100%；单井安全提速创效能力显著提升。

1. 单井安全。杜绝三级及以上井控突发事件；杜绝一般 A 级及以上安全环保事故事件；杜绝重大工程责任事故。

2. 单井提速。目标周期内完成的井占比达到 90% 以上，单井年平均提速 8%

以上。

3．单井创效。实现每口井都有效益或边际贡献，单井创效能力年平均提升 10% 以上。

三、主要内容

（一）单井安全提速创效工程实施范围（内容略）

（二）单井考核指标

单井考核指标包括安全指标、提速指标和创效指标三项。可根据实际情况设置其他一到两项单井辅助性考核指标。

1．单井安全指标。（内容略）

2．单井提速指标。（内容略）

3．单井创效指标。（内容略）

（三）单井考核

1．单井安全指标考核。单井安全指标的考核结果与单井奖金直接挂钩。单井发生安全否决性事项的，取消单井一切考核奖励。单井过程指标可采用 100 分制考核，考核结果不达标的，扣减单井奖金的 10%—20%。

2．单井目标周期考核。单井目标周期考核结果与井队（包括钻井队以及压裂队、固井队等其他专业化队伍，下同）员工基础工资（岗技工资和津补贴）挂钩，根据节约工期或超工期的比例，分段按一定标准奖励或扣减基础工资。

3．单井目标成本考核。单井目标成本考核结果与单井效益奖和井队员工基础工资挂钩，按照成本节约金额或成本超支金额的一定比例，兑现单井效益奖或扣减井队员工基础工资。

4．单井超工期和单井成本超支扣减基础工资的，井队员工月度实发基础工资，最低扣减至当地最低工资标准；未扣完部分顺延至下月继续扣减。基础工资的奖励和扣罚标准及相关比例，各单位可根据实际情况在 20% 范围内上下浮动。

5．单井目标周期和单井目标成本与基础工资挂钩考核，适用于各单位合同化员工和市场化用工；社会化用工可参照执行。

四、主要举措

（一）单井考核形式（内容略）

（二）考核目标设定（内容略）

（三）奖金设置要求（内容略）

（四）单井考核时效（内容略）

（五）实行差异化考核（内容略）

（六）单井信息公开（内容略）

（七）单井考核信息备案（内容略）

（八）井队自主经营权（内容略）

各单位要在依法合规和确保井控安全、技术规范和质量要求的前提下，适当扩大井队自主经营权，充分发挥井队能动性和创造性。

1．员工选用权。（内容略）

2．生产组织权。（内容略）

3．成本确认权。（内容略）

4．选商建议权。（内容略）

5．井控应急处置权。（内容略）

6．内部分配权。（内容略）

（九）完善基层员工岗位晋级机制（内容略）

（十）完善内部单位产品和服务互供机制

1．内部结算价格。（内容略）

2．事故复杂认定。（内容略）

（十一）建立单井成本损失认定机制（内容略）

（十二）健全单井资源共享机制（内容略）

（十三）完善对一线岗位的政策支持和引导机制（内容略）

（十四）健全技术和管理支持机制（内容略）

（十五）健全完善监督机制（内容略）

（十六）完善单井考核责任追究机制（内容略）

五、保障措施

（一）加强组织领导（内容略）

（二）制定实施细则（内容略）

（三）强化工作考核（内容略）

（四）加强督办指导（内容略）

（五）做好宣传培训（内容略）

（六）本实施方案自下发之日起施行（内容略）

【写作点评】

本方案标题采用“主要内容＋文种”的组成格式，点明了方案主题。开头概括性说明了制定方案的缘由、目的或根据、背景，以“结合公司实际，制定本实施方案”为承启语引出指导思想和工作目标，转入主体部分。

主体部分包括主要内容、主要措施和保障措施三部分，其中主要内容方面明确了单井考核安全、提速、创效三项指标以及单井安全指标的考核结果与单井奖金直接挂钩、单井目标周期考核结果与井队员工基础工资挂钩、单井目标成本考核结果与单井效益奖和井队员工基础工资挂钩的“两挂钩、一否决”核心机制；主要措施中从考核形式、目标设定、奖金设置要求、井队自主经营权、内部单位产品和服务互供、技术和管理支持、考核责任追究等16个方面建立了方案实施保障机制，明确了各方责任主体，体现了方案的原则性、理论性、规划性，结构清晰明朗；保障措施中从加强组织领导、制定实施细则、强化工作考核、加强督办指导、做好宣传培训、方案实施时限等6个方面对各单位如何落实好本方案提出了明确要求，具有很强的指导性和实践性。

写作范例80:

公司2023年工作务虚会筹备方案

为全面系统总结2022年工作成果、超前谋划2023年重点任务，按照公司主要领导的安排，办公室起草了公司2023年工作务虚会筹备方案。总体考虑是：为聚焦重点、开出效果、确保质量，会上各部门直接汇报2022年本业务领域遇到的问题和矛盾，面临的形势和任务，并由此确定明年工作的思路、目标和举措；公司领导按分工作专题发言，主要领导作总结讲话。具体汇报如下：

一、会议主题

2022年是公司成立五周年，2023年是贯彻落实党的二十大精神、推进“十四五”规划落实的关键一年。建议会议以“强化技术创新 深化管理变革 加快推进一流示范企业建设”为主题，开展集体研讨。会议旨在引导广大干部员工，锚定发展目标，直面问题挑战，超前谋划明年乃至今后一个时期的重点工作，协同推动技术创新和管理变革，加快建设让“党组放心、油田满意、企业认同、员工幸福”的一流示范企业。

二、时间安排

（一）11月1—20日，汇报准备阶段

各部门对照本部门所负责的业绩考核指标，逐项开展对标分析和全年业绩考核指标得分预测，提出需要重点协调推动的工作；按照职责分工，全面系统梳理2022年在本专业路工作中遇到的突出问题和矛盾，深入剖析产生的原因及可能带来的影响；结合当前形势任务和政策变化，提出2023年切实可行的目标（包括工作目标和奋斗目标）、举措和建议，形成部门汇报材料。

公司领导在深入调研和分析的基础上，明确分管业务2023年工作的思路和要求，形成个人发言材料。

（二）11月下旬，集中研讨（具体时间另行通知）

听取各部门工作汇报，公司领导班子成员按分工依次发言，公司主要领导作总结讲话。汇报和发言时间安排如下：

工程技术部、生产管理部	各30分钟
其他部门	各20分钟
公司领导班子成员发言	各10分钟

三、参会范围

公司领导班子，助理级领导，各部门主要负责人。

四、会议议程

1．部门进行工作汇报（汇报不包括总结部分）。

2．公司领导作专题发言。

3．讨论发言。

4．总结讲话。

五、工作要求

（一）汇报形式

各部门以多媒体形式汇报，公司领导发言以文字形式即可。

（二）汇报原则

坚持结果导向。各部门要客观分析2022年业绩考核指标完成情况，提前预测全年业绩考核指标得分。针对预测不能取得满分或有可能完不成考核指标的工作，找出制约因素，制定有效对策，与成员企业共同努力，力争全年取得最好成绩。

坚持问题导向。各部门要全面总结2022年在本专业工作中遇到的问题、存在的矛盾，重点从主观上分析产生的原因，刀刃向内剖析自身存在的问题，揭示关键要害，直指症结所在，不可将问题简单归结于客观，杜绝讳疾忌医、以偏概全、浮于表面、泛泛概述。主要由客观因素导致的问题，也要发扬大庆精神铁人精神，创造性提出解决问题的办法和努力的方向。

坚持目标导向。各部门要在深入剖析存在的问题和矛盾的基础上，结合当前国内外形势变化和集团公司考核政策变化、勘探开发部署、重大工作安排，以及公司“十四五”发展规划，有针对性地提出2023年的工作思路、目标和措施。公司领导发言侧重于分管工作，也可就全局工作提出意见建议。

（三）汇报内容

各部门汇报材料内容应重点突出、层次清晰，具有较强的逻辑性。所提问题、目标与重点工作，要进行具体、量化分析，用数据说话，确保目标明确、计划清晰、指标先进、数据准确。各部门文字汇报材料控制在5000字（10页）以内。

各部门总结材料应聚焦集团公司重点工作部署、业绩考核指标、重点督办任务和公司重点工作安排，按照工作分工全面总结五年来的工作成效，特别是2022年取得的工作成果。总结材料应简明扼要、亮点突出、条理清晰、数据翔实，全面总结所采取的措施及取得的成效。材料涉及数据截至10月31日，并预测到年底；字数控制在3500字（7页）以内。

（四）材料报送

1．请各部门于11月11日下班前将总结材料通过即时通发送至办公室，办公室将整理汇编后提前呈送公司领导。特别提示，总结材料在务虚会上不作汇报。

2．请公司领导和各部门于11月20日前将发言和文字汇报材料发送至办公室，办公室统一汇编后在会上分发至所有与会人员。各部门多媒体汇报材料自行打印，会前10分钟摆放到会议室。各部门多媒体汇报材料和文字汇报材料主要内容应保持一致。

3．会前，各部门总结材料、文字汇报材料和多媒体汇报材料均须经分管领导审核后，再呈送公司主要领导审定。

4．会后，请各部门按照公司领导要求和集团公司最新部署安排，及时修改完善本部门文字汇报材料，于12月5日前发送至办公室。

联系人：×××；电话：×××

附件：1．公司2023年工作务虚会预安排（会议日程表）

2．公司本部部门工作总结要点提示

（中间空3行）

发文单位名称（加盖印章）

××年×月×日（后空四格）

【写作点评】

本方案标题采用“事项名称＋文种”的组成格式，点明了该方案主题。开头概括性说明了制定方案的缘由、目的、任务和原则，以“具体汇报如下”为承启语引出主题思想，转入主体部分。

主体部分包括时间安排、参会范围、会议议程、工作要求四部分，其中工作要求方面明确了汇报形式、汇报原则、汇报内容和汇报材料报送要求等，正文附有两个附件，分别为“公司2023年工作务虚会预安排”（会议日程表）和“公司本部部门工作总结要点提示”。整个方案结构清晰，逻辑严谨，考虑周全，具有很强的指导性和实践性。

第八节　调查报告

调查报告是为了反映客观的事物状态及事物发展的客观规律的一种给上级的文书。比如发生了重大事故、事件或其他方面的重要问题，一般都需要到事发现场进行核查、走访、分析、还原事发的整个过程，用以吸取教训、举一反三、堵塞漏洞，以及追责问责等，而由此形成的书面报告就是调查报告。

一、调查报告的撰写要求

（一）坚持客观全面的原则

任何调查工作，都应该摒弃主观态度、尊重客观事实，准确反映存在的问题，为领导决策提供“第一手”调查材料。坚决不能事先“编筐筐、定调调、挖料料”，若所有的调查都是为了证明调查者编好的“筐筐”、去刻意印证调查者定好的“调调”，那就失去了调查工作的意义。除了要尊重客观事实外，调查工作还要做到全面周密，核查、取证要全面，走访了解要全面，不能只到一个地方听汇报、搞座谈，还要进行实地核查、实地走访，了解现场事情和群众看法，为后续的科学分析提供重要依据，作出科学合理的研判。

（二）坚持实事求是的原则

调查报告是以实际调查工作为基础形成的书面汇报。调查报告重在以事实说话。被调查的有关人员、事项、物体、前因、后果、过程、情节以及时间、地点、相关数据等，应进行反复核实，做到准确可靠。调查报告的编撰材料选择使用不能夸大，也不能缩小，更不能捕风捉影、虚构捏造，调查事实好就是好，坏就是坏，不能掺杂任何水分。只有这样，才能确保调查报告的观点正确，才能确保上级决策正确。

（三）坚持朴素平实的原则

调查报告内容陈述的是客观事实及事情或事物发展状态及影响，立足的是客观依据、客观状态和客观问题，叙述和说明这些事物和问题时，语言要通俗、朴实，文风力求清新朴实。切忌使用带有明显感情色彩和个人倾向观点的语句和词语，不能将调查报告主观化、情绪化、工具化，违反调查工作的原则和要求。

二、调查报告的撰写要点

（一）先行确定主题

主题就是灵魂。调查报告的质量取决于调查工作研究，首先要明确调查主题，明确调查的方向和目的，在此基础上，充分搜集材料，科学分析材料，这是撰写高质量调查报告的前提。因此，调查报告的写作必须围绕主题来确定材料。

（二）科学选用材料

在充分搜集材料后，就要将材料进行分类整理，尤其要把关键核心材料整理编排出来，用以陈述事实、客观分析，作为证明材料。选择使用材料要把握两点：

一要善于使用典型材料说明主题。什么是典型材料？就是能够客观反映事物发展的客观依据、客观状态和客观问题的材料，是能够充分说明主题相关情况的材料。反之，则是辅助材料或与本次调查相关性不大的材料。我们选取调查材料，就要选取这种有代表性、能有力表现这一主题的典型材料。

二要善于运用统计数据说明主题。在调查过程中，调查者会获得很多真实的统计数据，这些统计数据对于说明主题有着不可替代的力量。事实胜于雄辩，必须依靠统计数据来支撑。恰当地运用这些统计数据，使得调查报告更具科学性、表现力和研究价值，从而为领导决策提供有效支持。

（三）合理安排结构

调查报告通常由标题、前言（或开头、导语）、主体和结尾四部分组成，每部分都有多种写法。

1. 标题部分

调查报告的标题写法比较灵活、形式多样。本书重点介绍四种形式的写法。

公文式标题，一般由“调查机关 + 事由 + 文种”构成，比如《× × 公司关于基层员工素质情况的调查报告》。有时调查机关也可省略，比如《关于基层员工素质情况的调查报告》。

设问式标题，这是为引起高层领导重视、以提出问题的方式呈现调查报告标题。比如《服务企业结算难的问题根源究竟在哪里？》。

揭示式标题，直接揭示调查报告的主题，标题就能够激发大家阅读下去的兴趣。比如《务实解决基层队伍骨干晋升难的问题》。

复合式标题，就是既有正标题、揭示报告主题，又有副标题、补充说明信息。比如《国内重点区域工程技术提速的成功实践——区域工程提速调查报告》。

2. 前言部分

前言也叫导语，是简要介绍调查对象、调查重点或点明主题的语句，为报告后续内容做好铺垫。本书重点介绍五种写法。

概述式，就是用叙述的方式，简要写出调查工作的主要问题或主要目的、意义和基本情况等。

结论式，就是先做肯定或否定的结论，然后对某种结论进行叙述和说明。

说明式，就是先说明调查对象的基本情况或有关背景，再对调查的主题和有关问题进行叙述和说明。

提问式，就是以提出问题的方式引出下文，可以围绕一个问题或几个问题进行循序渐进式的叙述。

问答式，就是采用提出问题和回答问题的方式对调查情况进行陈述，然后概括介绍调查结果和基本经验。

3. 主体部分

主体部分就是调查报告的主要内容，通常包括调查的主要情况、得出的工作经验、发现的主要问题。本书主要介绍三种方式。

递进式结构，通常是指按照调查计划或事物发展过程的先后次序安排调研报告的层次。这样的结构注重层次的系统性和逻辑性。

并列式结构，这种结构通常是围绕调查的问题，分不同的方面进行介绍；或者是围绕一个主题，分不同的段落叙述不同的问题；抑或是根据调查的情况、经验、问题进行系统性分析，得出调查结论。按其内在逻辑联系，主体部分可以分成几部分，并进行并列叙述。这样的结构要避免各部分之间相互包含、导致结构混乱。

纵横式结构，是指调查报告的整体内容安排是递进式的，但各部分之间是并列关系，或者大部分是并列式结构，但每部分内部的结构是递进式的。前者较为常见，后者很少用。

4. 结尾部分

结尾部分就是指调查报告的结束语。这部分是前言、主体部分的自然延伸，是前面分析问题、得出结论、解决问题的必然结果。调查报告是否需要结束语，要根据实际情况确定，并不是所有调查报告都必须安排结束语。结束语常见的写法有总结式、说明式、展望式、呼应式等多种形式。

三、调查报告的写作技巧

调查报告最重要的是观点与材料要有机结合。如何才能实现这样的效果，本书主要介绍三种方式。

先叙后议，就是先陈述事实，讲清楚事物发展的前因后果、来龙去脉，先让领导有一个总体上的感性认识，然后再通过归纳分析得出调查结论。

夹叙夹议，就是在叙述调查情况的同时，对调查中所发现的问题进行客观剖析，得出调查结论，观点与材料融合在一起。

印证说明，就是先根据实际调查情况，在撰写调查报告的时候，先摆出调查分析得出的结论和建议，然后再通过事实材料印证分析得出的结论。

四、调查报告的写作范例

开展调查研究是一种思想方法，更是一种工作方法。调查报告的作用此处不再赘述。调查报告的形式多种多样，此处提供两种写法，供大家学习参考。

写作范例 81：

××公司××事故调查报告

××年×月×日××时××分，××公司在工程施工过程中发生一起××事故，造成×人重伤、×人轻伤。事故未造成环境污染及其他方面的影响。

一、基本情况

（一）事故相关单位（内容略）

（二）事故相关装备（内容略）

（三）合同签订情况（内容略）

二、事故经过及应急救援

（一）事发前的情况（内容略）

（二）事故发生经过（内容略）

（三）应急救援情况（内容略）

（四）受伤人员信息（内容略）

三、事故原因分析

（一）直接原因（内容略）

（二）间接原因（内容略）

（三）管理原因（内容略）

四、事故性质、责任认定及处理建议

（一）事故性质认定（内容略）

（二）事故责任认定（内容略）

（三）事故处理建议（内容略）

五、纠正预防措施

（一）纠正措施（内容略）

（二）预防措施（内容略）

写作范例 82：

×× 公司基层员工素质能力调查报告

为全面掌握基层队伍建设情况，持续推动基层员工素质能力提升，夯实安全与发展基础，公司于 ×× 年 × 月 × 日—×× 年 × 月 × 日，历时 × 个月，组织开展了基层员工素质能力专题调查。调查工作包括 ××、××、×× 等 ×× 个维度，以及 ××、××、×× 等 ×× 个工种。本次调研通过现场走访、视频和书面等方式访谈了 ×× 家钻探企业、×× 个钻井公司的 ×× 名管理人员、×× 名现场作业人员以及 ×× 个劳务公司的 ×× 名管理人员，采集了 ×× 个主体生产岗位共计 ×× 名人员的 ×× 条数据，对 ×× 名钻井队管理人员、×× 名钻井队社会化用工人员做了问卷调查，形成了较为系统的调查报告。现将情况汇报如下：

一、调查基本情况

（一）社会化用工情况（内容略）

（二）员工知识层次分布（内容略）

（三）员工流动性情况（内容略）

（四）关键岗位缺员情况（内容略）

（五）人力资源储备情况（内容略）

（六）岗位技能培训情况（内容略）

（七）员工岗位薪酬情况（内容略）

二、调查发现问题

（一）总体资源投入不足（内容略）

（二）社会人才资源缺乏（内容略）

（三）员工体力劳动强度大（内容略）

（四）社会化员工归属感低（内容略）

三、相关工作建议

（一）关键岗位实施分级管理（内容略）

（二）建立人力资源共享机制（内容略）

（三）出台劳务公司准入制度（内容略）

（四）持续增强企业人文关怀（内容略）

第六章　常用会议类文书写作

常用会议类文书对于会议的成功召开有着至关重要的作用。一般大型会议或综合类会议都需要准备一整套会议类文书，比如工作会议、职代会、党代会，以及签约仪式、揭牌仪式等。按照会议召开程序的前、中、后三阶段，我们经常接触到的有主持词（最先使用）、领导讲话稿（本书不作介绍）、发言稿、会议记录等。

第一节　主持词

主持词多用于企业各类会议、仪式、活动中，是一种引导性、程序性的讲话公文，用于交代会议内容、参会人员、会议任务等内容。一般大型或正规的会议、活动及重要仪式都需要准备主持词。现在企业不提倡举办各类仪式，除非重要且必要。

会议主持词和其他公文一样，具有鲜明的特点及特有的写作套路，如果不掌握其写作规律，就很难把握会议组织的核心环节，筹备和组织召开会议就难以得心应手。因此，有必要对其进行研究和探讨，以便写出规范、恰当的会议主持词。

一、主持词的特点

（一）辅助地位

主持词是为领导讲话和会议相关文件服务的，有着非常重要的辅助作用。主持词的结构是由会议议程所决定的，必须严格按照会议议程进行谋篇布局，不能随意发挥，不能脱离会议内容。主持词的辅助性地位，决定了它只能起到陪衬作用，不能喧宾夺主。因此，在撰写主持词的过程中，从结构到内容乃至遣词造句、语言风格、讲话语气等，尤其是开头和结尾，不能抢级别最高领导的“风头”，都要服从并服务于整个会议，与会议整体的安排和风格相协调，保持一致，不该说的不说，不该讲的不讲，这同形式主义、官僚主义并没有半点关系。

（二）篇幅短小

除了党代会、职代会等程序比较多的会议外，一般会议的主持词篇幅都不宜过长，要短小精悍、抓住重点、提纲挈领。篇幅太长容易造成主次不分、程序混乱。

（三）语言平实

会议注重程序，主持词同样要注重程序，基本全是程序化的语言，要开门见山、直奔主题，不需要使用修辞手法。语言要与会议气氛相适应，平实、庄重、简明、确切。

（四）头尾为重

会议主持词的开头要介绍会议背景、目的、意义，明确主题和议程；中间分量比较轻，都是程序化的安排；结尾一般简要总结一下会议成果，强调贯彻落实好上级领导的部署要求，抓好重点工作的推动和落实。

（五）结构独立

会议主持词的开头、中间、结尾各部分都是相对独立的，即便是像党代会、职代会等程序比较多的会议，各部分结构也都是相对独立的。这充分体现了主持词的程序性和规范性。

二、主持词的种类

主持词根据不同的标准，可分为不同的种类。按照内容和性质，主持词可分为会议主持词、仪式活动主持词等；按照作用和使用范围，可分为完整主持词和阶段性主持词。有的会议或活动由于时间较短、议程简单，可以由一个人主持，这时主持人使用的就是完整主持词。有的会议或活动跨度时间长，每一阶段只能进行部分议程，或虽然时间跨度不大，但考虑到其他因素，中途需要更换主持人，这时主持人使用的就是阶段性主持词。

三、主持词的写作要点

会议主持词要根据会议的任务安排，对会议主要内容和事项作出说明，对重点问题进行强调和引导，对会议内容进行简要评价，并对会后贯彻落实会议精神作出安排、提出要求。因此，起草会议主持词考虑要周全，语言要简练，衔接要自然，逻辑要严谨。主持词通常分为称谓、引言（开头）、主体三部分。

称谓部分，现在对参会人员的称谓有明确规定，不能随便使用称谓，要使用规范称谓，使用称谓要准确，如“同志们”“××同志，各位代表”。称谓前禁用“尊敬的”，称谓后禁用“总”之类的称呼，如“××总”“尊敬的××总”等都在禁用之列。

引言部分，即会议开头的开场白、导语。引言部分通常简要介绍召开会议的主题、缘由、目的、意义，介绍参会的领导和来宾等。引言部分不是千篇一律的固定格式，不同场合安排的内容差别还是比较大的。参会范围比较小的会议，只需介绍主要参会人员即可，如某个企业内部的会议，只需介绍出席的领导；参会范围比较大的会议，介绍参会人员一般需要全覆盖，如集团公司年度工作会议，根据职务高低介绍；有的会议邀请了两院院士等外部来宾，则应先介绍来宾。

主体部分，通常包括会议主题、会议议程、会议要求等。会议主题要简洁明晰，会议议程要衔接流畅、过渡自然，会议要求要紧扣会议主题，鼓舞士气，提出要求。其实，会议主持词的主体内容基本都是程序性安排，重点关注的是顺序安排和单位名称、发言人的姓名及职务，确保没有错误即可。

四、主持词的写作范例

（一）工作会议主持词

不同层面的工作会议由于会议任务安排不同，主持词内容相差较大，复杂程度也不一样。但无论哪个层面的工作会议，主持词都包括称谓、引言、主体三部分，即便是比较复杂的会议，每个环节比较独立，也可以套用这个基本结构。主持词结构比较规整，基本都是程序化的安排；语言要求比较严谨，引言、要求等内容必须紧扣主题，领导姓名、职务、称谓，单位名称、专有名词等都不能出现任何错误，不能违反有关规范和规定。下面，重点介绍两个层面的工作会议主持词。

1. 专业公司工作会议主持词

通常包括工作报告、经验交流、总结讲话等环节，有的会议议程相对简单，主持人可以是主要领导或确定的某位领导；有的会议议程相对复杂或者会议日程较长，可以安排多名主持人，每个环节安排 1 名主持人。

写作范例 83：

×× 公司 ×××× 年年中工作会议主持词（第一节）

主持人：×××

（×× 年 × 月 × 日上午）

各位领导、同志们：

现在开会。本次会议的主要任务是：学习贯彻集团公司领导干部会议精神，总结公司上半年生产经营情况，安排部署下半年重点任务。

集团公司党组十分关心 ×× 业务和公司发展，集团公司党组成员、副总经理 ××× 同志全程出席本次会议。请大家掌声欢迎！

出席今天会议的还有：集团公司总部相关部门负责人，相关专业公司分管领导及相关部门负责同志，各 ×× 公司分管领导及相关部门负责同志，×× 企业党政主要领导、分管领导及相关部门负责同志，×× 院党政主要领导及相关部门负责同志，××××、××××、×× 院、×× 报社等单位分管领导及相关部门负责同志，公司领导班子成员、助理级人员及各部门负责同志。

首先，请 ×× 公司执行董事、党委书记 ×× 同志作工作报告。大家掌声欢迎！

……

请 ×× 公司副总经理 ×× 同志作报告。大家掌声欢迎！

……

请 ×× 公司总经理 ×× 同志作报告。大家掌声欢迎！

……

现在会间休息 10 分钟。

下面进行交流发言，各家的发言时间请控制在 15 分钟以内。

请 ×× 公司总工程师、安全总监 ×× 同志作交流发言。大家欢迎！

……

请 ×× 公司副总经理、安全总监 ×× 同志作交流发言。大家欢迎！

……

请 ×× 公司执行董事、党委书记 ×× 同志作交流发言。大家欢迎！

……

请 ×× 公司执行董事、党委书记 ×× 同志作交流发言。大家欢迎！

……

请 ×× 公司执行董事、党委书记 ×× 同志作交流发言。大家欢迎！

上午的会议议程结束，下午 2:00 继续开会。

×× 公司 ×××× 年年中工作会议主持词（第二节）

主持人：×××

（×× 年 × 月 × 日下午）

同志们，现在复会。

首先，请 ×× 公司执行董事、党委书记 ×× 同志作交流发言。大家欢迎！

……

请 ×× 公司总经理 ×× 同志作交流发言，大家欢迎！

……

请 ×× 公司执行董事、党委书记 ×× 同志作交流发言。大家欢迎！

……

请 ×× 公司执行董事、党委书记 ×× 同志作交流发言。大家欢迎！

……

请 ×× 公司执行董事、党委书记 ×× 同志作交流发言。大家欢迎！

……

请 ×× 院执行董事、党委书记 ×× 同志作交流发言。大家欢迎！

……

现在会间休息 10 分钟。

×× 公司 ×× 年年中工作会议主持词（第三节）

主持人：×××

（×× 年 × 月 × 日下午）

同志们，现在复会。现在请集团公司党组成员、副总经理 ×× 同志讲话。

大家欢迎！

……

（×× 同志讲话结束后）

各位代表、同志们：经过与会代表的共同努力，×× 公司 ×××× 年年中工作会议各项议程已经圆满完成。会上，×× 公司作了工作报告，全面总结了上半年工作，综合分析了 ×× 业务面临的挑战和机遇、目标和任务，安排部署了下半年重点任务。×× 公司、×× 公司分别介绍了国内外市场需求。×× 家 ×× 公司和 ×× 家 ×× 企业作了交流发言，这些内容都具有很好的借鉴意义。

×× 同志作了讲话，对公司上半年服务保障、区域统筹、技术立企、管理创新、市场开发、提质增效、健康安全环保井控、党史学习教育等方面取得的成绩给予充分肯定，强调要完整准确全面贯彻新发展理念，认真落实集团公司党组、×× 子集团决策部署和公司工作安排，坚持创新创效，强化服务保障，牢牢掌握发展主动权。

要求重点做好以下 6 个方面的工作：

一是主动担当作为，强力保障油气勘探开发增储上产；

二是突出自主创新，加快实现工程技术高水平自立自强；

三是坚持革故鼎新，着力增强企业治理的有效性和协同性；

四是深化提质增效，大力提升价值创造力；

五是强化底线思维，全力防控健康安全环保井控风险；

六是加强学思践悟，努力以高质量党建引领高质量发展。

×× 同志的讲话，立意高远、内涵丰富，具有很强的理论性、针对性和操作性，是我们做好当前和今后一段时期工作极为重要的指导性文件。会后，各企业、各部门要及时组织学习传达，认真抓好贯彻落实，确保各项工作见到成效。

同志们，下半年，×× 业务生产经营各项工作任务艰巨繁重，各成员企业要在集团公司党组、×× 子集团的正确领导下，按照集团公司领导干部会议部署和本次会议要求，统一思想、坚定信心，不畏艰难、奋发向上，……统筹做好疫情防控、生产经营各项工作，扎实推进提质增效专项行动，努力全面完成各项生产经营任务，为 ×× 业务高质量发展贡献智慧和力量，为集团公司增储上产和建设基业长青的世界一流企业作出新的更大贡献。

本次会议内容丰富，组织高效，圆满完成了各项议程，达到了预期效果。×× 科技交流中心为本次会议做了细致入微的安排，提供了体贴周到的服务，在此表示感谢！现在，我宣布，×× 公司 ×× 年年中工作会议闭幕！

2．地区企业工作会议主持词

地区企业工作会议（非职工代表大会，比如年中工作会议）可以按照专业公司工作会议内容进行安排，也可以简化会议内容，开成更加简洁、务实、高效的会议。

写作范例 84：

×× 公司 ×× 年工作会议主持词

主持人：×××

（×× 年 × 月 × 日）

各位领导、同志们：

现在召开 ×× 公司 ×× 年工作会议。今天会议的主要内容是传达贯彻集团公司 ×× 年工作会议精神，总结公司 ×××× 年工作，部署 ×××× 年重点任务，动员公司全体干部职工提高政治站位，……（部分内容略）。

参加会议的有……（内容略）。

今天的会议共有三项议程，……（内容略）。

下面，进行会议的第一项议程，请 ×× 同志传达集团公司工作会议精神和 ×× 公司工作会议部署要求。

……

下面，进行会议的第二项议程，请 ×× 同志作工作报告。大家欢迎！

……

下面，进行会议的第三项议程，请 ×× 同志讲话。大家欢迎！

……

刚才，×× 同志传达了集团公司工作会议精神和 ×× 公司工作会议部署要求，×× 同志作了题为《××××》的工作报告，×× 同志作了讲话，为公司今年乃至今后一个时期的发展指明了方向，提出奋斗目标和明确要求，希望各单位、各部门认真学习领会，抓好工作落实。下面，就如何贯彻落实好本次会议精神，我强调三点意见。

一是……（内容略）。

二是……（内容略）。

三是……（内容略）。

会议到此结束。谢谢大家。

3．企业专题工作会议主持词

企业每年都要召开很多专题工作会议，比如市场营销、经营分析、科技创新、信息化建设等，需要根据具体情况具体分析。有的专题工作会议内容安排比较丰富，比如市场营销工作会议，第一类，内容安排了总体情况汇报、典型经验交流、领导总结讲话等环节；第二类，内容安排了市场工作汇报（有的是主管国内、国际市场的部门分别进行汇报）、会议讨论发言、领导总结讲话。下面提供的是第二类市场营销工作会议的主持词，大家可以参考。

写作范例 85：

×× 公司 ×× 年市场营销工作会议主持词

主持人：×××

（×× 年 × 月 × 日上午）

同志们：

今天我们召开公司市场营销工作会议，主要目的是：传达贯彻集团公司市场营销工作会议精神，总结回顾公司一年来的市场开发情况，客观分析国内外市场面临的复杂严峻形势，安排部署明年市场营销重点工作。会议主要有三项议程，分别是：市场营销一部、二部分别汇报国内和国际市场营销工作情况，讨论发言，总结讲话。

下面进行会议的第一项议程，请市场营销一部（主管国内市场营销工作）汇报国内市场开发情况。

……

下面请市场营销二部（主管国际市场营销工作）汇报国际市场开发情况。

……

下面进行会议的第二项议程，请与会人员讨论发言。

……

下面，请 ×× 同志作总结讲话。大家欢迎！

……

同志们，刚才市场营销一部、二部分别汇报了今年的市场营销工作成果及明年市场营销工作的目标、举措，与会人员都发表了自己的观点，提出了自己的意见或建议，大家讲得都很好。市场营销一部、二部总结成绩系统全面，形势分析比较到位，部署安排考虑周全。与会人员提出了很多好的意见和建议，请市场营销一部负责梳理大家提出的意见和建议，市场营销二部负责整理今天的专题会议纪要。

下面，我就学习集团公司市场营销工作会议精神的一些体会，结合公司市场营销工作实际，谈三个方面的意见，与大家共勉。

一是……（内容略）

二是……（内容略）

三是……（内容略）

会议到此结束。谢谢大家。

（二）企业职工代表大会主持词

大多数企业召开的职工代表大会会议议程比较丰富，通常包括预备会议、主席团第一次会议、职工代表大会开幕式、分团讨论、主席团第二次会议、职工代表大会闭幕式、民主评议等环节。下面，以某企业为例，介绍各阶段会议的主要内容。

1. 职工代表大会预备会，共有 8 项内容：

（1）报告大会筹备情况；

（2）报告代表资格审查情况；

（3）表决大会主要议题；

（4）审议通过大会主席团成员建议名单；

（5）审议通过大会秘书长、副秘书长建议名单；

（6）审议通过专门工作委员会委员建议名单；

（7）宣布各代表团正、副团长建议名单；

（8）指定各代表团召集人。

2. 代表团会议，共有 2 项内容：

（1）民主选举代表团正、副团长；

（2）选举结果报大会组织组。

3. 职工代表大会开幕式，共有 7 项内容：

（1）宣布大会开幕，奏国歌；

（2）传达集团公司党组对 ×× 公司的批示、传达集团公司和中油技服 ×××× 年工作会议精神；

（3）执行董事（董事长）作工作报告；

（4）总会计师作财务决算（包括业务招待费使用情况、企业年金情况）和财务预算报告；

（5）工会主席作公司集体合同和劳动安全卫生专项集体合同履行情况的报告；

（6）职代会提案工作委员会作上次会议提案办理情况；

（7）职代会提案工作委员会作本次会议提案审查和立案情况的报告。

4. 代表团会议，共有 4 项内容：

（1）审议工作报告；

（2）审议财务工作报告；

（3）审议本届职代会本次提案审查和立案情况的报告；

（4）民主评议公司领导班子及领导班子成员。

5. 主席团会议，共有 4 项内容：

（1）听取各代表团审议情况及民主评议情况的汇报；

（2）审议大会工作报告决议（草案）和对财务工作报告决议（草案）；

（3）审议本届职代会本次提案审查和立案情况的报告；

（4）听取公司领导班子、领导班子成员，后备干部推荐、“一报告两评议”工作，公司组织部长履职、党建工作责任制民主测评以及公司有关中层管理人员测评的说明。

6. 职工代表大会闭幕式，共有 13 项内容：

（1）报告大会主席团（扩大）会议情况；

（2）审议表决大会对公司工作报告的决议（草案）和对公司财务工作报告的决议（草案）；

（3）表决本届职代会本次会议提案审查和立案情况的报告；

（4）协管人力资源部的领导作公司领导班子、领导班子成员，后备干部推荐、“一报告两评议”工作，公司组织部长履职、党建工作责任制民主测评说明；

(5) 执行董事（董事长）代表公司领导班子作选人用人工作报告、班子述职和个人述职，其他班子成员书面述职；

(6) 人力资源部负责同志作有关中层管理人员测评说明；

(7) 网络测评公司领导班子及班子成员，并进行后备干部推荐、“一报告两评议”工作、公司组织部长履职、党建工作责任制测评；

(8) 网络测评公司有关中层管理人员；

(9) 签订党风廉政建设责任书、意识形态责任书、绩效合同（经营承包责任书）和安全环保责任书；

(10) 宣读《关于先进集体、劳动模范和先进工作者的表彰决定》；

(11) 表彰先进集体、劳动模范、先进工作者；

(12) 执行董事（董事长）讲话；

(13) 奏国歌，宣布大会闭幕。

写作范例 86:

主持人用语（一）

×× 公司 × 届 × 次职工代表大会预备会主持词

主持人：×××

（×× 年 × 月 × 日晚上）

（会议开始前，请大家将手机置于静音或关机状态。请各视频分会场严格遵守会场纪律，不要随意走动，保持会场安静，发言时打开麦克风，发言完毕请及时关闭，确保会议有序进行）

（下面，请工作人员清点人数）

（下面，请属地主管进行 HSE 提示）

各位职工代表：

在公司上下深入学习贯彻习近平新时代中国特色社会主义思想和党的十九届六中全会精神，认真落实集团公司和 ×× 公司 ×× 年工作会议精神，全面总结公司 ×× 年工作，部署 ×× 年工作任务的重要时刻，我们严格按照地方政府和公司新冠疫情防控的有关要求，组织召开公司 × 届 × 次职工代表大会暨 ×××× 年工作会议，总结过去、展望未来，凝心聚力、共谋发展。首先，我代表公司党委、公司、公司工会向主会场和视频分会场的各位代表表示热烈欢迎和衷心感谢！

现在举行 ×× 公司 × 届 × 次职代会预备会议。

本次会议应到职工代表 ××× 人，因病因事请假 ____ 人，实到职工代表 ____ 人，符合召开会议的法定人数。

根据大会安排，预备会议共有八项议程。下面逐项进行。

首先，进行第一项议程。由我报告大会筹备情况。

……

下面，进行第二项议程。请公司工会副主席 ××× 同志报告公司 × 届 × 次职代会代表资格审查情况。

（报告完毕）

……

下面，进行第三项议程。表决大会主要议题。

刚才，在报告大会筹备情况时，已经对大会主要议题作了说明，这里不再重复宣读。

鉴于疫情原因、会议组织形式和分会场较多的实际，针对此次会议需表决事项，各位代表如有不同意见或弃权，请举手发表，各分会场要指定专人及时向大会进行反馈。如无意见，将采取鼓掌的形式表决通过。

现在进行表决：

首先，请主会场的各位代表对大会主要议题发表意见。

没有意见。

下面，请各视频分会场代表发表意见。

没有意见。

全部代表如无意见，建议以鼓掌的形式表决通过。

（如有意见，当场答复后，建议以鼓掌的形式表决通过）

……

下面，进行第四项议程，审议通过公司 × 届 × 次职代会主席团成员建议名单。

请工作人员宣读建议名单。

（宣读完毕）

首先，请主会场的各位代表对主席团成员建议名单发表意见。

没有意见。

下面，请各视频分会场代表发表意见。

没有意见。

全部代表如无意见，建议以鼓掌的形式表决通过。

（如有意见，当场答复后，建议以鼓掌的形式表决通过）

……

下面，进行第五项议程，审议通过公司 × 届 × 次职代会秘书长、副秘书长建议名单。

请工作人员宣读建议名单。

（宣读完毕）

首先，请主会场的各位代表对秘书长、副秘书长建议名单发表意见。

没有意见。

下面，请各视频分会场代表发表意见。

没有意见。

全部代表如无意见，建议以鼓掌的形式表决通过。

（如有意见，当场答复后，建议以鼓掌的形式表决通过）

……

下面，进行第六项议程，审议通过公司 × 届 × 次职代会专门工作委员会委员建议名单。

请工作人员宣读建议名单。

（宣读完毕）

首先，请主会场的各位代表对专门工作委员会委员建议名单发表意见。

没有意见。

下面，请各视频分会场代表发表意见。

没有意见。

全部代表如无意见，建议以鼓掌的形式表决通过。

（如有意见，当场答复后，建议以鼓掌的形式表决通过）

……

下面，进行第七项议程，宣布各代表团正、副团长建议名单。

鉴于会议以视频形式召开，本次会议继续延续公司 × 届 × 次职代会分团设置，共设 ×× 个代表团，其中在主会场参会的单位职工代表分为 × 个代表团，视频分会场按照就地参会、就近成团的原则，分为 × 个代表团，公司工会结合工作实际对分团组成单位进行了部分调整，并提出了各代表团正、副团长建议名单。

下面，请工作人员宣读代表团正、副团长建议名单。

（宣读完毕）

预备会结束后，请各代表团召开分团会议，进行代表团正、副团长的民主选举，并将选举结果报大会组织组 ××× 同志。主会场参会代表的分团组成及分团会议地点已汇编在会议手册内，请各位代表认真参阅，准时参会。

……

下面，进行第八项议程，指定各代表团召集人。

大会建议，各代表团召集人由代表团团长建议人选担任，召集人名单已作为会议资料下发，这里就不再重复宣读。

各位代表，今天晚上预备会的 8 项议程全部完成。明天上午的大会将于 8:30 分正式开始，请各位代表提前 15 分钟进入会场。视频分会场由各代表团团长及相关会务组织人员负责召集，做好参会代表人数统计，并在会议开始前 10 分钟，以短信或电话方式将代表出席情况报大会会务组 ××× 同志。会议期间主席团成员请佩戴领带。

现在休会。

……

主持人用语（二）

×× 公司 × 届 × 次职工代表大会 第一次全体代表会议主持词

主持人：×××

（×× 年 × 月 × 日）

（鉴于会议安全提示视频短片已在会前进行播放，这里就不再重复进行提示）

（会议开始前，请工作人员清点人数）

各位代表、同志们：

在公司上下持续强化以习近平新时代中国特色社会主义思想领航指引，深入学习党的十九大、十九届历次全会和中央经济工作会议精神，认真贯彻落实集团公司和 ×× 公司 ×××× 年工作会议安排部署，全面总结公司 ×××× 年工作成绩，系统谋划 ×××× 年重点工作，勇担责任使命、矢志开拓创新，奋力谱写加快建成世界一流企业新篇章的关键时刻，我们克服新冠疫情的影响，采取视频的方式组织召开公司 × 届 × 次职代会。

这次会议，是公司广大干部职工政治生活中的一件大事，也是公司进入新发展阶段、贯彻新发展理念、服务和融入新发展格局、迈上率先打造世界一流企业新征程中的一件要事，更是总结过去、展望未来，凝心聚力、共谋发展的一件盛事。在这庄严而隆重的时刻，我代表公司党委、公司、公司工会向各位代表和同志们的到来表示热烈欢迎和衷心感谢！

本次会议应到职工代表 ××× 人，因病因事请假 ____ 人，实到职工代表 ____ 人，符合召开会议的法定人数。会议由公司党政领导班子和公司 × 届 × 次职代会主席团共同主持。

现在我宣布：×× 公司 × 届 × 次职代会开幕！

请全体起立，奏国歌。

（请坐下）

根据大会安排，今天上午主要有六项议程。

首先，进行第一项议程，请公司总经理、党委副书记 ××× 同志传达集团公司党组对 ×× 公司的批示、集团公司和 ×× 公司 ×× 年工作会议精神。大家欢迎。

（传达完毕）

谢谢 ××× 同志。

……

下面，进行第二项议程，请公司执行董事、党委书记 ××× 同志作公司工作报告。大家欢迎。

（报告完毕）

谢谢 ××× 同志。

现在休会 10 分钟。请各位会议代表于 ____ 点 ____ 分前返回会场，各视频分会场要做好人员召集。

（休息结束）

各位代表、同志们，现在继续开会。

……

下面，进行第三项议程，请公司总会计师 ××× 同志作公司 ×× 年财务决算和 ×× 年财务预算的报告。大家欢迎。

（报告完毕）

谢谢 ××× 同志。

……

下面，进行第四项议程，请公司副总经理、安全总监 ××× 同志作公司集体合同和劳动安全卫生专项集体合同履行情况的报告。大家欢迎。

（报告完毕）

谢谢 ××× 同志。

……

下面，进行第五项议程，请公司副总经理 ××× 同志作公司 × 届 × 次职代会提案办理情况的报告。大家欢迎。

（报告完毕）

谢谢 ××× 同志。

……

下面，进行第六项议程，请职代会提案工作委员会委员 ××× 同志作公司 × 届 × 次职代会提案审查和立案情况的报告。大家欢迎。

（报告完毕）

谢谢 ××× 同志。

各位代表，今天上午大会的 6 项议程全部进行完毕。下面通知 4 件事：

1. 今天下午 2:00，组织召开各代表团会议，主要任务是审议公司工作报告、公司财务工作报告，民主评议公司领导班子及领导班子成员。请全体正式代表和列席代表准时参加所在团组的会议；请各代表团正、副团长切实做好本团代表的召集、组织工作；请各代表团指定工作人员做好发言记录。

2. 今天晚上 7:30，在 ×× 会议室召开主席团（扩大）会议，主要任务是听取各代表团审议情况及民主评议情况的汇报，审议通过相关决议（草案）和报告；听取公司领导班子、领导班子成员，后备干部推荐、“一报告两评议”工作，公司组织部长履职、党建工作责任制民主测评以及公司有关中层管理人员测评的说明。请主会场和分会场主席团成员、各代表团团长参加会议，总部机关部门主要负责人列席会议。请各代表团团长提前汇总、整理好代表们的意见和建议，形成书面材料，发言时间控制在 5 分钟以内，并于晚上 9:30 之前通过中油即时通，报会议会务组公司工会 ××× 同志。×× 培训部、信息技术支持组要再次确认主席团会议地点所有设备情况，提前调试，确保会议顺利召开。

3. 明天上午 8:30，继续召开全体代表会议，请各位代表提前 15 分钟进入会场，各视频分会场要继续做好会议代表出席情况统计报告工作，民主测评组要提前做好测评系统的调试和准备工作，×× 部、信息技术支持组要提前做好视频会议联调工作。

4．本次会议印发的文件、材料均属公司涉密和内部资料，请大家务必按照公司保密要求妥善保管，严格控制传阅范围。各分会场会务组要按照公司保密规定，做好会议材料的回收与销毁工作。

（征求公司党政领导班子和主席团成员意见后）

现在休会。

……

主持人用语（三）

××公司×届×次职工代表大会主席团（扩大）会议主持词

主持人：×××

（××年×月×日）

主席团各位成员、同志们：

现在召开××公司×届×次职代会主席团（扩大）会议。

今晚主席团会议共有4项议程。下面逐项进行。

首先，进行第一项议程，听取各代表团审议情况及民主评议情况的汇报。

鉴于本次会议代表团数量较多，为有效控制会议的总体时长，各代表团在汇报时要简明扼要，发言时间请严格控制在5分钟以内。

请各代表团按顺序发言，请会议工作人员做好记录。

首先，请第一代表团汇报。

下面，请第二代表团汇报。

下面，请第三代表团汇报。

下面，请第四代表团汇报。

……

（代表团全部汇报完毕）

（征求主席团成员意见和建议）

感谢各位团长的发言。在今天下午的代表团会议上，各位职工代表紧紧围绕公司加快建成世界一流企业这一目标，以对公司发展高度负责的主人翁精神和求真务实的态度，对提交大会的各项议案进行了认真审议，并积极建言献策，提出了很多具有针对性、指导性的意见和建议，希望相关业务部门认真思考、仔细研究、拿出方案、抓好落实。接下来，请有关部门按照职工代表们的意见和建议对相关报告和材料进行修改和完善。请各代表团认真梳理、汇总本团发言内容，形成书面材料，于今晚9:30之前通过中油即时通，报会议会务组公司工会×××同志。

……

下面，进行第二项议程，审议大会对公司工作报告的决议（草案）和对公司财务工作报告的决议（草案）。

首先，请工作人员宣读对公司工作报告的决议（草案）。

（宣读完毕）

首先，请主会场主席团成员发表对决议（草案）的意见。

下面，请各视频分会场主席团成员发表对决议（草案）的意见。

没有意见，请大家鼓掌通过，明天上午提交大会审议表决。

（如有意见，请大会秘书组修改后，明天上午提交大会审议表决。）

下面，请工作人员宣读对公司财务工作报告的决议（草案）。

（宣读完毕）

首先，请主会场主席团成员发表对决议（草案）的意见。

下面，请各视频分会场主席团成员发表对决议（草案）的意见。

没有意见，请大家鼓掌通过，明天上午提交大会审议表决。

（如有意见，请大会秘书组修改后，明天上午提交大会审议表决）

……

下面，进行第三项议程，审议公司×届×次职代会提案审查和立案情况的报告。

本报告已在今天上午的全体会议上进行了宣读，这里不再重复。

首先，请主会场主席团成员发表对报告的意见。

下面，请各视频分会场主席团成员发表对报告的意见。

没有意见，请大家鼓掌通过，明天上午提交大会审议表决。

（如有意见，请大会秘书组修改后，明天上午提交大会审议表决）

……

下面，进行第四项议程，听取公司领导班子、领导班子成员，后备干部推荐、“一报告两评议”工作，公司组织部长履职、党建工作责任制民主测评以及公司有关中层管理人员测评的说明。

请公司党委组织部部长、人事处处长×××同志作说明。大家欢迎。

……

各位主席团成员、同志们，本次主席团（扩大）会议的议程全部进行完毕，请工作人员做好会议情况整理汇总，明天向大会报告。明天上午8:30继续召开全体代表大会，请大家按要求准时参会。

现在休会。

……

主持人用语（四）

××公司×届×次职工代表大会第二次全体代表会议主持词

主持人：×××

（××年×月×日）

（会议开始前，请工作人员清点人数）

各位代表、同志们：

现在召开××公司×届×次职代会第二次全体代表会议。

本次会议应到职工代表×××人，因病因事请假____人，实到职工代表____人，符合召开会议的法定人数。会议由公司党政领导班子和公司第×届职代会主席团共同主持。

今天上午大会共有12项议程。下面逐项进行。

首先，进行第一项议程，由×××同志报告大会主席团（扩大）会议情况。

（报告完毕）

……

下面，进行第二项议程，审议表决大会对公司工作报告的决议（草案）和对公司财务工作报告的决议（草案）。

首先，请工作人员宣读大会对公司工作报告的决议（草案）。

（宣读完毕）

现在进行表决，各位职工代表如有不同意见或弃权，请举手发表，各代表团团长要及时向大会进行反馈。如无意见，将采取鼓掌的形式表决通过。

首先，请主会场的各位代表发表意见。

没有意见。

下面，请各视频分会场代表发表意见。

没有意见。

全部代表如无意见，建议以鼓掌的形式表决通过。

（如有意见，当场答复后，建议以鼓掌的形式表决通过。）

下面，请工作人员宣读大会对公司财务工作报告的决议（草案）。

（宣读完毕）

现在进行表决。

首先，请主会场的各位代表发表意见。

没有意见。

下面，请各视频分会场代表发表意见。

没有意见。

全部代表如无意见，建议以鼓掌的形式表决通过。

（如有意见，当场答复后，建议以鼓掌的形式表决通过）

……

下面，进行第三项议程，表决公司 × 届 × 次职代会提案审查和立案情况的报告。

昨天下午各位职工代表在代表团会议上已经对这个报告进行了认真的审议，现在进行表决。

首先，请主会场的各位代表发表意见。

没有意见。

下面，请各视频分会场代表发表意见。

没有意见。

全部代表如无意见，建议以鼓掌的形式表决通过。

（如有意见，当场答复后，建议以鼓掌的形式表决通过）

……

下面，进行第四项议程，由 ××× 同志作公司领导班子、领导班子成员，后备干部推荐、“一报告两评议”工作，公司组织部长履职、党建工作责任制民主测评说明。

（说明完毕）

……

下面，进行第五项议程。

首先，请公司执行董事、党委书记 ××× 同志代表公司领导班子作选人用人工作报告、班子述职和个人述职。大家欢迎。

（述职完毕）

谢谢 ××× 同志。

下面，请公司总经理、党委副书记 ××× 同志作个人述职。大家欢迎。

（述职完毕）

谢谢 ××× 同志。

同志们，过去的一年是公司发展过程中具有里程碑意义的一年。面对复杂多变的外部环境和跌宕蔓延的新冠疫情，××× 同志和 ××× 同志带领班子成员知难而进、迎难而上，以非常之举应对非常之事，团结带领广大干部职工顽强拼搏、勇毅前行，创造了一系列令人振奋的工作业绩，交出了一份让员工满意、让集团党组认可的优异答卷，向建党百年献上了一份厚礼。这些成绩的取得，饱含着 ××× 同志、××× 同志和公司领导班子成员，以及公司广大干部职工的艰辛努力和巨大付出。让我们以最热烈的掌声，再次向 ××× 同志和 ××× 同志表示衷心的感谢！

……

下面，依次进行第六项、第七项、第八项议程：请公司党委组织部部长、人事处处长 ××× 同志作公司有关中层管理人员测评说明，并具体主持网络测评工作。

（说明完毕）

谢谢 ××× 同志。

各位代表、同志们：网络测评工作大概需要 70 分钟，请各位代表于___点___分回到主会场和分会场继续开会。请主会场和分会场工作人员届时做好参会代表召集工作。

（待测评工作结束，所有代表返回会场）

……

各位代表、同志们：

现在继续召开 ×× 公司 × 届 × 次职代会全体会议。

下面，进行第九项议程，签订公司 ×××× 年党风廉政建设责任书、绩效合同和安全环保责任书。

……

下面，进行签字仪式，请工作人员布置签字席。

首先，请公司执行董事、党委书记 ××× 同志与公司领导班子成员签订 ×××× 年党风廉政建设责任书。

请 ××× 同志和公司领导班子成员到签字席就座，责任书签订完毕后依次与 ××× 同志合影。

（责任书签订完毕）

请工作人员调整签字席。

这里需要特别说明一下，因会议组织方式的关系，驻外地的二级单位绩效合同和安全环保责任书就不在大会现场签订了，会后由公司机关相关业务处室负责统一组织签订。现场签订责任书的同志由主席台东侧入场，在指定位置就座，签订责任书后，依次与 ××× 同志、××× 同志合影，并从主席台西侧离开。

下面，请公司执行董事、党委书记 ××× 同志，总经理、党委副书记 ××× 同志与主会场参会的各二级单位党政主要领导签订 ×××× 年绩效合同和安全环保责任书。

首先，请 ×× 公司、×× 公司党政主要领导签订责任书。请 ×× 公司、×× 公司做准备。

（责任书签订完毕）

下面，请 ×× 公司、×× 公司党政主要领导签订责任书。请 ×× 公司、×× 公司做准备。

下面，请 ×× 公司、×× 公司党政主要领导签订责任书。

（责任书签订完毕）

请工作人员撤走签字台。各位代表请原座不动，稍事等待，马上进行下面的议程。后续议程将由公司总经理、党委副书记 ××× 同志主持。

……

主持人用语（五）

×× 公司 × 届 × 次职工代表大会
第二次全体代表会议主持词（续）

主持人：×××

（×× 年 × 月 × 日）

各位代表、同志们：

下面，继续开会。

首先，请公司执行董事、党委书记 ××× 同志引领公司 ××—×× 年度劳动模范代表入场。请全体起立，掌声欢迎。

（劳模入场完毕）

请坐下！

下面，进行第十项议程，请公司党委副书记、工会主席 ××× 同志宣读《关于表彰 ×××× 公司 ××—×× 年度先进集体、劳动模范和先进工作者的决定》。大家欢迎。

（宣读完毕）

谢谢 ××× 同志。

……

下面，进行第十一项议程，表彰公司 ××—×× 年度先进集体、劳动模范、先进工作者。

首先，颁发先进集体奖项，请 ×× 部、×× 部、×× 公司、×× 公司等部门和单位的代表上台领奖。大家欢迎！

下面，颁发劳动模范奖项，请 ×××、×××、××× 等公司劳动模范代表上台领奖。大家欢迎！

（颁奖完毕）

因会议组织形式和时间关系，公司工人先锋号、先进工作者和非驻涿州市单位的先进集体、劳动模范奖项就不在现场颁发了，会后由公司工会统一安排。

颁奖仪式到此结束。让我们再次用热烈的掌声对获得荣誉的先进集体和个人表示祝贺！

……

下面，进行第十二项议程，请公司执行董事、党委书记 ××× 同志讲话。大家欢迎。

（讲话完毕）

谢谢 ××× 同志。

……

各位代表、同志们，经过大家一天半的共同努力，公司 × 届 × 次职代会的各项议程已全部圆满完成。

会议期间，传达学习了集团公司党组对公司的批示、集团公司和 ×× 公司 ×××× 年工作会议精神。公司执行董事、党委书记 ××× 同志代表公司作了主题工作报告，系统总结了公司 ×× 年主要工作，深刻分析了面临的形势任务，明确提出了新一年的奋斗目标，安排部署了重点工作任务，系统擘画了公司“十四五”及率先打造世界一流“两步走”的宏伟蓝图，为公司高质量发展进一步指明了方向、规划了路径。与会代表以高度的政治自觉、饱满的工作热情，认真审议了提交大会的相关议案，并为公司今后的发展建睿智之言，献务实之策，表现出强烈的责任感和良好的精神风貌。会议达到了总结经验、规划未来、凝聚共识、共谋发展的目的，开成了一个承上启下、继往开来的大会，开成了一个解放思想、求真务实的大会，开成了一个开拓创新、锐意进取的大会，开启了提前建成世界一流企业的新征程。

各位代表、同志们：宏伟蓝图已绘就，扬帆奋进正当时。新的形势催人奋进，新的征程任重道远，让我们高举习近平新时代中国特色社会主义思想的伟大旗帜，深入贯彻落实集团公司党组对公司的批示精神，在集团公司党组和中油技服的坚强领导下，以锐意创新的勇气、敢为人先的锐气、蓬勃向上的朝气，直面挑战不畏难，务实重干不懈怠，贯彻新发展理念、服务和融入新发展格局，勇担找油找气神圣使命，用忠诚担当和激情奋斗，探索新思路、实现新突破、取得新业绩，不断开创世界一流企业建设新局面，以优异成绩向党的二十大献礼！

最后，再次感谢主会场和分会场全体代表的共同努力和积极配合，感谢 ××× 培训中心热情周到的服务和大力支持。春节将至，祝大家新春愉快、工作顺利、阖家欢乐、万事如意！

下面，请全体起立，奏国歌。

现在，我宣布：×× 公司 × 届 × 次职代会胜利闭幕！

谢谢大家！

（三）企业党员代表大会主持词

企业党员代表大会应严格遵守《党组织选举工作手册（第三次修订本）》规定程序。按照规定程序，换届党代会一般有 12 个会议 54 项内容，非换届年度党代会在此基础上相应简化。下面为各阶段会议的名称和会议内容。

1. 代表团召集人会议，共有 5 项内容：

（1）介绍大会筹备情况；

（2）酝酿各代表团团长、副团长建议名单；

（3）酝酿大会主席团成员及秘书长建议名单；

（4）介绍大会议程；

（5）安排召集人组织各团会议。

2. 代表团分团会议，共有 6 项内容：

（1）传达代表团召集人会议内容；

（2）推选代表团团长、副团长；

（3）审议《代表资格审查报告》；

（4）审议《党费收缴使用管理情况报告》；
（5）酝酿大会主席团成员及秘书长建议名单；
（6）酝酿讨论大会议程。

3. 党代会预备会议，共有 7 项内容：

（1）报告大会筹备情况；
（2）宣读集团公司党组批复；
（3）通过《代表资格审查报告》；
（4）通过《党费收缴使用管理情况报告》；
（5）通过大会主席团成员建议名单；
（6）通过大会秘书长建议名单；
（7）通过大会议程。

4. 主席团第一次会议，共有 3 项内容：

（1）通过大会日程；
（2）通过大会副秘书长建议名单；
（3）通过大会列席代表名单。

5. 大会开幕式，共有 4 项内容：

（1）宣布大会开幕，奏《国歌》；
（2）宣读上级贺信；
（3）党委书记作党委工作报告；
（4）纪委书记作纪委工作报告。

6. 代表团分团会议，共有 5 项内容：

（1）审议党委工作报告和纪委工作报告；
（2）审议党委工作报告决议和纪委工作报告决议（草案）；
（3）讨论大会选举办法（草案）；
（4）酝酿党委、纪委委员候选人建议名单；
（5）酝酿大会选举总监票人、监票人建议名单。

7. 主席团第二次会议，共有 5 项内容：

（1）听取各代表团讨论党委、纪委工作报告情况的汇报；
（2）听取并通过党委、纪委工作报告决议（草案）；

（3）听取并通过大会选举办法（草案）；

（4）听取并通过党委、纪委委员候选人建议名单；

（5）听取并通过大会选举总监票人、监票人建议名单。

8. 正式选举会议，共有 3 项内容：

（1）通过大会选举办法（草案）；

（2）通过大会选举总监票人、监票人建议名单；

（3）进行大会选举。

9. 主席团第三次会议，共有 2 项内容：

（1）听取总监票人汇报计票结果；

（2）讨论通过新选出的第 × 届党委、纪委第一次全体会议主持人。

10. 大会闭幕式，共有 5 项内容：

（1）总监票人宣布计票结果；

（2）大会主持人宣布选举结果；

（3）通过党委、纪委工作报告决议；

（4）党委书记致闭幕词；

（5）奏《国歌》，大会闭幕。

11. 纪委一次全体会议，共有 4 项内容：

（1）通过选举办法；

（2）通过监票人建议名单；

（3）选举纪委书记、副书记；

（4）新当选的纪委书记讲话。

12. 党委一次全体会议，共有 5 项内容：

（1）通过选举办法；

（2）通过监票人建议名单；

（3）选举党委书记、副书记；

（4）审议通过纪委第一次全体会议选举结果；

（5）当选的新一届党委书记讲话。

企业党代会均按照规定召开，严格履行民主程序，各企业结合实际情况，安排的各阶段会议内容可能略有差异，但不会逾越或擅自删减关键程序。

下面，以上述企业的12个阶段会议为蓝本，提供一整套会议主持词，供大家学习参考。

写作范例87:

主持人用语（一）

代表团召集人会议主持词

主持人：×××

（×××× 年 ×× 月 ×× 日）

同志们：

现在开会。按照公司第 × 次党代会分团情况，大会筹备组指定了各位为各代表团召集人，负责组织预备会前各代表团的各项活动。

这次代表团召集人会议有5项内容：

1. 介绍这次代表大会的筹备情况；

2. 酝酿各代表团团长、副团长建议名单；

3. 酝酿大会主席团成员及秘书长建议名单；

4. 介绍这次代表大会的议程；

5. 安排召集人组织各团会议

下面，进行第一项议程，请 ××× 同志介绍公司第 × 次党代会的筹备情况。

（××× 同志介绍情况）

……

下面，进行第二项议程，酝酿代表团团长、副团长建议名单。

本次大会按照单位性质和代表构成情况，经公司党委会讨论通过，将 ××× 名代表划分为 ×× 个代表团，其中主会场 × 个代表团，分会场 × 个代表团。关于各代表团团长、副团长建议人选，按规定由大会筹备组提出建议名单。

第一代表团，团长：×××；副团长：×××。

第二代表团，团长：×××；副团长：×××。

第三代表团，团长：×××；副团长：×××。

第四代表团，团长：×××；副团长：×××。

……

请大家对这个建议名单进行讨论，并发表意见。

（与会同志发表意见）

没有意见（或发表完意见）。

建议名单（或修改后）提交各代表团全体代表会议表决通过。

……

下面进行会议第三项议程，酝酿大会主席团成员及秘书长建议名单。

根据有关规定，为便于对大会进行组织领导，我们本着有广泛代表性、有利于讨论决定重大问题和精干高效的原则组成大会主席团。主席团一般由公司领导班子成员、新一届党委委员候选人、纪委领导成员候选人、各代表团负责人及有代表性的其他人员组成。由公司党委提名，提交大会预备会议表决通过。

根据上述原则，公司党委建议本次代表大会主席团由以下 ×× 名同志组成：

×××、×××、×××、×××、×××、×××、×××

……

请大家对建议名单进行讨论，并发表意见。

（与会同志发表意见）

没有意见（或发表完意见）。

建议名单（或修改后）由各代表团讨论后，提交大会预备会表决通过。

下面讨论秘书长建议名单。

按照有关规定，大会秘书长一般由负责筹备党代会工作的党委副书记担任。公司党委提名 ××× 同志为本次代表大会秘书长建议人选。

请大家发表意见。

（与会同志发表意见）

没有意见。

秘书长建议名单由各代表团讨论后，提交大会预备会表决通过。

……

下面进行第四项议程，讨论公司第 × 次党代会议程。

按照党代会的主要议程要求，并报请集团公司党组和 ×× 省国资委党委同意，公司第 × 次党代会有 4 项议程：

一、听取并审议中国共产党 ×× 公司第 × 届委员会工作报告；

二、听取并审议中国共产党 ×× 公司第 × 届纪律检查委员会工作报告；

三、选举产生中国共产党 ×× 公司第 × 届委员会；

四、选举产生中国共产党××公司第×届纪律检查委员会。

下面进行会议的第五项议程，安排召集人组织各团会议。

请大家对这个议程草案进行讨论，并发表意见。

（与会同志发表意见）

没有意见。此议程草案由各代表团讨论后，提交大会预备会表决通过。

请各代表团召集人按照大会安排，到各分团会议地点，于××召开各代表团分团会议，传达本次召集人会议内容，并就有关事项进行讨论。讨论情况请及时反馈大会组织组。

这次党员代表大会，是在公司发展进入新阶段召开的一次重要会议，是公司政治生活中的一件大事。请各位召集人认真组织好本代表团工作，要求代表们集中精力，自觉遵守大会纪律和会议时间，学习好会议文件，履行好代表职责，把这次大会开好。

现在休会。

……

主持人用语（二）

各代表团召集人在分团会议上的主持词

主持人：各代表团召集人

（××年×月×日）

各位代表、同志们：

根据大会日程安排，现在召开代表团分团会议。会议有6项议程：

1. 传达代表团召集人会议内容；
2. 推选代表团团长、副团长；
3. 审议《代表资格审查报告》；
4. 审议《党费收缴使用管理情况报告》；
5. 酝酿讨论大会主席团成员及秘书长建议名单；
6. 酝酿讨论大会议程（草案）。

下面，进行第一项议程，传达代表团召集人会议内容。

（主持人介绍情况）

……

下面，进行第二项议程，根据召集人会议上提出的建议名单，推选团长、副团长。

（宣读大会各代表团团长、副团长建议名单）

请各位代表发表意见。

（与会同志发表意见）

没有意见，鼓掌通过。

……

第三项议程，审议《代表资格审查报告》。

（宣读《代表资格审查报告》）

请各位代表发表意见。

（与会同志发表意见）

没有意见，鼓掌通过。

……

第四项议程，审议《党费收缴使用管理情况报告》。

（宣读《党费收缴使用管理情况报告》）

请各位代表发表意见。

（与会同志发表意见）

没有意见，鼓掌通过。

……

第五项议程，酝酿大会主席团成员及秘书长建议名单。

（宣读主席团建议名单）

请各位代表发表意见。

（与会同志发表意见）

没有意见，鼓掌通过。

（宣读大会秘书长建议名单）

请各位代表发表意见。

（与会同志发表意见）

没有意见，鼓掌通过。

……

第六项议程，酝酿讨论大会议程。

按照党代会的主要议程要求，并报请集团公司党组和××省国资委党委同意，公司第×次党代会有4项议程：

一、听取和审议中国共产党××公司第×届委员会工作报告。

二、听取并审议中国共产党××公司第×届纪律检查委员会工作报告。

三、选举产生中国共产党 ×× 公司第 × 届委员会。

四、选举产生中国共产党 ×× 公司第 × 届纪律检查委员会。

请各位代表发表意见。

（与会同志发表意见）

没有意见，鼓掌通过。

今天代表团会议议程全部进行完毕。请各位代表于晚上 8：30 准时到会场参加党代会预备会议。

现在休会。

……

主持人用语（三）

党代会预备会议主持词

主持人：×××

（×× 年 × 月 × 日）

各位代表、同志们：

中国共产党 ×× 公司第 × 次代表大会经过认真筹备，已具备开会条件。

这次党员代表大会，是在公司上下扎实推进党史学习教育、深入学习贯彻党的十九届六中全会精神，全面落实中央和上级各项决策部署，全面开启率先打造世界一流企业新征程的关键时期，召开的一次重要会议。这次大会对于坚持和加强党的全面领导，以高质量党建引领高质量发展，团结动员广大党员干部员工，坚定信心、同心同德、埋头苦干、扎实工作，推进率先打造世界一流企业宏伟目标具有十分重要的意义。

公司第 × 次党员代表大会的召开，是公司政治生活中的一件大事，各位代表肩负着公司广大党员的重托。我们要严格遵守会议纪律，严格按照大会的组织程序，以高度负责的精神认真履行职责，完成好大会的各项议程，把这次会议开成一个风清气正、发扬民主、求真务实、团结奋进的大会。

各位代表，本次会议采取视频形式召开。为保证主会场和分会场同步表决，我们安排专人观察统计各分会场举手表决情况，如有弃权、反对的，请工作人员第一时间通知大会主持人，确保会议顺利进行，表决结果准确有效。

现在召开代表大会预备会议。本次代表大会应到正式代表 ××× 名，因事、因病和疫情防控原因请假____名，实际到会正式代表____名，符合法定人数，可以开会。

今天的会议有 7 项议程：

1. 报告大会筹备情况；

2. 宣读集团公司党组批复；通过《代表资格审查报告》；

3. 宣读集团公司党组批复；通过《党费收缴使用管理情况报告》；

4. 宣读集团公司党组批复；通过大会主席团成员建议名单；

5. 宣读集团公司党组批复；通过大会秘书长建议名单；

6. 宣读集团公司党组批复；通过大会议程（草案）。

会议进行第一项议程，请 ××× 同志报告大会筹备情况。

（××× 同志宣读报告）

……

会议进行第二项议程，请 ××× 同志宣读集团公司党组批复文件。

（××× 同志宣读报告）

会议进行第三项议程，××× 同志宣读批复文件由 ××× 同志作代表资格审查报告。

请各位代表对代表资格审查报告发表意见。

（与会代表发表意见）

没有。现在进行表决。

同意的请举手。请放下。

不同意的请举手，没有（**或请放下**）。

弃权的请举手，没有（**或请放下**）。

全体通过（**或多数表决通过**）。

……

会议进行第四项议程，通过《党费收缴使用管理情况报告》。

请 ××× 同志报告党费收缴使用管理情况。

（××× 同志宣读报告）

请各位代表发表意见。

没有意见，鼓掌通过。

……

会议进行第五项议程，通过大会主席团建议名单。

请工作人员宣读大会主席团建议名单。

（工作人员宣读）

请各位代表发表意见。

（与会代表发表意见）

没有。现在进行表决。

同意的请举手，请放下。

不同意的请举手，没有（或请放下）。

弃权的请举手，没有（或请放下）。

全体通过（或多数表决通过）。

……

会议进行第六项议程，通过大会秘书长建议名单。

请工作人员宣读大会秘书长建议名单。

（工作人员宣读后）

请各位代表发表意见。

（与会代表发表意见）

没有。现在进行表决。

同意的请举手，请放下。

不同意的请举手，没有（或请放下）。

弃权的请举手，没有（或请放下）。

全体通过（或多数表决通过）。

……

会议进行第七项议程，通过大会议程（草案）。

请工作人员宣读大会议程（草案）。

（工作人员宣读后）

请各位代表对议程（草案）发表意见。

（与会代表发表意见）

没有意见。鼓掌通过。

以上建议名单和议程（草案）已经大会通过，不再另行打印。

大会预备会议的各项议程已经进行完毕。

请在主会场参会的大会主席团成员到6号楼二层报告厅召开主席团第一次会议，在分会场参会的主席团成员通过视频准时参会。

明天上午8:30准时在这里举行党代会开幕式，请各位正式代表和列席代表准时参加。

现在休会。

……

主持人用语（四）

主席团第一次会议主持词

主持人：×××

（×× 年 × 月 × 日）

同志们：

现在召开大会主席团第一次会议。会议有 3 项内容：

1．通过大会日程；

2．通过大会副秘书长建议名单；

3．通过大会列席代表名单。

现在，进行第一项议程，通过大会日程。

请 ××× 同志介绍本次党代会日程。

（宣读后）

请同志们审议，并发表意见。

（与会同志发表意见）

如无意见，现在进行表决。

同意的请举手，请放下。

不同意的请举手，没有（或请放下）。

弃权的请举手，没有（或请放下）。

全体通过（或多数表决通过）。

……

会议进行第二项议程，通过大会副秘书长建议名单。

公司党委提名 ×××、×××、×××3 名同志为副秘书长建议人选。

请大家发表意见。

（与会同志发表意见）

没有。现在进行表决。

同意的请举手，请放下。

不同意的请举手，没有（或请放下）。

弃权的请举手，没有（或请放下）。

全体通过（或多数表决通过）。

……

会议进行第三项议程，通过大会列席代表名单。

请 ××× 同志宣读大会列席代表名单。

（宣读后）

请大家审议并发表意见。

（与会同志发表意见）

如无意见。鼓掌通过。

主席团第一次会议的议程全部完成。

……

请主席团成员明天上午 8:30 准时到会，主会场参会的同志在主席台就座，其他同志在所在分会场参会，举行大会开幕式。

在这里着重强调两点：

一是因为疫情影响，这次党代会采取视频会议的形式召开，各分会场牵头单位要认真做好本会场会议组织工作，各分会场代表要提前 10 分钟到会场，确保会议顺利、平稳召开。

二是要高度重视本次选举工作。选举产生公司第 × 届党委委员和第 × 届纪委委员，是这次会议的重要任务之一。集团公司党组对公司“两委”委员候选人作了批复。各代表团团长必须保持政治敏感性，切实履职尽责，在分团讨论时第一时间传达贯彻集团公司党组精神，要求各位代表要立足公司发展，统一思想认识，本着对组织、对事业高度负责的态度，认真履行民主程序，正确行使民主权利，选出能够团结带领广大党员干部员工奋进新征程、开创公司发展新格局的“两委”委员。

现在休会。

……

主持人用语（五）

大会开幕式主持词

主持人：×××

（×× 年 × 月 × 日）

各位代表、同志们：

现在由主会场和各视频分会场工作人员清点到会人数。

（工作人员把到会人数报告单交送主持人）

……

各位代表、同志们：

根据大会日程安排，中国共产党 ×× 公司第 × 次代表大会，现在举行开幕式。

因为疫情影响，本次大会采取“现场＋视频”形式召开，共设一个主会场和 ×× 个视频分会场。本次大会的正式代表共 ××× 名。今天因事、因病和疫情防控原因请假____名，实际到会_____名，符合法定人数，可以开会。

现在我宣布：

中国共产党 ×× 公司第 × 次代表大会开幕！

请全体起立，奏《国歌》。

（奏《国歌》）

请坐下。

……

下面，进行第一项议程，请 ××× 同志宣读集团公司党组和 ×× 省国资委党委向大会发来的贺信。

（宣读完毕）

……

下面，进行第二项议程，请 ××× 同志代表中国共产党 ×× 公司第 × 届委员会作工作报告。

（报告结束）

……

下面，进行第三项议程：请 ××× 同志代表中国共产党 ×× 公司第三届纪律检查委员会作工作报告。

（报告结束）

……

同志们，今天上午的大会开幕式议程全部结束。刚才 ××× 同志和 ××× 同志的报告，全面回顾了公司第 × 届委员会、纪律检查委员会的工作，分析了公司党的建设、纪律建设面临的形势，对下一步工作提出了建议。会后请各代表团按照大会指定会议地点，组织与会代表对两个工作报告进行认真审议和讨论。各视频分会场的牵头单位要组织好本会场的各项议程，保证会议顺利进行。

下午 4:30 召开第二次主席团会议，听取各代表团讨论情况。

着重强调一下，今天下午 5:40 将要进行的大会选举，是这次会议的重要议程。《中国共产党基层组织选举工作条例》规定，到会正式代表必须超过应到会人数的4/5方能进行选举，请各位代表务必准时参加，保证大会选举工作顺利进行。

现在休会。

……

主持人用语（六）

主席团第二次会议主持词

主持人：×××

（××××年××月××日）

同志们：

现在召开主席团第二次会议。会议有5项内容：

1．听取各代表团讨论党委、纪委工作报告情况的汇报；

2．听取审议并通过党委、纪委工作报告决议（草案）；

3．听取审议并通过大会选举办法（草案）；

4．听取并通过党委、纪委委员候选人建议名单；

5．听取并通过总监票人、监票人建议名单。

首先，进行第一项议程，请各代表团团长汇报对“两委”工作报告审议讨论情况。

（各代表团依次汇报）

主席团各位成员对“两委”工作报告还有什么意见，请发表。

（主席团成员发表意见）

大会秘书处要根据代表的审议意见，分别对“两委”工作报告做进一步修改。

……

现在，进行第二项议程，听取审议并通过大会关于党委、纪委工作报告的决议（草案）。

请各代表团团长汇报对“两委”工作报告决议（草案）的讨论情况。

（各代表团依次汇报）

主席团各位成员对“两委”报告决议还有什么意见，请发表。

（主席团成员发表意见）

没有意见（或意见发表后），现在进行表决：

同意党委工作报告决议（草案）的请举手，请放下。

不同意的请举手，没有（或请放下）。

弃权的请举手，没有（或请放下）。
全体通过（或同意的超过主席团成员的半数，通过）。
同意纪委工作报告决议（草案）的请举手，请放下。
不同意的请举手，没有（或请放下）。
弃权的请举手，没有（或请放下）。
全体通过（或同意的超过主席团成员的半数，通过）。
以上两个决议草案将根据多数代表意见进行修改后，提交大会表决通过。
……
现在，进行第三项议程，听取审议并通过大会选举办法（草案）。
请各代表团团长汇报对大会选举办法的讨论情况。
（各代表团依次汇报）
主席团各位成员对大会选举办法还有什么意见，请发表。
（主席团成员发表意见）
没有意见（或意见发表后），现在进行表决：
同意的请举手，请放下。
不同意的请举手，没有（或请放下）。
弃权的请举手，没有（或请放下）。
全体通过（或同意的超过主席团成员的半数，通过）。
……
现在，进行第四项议程，听取并确定党委委员、纪委委员候选人建议名单。
请各代表团团长汇报对“两委”委员候选人建议名单的酝酿讨论情况。
（各代表团依次汇报）
主席团各位成员对“两委”委员候选人建议名单还有什么意见，请发表。
（主席团成员发表意见）
没有意见（或意见发表后），现在进行表决：
同意党委委员候选人建议名单的请举手，请放下。
不同意的请举手，没有（或请放下）。
弃权的请举手，没有（或请放下）。
一致通过（或同意的超过主席团成员的半数，通过）。
同意纪委委员候选人建议名单的请举手，请放下。
不同意的请举手，没有（或请放下）。
弃权的请举手，没有（或请放下）。
一致通过（或同意的超过主席团成员的半数，通过）。

……

现在，进行第五项议程，听取并通过总监票人、监票人建议名单。

请各代表团团长汇报对总监票人、监票人建议名单的讨论情况。

（各代表团依次汇报）

主席团各位成员对总监票人、监票人建议名单还有什么意见，请发表。

（主席团成员发表意见）

没有。提交大会通过。

按照规定，计票人由大会秘书处从会议工作人员或不是候选人的代表中指定，这里不再讨论。

同志们，大会主席团第二次会议各项内容已全部完成。

下午5:40要召开选举大会，请各代表团组织好会议。

现在休会。

……

主持人用语（七）

大会正式选举主持词

主持人：×××

（××××年××月××日）

（现在由各会场工作人员清点到会人数）

（工作人员把到会人数报告单交送主持人）

……

各位代表、同志们：

本次大会的正式代表共×××名。今天因事、因病和疫情防控原因请假____名，实际到会____名，符合法定人数，可以开会。

今天的选举大会有3项议程：

1. 通过大会选举办法（草案）；

2. 通过大会选举总监票人、监票人建议名单；

3. 进行大会选举。

首先，进行第一项议程，通过大会选举办法（草案）。

请工作人员宣读中国共产党××公司第×次代表大会选举办法（草案）。

（工作人员宣读完毕）

各位代表对选举办法有什么意见，请发表。

（与会代表发表意见）

如没有意见。

现在进行表决：

同意的请举手，请放下。

不同意的请举手，没有（或请放下）。

弃权的请举手，没有（或请放下）。

一致通过（或同意的超过应到会代表的半数，通过）。

……

现在，进行第二项议程，通过大会选举总监票人、监票人建议名单。

请工作人员宣读总监票人、监票人建议名单。

（工作人员宣读完毕）

各位代表对总监票人、监票人建议名单有什么意见，请发表。

（与会代表发表意见）

如没有意见，请代表们鼓掌通过。

按照规定，计票人由大会秘书处从会议工作人员或不是候选人的代表中指定。本次选举，设总计票人 × 名：由 ××× 担任。计票人 ×× 名：其中主会场 ×× 人，分会场 ×× 人。

……

下面，进行大会第三项议程，进行大会选举。

大会主席团根据公司党委建议名单，提出了中国共产党 ×× 公司第 × 届委员会委员候选人建议名单和纪律检查委员会委员候选人建议名单，“两委”候选人建议名单已经各代表团讨论通过，现在提交大会进行正式选举。

请监票人和计票人开始工作。

首先清点参加选举代表人数。

（到会人数报告单交送主持人）

中国共产党 ×× 公司第 × 次代表大会共有正式代表 ××× 名，今天因事、因病和疫情防控原因请假 ____ 名，实际到会 ____ 名，超过应到会正式代表的 4/5，符合法定人数，可以进行选举。

请计票人向代表分发选票。请各位代表拿到选票后，暂时不要填写。

（发放选票）

选票已发放完毕。每人两张选票，粉红色选票是党委委员选票，黄色选票是纪委委员选票。请各位代表检查有没有发错或漏发的？

（核对无误）

没有。请计票人对分发的选票进行统计。

今天实际到会正式代表 ____ 人，发出党委委员和纪委委员两种选票各张，核对无误。

……

下面对填写选票的方法和应当注意的问题作如下说明：

（1）党委委员选票，共有候选人 ×× 人，应选党委委员 ×× 人，差额 × 人。选票所填写的赞成人数，等于或少于 × 人的有效；多于 × 人的无效。纪委委员选票，共有候选人 ×× 人，应选纪委委员 × 人，差额 × 人。选票所填写的赞成人数，等于或少于 × 人的有效，多于 × 人的无效。

（2）代表对于选票上的候选人可以投赞成票，可以投不赞成票，可以投弃权票，也可以另选他人。如赞成，在姓名上方小方格内画一个"○"；如不赞成，在姓名上方小方格内画一个"×"；不画任何符号为弃权；如另选他人，在后边空格内写上另选人姓名。

（3）填写选票一律用黑色水笔，符号要准确，字迹要清楚，位置要适中。

（4）请各位代表立足公司发展，统一思想认识，本着对组织、对事业高度负责的态度，认真履行民主程序，正确行使民主权利。

……

现在请代表填写选票。

（代表填写选票）

选票是否已填写完毕？

填写完毕，现在请计票人当众检查票箱。

（检查票箱）

请把票箱封好。

投票的顺序是：总监票人、监票人、主席团成员。然后是各位代表依次投票。根据疫情防控工作要求，请各位代表在自己的座位上投票，将两张选票均投入票箱。

现在请总监票人、监票人投票。

请主席团成员投票。

请各位代表在座位上投票。

投票完毕。请计票人当众开箱，清点票数，并作出报告。

（由总计票人报告大会主持人）

……

现在宣布投票结果：经过清点，共发出两种选票各 ____ 张，收回两种选票各 ____ 张，两者一致（或 × 委选票收到选票比发出选票少 ___ 张），投票有效。

现在请监票人和计票人计票。

……

同志们，今晚 8:30 将召开主席团第三次会议，请在主会场参会的主席团成员到 6 号楼二层报告厅参会，分会场参会的主席团成员通过视频参会，听取计票结果的报告。

明天上午 8:30 举行大会闭幕式，请各位代表准时出席。

现在休会。

……

主持人用语（八）

主席团第三次会议主持词

主持人：×××

（×× 年 × 月 × 日）

同志们：

现在召开主席团第三次会议。会议共有 2 项内容：

1. 听取总监票人汇报计票结果；

2. 讨论通过新当选的第 × 届党委、纪委第 × 次全委会的主持人。

现在，进行第一项议程，请总监票人 ××× 同志汇报计票结果。

（总监票人汇报完毕）

根据大会选举办法和计票结果，以姓氏笔画为序，当选为中国共产党 ×× 公司第 × 届委员会委员的 × 名同志是：×××、×××、×××……

（工作人员呈送具体名单）

以姓氏笔画为序，当选为中国共产党 ×× 公司第 × 届纪律检查委员会委员的 × 名同志是：×××、×××……

（工作人员呈送具体名单）

向当选公司党委、纪委委员的同志表示祝贺。

……

现在，进行第二项议程，讨论通过新选出的第 × 届党委、纪委第 × 次全委会的主持人。

根据规定，新选出的党的委员会、纪律检查委员会的第一次全体会议，由大会主席团分别委托一名委员主持。

大会建议：委托 ××× 同志主持中国共产党 ×× 公司第 × 届委员会第一次全体会议；委托 ××× 同志主持中国共产党 ×× 公司第 × 届纪律检查委员会第一次全体会议。

请大家发表意见。

没有意见。鼓掌通过。

现在休会。

……

主持人用语（九）

大会闭幕式主持词

主持人：×××

（×× 年 × 月 × 日）

（现在由各会场工作人员清点到会人数）

（工作人员把到会人数报告单交送主持人）

……

各位代表、同志们：

本次大会的正式代表共 ××× 名。今天因事、因病和疫情防控原因请假___名，实际到会___名，符合法定人数，可以开会。

现在举行中国共产党 ×× 公司第 × 次代表大会闭幕式。

会议共有 5 项议程：

1. 总监票人宣布计票结果；
2. 大会主持人宣布选举结果；
3. 通过党委、纪委工作报告决议；
4. 党委书记 ×× 同志致闭幕词；
5. 奏《国歌》。

首先，进行第一项议程，请总监票人 ××× 同志宣布计票结果。

（××× 同志报告完毕）

……

现在，进行第二项议程，大会主持人宣布选举结果。

根据大会选举办法和计票结果，以姓氏笔画为序，当选为中国共产党××公司第×届委员会委员的×名同志是：×××、×××、×××……

（工作人员呈送具体名单）

以姓氏笔画为序，当选为中国共产党××公司第×届纪律检查委员会委员的×名同志是：×××、×××……

（工作人员呈送具体名单）

让我们以热烈的掌声，向以上当选的同志表示祝贺！

……

现在，进行第三项议程，通过党委、纪委工作报告的决议。

首先，通过中国共产党××公司第×次代表大会关于第×届委员会工作报告的决议（草案）。

请工作人员宣读决议（草案）。

（宣读完毕）

各位代表对这个决议（草案）有什么意见，请发表。

（与会代表发表意见）

没有。现在进行表决。

同意这个决议的请举手，请放下；

不同意的请举手，没有（或请放下）；

弃权的请举手，没有（或请放下）；

全体通过（或同意的超过应到会代表的半数，通过）。

……

下面，通过中国共产党××公司第×次代表大会关于第×届纪律检查委员会工作报告的决议（草案）。

请工作人员宣读决议（草案）。

（宣读完毕）

各位代表对这个决议（草案）还有什么意见，请发表。

（与会代表发表意见）

没有。现在进行表决。

同意这个决议的请举手，请放下；

不同意的请举手，没有（或请放下）；

弃权的请举手，没有（或请放下）；

全体通过（或同意的超过应到会代表的半数，通过）。

……

现在，进行第四项议程，请党委书记 ××× 同志致闭幕词。大家欢迎！

（××× 同志致辞结束）

……

感谢 ××× 同志的致辞，希望大家严格按照 ××× 同志的要求，第一时间组织传达学习贯彻好本次会议精神，把公司全体干部员工的思想凝聚起来、行动统一起来，以更加奋发有为的精神状态投入工作中去，为完成会议明确的各项目标任务，率先打造世界一流企业做出新的更大贡献。

在这次会议召开期间，全体会务人员、×× 人才培训中心的工作人员，以及所有为大会服务的同志们，都认真负责，辛勤工作，为大会创造了良好的工作条件和生活环境，保证了大会的顺利进行。我代表大会主席团和全体代表，向大家的辛勤工作和优质服务表示衷心的感谢！

下面，请全体起立。奏《国歌》。

现在我宣布：

中国共产党 ×× 公司第 × 次代表大会胜利闭幕！

……

主持人用语（十）

纪委 × 届一次全委会主持词

主持人：×××

（×××× 年 ×× 月 ×× 日）

各位委员：

受中国共产党 ×× 公司第 × 次代表大会主席团的委托，由我主持公司纪律检查委员会第一次全体会议。

今天应到会委员 × 人，实际到会 × 人，符合规定人数，可以开会。

这次会议的议程是选举中国共产党 ×× 公司纪律检查委员会书记、副书记。

根据有关规定，经公司党委研究并报集团公司党组批准，公司纪律检查委员会设书记 × 名，副书记 × 名，实行等额选举。候选人建议名单已报集团公司党组审查同意，现提交全委会进行选举。

下面进行选举，选举工作分 4 个步骤：

首先，通过选举办法。

请工作人员宣读选举办法（草案）。

（工作人员宣读完毕）

请大家对选举办法（草案）发表意见。

（与会人员发表意见）

没有意见。鼓掌通过。

……

现在，通过监票人建议名单。

大会提议 ××× 同志为监票人，请大家发表意见。

（与会人员发表意见）

没有意见。鼓掌通过。

……

现在，选举公司纪律检查委员会书记、副书记。

新一届公司纪委书记建议人选为 ××× 同志，副书记建议人选为 ××× 同志。

请大家酝酿讨论建议名单，并发表意见。

（与会人员发表意见）

如没有建议，现在开始选举。

请监票人和工作人员清点人数。

请监票人和工作人员分发选票。

请工作人员核对发出和收回的选票（数量）。

今天到会的委员 ____ 人，发出选票 ____ 张。核对无误。

现在请各位委员填写选票。

现在请监票人检查票箱（**由工作人员将票箱打开**）。

现在开始投票。

首先请监票人投票，

现在请各位委员投票。

投票完毕，请监票人和工作人员清点票数。

请监票人宣布计票结果。

现在宣布选举结果：××× 同志当选为公司纪委书记、××× 同志当选为纪委副书记。

……

下面由 ××× 同志代表公司新一届纪律检查委员会讲话。

（×× 同志讲话结束后）

同志们：

中国共产党 ×× 公司第 × 届纪律检查委员会第一次全体会议的议程全部完成。

现在休会。

……

主持人用语（十一）

党委 × 届一次全委会主持词

主持人：×××

（×××× 年 ×× 月 ×× 日）

各位委员：

受中国共产党 ×× 公司第 × 次代表大会主席团的委托，由我主持 ×× 公司第 × 届委员会第一次全体会议。

今天应到会委员 × 人，实到 × 人，符合法定人数，可以开会。

这次会议有 5 项议程：

1. 通过选举办法；

2. 通过监票人建议名单；

3. 选举中国共产党 ×× 公司第 × 届委员会书记、副书记；

4. 审议通过中国共产党 ×× 公司第 × 届纪律检查委员会第一次全体会议选举结果；

5. 当选的新一届党委书记讲话。

根据有关规定，经公司党委会研究，公司第 × 届党的委员会设书记 × 名，副书记 × 名，实行等额选举。候选人建议名单已报集团公司党组审查同意，现提交全委会进行选举。

下面进行选举：

首先，进行第一项议程，通过选举办法。

请工作人员宣读选举办法（草案）。

（工作人员宣读完毕）

请大家对选举办法（草案）发表意见。

（与会人员发表意见）

没有意见。鼓掌通过。

……

下面，进行第二项议程，通过监票人建议名单。

大会提议 ××× 同志为监票人，请大家发表意见。

（与会人员发表意见）

没有意见。鼓掌通过。

……

下面，进行第三项议程，选举公司第 × 届党委书记和副书记。

公司第 × 届党委书记建议人选为 ××× 同志，副书记建议人选为 ×××、××× 同志。

请大家酝酿讨论建议人选，并发表意见。

（与会人员发表意见）

如没有意见，现在开始选举。

请监票人和工作人员清点人数。

请工作人员分发选票。

请工作人员核对发出和收回的选票数量。

今天到会的委员 ____ 人，发出选票 ____ 张。核对无误。

现在请各位委员填写选票。

现在请工作人员检查票箱。

没有问题，请加封票箱。

现在开始投票。

首先请监票人投票。

现在请各位委员投票。

投票完毕，请监票人和工作人员开始计票。

（计票结束后，复会）

各位委员，现在继续开会。

请监票人公布计票结果。

现在宣布选举结果：××× 同志当选为公司党委书记，×××、××× 同志当选为公司党委副书记。

让我们对新当选的书记、副书记表示祝贺。

……

下面，进行第四项议程，审议通过中国共产党 ×× 公司第 × 届纪律检查委员会第一次全体会议的选举结果的报告。

现在我宣读纪委一次全体会议选举结果的报告。

（宣读完毕）

请各位委员对这个选举报告发表意见。

（与会委员发表意见）

没有。现在进行表决。

同意的请举手，请放下；

不同意的请举手，没有；

弃权的请举手，没有。

一致通过纪委选举结果。

……

下面，进行第五项议程，我代表新一届党委班子再讲几句话。

各位委员、同志们：

这次会议，选举产生了中国共产党 ×× 公司第 × 届委员会书记、副书记，通过了中国共产党 ×× 公司纪律检查委员会第一次全体会议选举结果。会议结束后，将呈报集团公司党组审批。

被选为 ×× 公司第 × 届党委委员，是公司广大党员对我们的信任和殷切期望。我本人被推选为党委书记，在这里对各位委员的信任和支持表示感谢！我将与各位委员同心协力、恪尽职守、勤勉工作，不负重托、不辱使命，团结带领广大党员干部员工，同心同德、励精图治，艰苦奋斗、埋头苦干，为公司高质量发展作出新的贡献。

下面，我代表新一届党委班子讲五点意见，与大家共勉。

第一，讲政治、顾大局，做绝对忠诚的表率。对党忠诚是共产党人的首要政治品质。我们要始终把旗帜鲜明讲政治作为第一位和最根本的要求，切实增强“四个意识”、坚定“四个自信”、做到“两个维护”；始终坚持用习近平新时代中国特色社会主义思想武装头脑、指导实践，不断提高政治判断力、政治领悟力、政治执行力；始终胸怀“两个大局”，心怀“国之大者”，不折不扣学习贯彻落实党中央精神和上级党组织各项决策部署。

第二，讲责任、担使命，做实干担当的表率。实现公司第 × 次党代会确定的目标任务，关键在实干，根本靠担当。作为党员领导干部，要始终牢记，我们是在经济领域为党工作的，我们的职责和使命是党赋予的，必须增强夙夜在公的责任感和使命感，紧紧抓住事关公司发展的关键点、突破口；要始终牢记，打铁还须自身硬，担当要有真本领，不断提升复杂局面中领导驾驭的能力、风险挑战前权衡决策的能力、发展机遇前当机立断的能力；要始终牢记，我们既是决策者，也是指导员，要让责任跟着任务跑、跟着目标跑、跟着问题跑，让想干事、能干事、敢干事、干成事成为新一届党委班子的鲜明特征。

第三，讲情怀、践初心，做服务职工群众的表率。习近平总书记指出，“江山就是人民，人民就是江山”。我们要积极践行群众路线，经常深入基层、深入一线，让员工群众时刻感受到组织的温暖；要主动服务员工群众，解决大家的“急难愁盼”问题，持续提升员工群众的归属感、幸福感、安全感；要紧紧依靠群众，尊重群众首创精神，为公司发展汇聚最广泛、最可靠、最牢固的群众基础。

第四，讲团结、聚合力，做精诚团结的表率。团结是干事创业的基础，是一个班子和团队的生命。我们要带头执行民主集中制，带头落实好各项制度规定，工作上遵规守矩、相互支持，生活上互相尊重、以诚相待，实现用一个声音说话、攥成一个拳头办事，做政治上志同道合的同志、思想上肝胆相照的知己、工作上密切配合的同事、生活上互相关心的挚友，用身体力行的有效示范，在公司形成一条心干事业、一盘棋抓工作、一股劲促发展的生动局面。

第五，讲纪律、守规矩，做清正廉洁的表率。清正廉洁是领导干部为官从政的基本要求。我们要牢固树立正确的权力观，始终把纪律挺在前面，把权力真正用到为企业谋发展、为员工谋幸福上来。要严守党章党纪党规，以《中国共产党章程》为遵循、以《中国共产党廉洁自律准则》为标尺、以《中国共产党党组工作条例》为戒尺，清廉自守、怀德自重。要严格落实“两个责任”、切实履行“一岗双责”，管好班子、管好队伍、管好亲属和身边工作人员，带领公司广大党员干部干净干事，努力营造风清气正的政治生态。

以上五个方面是对公司党委新一届班子的要求，也是我们对公司广大党员干部职工的郑重表态。希望大家自觉遵守、相互勉励，身体力行、率先垂范。

同志们，重任千钧、征途漫漫，唯有坚毅前行，方能不负重托。让我们更加紧密地团结在以习近平同志为核心的党中央周围，认真贯彻集团公司党组和 ×× 省国资委党委各项决策部署，紧紧依靠和团结带领广大党员干部员工，凝心聚力，奋力拼搏，为率先打造世界一流企业不懈奋斗。

……

同志们，中国共产党 ×× 公司第 × 届委员会第一次全体会议的议程全部完成，会议到此结束。

谢谢大家！

（四）战略合作签约仪式主持词

企业签约仪式有很多种，这里重点介绍改革过程中的业务划转签约仪式、内部企业战略合作签约仪式、对外合作签约仪式等 3 种主持词。签约仪式一般涉及上级领导（如果邀请了上级领导出席）、签约双方（或多方）人员，主持人是上级领导或主办（或承办）方领导，重点关注各环节的起承转合。

写作范例 88：

在集团公司 A 业务重组交接签约仪式上的主持词

主持人：×××

（×××× 年 ×× 月 ×× 日）

×× 同志，各位同事：

大家好！根据集团公司党组对 A 业务改革重组的统一部署，在总部机关各部门和相关企业共同努力下，W，C，U 业务重组交接准备工作已圆满完成。今天，我们在这里举行“集团公司 A 业务改革重组交接签约仪式”。出席今天交接签约仪式的有集团公司党组成员、副总经理 ×× 同志，集团公司 A 业务改革重组领导小组成员，以及相关的企业主要领导，让我们以热烈的掌声对各位的到来表示热烈欢迎！

本次签署的协议有四个。第一个是《业务重组交接协议》，包括人员、资产、业务管理权移交等内容。

第二个是 C 公司与五家 Z 企业签订的《国内 C 业务服务保障框架协议》。本协议是为保证五家 Z 企业将自身 C 业务向 C 公司移交后，能够更好地进行市场开发与生产协调，实现双方长期合作和共同发展，共同维护好集团公司整体利益而签订的框架性文件。

第三个是 C 公司与 Z1 公司、Z2 公司、Z3 公司、Z4 公司签订的《海外 A1 总包项目中 C 业务合作框架协议》。本协议是为了保证 Z 公司（Z3 公司除外）将自身海外 C 业务整体移交 C 公司后，海外 A1 总包市场开发和项目管理仍能够更好地进行，从而促进市场和资源共享，实现长期合作和共同发展，维护集团公司整体利益而订立的框架性文件。

第四个是 C 公司与 Z3 公司签订的《海外 C 业务支持与保障框架协议》。本协议是 Z3 公司将 C 研究院移交给 C 公司后，为了保证 Z3 公司海外业务得到有力的技术支持而订立的框架性文件。

以上这四个协议，既是各企业的相互承诺，也是 ×× 公司（专业公司）对成员企业的基本要求。落实好这四个协议对于保障改革重组后相关企业取得好业绩、好成果十分重要，希望各相关企业严格遵守这四个协议。

……

现在，进行仪式的第一项议程：协议签字。

下面，请各位领导移步到左边的签字区。请××同志、××部××同志、××部××同志、××公司××同志、××公司××同志站在签字台后，为签字见证。

（各位领导到签字区就位后——）

……

首先，请U公司（某专业公司）××同志与Z5公司××同志签署油U业务交接协议，并与见证领导合影留念。

……

下面，请W公司××同志与Z5公司××同志签署W业务交接协议，并与见证领导合影留念。

……

下面，请C公司××同志与Z5公司××同志签署C业务交接协议和国内外服务保障协议，并与见证领导合影留念。

……

下面，请C公司××同志与Z2公司××同志签署C业务交接协议和国内外服务保障协议，并与见证领导合影留念。

……

下面，请C公司××同志与Z3公司××同志签署C业务交接协议和国内外服务保障协议，并与见证领导合影留念。

……

下面，请C公司××同志与Z4公司××同志签署C业务交接协议和国内外服务保障协议，并与见证领导合影留念。

……

下面，请C公司××同志与Z1公司××同志签署C业务交接协议和国内外服务保障协议，并与见证领导合影留念。

……

下面请全体签字人、见证人与××同志合影留念。

（合影结束后——）

……

请各位领导移步到会议区就座。

……

下面进行第二项议程：交接双方代表发言。

请 Z5 公司 ×× 同志代表移交方发言——

请 C 公司 ×× 同志代表接收方发言——

……

现在进行第三项议程，让我们以热烈的掌声欢迎集团公司党组成员、副总经理，改革领导小组组长 ×× 同志讲话。

（×× **同志讲话结束后**）

……

谢谢 ×× 同志！

各位领导、各位同事，今天交接协议的签署，标志着集团公司 A 业务改革重组迈出新的步伐。但这不是改革重组的结束，而是改革重组工作的起步。接下来，我们将按党组的决策部署和 ×× 同志的讲话要求，尽早完成资产债权债务的分割工作。与 U 公司（某专业公司）一道，共同协调解决好三家 U 企业（某专业公司所属企业）的遗留问题；与 ×× 院一道，共同研究 Z 业务高端工具研发问题，协助 D 油田和 Z1 公司完成 W 业务的改革重组和 W 业务的移交问题。

各位领导，此次协议的签署，对集团公司 A 业务发展意义重大，必将载入史册。我代表 ×× 公司感谢集团公司党组、总部各部门长期以来对 A 业务的关心和支持，以及对 A 业务改革重组的指导；同时要特别感谢 U 公司（某专业公司）、×× 管理局对本次改革重组的配合与支持。

现在，我谨代表 ×× 公司（专业公司）向党组表态：×× 公司新一届领导班子将带领 ×× 名员工，深入学习贯彻党的十九大精神，按照集团公司党组的决策与部署，锐意进取，埋头苦干，不辱使命，为建设国际一流的 ×× 技术服务公司，为助推集团公司建设世界一流综合性国际能源公司建设而努力奋斗！

A 业务改革重组签约仪式到此结束。谢谢大家！

写作范例 89：

国内外油气勘探开发工程技术服务保障战略合作框架协议签订仪式主持词

主持人：×××

（××年×月×日）

同志们：

今天上午，我们举行国内外油气勘探开发工程技术服务保障战略合作框架协议签订仪式。

首先，请××同志讲话。大家欢迎！

……

下面，进入签约环节，我简要介绍一下签约程序。

第一个环节，××同志、××同志分别代表××公司（负责国内市场的专业公司）和××公司（技术服务公司）签约；

第二个环节，××同志、××同志分别代表××公司（负责国际市场的专业公司）和××公司（技术服务公司）签约；

最后，××子集团协调委员会委员、××同志和三个专业公司的签约代表合影留念。

……

现在，请××、××同志先后到签约席与××同志签约，请××同志、××同志和各位子集团委员移步至签约席后见证签约。

※ 其他环节由工作人员引导完成。

写作范例 90：

在××公司与××公司战略合作协议签订仪式上的主持词

主持人：×××

（××年×月×日）

××董事长、××总经理，各位同志：

大家上午好！

今天，×× 公司和 ×× 公司举行战略合作协议签订仪式。这是我们贯彻落实集团公司党组决策部署、充分发挥集团公司一体化优势的重要举措，也是深化双方战略合作，实现优势互补、互利双赢的有益探索。在此，我代表 ×× 公司对 ×× 董事长、×× 公司总经理和各位同志的到来表示热烈的欢迎，对 ×× 公司一直以来的支持和帮助表示衷心的感谢！

下面，我介绍一下 ×× 公司参加签约仪式的人员。

×× 公司董事长 ×××，总经理 ×××，副总经理 ×××，总经理助理 ×××，安全副总监 ×××，×× 部主任 ×××，×× 部主任 ×××。

下面，请 ××× 董事长介绍贵公司参会领导。

（本部分由 ××× 董事长介绍）……

……

今天的签约仪式共有三项议程。

首先，进行第一项议程：请 ×× 董事长（对方公司领导）致辞。

……

下面，进行第二项议程：请 ××× 董事长（我方公司领导）致辞。

……

今天，×× 公司和 ×× 公司举行战略合作协议签字仪式，这是双方加强战略合作、促进共同发展的一件大事。刚才，××× 董事长（对方公司领导）和 ××× 董事长（我方公司领导）分别作了致辞，围绕深化合作达成了多项共识。会后，我们将按照双方达成的共识，加强工作对接，加快推进落实，确保协议落到实处、取得实效。

……

下面，进行最后一项议程：请双方代表移步至签约席，请 ××× 总经理（对方公司领导）和 ×× 总经理（我方公司领导）代表双方签订战略合作协议。

……

同志们，在 ××× 董事长和 ××× 董事长的共同见证下，×× 公司和 ×× 公司签订了战略合作协议，让我们以热烈的掌声表示祝贺！

最后，请各位代表合影留念。

今天的签约仪式到此结束。谢谢大家！

（五）业绩合同签约仪式主持词

按照惯例，集团公司每年都要与各专业公司签订业绩合同，各专业公司再同所属企业签订业绩合同。两个层面的业绩合同签订，对于指导和推动各项业务完成全年任务目标都非常重要。在实际操作中，现场签订业绩合同有两种方式，一种是按照类别传签，即上级单位领导与下级单位领导先签党风廉政建设责任书，然后再依次签订业绩合同和安全环保责任书；另一种是按照单位依次签订，即上级单位领导与某一个下级单位领导依次签订党风廉政建设责任书、业绩合同和安全环保责任书后，再与另外一个下级单位的领导依次签订。

业绩合同的签订一般不采用视频形式。由于近几年疫情影响，不具备现场签订条件的企业，便采取由上级单位领导先行签好3份合同，再利用视频会议的方式举行签约。

下面，重点介绍按照类别现场传签方式的主持词和利用视频会议举行视频签约方式的主持词，供大家学习参考。

写作范例91：

××公司××××年党风廉政建设责任书、业绩合同和安全环保责任书签字仪式主持词

主持人：×××

（××年×月×日）

各位领导、各位同志：

今天，我们在这里举行签字仪式，主要是按照集团公司党组要求，由××书记与各成员企业党政主要负责同志签订公司××年党风廉政建设责任书、业绩合同和安全环保责任书。

仪式共有3项议程。

……

首先，进行第一项议程，××书记作讲话。大家欢迎！

……

下面，进行第二项议程，×× 书记与各成员企业签订 ×××× 年党风廉政建设责任书、业绩合同和安全环保责任书。

……

下面，进行第三项议程，集体合影留念。

……

今天的签字仪式到此结束。谢谢大家！

写作范例 92:

公司生产经营视频会暨 ×××× 年业绩合同签约仪式主持词

主持人：×××

（×× 年 × 月 × 日）

同志们：

请将手机关机或置于静音状态。现在开会。

这次会议的主要内容是，通报公司 ×××× 年 1 月份国内外市场与生产经营情况，与各企业签订年度业绩合同，宣贯 ×××× 年业绩考核和工资分配政策，分析当前形势和存在的问题，部署下一步重点工作。参加本次会议的有公司 ×× 家成员企业的主要负责同志、班子成员和相关部门负责人共计 ×× 人。

今天的会议有 4 项议程：

……

现在进行第一项议程，请公司副总经理 ×× 同志通报 1 月份国内外市场与生产经营情况。

（××× 副总经理通报……）

……

下面，进行第二项议程，举行业绩合同签字仪式。

基于疫情防控考虑，本次签字仪式采用传签方式，在分会场参会的各单位主要领导的年度业绩合同会前已发至受约人，请大家认真核对、签字。

（签字仪式……）

……

同志们，签字仪式到此结束。会后，请各企业按照相关要求做好备案工作。

……

下面，进行第三项议程，请公司副总经理 ×× 同志做 ×××× 年业绩考核和薪酬分配政策说明。

（×× 同志通报业绩考核和薪酬分配政策……）

……

下面，进行第四项议程，请公司党委书记 ×× 同志讲话。

（×× 书记讲话……）

……

同志们，刚才公司通报了 1 月份国内外市场与生产经营情况，举行了 ×××× 年业绩合同签字仪式，并就考核分配政策进行了说明。×× 书记对当前和下一步重点工作提出了具体要求，请各企业认真抓好落实，砥砺前行、直面挑战，全面完成集团公司下达的年度生产经营目标，为集团公司油气增储上产和建设世界一流综合性国际能源公司作出新贡献。

会议到此结束。散会。

（六）揭牌仪式主持词

当前，企业揭牌仪式通常用于重大工程或具有特殊意义的机构成立，主持词一般由开场（说明目的、介绍来宾）、主体（请上级领导或相关单位领导致辞、挂牌单位汇报工作、揭牌、请上级领导讲话）、结尾等部分组成。企业揭牌仪式的主持词通常比较简洁，没有复杂程序，没有礼花炮竹燃放等环节。下面提供一份某企业的揭牌仪式主持词，供大家学习参考。

写作范例 93：

在 ×× 中心揭牌仪式上的主持词

主持人：×××

（×× 年 × 月 × 日）

各位领导、同志们：

今天，×× 董事长在百忙之中，出席 ×× 中心揭牌仪式，充分体现了集团公司党组对××工作的高度重视，对××公司××发展的关心支持，对更好发挥××中心作用的殷切期望。首先，让我们以热烈的掌声，对××董事长的到来表示欢迎和感谢！

参加今天揭牌仪式的还有：集团公司总经理×××，总经理助理×××同志、×××同志，××公司副总裁×××同志、×××同志，以及总部相关部门、相关专业公司和企业的主要负责同志。让我们以热烈的掌声欢迎××总经理及各位领导的到来！

一年来，在××董事长的亲切关怀下，在××部的统一组织下，在××部、××部、××部的鼎力支持下，××公司同××公司、××公司、××公司、××院等单位紧密配合，克服疫情影响，历时一年圆满完成××中心建设任务，开启了××发展的新征程。

今天的会议共有4项议程：

首先，进行第一项议程，请××总经理致辞。大家欢迎。

（致辞结束后……）

……

下面，进行第二项议程，有请××董事长为××中心揭牌，请××陪同。

（揭牌结束后……）

……

下面，进行第三项议程，请××公司副总经理、安全总监××同志汇报××中心建设进展，并组织现场演示。

（汇报结束后……）

……

下面，进行第四项议程，让我们以热烈的掌声欢迎××董事长讲话。

（讲话结束后……）

……

刚才，××董事长回顾了××业务××发展的历程，对取得的阶段性成绩给予肯定，更加坚定了我们做好下一步工作的信心和决心。同时，对××中心要发挥关键作用、打造具有全球竞争力的智能企业提出了具体要求。我们要认真贯彻落实××董事长讲话要求，进一步加强同××公司、××公司的协同配合，真正将××中心打造成工作平台，更好实现××一体化，助力油气××，以高水平××转型支撑集团公司高质量发展，为××××建设贡献新的更大力量。

谢谢大家！

（七）专题会议主持词

在企业生产经营活动中，需要召开很多方面的专题会议，包括季度生产经营分析会、井控检查情况通报会等。这里重点提供以上两类会议的主持词，供大家学习参考。

写作范例 94：

×× 公司第一季度生产经营视频会主持词

主持人：×××

（×× 年 × 月 × 日）

同志们：

请将手机关机或置于静音状态。现在开会。

今天的会议有两项议程：

一是传达集团公司党组成员、副总经理 ×× 同志在国内勘探开发业务 ×××× 年工作会议上的讲话精神，通报公司第一季度市场及经营情况。

二是公司执行董事、党委书记 ×× 同志讲话。

参加本次会议的有公司 ×× 家成员企业和 ×× 公司、×× 院的主要领导、班子成员以及机关部门负责同志；公司领导班子，助理级人员，本部部门负责同志。

……

现在进行第一项议程，请公司副总经理、安全总监 ×× 同志，传达 ×× 同志在国内勘探开发业务 ×××× 年工作会议上的讲话精神，通报公司第一季度市场及经营情况。

……

下面进行第二项议程，请公司执行董事、党委书记 ×× 同志讲话。

……

同志们，刚才 ×× 同志传达了 ×× 同志在国内勘探开发业务 ×××× 年工作会议上的讲话精神，通报了公司第一季度市场及经营情况。×× 同志传达了集团公司党组领导对公司发展的关切和要求，回顾并肯定了各成员企业取得的良好工作业绩，深入分析了当前形势，并对做好下一步生产经营重点工作提出了具体要求。请各企业深入领会党组的关切和要求，深刻认识公司的职责与使命，做到对“国之大者”心中有数，对“企之大者”了然于胸；认真学习 ×× 同志的讲话，以新理念指导新实践，全力以赴抓好今年生产经营各项工作，加快推动 ×× 业务高质量发展，努力将石油工程技术能力提到新的高度，助力集团公司开创“十四五”发展的新局面。

会议到此结束。散会。

（八）座谈交流会主持词

座谈交流会可以是企业内部组织的会议，也可以是企业与企业之间的工作交流会。企业内部组织的座谈交流会程序比较简单，企业与企业之间的座谈交流会程序相对复杂一些。这里为大家提供两类座谈交流会主持词的写作范例，供大家学习参考。

写作范例 95:

“劳动模范进总部”交流活动主持词

主持人：×××

（×××× 年 ×× 月 ×× 日）

同志们：

为深入开展党史学习教育，贯彻落实新发展理念，推动公司高质量发展，公司党委决定开展“劳动模范进总部”交流活动，展示创新成果，传播创新理念，弘扬石油精神、劳模精神、工匠精神和科学家精神。今天，我们特别邀请两位从事技术创新工作的专家到公司总部来，和大家一起分享他们胸怀工程技术事业，苦干实干、拼搏奉献，为打造企业核心竞争力，服务公司高质量可持续发展拼搏奉献的故事，让我们共同感受他们几十年如一日、专心从事技术创新工作的苦与乐，倾听让我们“石油工人心向党”的心里话。

首先，向大家隆重介绍两位特邀嘉宾。

一位是来自 ×× 公司的全国劳模、“大国工匠”、集团公司特等劳动模范 ×× 同志。谭文波同志，在大漠戈壁默默坚守二十余载，将自己的兴趣爱好全部融入一线生产，把青春和汗水挥洒在组织的西部边疆。二十余年来，他坚持从生产一线实际需要出发，立足岗位、埋头钻研，把自己所有的业余时间都用来搞发明创造，成功研发出电缆桥塞工具等一批工程技术“利器”。近年来，他领军创立了“×× 工作室”，充分发挥榜样的示范带动作用，培养了一大批青年技术骨干。

另一位是全国劳动模范和集团公司特等劳动模范、×× 公司首席技术专家××同志。××同志长年奋战在中国××事业的第一线，三十多年来，始终致力于××技术的原始创新、技术进步和产业化落地工作，在科技强企之路上披荆斩棘、不懈奋斗，取得了多项××技术成果。为了研发出更多高端××技术成果、培养更多有志青年投身国家××事业，××同志创建了以他名字命名的“创意工作室”。多年来，他带领着这支科研攻关团队，从事××方法研究及软件开发工作，在历经多重磨难和坎坷后，终于探索实现了多项××方法的创新，在××理论、技术和工程化实践方面取得了丰硕的技术研究成果，助力国内油气勘探取得重大发现成果。他们自主开发的Geo East软件系统打破了长期以来的国际垄断，成为拥有自主知识产权的地球物理勘探主流软件，成为××进军国际高端市场、向世界一流企业迈进的“技术重器”。

……

下面，让我们以热烈的掌声欢迎谭文波同志作“牢记使命心向党　逐梦奋进新征程”专题报告。（鼓掌）

……

下面，让我们以热烈的掌声欢迎詹仕凡同志作“奋力探索创新　服务油气事业”专题报告。（鼓掌）

……

同志们，两位专家非常重视公司组织的这次活动，花费了大量时间做了精心准备，给我们带来了一场非常精彩的报告。让我们对两位劳模的精彩演讲，并为他们几十年如一日扎根科研一线、默默辛勤奉献、服务集团公司和公司高质量发展作出的突出贡献表示最诚挚的感谢！（鼓掌）

……

下面，请与会的几位青年代表发表交流感言。

（青年代表发表感言……）

……

下面，请公司党委书记××同志讲话。大家欢迎！

（××同志讲话……）

……

刚才，几位青年代表发表了交流感言，谈得都挺好。大家都认为今天收获满满、触动很大，感觉身上的责任更重了，投身国家油气事业发展和集团公司高质量发展的动力更足了。谢谢几位青年代表的热情参与。

最后，××同志作了讲话，强调公司广大干部员工都要向谭文波同志、詹仕凡同志学习，学习两位劳模几十年如一日、扎根一线默默奉献的感人事迹；学习两位劳模不畏艰难、直面挑战，决心打造技术利器，服务国家油气事业的豪迈情怀；学习两位劳模继往开来、重视传承的优秀品质。两位劳模是公司千百名劳模、专家、能手的杰出代表，是公司广大干部员工的学习标杆。各单位各部门要积极行动起来，组织开展好劳模事迹宣传活动，大力弘扬工匠精神，丰富创新文化，引导广大干部员工，加快推动技术创新和管理变革。要利用当前开展党史学习教育的契机，深入研究新时代新形势下保障国家能源安全面临的新挑战、新机遇、新任务、新使命，完整、准确、全面贯彻新发展理念，按照集团公司党组部署，积极投身“七年行动计划”，着力打造“三把技术利剑”，推动集团公司稳油增气战略实现新突破，以实际行动保障国家能源安全。

今天的交流活动圆满结束。谢谢大家！

写作范例 96：

×× 公司与 ×× 公司座谈交流会主持词

主持人：×××

（×× 年 × 月 × 日）

×× 同志，各位领导、各位同事：

大家下午好！

在新年伊始、春节将至，×× 油田奋力开启“十四五”发展新征程的重要时刻，×× 同志一行不畏严寒、不辞辛苦，来 ×× 油田公司走访交流，充分体现了对我们工作的高度重视和大力支持。在此，让我们以热烈的掌声，对 ×× 同志一行的到来表示热烈欢迎，向 ×× 公司长期以来对 ×× 油田公司的大力支持表示衷心的感谢！

首先，我向大家介绍参加今天座谈会的 ×× 油田公司人员：

公司副总经理 ××× 同志；

公司副总经理 ××× 同志；

公司总会计师 ××× 同志；

公司总工程师、安全总监 ××× 同志；

规划计划处处长 ××× 同志；

财务处处长 ××× 同志；

勘探事业部党总支书记、经理 ××× 同志；

油藏评价处处长 ××× 同志；

工程技术处处长 ××× 同志；

开发公司党总支书记、经理 ××× 同志；

办公室（党委办公室）主任 ××× 同志。

（介绍完毕）

……

下面，请 ×× 同志介绍 ×× 公司的各位领导。

（介绍完毕）

让我们再次以热烈的掌声，欢迎各位领导专家的到来！

……

今天的会议共有四项议程。

首先，请 ×× 公司 ×× 副总经理、安全总监介绍 ×× 公司工作情况。

（介绍完毕）

……

下面，请 ×× 油田公司 ×× 总工程师、安全总监介绍 ×× 油田公司工作情况。

（介绍完毕）

……

下面，进行座谈交流。

（交流完毕）

……

下面，让我们以热烈的掌声欢迎 ×× 同志讲话。

（×× 同志讲话完毕）

……

×× 公司是 ×× 油田公司工作联系最紧密的兄弟单位，也是我们最值得信赖的合作伙伴。多年来，我们共担找油找气、保障国家能源安全的责任和使命，树牢“一家人、一条心、一起干”的理念，并肩作战、互融共进，推动了 ×× 油田连续 ×× 年千万吨以上稳产上产。特别是作为盆地重点探区现场指挥部成员单位，×× 公司始终秉持“成就甲方才能成就自己”的理念，主动担当作为，充分发挥工程技术和服务保障能力优势，集中优质力量，抽调精兵强将，全方位支持和保障盆地勘探开发建设，为 ×× 油田增储上产、加快发展提供了有力支撑和保障。

××××年，面对新冠疫情持续蔓延和国际油价暴跌的严重冲击，在××公司等战略合作伙伴的鼎力支持下，××油田公司全力以赴打好打赢疫情防控阻击战和低油价下生存发展攻坚战，取得了好于预期的工作成绩。

（一）精准施策抓防疫。坚持外防输入、内防反弹，织密织牢防控网络，成功抵御多轮疫情冲击，实现了“两个零”“两个不”防控目标。

（二）坚定不移抓勘探。××、××等重点探井连获突破，发现××个亿吨级石油规模勘探大场面和××个天然气规模勘探新领域，全年新增三级储量××亿吨（探明××亿吨），创历史之最，获集团公司油气勘探重大发现特等奖及一、二、三等奖各一项，获奖数量和等级均居集团公司首位。

（三）聚精会神抓上产。坚持精益生产、量效并重，大力推进夺油上产会战，全年新建原油产能××万吨，生产原油××万吨、天然气××亿方，连续××年实现油气双超，其中原油超产量和净增量均居集团公司首位。

（四）全力以赴抓效益。纵深推进提质增效专项行动，全年控投降本××亿元，实现账面利润××亿元，油气单位操作成本、桶油完全成本控制在××美元/桶、××美元/桶，分别下降××美元/桶、××美元/桶，实现了账面硬减亏、成本硬下降。

（五）持之以恒抓科技。深入实施“大科技”工程，建成院士专家工作站、××页岩油勘探开发自治区重点实验室，获得省部级及以上科技成果××项；数字化转型、智能化发展加速推进，全油田物联网覆盖率达××%。

（六）蹄疾步稳抓改革。加快现代化“油公司”建设，深入实施对标世界一流管理提升和国企改革三年行动，稳妥推进各项改革举措落地落实，高质量发展的内生动力进一步增强。

（七）慎终如始抓安全。健全完善HSE管理体系，深入推进安全生产专项整治三年行动，QHSE体系审核晋档B1级。抓好绿色矿山创建，××家单位全部达到国家绿色矿山标准，提前两个月完成历史遗留污油泥处置任务，本质安全环保水平巩固提升。

进入新发展阶段，作为国内原油增储上产的主力军，××油田公司将抢抓发展机遇，聚焦资源掌控、技术创新、低成本发展、人才强企、市场化运营、和谐稳定“六大战略”，全力实施“五大核心工程”，按照“十四五”规划，到××××年原油产量达到××万吨，天然气产量突破××亿立方米、力争××亿立方米，油气产量当量突破××万吨。我们将共同迎来大发展的机遇、担负大发展的使命、共享大发展的成果。

××××年，××油田公司生产经营任务依然十分繁重（探明、控制、预测石油储量××亿吨、××亿吨、××亿吨，生产原油××万吨、天然气××亿立方米，新建原油产能××万吨、天然气产能××亿立方米），希望我们继续秉承“诚信合作、互利互惠”的原则，共同做好以下几点工作：

一是持续深化战略合作关系。进一步强化命运共同体、利益共同体意识，增进彼此交流和互利互信，统筹发挥人才、技术等方面优势力量，深入推进地质工程一体化，全面提升技术服务保障能力，共同推动盆地重点探区规模增储、效益上产，实现集团公司整体利益最大化。

二是持续推进提质增效工程。坚持以效益为中心，按照“事前算盈、事中干赢”的原则，系统总结成功经验做法，加大成熟技术策略及经济适用模板的推广应用力度，持续推进控投降本、提速提效；突出以市场为导向，创新合作模式，共同探索推进××页岩油、未动用难采储量市场化运营机制，不断提升双方低油价下生存发展能力和抗风险能力。

三是持续深化科技创新工程。紧紧围绕油田勘探开发需求，加大××××油藏勘探开发、页岩油国家级示范区建设、××高温高压钻完井等领域合作力度，加快攻克关键核心技术和“卡脖子”难题，配套形成一批行业领先的主导技术和特色技术，切实发挥协同创新倍增效应。

四是持续抓好安全环保工程。扎实推进安全生产专项整治三年行动和油气水井质量三年集中整治，特别是要聚焦超深、高温、高压等高风险井，全面升级井控设备、技术措施、应急管理等工作标准和要求，加强现场作业监管和隐患排查治理，坚决杜绝各类安全生产事故和环境污染事件发生。

最后，让我们再次以热烈的掌声，对××公司长期以来对我们工作的关心和支持表示诚挚的感谢！衷心祝愿双方精诚合作、再结硕果、再创辉煌！

祝大家工作顺利，身体健康，阖家幸福。谢谢大家！

（九）党建工作会议主持词

党的建设需要抓好方方面面的工作，涉及范围很广，会议的形式丰富，需要党务工作者潜心研究和做好党的建设各项工作，提供参谋支持作用。下面，重点介绍党的建设方面的会议主持词，供大家学习参考。

写作范例 97：

×× 公司党风廉政建设和反腐败工作协调小组扩大会议主持词

主持人：×××

（×× 年 × 月 × 日）

同志们：

今天，我们召开公司党风廉政建设和反腐败工作协调小组扩大会议。会议主要有五项议程：一是 ×× 同志传达 ×× 精神；二是 ×× 同志通报公司纪委近期作风建设总体工作方案；三是 ×× 同志通报公司纪委“两节”正风肃纪通知；四是部门发言；五是由我作简要总结。

首先，进行第一项议程，请 ×× 同志传达 ×× 精神。

……

下面，进行第二项议程，请 ×× 同志通报《治“四风”树新风 系统推进公司机关作风建设持续好转工作方案》。

……

下面，进行第三项议程，请 ×× 同志通报《关于通报 ×× 典型问题部署 ×× 年中秋、国庆纠治“四风”工作的通知》。

……

下面，进行第四项议程，请各部门简要介绍本部门加强作风建设情况。

……

下面，进行第五项议程，由我对本次会议进行简要总结。

刚才，公司纪委通报了近期集团公司纪检监察组有关作风建设工作部署，各部门围绕本次会议主题进行了发言交流。大家畅所欲言、集思广益，讲得比较清楚，有的部门作风建设工作做法很有借鉴意义，提出了一些好的意见建议，对我也很有启发。会后，协调小组办公室要整理汇总。下面，结合大家的发言交流，就加强公司机关作风建设，我再强调三点意见：

一、提高政治站位，深学细悟习近平总书记关于加强作风建设重要论述

党的十八大以来，习近平总书记站在政治和全局的高度，谋划推进作风建设，这些重要论述是习近平新时代中国特色社会主义思想的重要组成部分，是贯彻落实中央八项规定精神、加强作风建设的理论基石、行动指南和根本遵循，为我们党在新时期进一步补齐作风建设短板提供了战略指引。我们要全面学、系统学、贯通学，整体把握、熟练运用、抓好落实。

二、纠“四风”树新风，为员工群众办实事

在坚决纠治不正之风、解决突出问题的同时，各部门要大力倡导新风正气，结合党史学习教育，继承弘扬党的光荣传统以及石油精神和石油工业优良传统作风。要把党史学习教育同为员工群众办实事解难题结合起来，将“我为员工群众办实事”实践活动作为党史学习教育的重要内容，积极为员工群众排忧解难，从最困难的员工群众入手、从最突出的问题抓起，切实解决本部门、本系统的困难事、员工群众的烦心事，探索健全完善解决问题的有效机制，增强员工群众获得感、幸福感和安全感。公司机关各部门各级领导干部要坚守人民情怀，带着感情做好员工群众工作，带头查找解决自身形式主义、官僚主义问题。

三、保持清醒头脑，压紧压实主体责任

习近平总书记在十九届中央纪委五次全会上深刻指出，腐败问题和不正之风交织，“四风”成为腐败滋长的温床。作风问题本质上是党性问题，关系党的生死存亡，对作风问题任何时候都不能掉以轻心。

为锲而不舍落实中央八项规定精神、纠“四风”树新风，公司纪委近期将组织开展机关部门“清风行动”，开展专项整治。希望在座的各部门负责同志要以身作则、以上率下，发挥“头雁效应”，履行好“一岗双责”，对重要工作亲自部署，重大问题亲自过问，重要环节亲自协调；要督促本部门党员领导干部切实增强落实中央八项规定精神、纠治“四风”的思想自觉、政治自觉和行动自觉，坚决打破惯性思维，厘清公私界限，以更高标准严格要求自己；要抓好本系统、本领域的作风建设，对落实责任不力的综合运用多种方式督促整改落实。

以上是我对公司机关部门抓好作风建设的一些想法，和大家交流一下。请各部门认真思考、积极行动，持之以恒、与时俱进抓好机关作风建设治理效能，确保公司发展各项任务落到实处。

今天的会议到此结束。散会。

写作范例98：

在集团公司党组第 × 巡视组巡视 ×× 公司党委工作动员会议上的主持词

主持人：×××

（×× 年 × 月 × 日）

各位领导、同志们：

按照集团公司党组巡视工作的统一部署，今天我们组织召开集团公司党组第 × 巡视组巡视 ×× 公司党委工作动员会议。

参加今天会议的有：集团公司党组巡视工作领导小组成员 ××× 同志，集团公司党组第 × 巡视组组长 ××× 同志，副组长 ××× 同志，巡视组成员 ×××、×××、×××、×××、×××、×××，以及党组巡视办 ××× 等同志。让我们以热烈的掌声，对巡视组各位领导的到来表示热烈的欢迎！

今天主会场参加会议的还有公司领导班子成员，总经理助理、机关各部门负责人，分会场参加会议的有各单位领导班子成员、相关部门负责人和员工代表，共计 ×× 人参会。

今天的会议主要有 3 项议程：

一是集团公司党组第 × 巡视组组长 ××× 同志讲话；

二是公司党委书记 ××× 同志作表态发言；

三是集团公司党组巡视工作领导小组成员 ××× 同志讲话。

……

下面首先进行第一项议程，请集团公司党组第 × 巡视组组长 ××× 同志讲话，大家欢迎！

（××× 同志讲话……）

……

下面进行第二项议程，由 ××× 同志代表 ×× 公司党委作表态发言。

（××× 同志作表态发言……）

……

下面进行第三项议程，请集团公司党组巡视工作领导小组成员 ××× 同志讲话，大家欢迎！

（××× 同志讲话……）

……

刚才集团公司党组巡视工作领导小组成员 ××× 同志，集团公司党组第 × 巡视组组长 ××× 同志作了讲话，深刻阐述了这次巡视的主要目的和重要意义，并对巡视工作提出明确要求。××× 同志代表公司党委从对本轮巡视的配合作了系统全面动员。下面，就落实这次会议精神，强调几点意见：

一是迅速传达贯彻会议精神，全面做好接受巡视准备。

二是明确各单位配合和整改主体责任。

三是压实机关部门支持配合和督促整改责任。

……

动员会的议程到此结束。接下来，按照巡视工作安排，将由巡视组组织对公司领导班子及成员进行测评。下面，请集团公司党组第 × 巡视组副组长 ××× 同志主持民主测评。大家欢迎！

（××× 同志主持民主测评……）

……

今天的会议到此结束。散会。

写作范例 99：

集团公司党组第 × 巡视组专项巡视 ×× 公司党委工作动员会议主持词

主持人：×××

（×× 年 × 月 × 日）

各位领导、同志们：

现在开会。按照集团公司党组统一部署，今天我们召开集团公司党组第 × 巡视组专项巡视 ×× 公司党委工作动员会议。

首先，我介绍参加会议的各位领导：

集团公司 ×× 部副总经理 ××× 同志；

集团公司党组第 × 巡视组组长 ××× 同志；

集团公司党组第 × 巡视组副组长 ××× 同志，巡视组成员 ×××、×××、×××，以及党组巡视办 ××× 同志。

让我们以热烈的掌声对各位领导的到来表示欢迎！

×× 公司参加今天会议的有：公司领导班子成员，助理级人员，××

级以上干部，部分员工代表，共计 ×× 人。

今天的会议主要有三项议程：

一是集团公司党组第 × 巡视组组长 ××× 同志讲话；

二是由我代表公司党委作表态发言；

三是集团公司 ×× 部副总经理 ××× 同志讲话。

……

下面，进行第一项议程，请集团公司党组第 × 巡视组组长 ××× 同志讲话，大家欢迎！

（××× 同志讲话……）

……

刚才，集团公司党组第 × 巡视组组长 ××× 同志作了讲话，深刻阐述了开展这次巡视工作的主要目的和重要意义，并对巡视工作提出明确要求，具有很强的思想性、指导性和针对性。我们一定要深入学习、深刻领会，坚决抓好落实。……

……

下面，进行第二项议程，就做好配合巡视工作，由我代表公司党委郑重表态：

一是坚决贯彻巡视工作要求，认真对待这次巡视工作。（略）

二是坚决服从巡视工作安排，积极做好配合和保障工作。（略）

三是坚决遵守巡视工作纪律，坦诚接受巡视监督检查。（略）

四是坚决整改巡视发现问题，务必做到立行立改。（略）

五是坚决做到统筹兼顾，全面严格履职尽责。（略）

恳请巡视组各位领导多指导、多提宝贵意见，严肃指出我们在各项工作中存在的问题和不足。

以上发言，不妥之处，请巡视组各位领导指正。

……

下面，进行第三项议程，请集团公司 ×× 部副总经理 ××× 同志讲话。大家欢迎！

（××× 同志讲话……）

……

动员会的议程到此结束。接下来，按照巡视工作安排，将由巡视组组织对公司领导班子及成员进行测评。下面，请集团公司党组第 × 巡视组副组长 ××× 同志主持民主测评。大家欢迎。

（××× 同志主持民主测评……）

……

今天的会议到此结束，散会！

写作范例 100：

集团公司党组第 × 巡视组巡视 ×× 公司党委情况反馈会议主持词

主持人：×××

（×× 年 × 月 × 日）

各位领导、同志们：

现在开会。按照集团公司党组统一部署，今天我们召开集团公司党组第 × 巡视组巡视 ×× 公司党委情况反馈会议。

首先，我介绍参加此次会议的各位领导：

集团公司党组巡视工作领导小组成员 ××× 同志；

集团公司党组第 × 巡视组组长 ××× 同志；

集团公司党组第 × 巡视组副组长 ××× 同志；

集团公司纪检监察组 ××× 同志、党组巡视办 ××× 同志、第 × 巡视组 ××× 同志。

让我们以热烈的掌声对各位领导的到来表示欢迎！

×× 公司参加今天会议的有：公司领导班子成员，助理级人员，机关二级副以上党员干部，部分员工代表，共计 ×× 人。

今天的会议主要有三项议程：

一是集团公司党组第 × 巡视组组长 ××× 同志反馈巡视情况；

二是由 ××× 同志代表 ××× 公司党委作表态发言；

三是集团公司党组巡视工作领导小组成员 ××× 同志讲话。

……

下面进行第一项议程，请集团公司党组第 × 巡视组组长 ××× 同志反馈情况。大家欢迎！

（××× 同志反馈情况……）

……

下面进行第二项议程，由 ××× 同志代表 ×× 公司党委作表态发言；

（××× 同志作表态发言……）

……

下面进行第三项议程，请集团公司党组巡视工作领导小组成员 ××× 同志讲话。大家欢迎！

（××× 同志讲话……）

……

刚才，集团公司党组第 × 巡视组组长 ××× 同志反馈了巡视情况，××× 同志代表公司党委作了表态发言，集团公司党组巡视工作领导小组成员 ××× 同志就加强党的领导、推进全面从严治党、抓好巡视整改工作提出了明确要求。接下来，我们要深入学习领会这次会议精神，层层传导责任压力，专题研究整改措施，周密部署整改工作，全力抓好巡视反馈问题整改工作。公司全体党员干部要把做好巡视问题整改“后半篇文章”作为检验“四个意识”的试金石和践行“两个维护”的重要标尺，以严肃的态度、有力的举措、务实的作风，全力以赴推进巡视反馈问题整改，举一反三，真改实改，促进世界一流示范企业建设。

最后，我提议，让我们再次用掌声对巡视组各位领导两个多月来的辛勤付出和帮助指导表示衷心的感谢！（鼓掌）

今天的会议到此结束。散会。

（十）干部大会主持词

企业干部大会是严格履行党内组织程序的会议，内容安排相对固定，通常包括上级组织部门宣读干部任免决定、相关干部作表态发言、上级领导讲话、企业主要领导作总结表态等四部分内容。下面提供一则写作范例，供大家学习参考。

写作范例 101：

×× 公司干部大会主持词

主持人：×××

（×× 年 × 月 × 日）

×× 同志，各位领导，同志们：

大家好！今天，我们在这里召开 ×× 公司干部大会，主要是宣布集团公司党组关于公司领导班子调整的决定。

首先，我向大家介绍今天出席会议的集团公司领导：

集团公司党组成员、副总经理 ××× 同志；

集团公司 ×× 部副总经理 ××× 同志；

出席会议的还有 ××× 同志、××× 同志。

让我们以热烈的掌声对 ××× 同志一行的到来表示欢迎！

今天的会议共有四项议程：

现在进行第一项议程，请集团公司 ×× 部副总经理 ××× 同志宣读集团公司党组任免决定。大家欢迎！

（××× 同志宣读任免决定……）

……

下面，进行第二项议程，请 ××× 同志（离任领导）发言，大家欢迎！

（××× 同志作表态发言……）

……

下面，进行第三项议程，由 ××× 同志（继任领导）作表态发言。

（××× 同志作表态发言……）

……

下面，进行第四项议程，请 ××× 同志讲话。大家欢迎！

（××× 同志讲话……）

……

同志们，刚才 ××× 同志带我们回顾了 ×× 公司成立以来的工作历程，介绍了 ×× 公司面临的内外部形势和此次班子调整的情况，对我们下一步工作提出了要求：

一是加强学习贯彻，把集团公司领导干部会议精神落到实处；

二是聚焦增储上产，全力保障国家能源安全；

三是突出提质增效，不断提升发展质量和效益；

四是狠抓风险防范，确保疫情防控和安全环保稳定；

五是加强党的建设，打造新时代 ×××× 队伍。

这是集团公司党组对我们 ×× 公司提出的殷切期望，为我们下一步工作指明了方向。我们一定要贯彻领会此次会议精神，在集团公司党组的正确领导下，团结一心，真抓实干，抓好改革发展各项任务，持续提升服务保障能力和市场竞争能力，全力促进各项工作上水平、见实效，努力打造世界一流示范企业，为推动集团公司建设基业长青的世界一流企业作出应有的贡献！

会议到此结束。散会。

第二节　会议发言提纲

在经济社会日新月异和改革发展的新时代，会议发言提纲发挥的作用越来越大，掌握会议发言提纲的写作方法变得更加重要、更为迫切。好的发言提纲能够对会议效果产生积极影响，这对于拟稿人和拟稿人所在的单位、部门都将产生积极的作用。

一、会议发言提纲的基本类型

会议发言提纲使用比较广泛，因人而异，因会而异。发言者身份不同、角色不同，则发言提纲的内容也不同。会议的主题不同、场景设定不同，发言提纲的结构也不同。在各级机关工作，会议活动十分频繁，一般需要会上发言的专题研讨会、主题学习会、经验交流会、职代会、党代会和一些安排发言环节的仪式活动等，不同类型的会议，参会领导、嘉宾、与会者的发言提纲各不相同。一般而言，会议发言提纲的正文结构为“引言＋主体＋结语”。根据不同的会议类型，常用的发言提纲有 5 种类型。

（一）表态性发言提纲

一般是指在工作会议等安排有表态发言环节的会议上作出的郑重承诺和表明行动计划的文稿。表态性发言提纲是表态发言文稿的一种，表态发言可以在各类主题工作会议上，鼓动工作热情，推动工作进展。撰写这类工作会议发言提纲需要明确态度，并阐述工作计划。

（二）剖析性发言提纲

一般是指在各类主题学习会、上级精神传达会、民主生活会、警示教育会等会议上作出的学习剖析性的文稿。这类会议发言一般涉及与会发言者的学习体会，对照检查（单位或自己）存在的问题，并提出改进措施或反思。这类会议发言可称为剖析性发言或学习体会型发言提纲。

（三）建议性发言提纲

一般是指在专题研讨会、工作务虚会、工作汇报会等安排有讨论发言环节的会议上，对某项学习、某项工作或某个方面的问题提出个人见解和工作建议的文稿。这类会议发言提纲称为建议性发言提纲。

（四）总结性发言提纲

通常在各类专题研讨会上，与会领导会根据会议讨论情况发言，提出自己的看法，这类发言一般具有总结性。此类会议发言提纲属于讨论总结性发言提纲。此外，一般会议都需要会议主持人作会议总结，这样的会议总结发言也是总结性发言提纲。

（五）评价性发言提纲。

一般而言，在各级党代会、职代会上，与会代表在审议大会报告和议案时，需进行审议发言。重要的审议发言提纲会在会议期间通过各团团长向主席团汇报，或者通过新闻报道或大会简报的形式予以公布。这类发言提纲属于评价性的发言提纲，非常重要，一般由所在团组的团长牵头组织起草。评价性发言提纲已成为各级党代会、职代会审议发言的特有模式，一般采用“评价 + 建议”的基本结构。

二、会议发言提纲的写作要领

会议发言提纲是发言稿的一种。发言提纲是发言者的讲话框架，发言者可以根据发言框架自由串联讲话材料，根据会场情况和听众反应灵活发挥。上述 5 个基本类型是会议发言提纲主体部分的基本结构，工作会议种类繁多、情况复杂，我们要重点从 4 个方面抓住会议发言提纲的写作要领。

（一）要明确主体身份和会议场景

会议发言是与会者根据会议或活动主题发表自己的见解和主张，或者汇报成绩、工作计划的文稿。所以，会议发言具有汇报、发布、交流、表态等功能，是为发言者服务的。会议发言需要根据会议的主题、会议的场景、发言者的身份量身定制。发言者的身份不同，发言的内容肯定也不同；会议的场景不同，即便是同一身份的人发言的内容也不同。也就是说，发言者在公务活动中的身份定位直接决定了发言提纲的写法。如果发言者是以主办方的身份发言，发言提纲就一定要体现主人意识，表达对上级、嘉宾、与会者的欢迎及感谢之意，说明会议的主题等；如果发言者是以嘉宾的身份发言，发言稿就要表达对主办方的感谢，并围绕会议主题发表意见；如果是一般与会者发言，则需要围绕会议主题，表达自己的体会和感悟等。总之，要在其位言其事，根据主体身份和会议场景确定发言内容，拟定会议发言提纲。

（二）要聚焦会议主题、观点要鲜明

会议发言考验的是发言者的口语表达能力，体现的是主体身份的综合素养水平，有时代表的是主体身份背后的企业意见。所以，无论主体身份是主办方、嘉宾还是普通与会者，会议发言提纲都要紧紧围绕会议主题、结合会议场景准备，不能天马行空、偏离主题。听取发言时，听众是从发言者的口语表达过程中去理解其个人或其所代表的企业意见的。一旦发言者的发言内容比较发散，听众就不容易抓住发言的主题，进而失去聆听的兴趣。发言者在准备发言稿时，务必要考虑到这些因素，写出短小精悍、主题集中、观点鲜明的发言提纲。在会议发言的过程中，发言者可以根据发言提纲适当发挥，但不能侃侃而谈、过度延伸，否则容易偏离主题，使得与会领导抓不住重点，到最后不知道究竟要表达什么。如果发言者语言掌控力比较强、讲话逻辑严谨、能够灵活应变，其实有没有发言提纲都能表达得观点鲜明、比较严谨。我们始终认为，会议发言提纲只是会议的辅助文件，而不是必备文件。至于是否需要提前准备发言提纲，主要看与会者的意愿和意图。

（三）发言条理要清晰、逻辑要严谨

会议发言提纲是发言者的辅助文稿，方便发言者快速把握讲话方向和发言重点。因此，会议发言提纲必须要有清晰的条理性（提纲观点清晰）和严谨的逻辑性。所谓条理性，是指发言提纲的题目和各级纲目观点清晰，具有明确的方向性和相关性。所谓逻辑性，是指发言提纲有着内在联系和严密的逻辑 。正所谓无理不成言，发言提纲外在的逻辑和内在的逻辑应该是相统一的，提纲的各部分只有形成有机的、合理的逻辑关系，观点和材料才能紧密融合、支撑会议发言的主旨、增强发言的说服力。撰写会议发言提纲必须考虑各部分之间的逻辑关系。会议发言提纲各部分主要有两种逻辑结构，一种是并列式，一种是递进式。并列式发言提纲的各个部分一般是横向的、静态的。各部分相互之间无紧密联系，独立性强，但共同为说明主旨服务。递进式发言提纲分条列项地呈现发言者的主要观点，通过严密逻辑层层递进串联起相关发言材料。

（四）发言要通俗易懂、详略要得当

起草会议发言提纲必须抓住其口语化、通俗化的特点。会议发言提纲的语句通常都是“观点+材料”的结构。“观点”主要体现在各级纲目上，“材料”是对“观点”的阐述和延伸。表明观点的语言必须简洁、准确，易于让听众迅速抓取核心观点。“材料”部分的表述要使用朴素、自然的语言，不堆砌概念，不装腔作势，尽量用通俗易懂的语言表达概念，用生动具体的语言描述形象，这样才能使听众产生感情上的共鸣或逻辑上的共鸣。

会议发言提纲要详略得当。简单的会议发言提纲，只需写出要表达的几个层次即可，可能只有一级标题，总共几百字甚至几十字。大型综合性的会议发言提纲需要更丰富一些，根据实际需要列出二级或者三级标题，一般以二级标题为宜，层级太多反而不容易表达清楚观点和建议。虽然会议发言提纲没有篇幅的硬性规定，但还是要提倡开短会、讲短话、办实事。如果发言者对会议涉及的业务比较熟悉、比较专业，具有丰富的生产经验和管理经验，发言提纲就可以准备得简略些，只需要抓住发言重点，确保数据翔实准确，这样既可以节省准备时间，还能给发言者提供更多自由发挥的空间。如果发言者对业务不熟悉、对有关情况掌握不够，发言提纲就要准备得尽量翔实些，相关背景和相关数据要作出相应说明，以便发言者发挥得更加稳妥全面。

三、会议发言提纲的写作范例

（一）表态性发言提纲

拟写会议表态性发言，重点要在8个方面下功夫。

1. 定位求准。抓住“表态”主体的身份定位，是下级向上级表态，乙方向甲方表态，重在表态的内容（下步工作目标、举措和部署等）。切记，表态发言不要写成传授经验的交流发言，也不要写成部署工作的领导讲话。拟写表态发言前，务必先掌握会议的主题、内容及表态发言材料的撰写要求，如果有必要，起草人应向会议组织者详细询问会议有关信息，准确把握会议主题和领导意图。

2. 立意求新。安排有表态发言的会议，是展现发言者个人风采和水平的重要机会，体现的是领导水平，代表的是一个企业的管理水平。所以，

要有新颖的思想观点、创新的工作举措、高水平的目标设置等，能够体现大局意识和责任担当，给人启发，“雁过留声”。

3. 篇幅求简。表态发言的时间长短，一方面要根据会议时间要求确定，另一方面要根据企业实际确定。如果表态发言时间没有确定，务必要及时同会议组织者联系，询问清楚再确定表态发言稿的篇幅长短。一般而言，表态发言时间不会超过 10 分钟，3 分钟、5 分钟的时间要求都有，按照正常语速每分钟 200 ～ 250 字，表态发言的篇幅控制在 500 ～ 2000 字之间为宜。

4. 结构求简。表态发言稿的结构务必要简洁，最好只安排一级标题，让与会领导和与会人员听得清楚、听得明确、听得起劲。如果结构层次过于复杂，一级标题套二级标题、二级标题套三级标题，就很容易把人绕晕，那么，这样的表态发言效果就会大打折扣，甚至失去意义。

5. 标题求显。一般情况下，表态发言的题目可以写成“在 ×× 会议上的表态发言”，发言时直接说具体内容。如果将表态发言的主副标题围绕会议主题精心设计一下，将会给表态发言增添不少色彩，并且会明显增强表态发言的感染力。

6. 入题求快。最好的布局就是开门见山、直入主题，在第一段就切入主题，向领导作出鲜明表态。有的单位、部门希望借此机会，向出席领导和与会单位、部门介绍一下本单位的工作和成果。这个想法可以理解，但务必要用最短的篇幅、最简洁的语言进行表述，否则容易喧宾夺主。

7. 措施求实。既然是表态发言，内容就要有目标、有举措、有部署、有数据，要从发言单位的工作实际出发，确定可以实现的工作目标，制定切实有效的工作举措以及符合进度计划的工作部署。切忌胸脯拍得比谁都响，发言内容全是空话、大话。

8. 语言求活。表态发言与公文文稿相比，还是非常注重语言艺术的。表态发言的语言要相对活泼，富有时代气息，符合场景设置，有时也可以采用一些形象、幽默的语言，能够给人留下深刻的印象。在语句安排上，尽量用一些短句、排比句，会让发言更加铿锵有力，给人的感觉是发言领导的态度坚定、充满智慧。

写作范例102：

牢记职责使命 强化创新驱动 为××公司建设世界一流企业贡献智慧和力量

——在××公司××年工作会议上的表态发言

××公司执行董事、党委书记 ×××

（××年×月×日）

×××同志，各位领导：

下面由我代表××公司作表态发言。我发言的题目是《牢记职责使命 强化创新驱动 为××公司建设世界一流企业贡献智慧和力量》。

××年，面对复杂严峻的生产经营形势，××公司认真落实集团公司党组部署和中油技服安排，以提质增效为主线，大力实施“技术立企、数字赋能、成本领先”战略，全力以赴保油气、稳业绩、控风险，有力支撑西南、长庆、塔里木三大油气田产量当量创新高，全面完成业绩指标，实现“十四五”稳健开局。

新的一年，我们将坚持稳中求进总基调，深入贯彻新发展理念，深化实施“十四五”规划部署，认真落实此次会议精神特别是×××讲话要求，立足“一体两面”定位，全力以赴做好各项工作，力争全年完成钻井进尺××万米，风险合作天然气商品量××亿方，预算实现收入××亿元、净利润××亿元。

一是加强党的领导，引领公司正确发展方向。层层压实全面从严治党主体责任，以政治建设为统领，推进基层党建“三基本”建设与“三基”工作有机融合，全面提高党的建设质量。系统推进人才强企工程，着力打造素质过硬队伍。一体推进“三不”机制建设，推动巡察监督贯通融合，营造风清气正的发展环境。关爱员工，组织系列主题劳动竞赛、技术比赛和群众性创新活动，凝聚广大职工的智慧和力量。

二是推进“四提”工程，高效服务油气增储上产。牢固树立“成就甲方才能成就自己”的理念，全力支持和配合技服区域生产协调保障领导小组工作，统筹抓好资源调配、共享运行、生产优化，提高效率效益工作时间。坚持“提速无止境”，突出最佳工作周期目标，提升EISC管理能力和EISS应用水平，精准管控各生产环节，严抓技术模板执行，深化故障复杂专项治理和井筒质量整治三年行动，力争钻完井整体提速××%、故障复杂降低

××%。

三是突出提产增效，加快推进风险合作开发。威远页岩气完善甜橘和柠檬区效益开发模式，精细生产全过程管控，力争井口产量超××亿方。苏里格天然气坚持“西进”战略，从重储量动用向重单井 EUR 和区块采收率并重转变，确保井口产量达××亿方。四川致密气探索高效建井工作模式，稳步提升单井产量，力争实现××××。西油公司老井挖潜项目强化区块优选、工艺优化、成本控制，努力实现××××。

四是坚持技术立企，持续提高科技创新贡献率。计划投入科研经费××亿元，开展攻关××项以上，形成创新成果××项以上。全力攻关万米超深层钻完井、高温高造斜旋转地质导向、智能化精细控压钻井、井眼轨迹智能导航、智能压裂优化设计等关键技术。推广应用自主创新科技成果××项以上，科技进步贡献率达到××%以上。加快推进数字化转型、智能化发展，统筹推进数字化现场试点、工程智能一体化系统应用、数字化气田建设、经营决策支持平台打造等重点工作。

五是深化提质增效，着力增强价值创造能力。建立完善市场开发管理机制，持续扩大效益市场规模，力争新签合同金额××亿元。落实“四精”要求，深入实施成本领先战略，研究制定提质增效中长期规划，构建“措施制订、实施执行、分析总结、对照检查、改进提高”管理闭环，完善激励约束机制和考核评价体系。统筹抓好投资优化、科学预算、资金管控、成本压减、亏损治理、合规管理等关键环节，实施单项项目效益工程行动，持续深化改革调整，全面完成改革三年行动任务。

六是坚持严字当头，夯实安全绿色发展基础。牢固树立“一切事故都是可以避免的”“防范胜于救灾”等理念，强化“四全”“四查”管理，完成安全生产专项整治三年行动，推进 QHSE 体系管理与生产业务深度融合，推动安全环保形势稳定好转。完善双重预防工作机制，深化应急体系建设，大力推进科技兴安，全面防控井控、高危作业、道路交通、承包商、危化品、油气生产等重点领域风险，慎终如始抓好疫情防控。抓好黄河流域、长江经济带生态环境治理，加快绿色低碳企业建设。

最后，请××同志放心，我们将在集团公司党组的坚强领导下，优质高效服务油气增储上产降本，奋力推动公司高质量发展迈上新台阶，为××××加快建设一流示范企业作出新的更大贡献，以优异业绩迎接党的二十大胜利召开。

（二）总结性发言提纲

会议总结性发言一般是会议主持人或出席会议的最高级别领导，在听取与会人员的讨论发言后，最后作出的总结性发言。这类发言的方式有很多种，会议领导者可以采用以下某种方式或几种方式的组合形式进行总结发言。

1. 穿珠式。顾名思义，就是将所有的珠子穿在一起。唐代诗人白居易的《琵琶行》中有句“嘈嘈切切错杂弹，大珠小珠落玉盘”。这种发言要求会议领导者很周全地照顾到每个人的情绪，在会上把所有人发言的亮点穿在一起，进行总体点评。

2. 归纳式。“大弦嘈嘈如急雨，小弦切切如私语。”有的人发言非常激动，说话有些偏激；有的人细声细语，表达的观点平平无奇。这样就考验会议领导者的智慧和能力了，需要会议领导者进行归纳总结后再行发言，将发言亮点讲出来，梳理出有用的观点，并进行系统性分析，作出相应安排和要求。

3. 升华式。如果某个会议，与会人员都表达了自己的观点和看法，但表述得不够完善和深刻，有些观点看似正确但又不太明确，有的观点非常明确但是又不完全正确。这样的情况就需要会议领导者进行系统总结和逻辑分析，将与会人员的思想加以升华，清晰准确表达出大家所想所感所悟，统一思想认识。

4. 评论式。这种方式一般用于民主生活会、事故分析会、警示通报会等。比如民主生活会，每位党委领导班子成员发言后，其他几位领导班子成员都要依次发言，对发言者进行点评，指出其存在问题，帮助其改进提升。有的会议，在与会人员发表个人观点后，会议领导者会对每个人的发言进行点评，同时表明自己的态度。发言一般以鼓励为主，避免伤害别人的自尊心。

5. 定论式。这种方式一般用于党委会、执行董事办公会等决策性会议，在某部门汇报结束，班子领导要对汇报议题表明自己的态度，党委书记或执行董事要作出最后表态。

写作范例 103:

在 ×× 子集团 11 月份工作例会上的讲话

×××

（×× 年 × 月 × 日）

同志们:

今天我们召开11月份月度例会，听取 ×× 公司、×× 公司、×× 公司、×× 公司 10 月份工作完成情况及 11 月份工作安排，研究部署下一步工作，并对需要各专业公司协同配合及总部部门支持解决的问题进行明确。

10 月份，各专业公司深入贯彻落实集团公司党组决策部署，认真学习贯彻党的二十大精神，切实把学习成效转化为 ×××× 的实际行动，各项工作成效显著、经营业绩稳健向好，质量健康安全环保形势总体稳定。具体体现在以下几方面:

一是油气勘探成果丰硕。××××。

二是油气产量符合预期。××××。

三是技术支撑保障有力。××××。

四是产能建设进展顺利。××××。

五是冬季保供有序推进。××××。

六是经营业绩稳健向好。××××。

七是党的二十大精神学习宣贯扎实开展。××××。

距离本年度收官还有一个多月的时间，各专业公司要切实统筹抓好党的二十大精神的学习宣贯与生产经营工作，认真谋划好明年的工作部署，以高质量完成 ×× 年各项生产经营任务目标的实际行动检验学习宣贯效果。

关于下步工作，我主要强调 8 个方面的意见。

一、切实抓好生产运行，确保完成全年油气产量硬任务。××××。×× 公司要 ××××。×× 公司要 ××××。

二、重点抓好风险勘探、集中勘探和 SEC 储量评审工作。××××。×× 公司要 ××××。×× 公司要 ××××。

三、高质量推进重点工程项目建设。××××。×× 公司要 ××××。×× 公司要 ××××。

四、持续抓好工程技术服务支撑保障。××××。×× 公司要 ××××。×× 公司要 ××××。

五、坚持抓好冬季天然气保供各项工作。××××。××公司要××××。××公司要××××。

六、深入开展提质增效和亏损治理工作。××××。××公司要××××。××公司要××××。

七、严格抓好疫情防控和安全环保等风险防范工作。××××。××公司要××××。××公司要××××。

八、全面学习领会、全面贯彻落实党的二十大精神。××××。各专业公司要××××。

【写作点评】

上述总结发言属于典型的归纳式总结发言。但认真学习领会这次会议上的发言，会议领导者至少采用了3种方式进行总结发言。在总结10月份工作完成情况部分，系统归纳了子集团10月份取得的工作成果，但在分项陈述工作成果时，又将每个专业公司的工作亮点穿在了一起，对每个专业公司付出的努力及取得的成果给予了评价。所以，这部分会议领导者采用了归纳式、穿珠式、评价式3种总结方式。在下步工作部署部分，采用的方式也包含归纳式、穿珠式、升华式3种总结方式。综上所述，这次发言共采用了4种总结方式。由此看来，很多会议上，会议领导者都有可能会采取多种方式对会议进行总结，具体采用什么样的发言方式，只需根据实际情况确定即可。

（三）评价性发言提纲

评价性发言有3种类型：一是对下级工作方面的评价发言，要坚持客观公正的原则；二是对同级单位、部门或个人工作方面的评价发言，要坚持实事求是的原则；三是下级单位对上级单位工作的评价发言，要坚持立足实际、面向未来的原则。本书重点介绍第三种类型。准备这类发言有3点要求，即站位要高、结构要清晰、逻辑性要强。对上级工作进行评价同样需要坚持实事求是的原则，不能过于褒奖，要做到言之有物、言而有据。

写作范例 104：

在 ×× 公司工作会议上的发言

×××

（×× 年 × 月 × 日）

×× 同志，各位领导：

在我们认真总结党史学习教育成果、全面学习贯彻集团公司工作会议精神的重要时刻，中油技服第一时间召开 ×××× 年工作会议，充分体现了中油技服公司党委全面贯彻新发展理念、服务和融入新发展格局的坚定信念，体现了中油技服公司党委服务集团公司油气资源战略、全力保障油气增储上产降本的坚决行动，充分体现了中油技服公司党委推进高质量协同发展、加快建设一流示范企业的坚强意志。

会上，×× 同志所作报告，站位高、定位准、谋事实，具体体现在“三个特别”上：一是对过去一年成绩总结特别务实，催人奋进。报告围绕油田技术服务业务大事要事和重点工作成效两个层面，对过去一年工作进行了全面系统总结，精彩纷呈、亮点突出，彰显了“一体两面”职责定位，体现了各成员企业的责任担当。二是对当前发展形势研判特别清晰，居安思危。报告创新性地在把握“时与势”、应对“危与机”、认清“优与劣”、统筹“破与立”中分析形势、找准策略，体现了辩证思维、系统观念，进一步增强了我们克服困难、战胜挑战的责任感、使命感和紧迫感。三是奋力谱写高质量协同发展新篇章的战略部署铿锵有力，引领发展。报告提出“安全、合规、效率、效益”八字工作方针，继续大力实施“创新、市场、低成本、一体化”战略，从服务保障、创新驱动、价值创造、深化改革、安全发展、党的建设等六个方面，对全年工作进行了具体安排，体现了新发展理念的要求，符合中油技服实际和各成员企业发展需要，具有很强的创新性、针对性和指导性，是一份目标清、任务明、措施硬的“施工图”和任务书。

纲举才能目张。这次会议对促进中油技服和成员企业高质量发展，加快建设世界一流企业步伐具有重要意义。我们将深入贯彻此次会议精神，认真落实集团公司党组和技服党委工作部署，锚定“世界一流”目标，乘势而上、顺势而为，不断推动各项工作再上新台阶，为建设一流示范企业作出新的更大贡献。

第三节 会议记录

会议记录同会议纪要都源于会议，是会议的实录性文书。会议记录没有固定的格式，在不违背会议记录的真实性、完整性、可追溯性的原则基础上，各企业可自由选择会议记录的格式。

一、会议记录的特点

（一）真实性

会议记录是会议内容的真实记录，记录人员不能随意进行加工，也不能过度提炼。换句话说，会议怎么开的就怎么记录，记录人员没有改造权。尤其是发言人的观点不能增添或删减，不能张冠李戴，不能移花接木。

（二）完整性

会议记录的各要素必须齐全完整，包括时间、地点、出席人、列席人、缺席人、主持人、记录人、会议议题名称、发言人、发言内容等，不能有缺项漏项。

（三）可追溯性

会议记录是会议情况和内容的原始记录，是未经加工整理、可追溯的原始记录。在这方面，会议记录与会议纪要、会议通讯有着很大的区别。尽管会议纪要、会议通讯也是真实的，但毕竟是经过了一定整理的文稿，在原生态、追溯性方面弱于会议记录。

二、会议记录的写作要点

（一）标题部分

会议记录标题一般由“会议名称+文体名称”组成。比如、《党委会记录》《执行董事办公会记录》《×× 专题会议记录》等。

（二）会议要素

1. 会议时间

要写明年、月、日，上午、下午或晚上，以及具体时间。比如，“2022 年 10 月 8 日上午 8:30”“2022 年 11 月 12 日 14:00”。

2. 会议地点

要写明会议的具体地点、具体会议室。比如，“石油大厦 A0403 会议室”“石油科技交流中心 D 座 306 会议室”。

3. 主持人的职务和姓名

要写明主持人的职务、姓名，如果是企业内部的会议，主持人职务前可以不加“公司”或公司名称，内部会议可只写姓名。比如“执行董事、党委书记 ×××”“公司总经理 ×××”。如果会议内容涉及其他单位或部门，抑或是由集团公司领导主持召开的会议，主持人职务前要写明单位或部门名称。比如，“集团公司党组成员、副总经理 ×××”“×× 公司执行董事、党委书记 ×××”。

4. 出席人

会议的性质、规模和重要程度不同，对出席人的记录详略程度也不同，如果是企业党委会、执行董事办公会等会议，必须将出席人员一一列出；如果是职代会、党代会等规模大、程序多的会议，可只记录主席团成员，其他的分类分组写明人数即可。如果出席人涉及上级部门和有关单位、部门的高级别专题会议，要将所有出席会议人员的职务、姓名一一列出，其他有关人员可以分类列出。

5. 列席人

会议的性质、规模和重要程度不同，对列席人的记录详略程度也不同，具体可参照出席人的记录方法。

6. 缺席人

比较重要的会议，像党委会、执行董事办公会、总经理办公会以及高级别的专题会议，如有重要人物缺席，应作出记录。

7. 记录人

在会议记录中，记录人的姓名要作出记录。

（三）会议内容

这部分重点记录的是会议的主题、目的、议题名称、与会人员发言、会议表决、议定事项和领导讲话等内容。这部分内容的记录要符合真实性、完整性和可追溯性原则。

三、会议记录的写作范例

会议记录没有固定的模板，记录形式多种多样。本书所提供的写作范例仅是其中的一种形式，仅供大家学习参考。切记，无论记录形式是哪一种，都必须按照会议的程序进行正向顺序记录，不能自行调整、更换、遗漏任何一个重要环节，会议记录的要素必须齐全，会议记录的内容必须真实准确。

写作范例 105：

×× 公司 ×× 会议记录

会议时间：×× 年 × 月 × 日 ×：×

会议地点：×× 大厦 ×× 会议室

出席人员：×××、×××、×××、×××

缺席人员：×××

列席人员：×××、×××、×××、×××

主 持 人：

记 录 人：

会议内容：

议题一：××××××。

发言人 1：发言内容。

发言人 2：发言内容。

……

议题二：××××××。

发言人 1：发言内容。

发言人 2：发言内容。

……

主持人（会议最高级别领导）讲话：讲话内容。

第七章 常用礼仪类文书写作

礼仪文书是为礼仪目的或在礼仪场合使用的文书。礼仪文书包括贺信、感谢信、表扬信、慰问信、请柬、名片、喜报、祝酒词、祝寿词、礼笺、对联等。在这里，我们指的是礼仪方面的外交文书和对外文书，是常用的应用写作文体之一。礼仪文书，应当准确、适当地表达出礼仪上的要求，根据不同的时机和对象，力求把文稿写得恰如其分、恰到好处。有时候，还可根据具体情况写出一定的实质内容，以便使礼仪文书达到更好的效果。文书中涉及的时间、地点和其他有关资料，均应经过核对，做到翔实可靠。不应把礼仪文书仅仅视为“应景文章”，简单抄袭套用现成的格式，以致成了“打官腔、不能用”的文书。

第一节 贺信（词）

贺信与贺词是企业常用的礼仪类公文，有的企业制定实施了相应管理办法，运用效果非常好，得到了相关单位的一致认同。贺词通常用于重大活动开幕、重要节日庆典庆祝等方面，比如新年贺词（致辞），起到鼓舞士气、面向未来的作用。

一、贺信

贺信是表示祝贺、赞颂的函件，一般用于上级单位对作出重要成绩和卓越贡献的集体或个人表示祝贺。进入新时代，贺信已成为企业不可或缺的礼仪文书，重在鼓舞和引导广大干部员工干事创业，服务国家和社会经济发展。

（一）贺信的写法要点

贺信通常由标题、称谓、正文、落款等部分组成。下面逐一简要介绍每部分的写作要点。

标题，通常有 4 种写法：第一种写法是《贺信》，只有醒目的“贺信”

两个字；第二种写法是《×× 公司贺信》，明确是谁发出的贺信；第三种写法是《给 ×× 公司的贺信》，明确是发给谁的贺信；第四种写法是《×× 公司给 ×× 的贺信》，明确是谁给谁发的贺信，这种写法通常是发给集体或基层队伍的贺信。目前，企业采用第二种写法的居多。

称谓，是接受贺信的单位、集体名称或个人姓名。如果是给某会议或重要活动发去的贺信，则只写会议或活动名称。这里的称谓和公文的主送单位一样，都要在标题下面另起一行顶格写。

正文，通常分为开头、主体和结尾三部分。开头，要用简练的语句写出祝贺的理由，表示祝贺。通常采用“欣闻你公司……特向你公司表示祝贺！”“值此……之际，谨代表……向……表示热烈祝贺”等简洁明了的语句。主体，由于祝贺对象的不同，主体内容与措词也有很多不同的地方。如果是祝贺下级单位（集体或个人）取得了突出成绩，在主体里就要充分肯定和热情赞扬对方取得的成绩和意义。如果是祝贺会议或重要活动，在主体里就要侧重说明会议召开的重要意义和深远影响。结尾，就是写希望、鼓励、祝愿或要求方面的内容，通常采用“希望你们再接再厉……为推动公司发展取得新的更大贡献！”“祝愿（预祝）大会取得圆满成功！”等语句。

落款，在正文的右下方写上祝贺单位的名称或个人姓名，并写明日期。

（二）贺信的写作要求

1. 富有感情色彩

贺信是上级单位发出的表示祝贺的文件，体现上级单位对下级单位的高度重视，用词要富有感情色彩，用语要饱满、充沛、真挚，给人以鼓舞、希望、褒扬之感。

2. 坚持实事求是

贺信中肯定成绩要实事求是、客观评述，既要热情赞扬下级单位所取得的成绩，又不能过于夸大使对方感到不安。

3. 要求语言简练

贺信的用语要凝练、简洁，避免陈词滥调、敷衍了事。贺信的篇幅一般不宜过长，读起来要琅琅上口。

（三）贺信的写作范例

写作范例 106:

贺 信

东方地球物理勘探有限责任公司：

欣闻你公司投资并参与研发设计的全球首艘大型浅水海底节点（OBN）特种勘探船“BGP INNOVATOR”号，在大连造船厂完成建造并顺利下水，央视新闻频道进行了展播，广大工程技术干部职工备受鼓舞，特向你们表示祝贺。

你公司站在推动中国石油海洋 OBN 业务高质量发展的战略高度，结合海底节点勘探技术需求，提前谋划实施、推动建造完成目前全球唯一一艘浅水大型 OBN 特种勘探船。该船同时具备综合导航、震源激发、节点收放、数据采集和质量控制等一体化作业能力，低达 5 米的“浅吃水”设计满足了浅水、深水不同区域作业需求，为实现沿海地区高精度地震勘探提供了新的装备和技术利器，填补了全球同类区域海上勘探装备空白。

希望你公司陆海并进、协同发展，继续做好“BGP INNOVATOR”号勘探船生产试验，尽快投入使用，抢占先机、赢得主动、放大优势，牢牢站稳海洋 OBN 市场，进一步夯实全球行业领先地位，为集团公司建设世界一流企业作出新的更大贡献！

中国石油集团油田技术服务有限公司

2022 年 4 月 28 日

写作范例 107:

贺 信

ADNOC 项目全体参战单位和海外一线全体将士：

欣闻 ADNOC 海上项目 OBN 队—252 队在阿联酋当地时间 1 月 21 日 0 时 0 分成功开炮生产，比计划提前 10 天。这个喜讯让人倍感振奋，为你们自豪，为你们骄傲！我谨代表公司党委和公司向大家表示热烈的祝贺，并致以亲切的慰问和崇高的敬意！

ADNOC陆海三维项目是目前全球最大的连续三维地震勘探项目，是习近平主席访问阿联酋的重要成果之一，更是CNPC和ADNOC两家油公司积极推进油气领域战略合作的重大成果，对于中阿两国共同参与和推动“一带一路”建设具有里程碑意义。

成功中标这一重大项目，让公司上下群情振奋，但保证项目按时启动、成功运作面临着前所未有的挑战和困难。公司将该项目列为“天字号”工程，成立了公司领导小组，每周召开项目协调推进会，包括海上项目实施主体海洋物探处、ADNOC海上项目组在内的广大将士，充分发扬“困难面前有我们，我们面前没困难”的顽强作风，坚持全天候保障，协调资源、狠抓质量、严控风险，举公司之力确保了项目成功启动和顺利实施。

千淘万漉虽辛苦，吹尽狂沙始到金。希望ADNOC项目所有参战单位，特别是海洋物探处及ADNOC海上项目组，坚定信心、不辱使命，打造中国品牌、树立中国形象，为中阿两国友好合作、为中国石油物探事业发展作出新的更大贡献！

×××（签发人）

××年×月×日（后空4格）

二、贺词（致辞）

贺词是表示庆贺的应用文章，属于礼仪文书，通常用于重大节日、重要会议等场合，用以表达美好祝愿。每年备受亿万民众所关注的是国家主席在新年前夕发表的新年贺词。国家主席发表的新年贺词是国家向全国各族人民表达祝福、鼓舞民众、宣传本国政策主张、传播塑造国家形象的重要形式，往往蕴含着对国家发展的企盼、对社会发展的期许和对民众幸福的承诺。除了国家层面，各级党政机关、人民团体、企事业单位都可以发表新年贺词，不同层面的新年贺词侧重点也不同，除了表达祝贺和祝愿，基本都会涵盖对过往一年的总结和对新的一年的展望。

经典欣赏：

国家主席习近平发表二〇二二年新年贺词

新华社北京 12 月 31 日电 新年前夕，国家主席习近平通过中央广播电视总台和互联网，发表了二〇二二年新年贺词。全文如下。

大家好，2022 年即将到来。我在北京向大家致以新年祝福！

回首这一年，意义非凡。我们亲历了党和国家历史上具有里程碑意义的大事。“两个一百年”奋斗目标历史交汇，我们开启了全面建设社会主义现代化国家新征程，正昂首阔步行进在实现中华民族伟大复兴的道路上。

从年头到年尾，农田、企业、社区、学校、医院、军营、科研院所……大家忙了一整年，付出了，奉献了，也收获了。在飞逝的时光里，我们看到的、感悟到的中国，是一个坚韧不拔、欣欣向荣的中国。这里有可亲可敬的人民，有日新月异的发展，有赓续传承的事业。

7 月 1 日，我们隆重庆祝中国共产党成立一百周年。站在天安门城楼上感慨系之，历史征程风云激荡，中国共产党人带领亿万人民经千难而百折不挠、历万险而矢志不渝，成就了百年大党的恢宏气象。不忘初心，方得始终。我们唯有踔厉奋发、笃行不怠，方能不负历史、不负时代、不负人民。

党的十九届六中全会通过了党的第三个历史决议。百年成就使人振奋，百年经验给人启迪。我曾谈到当年毛主席与黄炎培先生的“窑洞对”，我们只有勇于自我革命才能赢得历史主动。中华民族伟大复兴绝不是轻轻松松、敲锣打鼓就能实现的，也绝不是一马平川、朝夕之间就能到达的。我们要常怀远虑、居安思危，保持战略定力和耐心，“致广大而尽精微”。

大国之大，也有大国之重。千头万绪的事，说到底是千家万户的事。我调研了一些地方，看了听了不少情况，很有启发和收获。每到群众家中，常会问一问，还有什么困难，父老乡亲的话我都记在心里。

民之所忧，我必念之；民之所盼，我必行之。我也是从农村出来的，对贫困有着切身感受。经过一代代接续努力，以前贫困的人们，现在也能吃饱肚子、穿暖衣裳，有学上、有房住、有医保。全面小康、摆脱贫困是我们党给人民的交代，也是对世界的贡献。让大家过上更好生活，我们不能满足于眼前的成绩，还有很长的路要走。

黄河安澜是中华儿女的千年期盼。近年来，我走遍了黄河上、中、下游 9 省区。无论是黄河长江“母亲河”，还是碧波荡漾的青海湖、逶迤磅礴的雅鲁藏布江；无论是南水北调的世纪工程，还是塞罕坝林场的“绿色地图”；

无论是云南大象北上南归，还是藏羚羊繁衍迁徙……这些都昭示着，人不负青山，青山定不负人。

这一年，还有很多难忘的中国声音、中国瞬间、中国故事。“请党放心、强国有我”的青春誓言，“清澈的爱、只为中国”的深情告白；“祝融”探火、“羲和”逐日、“天和”遨游星辰；运动健儿激情飞扬、奋勇争先；全国上下防控疫情坚决有力；受灾群众守望相助重建家园；人民解放军指战员、武警部队官兵矢志强军、保家卫国……无数平凡英雄拼搏奋斗，汇聚成新时代中国昂扬奋进的洪流。

祖国一直牵挂着香港、澳门的繁荣稳定。只有和衷共济、共同努力，“一国两制”才能行稳致远。实现祖国完全统一是两岸同胞的共同心愿。真诚期盼全体中华儿女携手向前，共创中华民族美好未来。

我同外国领导人及国际组织负责人电话沟通、视频连线时，他们多次赞扬中国抗疫和为全球疫情防控所作的贡献。截至目前，中国累计向 120 多个国家和国际组织提供 20 亿剂新冠疫苗。世界各国风雨同舟、团结合作，才能书写构建人类命运共同体的新篇章。

再过一个多月，北京冬奥会、冬残奥会就要开幕了。让更多人参与到冰雪运动中来，这也是奥林匹克运动的题中之义。我们将竭诚为世界奉献一届奥运盛会。世界期待中国，中国做好了准备。

新年的钟声即将敲响。我们的三位航天员正在浩瀚太空“出差”，海外同胞仍在辛勤耕耘，使领馆、中资企业等海外派驻人员和广大留学生仍在勇毅坚守，无数追梦人还在奋斗奉献。大家辛苦了，我向大家致以诚挚的新年问候！

让我们一起向未来！祝福国泰民安！

【经典赏析】

岁序更替，华章又新。辞旧迎新之际，国家主席习近平发表了 2022 年新年贺词。从 2022 年新年贺词中我们深深地体会到了沉甸甸的历史使命与铿锵期待。品读习近平主席的贺词，感受最深的就是中国成就、中国温暖、中国生态、中国故事与中国担当。

（一）新年贺词（致辞）

新年贺词（致辞）是企业主要领导在新春来临之际向全体干部职工，

以及支持本企业发展的群体表达美好祝福的应用文体，主要起到展示工作业绩，宣传治企理念，凝聚发展信心的作用。新年贺词一般在公开媒体面向系统内或社会公开发表。

1. 新年贺词的写作要点

新年贺词的正文由开头、主体和结尾构成。

开头部分，内容包括祝福语、发布者的身份、代表的名义和祝福的对象。

主体部分，是对过去一年的总结和对新一年的计划，两方面的内容表现和结构形式可结合实际发挥，一般过去的成绩占比大于未来的计划措施。新年贺词一般比较简短，必须要用简练的语言概括过去一年的主要成绩（通常可采用概括式和分段式两种写法），不需要面面俱到。

结尾部分，是表达祝福，发出倡议。

2. 新年贺词的写作要求

立意要明确、主旨要突出。新年贺词主要就是对过去的总结和对未来的展望，围绕这两个方面展开叙述，总结成绩要抓住要点、亮点，展望未来要指明方向和目标。既要聚焦落实上级决策和企业战略部署，又要切合企业实际、回应员工关切。贺词要符合领导的语言风格和领导风格，能够折射出领导一年来的所思所虑、所言所行和所悟所盼。内容既要有高度，又要有温度。

结构要严谨、过渡要自然。要运用有层次感的结构模式，运用恰当的衔接语言使内容更有层次、更加流畅。如用于开篇的“新元肇始，万象更新”“新故相推，日生不滞”等，引出过去一年分段总结的“时代奔腾，闯关夺隘”“艰难困苦，玉汝于成”等，倡议号召前可用“九万里风鹏正举，新征程砥砺初心”“征程万里风正劲，重任千钧再出发”之类的开头。

语言要精练、虚实要结合。不同于一般的公务文书，新年贺词作为礼仪文书，可以适度抒情，但要避免废话、大话、套话、空话和虚话，运用精练概括的语言，追求简洁明确的表达效果。所谓虚实结合，是指内容安排上要有虚有实，总结收获和成绩要务实，展望未来发展的方向和目标可以务虚，不需要写出几步走和数字化的奋斗目标。

写作范例 108：

中国石油 2022 年新年致辞

新元肇始，万象更新。在这辞旧迎新之际，我向关心支持中国石油发展的各级领导、合作伙伴和各界朋友，致以衷心的感谢和美好的祝福！此时此刻，在祖国大江南北，在异国他乡，仍然有很多石油人横穿荒漠戈壁，踏过冰天雪地，辛勤耕耘，砥砺奋进。这份热爱、这种情感汇聚成奋进新时代石油事业的无穷力量，中国石油因你们而靓丽多彩！

时代奔腾，闯关夺隘。世纪疫情冲击，百年变局加速演进，我们以习近平新时代中国特色社会主义思想为指导，在党中央、国务院的坚强领导下，贯彻新发展理念，融入新发展格局，坚决保障国家能源安全，啃“硬骨头”、涉险滩，推动改革发展进入新境界，经营业绩创造新的里程碑，实现“十四五”良好开局。

这一年，喜迎党的百年华诞，我们听党话、跟党走，始终以党的旗帜为旗帜，以党的方向为方向，以党的意志为意志。我们扎实推进党史学习教育，深入学习贯彻习近平总书记“七一”重要讲话和党的十九届六中全会精神，深刻领会“两个确立”决定性意义，增强“四个意识”、坚定“四个自信”、做到“两个维护”。举办高质量发展大讲堂，激励大家见贤思齐、创先争优；开展“我为员工群众办实事”活动，把广大员工和人民群众最急迫、最期盼的事情放在心坎上；开通党组信箱，架起服务基层“连心桥”；构筑网上“红色阵地”，“铁人先锋”共绘百万石油人网上网下“同心圆”。我们永葆初心、牢记使命，把兴油报国的事业推向前进，坚决做党和国家最可信赖的骨干力量。

这一年，我们聚焦主责主业，奋力能源强国建设，国内外油气产量、国内新增探明油气储量、天然气产销量、乙烯产量等主要指标均创历史新高。油气勘探捷报频传，国内油气生产再创新纪录，主力油气田持续上产，海外勘探开发稳中有增，3 个“一亿吨”基础更牢、底气更足。炼化转型升级走稳走实，油气销售走精走细，服务保障走深走心，产供销协同发力，2 套乙烷制乙烯示范工程竣工投产，广东石化等一系列重大工程有序推进，一场场保供硬仗温暖了万千家。能源的饭碗必须端在自己手里，我们一步一个脚印，保障国家能源安全交出新答卷。

这一年，我们矢志科技创新，把创新作为第一战略，着力高水平科技自立自强，努力建设国家战略科技力量和世界能源与化工创新高地。坚持“四个面向”，发力关键核心技术攻关，召开科技与信息化创新大会，发布十大科技创新成果，支撑当前、引领未来。尊重知识、尊重人才、尊重创造，老老实实搞科研、清清白白做学问，把科研论文写在井场、车间、库站，把创新动能注入火热的石油生产一线，24名院士、247名企业首席技术专家、3万余名科研人员，成为科技创新的领路先锋和骨干力量。我们专注、坚持、求真，向科技创新要答案，为人民幸福赋新能。

这一年，我们加速绿色转型，着力奉献清洁能源，呵护绿水青山。紧跟低碳发展行动的时代潮流，清洁替代、战略接替、绿色转型三步走，加快构建多能互补新格局。聚焦新能源新材料新业务，成立上海、深圳、迪拜3家研究院，“油气氢电非”多路并进、多点开花。与寒潮赛跑，让温暖相随，雄安新区等地热供暖跑出发展加速度，来自地下的“热”爱撒满未来之城；多座加氢站亮相北京冬奥，“氢”情赋能绿色奥运，为美丽中国加油。

这一年，我们弘扬伟大精神，始终保持干事创业的“精气神”，唱响新时代劳动者之歌。有很多的人和事让我们记忆深刻：一辈子只做一件事的央企楷模伏喜胜、扎根雪域高原的全国脱贫攻坚先进个人梁楠郁、“把红旗一直扛下去”的1205钻井队现任队长张晶、勇闯“无人禁区”的物探博士夫妻赵博和郑晓丽……他们身上展现出的石油精神和大庆精神、铁人精神，始终团结凝聚百万石油人敢于面对困难、敢于坚忍不拔、敢于攻坚啃硬。

九万里风鹏正举，新征程砥砺初心。2021年，我们步履坚定，稳的基础更加牢靠，变的应对更加从容，进的信心更加坚定，干的劲头更加昂扬。新的一年，让我们更加紧密地团结在以习近平同志为核心的党中央周围，立足“两个大局”，胸怀“国之大者”，稳中求进，苦干实干，夯基础、强管理、促提升，开创高质量发展新局面，为建设能源强国勇毅前行，以优异成绩迎接党的二十大胜利召开！

×××（签名）

××年×月×日（后空4格）

写作范例109：

东方物探2022年新年贺词

同志们、朋友们：

新故相推，日生不滞。值此辞旧迎新之际，我谨代表公司党委、公司，向一年来辛勤奉献在各个岗位的广大干部员工，向一如既往支持公司发展的离退休老同志、员工家属和院区居民，致以亲切的慰问和崇高的敬意！向长期以来关心和支持公司发展的各级领导、合作伙伴和各界朋友，致以诚挚的感谢和美好的祝福！

2021 年是中国共产党百年华诞，也是公司加快建设世界一流企业、奋进高质量发展的关键一年。面对复杂多变的外部环境和跌宕蔓延的新冠疫情，公司领导班子和大家一道，以只争朝夕的使命感、责任感、紧迫感，以坚刃不拔的意志、顽强拼搏的作风，创造了一系列令人振奋的工作业绩，交出了一份让员工满意、让集团党组认可的优异答卷。

这一年，我们瞄准标杆定位，加快推进世界一流企业建设。开年伊始，我们以“志存高远，率先打造世界一流企业”为主题，在集团公司高质量发展大讲堂作首场专题报告。7 月，公司被国务院国资委遴选为对标世界一流管理提升标杆企业。我们以此为契机，锚定一流目标，突出创新驱动，强化提质增效，凝聚全员“永不服输、勇争一流”的奋进力量，推动经营业绩再创历史新高。全年市场、收入持续向好，利润实现大幅增长，连续 7 年保持物探行业第一位。

这一年，我们立足找油找气，坚定履行保障能源安全责任使命。聚焦“五油三气”六大盆地，加大物探技术攻关力度，深入实施“处理解释技术提升年”活动，强化新区新领域研究，推进地震地质工程一体化，有力推动了油气战略性大突破、大发现，集团公司国内外重大油气发现参与率始终保持 100%。特别是公司独立提交的满深 1 井、米探 1 井、青探 1 井等取得重大成果，充分彰显了找油找气主力军的地位和价值。

这一年，我们强化创新驱动，着力实现高水平科技自立自强。创新科研机制，打造 10 个“共建、共享、共赢”示范工程，形成了一大批高水平技术成果。GeoEast 软件、海洋勘探核心装备等实现重要突破，国家技术创新中心申建取得实质性进展，eSeis 节点、EV56 可控震源、uDAS 光纤传感仪亮相国家“十三五”科技创新成果展，公司被集团公司评为“科技创新型企业”，技术竞争力和品牌影响力迈上了新台阶。

这一年，我们聚焦提质增效，奋力推动高质量发展迈出新步伐。坚持把市场作为“生存之基”，创新疫情下的市场营销模式，临近岁末在 9 个国家再获 5.2 亿美元价值工作量，全年中标海外超亿元合同 15 个，投标中标率达到 78%。我们倍加珍惜每一个项目，高效集结队伍，创新生产组织，在保障项目“零疫情”的同时，创造了 ADNOC 海洋 OBN、四川山地、长庆黄土塬等项目提速提效新纪录，筑牢了公司高质量发展的坚实根基。

这一年，我们坚持强根铸魂，广泛凝聚率先打造世界一流企业的磅礴力量。深入学习贯彻习近平新时代中国特色社会主义思想，扎实开展党史学习教育，全面宣贯党的十九届六中全会精神，大力弘扬伟大建党精神，团结带领广大干部员工以史为鉴、开创未来。公司党史学习教育工作得到中央指导组和集团公司指导组高度评价，建党百年丛书入选全国国有企业党的建设工作会议5周年成果展，基层党建典型做法走进中央党校课堂，国有企业独特优势更加凸显。

艰难方显勇毅，磨砺始得玉成。回首难忘的一年，我们深刻认识到：越是伟大的事业，越充满艰难险阻，越需要伟大精神作指引。回首难忘的一年，我们深刻体会到：没有等出来的辉煌，只有拼出来的精彩，必须真抓真干，牢牢把握发展的主动权。回首难忘的一年，我们深刻感受到：公司好大家才能好，大家好事业才能发展，全力以赴为事业谋发展、全力以赴为员工谋幸福，始终是我们的初心所系，更是力量所在！

征程万里风正劲，重任千钧再出发。新的一年，让我们以习近平新时代中国特色社会主义思想为指引，踏着时代的节拍，迈着坚定的步伐，击鼓催征、奋楫扬帆，用“过了一山再登一峰，过了一沟再越一壑”的苦干实干，向着建设世界一流地球物理技术服务公司的宏伟目标奋勇前进，努力创造出无愧于时代的辉煌业绩，永远做党和国家最可信赖的找油找气先锋。

最后，衷心祝愿大家新年快乐、身体健康、工作顺利、阖家幸福！

×××（签名）

××年×月×日（后空4格）

写作范例110：

渤海钻探工程公司2021年新年献辞

公司广大员工及家属同志们：

岁序更替，华章日新。在这美好的新年里，我谨代表渤海钻探公司党委、公司，向全体干部职工及家属致以美好的祝愿，向退休老同志们致以诚挚的问候，向关心和支持渤海钻探发展的各级领导和各界朋友们致以衷心的感谢！

艰难困苦，玉汝于成。刚刚过去的2020年，虽荆棘满途、千难万险，但在习近平新时代中国特色社会主义思想的指引下，在集团公司和中油油服的坚强领导下，渤海钻探公司党委、公司团结带领全体干部职工，坚定信心、沉着应对，砥砺前行、承压奋进，取得了极为不易、令人振奋的工作业绩，为“十三五”画上了圆满的句号。检视这份成绩单，辛苦中透着丰收的喜悦：

回首2020年，我们倍感艰辛。新冠疫情、油价暴跌、海外制裁、投资骤减……黑天鹅与灰犀牛事件频出，困难和挑战倍增。面对严峻形势，我们不退缩、不等靠，弘扬“四特精神”，始终一往无前，克服千难万阻推进疫情防控和复工复产，踏遍千山万水抢占市场份额，千方百计推进提质增效。这一年，我们比以往任何一年干得都难，比以往任何一年付出更多。

回首2020年，我们倍感欣慰。耕耘虽然艰辛，付出终得回报。我们圆满完成了年度创收任务，超额完成了经营考核指标。精益管理管出了效率效益，“淘金行动”淘出了“真金白银”，改革调整激发了动力活力，党建引领能力持续增强。这一年，我们用实绩证明，渤海钻探有能力应对任何困难和挑战。

回首2020年，我们倍感自豪。国内外部市场收入逆势增长，“两大重器”攻关取得显著成效，施工能力实现持续提升，一批高指标、高产井在行业市场彰显了渤钻实力，一批技术能手在竞技场上展现了渤钻风采。这一年，我们用实力证明，渤海钻探的队伍是一支善打大仗、敢打硬仗、能打胜仗的铁军。

回首2020年，我们倍感幸福。疫情防控实现“双零”目标，海外职工完成全部轮休，安全环保保持态势平稳，员工收入得到很好保障，干部员工队伍心齐气顺，企业发展大局和谐稳定。这一年，我们用行动履行了“发展以人为本，成果惠及全员”的庄重承诺。

这份成绩单来之不易，凝聚着全体干部职工的心血和汗水，饱含着全体干部职工的智慧和奉献，公司党委、公司向大家致谢，为大家喝彩，给大家点赞。

新故相推，日生不滞。时间的脚步永不停歇，奋斗的脚步也永不停歇。2021年是“十四五”的开局之年，也是发展形势复杂严峻、经营压力持续加码的一年，我们唯有以担当致敬担当，以奋斗接力奋斗，方能破浪前行、开创新局。新的一年，我们要高举习近平新时代中国特色社会主义思想伟大旗帜，深入学习党的十九大和十九届历次全会精神，坚定不移贯彻新发展理念，认真落实集团公司和中油油服各项决策部署，坚持党的全面领导，坚持稳中求进总基调，以推动高质量发展为主题，以创新为驱动，以安全为保障，一手抓市场开发创收创效，一手抓精益管理提质增效，苦干、实干、拼命干，在新的一年展现新作为、谱写新篇章，以优异成绩向党的百年华诞献礼！

衷心祝愿渤海钻探的发展一年更比一年好！

衷心祝福公司全体干部职工新年快乐、幸福安康！

×××（签名）

××年×月×日（后空4格）

（二）会议贺词（致辞、贺信）

会议贺词是祝贺重大会议召开的一种礼仪文书。非常重要的会议还有贺信（电）。企业需要举办很多国内和国际上的大型会议，大多是在会议现场宣读致辞或发言。所以，一定要设身处地站在受众的角度去谋篇布局，感情要真挚，用词要准确，篇幅要简短，读起来琅琅上口、铿锵有力，虽然简短但内涵丰富，能对被祝贺对象的成绩予以肯定，对他们的发展予以鼓励、形象以塑造。

1. 会议贺词的写作要点

会议贺词通常由标题、称谓、正文、结尾等四部分组成。

标题，有多种写法，可以只写《贺词》，也可以写明发表人或制发机关与祝贺对象名称，如《××大学致中国××学会第×届学术年会的贺词》。如果是在会议现场宣读，则可以写成《在××××发布会上的发言》。

称谓，写明接受祝贺的对象即可。

正文，通常包括开头、主体、结尾三部分。开头，要说明祝贺的缘由以及致辞者的身份（代表个人或代表集体），并表示敬意、祝愿或感谢。主体在不同种类的贺词中，内容也有所不同。会议性的贺词，主体部分要写明会议的意义。

结尾要表示祝愿，有时还可表示鼓励与期望。

2. 会议贺信的经典学习

2019年9月26日，在大庆油田发现60周年之际，习近平总书记发来贺信，国务院发来贺电，让百万石油员工倍感自豪，深受激励和鼓舞。当天，大庆油田发现60周年庆祝大会举行。会上宣读了习近平的贺信和国务院的贺电。此外，这次庆祝大会还安排了致辞、发言和领导讲话。如果有幸参与这么隆重的会议的筹备工作，就有机会学习到贺信、贺电、致辞、发言、讲话和主持词等多种应用文体知识。像企业党员代表大会，上级党组织和主管部门有时也会发贺信，表示祝贺，并提出希望。

习近平总书记致大庆油田发现60周年的贺信全文如下。

习近平致大庆油田发现60周年的贺信

值此大庆油田发现60周年之际，我代表党中央，向大庆油田广大干部职工、离退休老同志及家属表示热烈的祝贺，并致以诚挚的慰问！

60年前，党中央作出石油勘探战略东移的重大决策，广大石油、地质工作者历尽艰辛发现大庆油田，翻开了中国石油开发史上具有历史转折意义的一页。60年来，几代大庆人艰苦创业、接力奋斗，在亘古荒原上建成我国最大的石油生产基地。大庆油田的卓越贡献已经镌刻在伟大祖国的历史丰碑上，大庆精神、铁人精神已经成为中华民族伟大精神的重要组成部分。

站在新的历史起点上，希望大庆油田全体干部职工不忘初心、牢记使命，大力弘扬大庆精神、铁人精神，不断改革创新，推动高质量发展，肩负起当好标杆旗帜、建设百年油田的重大责任，为实现"两个一百年"奋斗目标、实现中华民族伟大复兴的中国梦作出新的更大的贡献！

习近平

2019年9月26日

3. 会议贺词（致辞）的写作范例

写作范例111：

在国际研讨会开幕式上的致辞

××××

（××××年××月××日）

各位来宾，女士们、先生们、朋友们：

大家上午好！在这个清风送爽、丹桂飘香的金秋十月，美丽的海河之畔，迎来了参加中油技服公司2019年国际研讨会的各位来宾。我谨代表中国石油对研讨会的召开表示热烈祝贺！向前来参加研讨会的各位来宾、各位同行表示热烈欢迎，并致以美好的祝愿！

“钻头不到，油气不冒”。油田技术服务在油气田勘探开发中具有至关重要的作用，事关油气田整体勘探开发效果。当前，在全球油气上游投资止跌回升、油服行业进入复苏上升期的有利形势下，油气勘探开发的复杂程度也在不断增加，风险和难度明显加大。如何进一步提升油田服务技术水平，破解油气田勘探开发中面临的各种难题，既是中国石油发展面临的紧迫任务，也是世界各国油气企业高质量发展的共同关切。

中国石油始终把油田技术服务业务作为产业链上的重要环节，不断加大科技创新力度，形成了一批创新理论和具有自主知识产权的新技术、新产品。在油田技术服务领域，自主研发的系列自动化钻机、宽频高精度可控震源、GeoEast 物探解释处理软件、深井超深井安全高效钻井等一大批重大装备、关键软件、先进技术应用取得重大进展，已成为国内外油气勘探开发的重要利器，成功完成了 ×× 天然气开发、×× 油田开发等一大批一体化项目。

作为中国石油全资子公司的中油技服，始终满怀激情，秉承“成就甲方才能成就自己”的理念，不断提升“发现和保护油气藏、识别和评价油气藏、改造油气藏和提高单井产量、提高油气藏动用率和采收率”4 种能力，持续为客户创造价值，业务遍及全球 50 多个国家，为 300 多个客户提供优质服务，得到了各国业主广泛认可，业已成为全球产业链最完整、规模最大、技术发展日益加快的综合性油田服务公司之一。

中油技服的发展，始终坚持世界眼光、国际标准、高点定位、石油特色。本次研讨会是中油技服成立以来举办的第一届国际研讨会，旨在搭建石油工程技术交流平台，聚焦油气田勘探开发一体化解决方案，展示油服领域最新技术成果，为国内外油气田开发和增储上产提供优质的服务和可靠的技术保障，更在于进一步拉近企业间友好合作的距离，共赢未来发展。

女士们、先生们、朋友们，有了你们的热情参与，此次会议必将成为一次高级别、高水准的精彩对话。愿我们进一步深化交流与合作，增进了解和友谊，共同为未来能源发展挥洒激情、贡献力量！

最后，感谢大家长期以来对中油技服的支持与帮助，预祝研讨会圆满成功！同时祝愿各位朋友能在天津、在中国度过愉快的时光！谢谢大家！

写作范例 112:

在国际研讨会闭幕式上的致辞

××××

(×× 年 × 月 × 日)

各位来宾，女士们、先生们、朋友们:

大家下午好!

通过各位嘉宾和工作人员的共同努力，中国石油第 × 届油田技术服务国际研讨会顺利完成各项议程，取得圆满成功！在此，我谨代表中油技服向各位嘉宾致以诚挚的谢意！向各位工作人员致以深深的敬意!

本届研讨会共有来自 ×× 个国家 ×× 名外籍嘉宾参会，总参会人数近 ×× 名，发布交流材料 ×× 篇，展出电子、实物、沙盘、模型等展品 ×× 件，是一场高级别、高水准的盛会，集中展示了中油技服全产业链优势和综合一体化实力，深入了解了各位嘉宾所代表的资源国项目技术需求，达到了促进交流、增进友谊、加强合作、共谋发展的目的。

中油技服首届国际研讨会的成功举办，让我们对办好后续的国际研讨会充满信心、充满期待。在此，我们向各位嘉宾及所有海内外客户发出真诚邀请：希望我们很快再相约中国、相聚北京!

最后，祝愿各位来宾，身体健康、工作顺利、万事如意！我宣布，中油技服 ×× 年油田技术服务国际研讨会闭幕!

谢谢大家!

写作范例 113:

在宝石机械石油钻采新装备发布会上的发言

××××

(×× 年 × 月 × 日)

×× 书记，×× 同志，各位领导、各位专家:

今天非常荣幸参加集团公司组织的宝石机械钻采新装备发布会。会议组织周密、反响热烈，开得非常成功。在此，对宝石机械近年来装备研发制造取得的丰硕成果，以及本次发布会的成功举办表示热烈的祝贺!

刚才，我们认真观看了宝石机械系列新产品展示，包括高度集成、“一键式”的自动化钻机，小体积、大功率的电动压裂设备，高效安全的气井带压作业机，大排量、高压力的五缸钻井泵组，等等。这些新产品理念新颖、技术先进、特色鲜明，给大家留下了深刻印象。相信新产品的应用，一定会助力油田技术服务能力的提升。

近年来，按照集团公司党组要求，中油技服与宝石机械团结协作、密切配合，共同服务高效勘探和效益开发，建立了更加密切的战略合作伙伴关系。宝石机械紧密契合石油高端装备和尖端工具的迫切需求，同我们在科技攻关、产品应用、维保服务等领域不断深化合作、携手共进。自 ×× 年以来，×× 公司已累计购置宝石机械生产的深井超深井自动化钻机 ×× 部、2500 型高端压裂车 ×× 台、高压钻井泵 ×× 台、各类钻头 ×× 只、振动筛 ×× 台、气井带压作业机 ×× 台等。此外，我们还批量使用了宝石机械先进的钻井、井下部件和工具。这些高性能装备为集团公司打好深井超深井、页岩油气的勘探开发进攻战提供了“神兵利器”，为近年来的油气勘探大发现和油气开发大场面作出了重要贡献，也为 ×× 公司“四提”“四化”提供了坚实保障。这些年来，通过规模使用这些高性能产品，我们能够体会到，宝石机械在致力于打造高精尖装备方面所做出的卓越努力，全力保障了 ×× 公司重点项目实施。借此机会，我代表 ×× 公司，对宝石机械一直以来给予的大力支持表示衷心感谢！

今年是“十四五”开局之年，也是 ×× 公司高质量发展的关键一年。×× 公司瞄准建设世界一流示范企业的战略目标，以习近平新时代中国特色社会主义思想为指引，认真落实集团公司党组各项决策部署，深入贯彻新发展理念，牢牢把握“一体两面”定位，主动融入新发展格局，积极投身“七年行动计划”，不断加大工程技术攻关力度，全力保障集团公司油气增储上产。作为国际知名、亚洲最大的油田技术服务企业，×× 公司拥有超过 ×× 部陆地钻机、近 ×× 万水马力压裂车组，装备体量巨大，对高端装备、尖端工具方面的需求也非常迫切。我们希望能和像宝石机械这样的行业领先企业开展合作，共同打造油田技术服务的“大国重器”。我们可以为潜力创新装备提供广阔的“练兵场”，并能为优秀产品提供市场表现的“大舞台”。展望未来，×× 公司将大力实施装备提升工程，沿着电动化、自动化、智能化的方向笃定前行。希望在此进程中，能继续得到宝石机械的支持和帮助，深化同宝石机械的战略合作，加强沟通交流，共同推进智能钻机、电动压裂装备等项目的科技攻关。

借此机会，诚挚地感谢 ×× 同志，感谢总部部门，感谢各油气田企业，感谢中石化、中海油的领导和同仁们。谢谢你们对 ×× 公司一如既往的支持和帮助！祝愿宝石机械产品研发取得更大的突破，和我们一道紧密合作，助力集团公司上游业务的高质量发展。

谢谢大家！

写作范例 114：

在中油技服与昆仑数智战略合作协议签约仪式上的致辞

××××

（×× 年 × 月 × 日）

×× 董事长、×× 总经理，各位同志：

大家好！

今天，昆仑数智与中油技服在这里举行战略合作协议签约仪式，充分体现了昆仑数智对中油技服的高度重视和大力支持，必将有力推动双方战略合作迈上新台阶。在此，我谨代表中油技服对双方战略合作协议的签订表示热烈祝贺，并对昆仑数智一直以来给予的协助和支持表示衷心的感谢！

昆仑数智是中国石油规模最大、实力最强的信息技术支持单位，是中国石油信息化建设的主力军，肩负着“打造智能发展新平台，培育发展能源经济的新业态新模式，着力构建数字化智能化开放共享的创新生态，促进集团公司发展方式加快转变，推动能源行业和能源经济不断焕发生机活力”的光荣使命，为提升集团公司信息化整体水平发挥了重要作用。中油技服与昆仑数智自“十一五”就开始合作，在近 15 年的合作历程中取得了丰硕成果。经过双方共同努力，先后建成工程技术生产运行管理系统（A7）、工程技术物联网系统（A12）、工程技术 ERP 系统和应用集成系统（D7 和 D17）等为代表的工程技术领域信息系统，为中油技服信息化建设和应用作出了贡献。

集团公司党组高度重视信息化建设，并将信息化建设纳入“十四五”规划。今年年初，×× 董事长在集团公司工作会上强调，要“加快信息技术与业务深度融合，数字化转型、智能化发展稳步推进”。 ×× 同志在刚刚闭幕的集团公司工程技术业务暨中油技服年中工作会上强调，要“通过数字赋能，重塑管理架构和业务流程，实现生产管理过程中的精准决策、实时交互、高效共享、紧密协同，培育工程技术数字化典范。建设应用EISS系统，加强对数据的深度应用和互通共用。坚定不移抓好EISC建设，打造三级管理、四级应用体系，发挥专家在线支持作用，构建覆盖全面、支持有力的生产运行指挥平台，提升现场作业效率和业务运营效率”。这为双方深化合作明确了方向，指明了道路。

今天，我们签订战略合作协议，既是坚决贯彻集团党组决策部署、牵手共谋发展、打造利益共同体的具体体现，也是主动适应新形势新挑战，以合作提质效、以合作增优势、以合作促发展的实际行动。在当前形势下，运用市场化模式，进行跨企业间的生产要素优化组合，实现“1+1＞2”的效应是改革创新的必然趋势。在中油技服数字化转型智能化发展的关键时期，双方开展战略合作具有非常重要的现实意义。借助昆仑数智先进的理念、专业的技术和生态资源，赋能工程技术业务，推动中油技服更好更快发展。在今后的合作中，双方将始终遵循“相互支持、优势互补、共谋发展、开放共享”的理念，立足新发展阶段、践行新发展理念、构建新发展格局，共同履行好肩负的责任和使命。

我相信，这份协议的签订，是我们增进了解、深化合作的新起点，更是迈入了合作共赢、协同发展的新征程。我更坚信，在集团公司党组的坚强领导下，在双方的共同努力推动下，一定会开创出强强联合、创新发展的新天地，一定会结出转型升级高质量发展的新硕果，让我们携手并肩共同为集团公司奋进高质量发展、建设世界一流综合性国际能源公司作出新的更大贡献！

谢谢大家！

第二节 感谢信、表扬信

感谢信、表扬信是企业常用的礼仪公文。感谢信多见于不相隶属的单位之间，或下级对上级；表扬信多见于上级对下级、团体对个人。表扬信以领导机关或团体的名义，表扬所属的下级单位、集体或个人，可以在表彰大会上当场宣读，也可以通过传真、媒体发出，表达谢意，弘扬正气，表扬某种行为和精神。

一、感谢信、表扬信的写作要点

这类信件一般由标题、称谓、正文、结尾、落款等五部分组成。

标题，通常使用的形式有《感谢信（表扬信）》《致 ×× 的感谢信（表扬信）》《×× 致 ×× 的感谢信（表扬信）》等 3 种写法，其中第一种标题形式最为常见。

称谓，一般在标题下方顶格写，如 ×× 单位、×× 同志，对要感谢或表扬的单位或个人，表达感谢和敬意。

正文，感谢信和表扬信的正文写法基本一致。通常包括：概述感谢或表扬的事由，何时、何地、发生了何种事情，体现了哪些精神，作出了哪些贡献，值得感谢或表扬。表扬信还要对某单位或个人的事迹产生的意义进行客观公正的评价。

结尾，一般可以表示再次感谢或表扬，或者向对方的单位提出建议，在一定范围对先进事迹进行宣传、组织学习等。最后，可以写上“此致 敬礼”“致以最诚挚的敬意”等结束语。

落款，在右下方署上写感谢信或表扬信的单位名称或个人姓名，以单位名义发出的需要加盖单位公章，以个人名义写信的需要个人签名，并在署名下方写上成文日期。

二、感谢信、表扬信的写作要求

这类信件的正文是主体部分，构思要从具体感谢或表扬的事件出发，明确事件的重要意义和能够发挥的正向作用。

在组织素材时，首先要搞清楚整个事件的发展过程，站在接收者的角度思考问题，对素材进行必要的组织和取舍，能够突出主题的要留下，与主题关系不大或者没有关系的要坚定舍去。

写作要重点突出，情感真挚、语言平实、评价中肯，感谢和表扬要实事求是，恰如其分，不能夸大其词、弄虚造假。

要注意使用范围，符合格式规范。如果感谢或表扬许多单位或个人，一定要明确写出单位名称和个人姓名，这样既显得尊重，又能让接收单位清楚付出努力的单位和人是谁。

三、感谢信、表扬信的写作范例

写作范例 115:

感谢信

×× 公司:

在贵公司的大力协调和积极促进下，×× 公司加拿大公司（简称加拿大公司）顺利与哈里伯顿（加拿大）公司（简称 Halliburton）就都沃内 ×× 项目服务合同达成一致，为安全、平稳、高效完成都沃内项目 ×× 年 ×× 作业奠定了坚实基础。

×× 年 × 月 × 日，加拿大公司收到 Halliburton 通知。通知称，受极寒天气、新冠疫情和铁路罢工因素影响，Halliburton 将无法按授标文件为都沃内项目提供 ×× 服务。加拿大公司紧急联系了其他 ×× 服务商，这些服务商均表示无法提供相关服务。都沃内项目运转面临严峻挑战。

受集团公司副总经理 ××× 同志委派，贵公司 ××× 同志迅速与 Halliburton 联系，积极协调推动其履约服务。× 月 × 日，加拿大公司与 Halliburton 协商一致，Halliburton 承诺 × 月 × 日前为都沃内项目提供一支 ×× 队，并确保 ×× 作业安全、质量和效率。双方定于 × 月底前完成相关服务合同和订单的签订。

在此，特向贵公司给予加拿大公司的大力帮助表示衷心感谢！同时，希望未来双方在相关业务领域继续加强合作，更好地贯彻实施集团公司一体化发展战略，共同推动集团公司海外上游业务高质量发展。祝贵公司不断进步，事业兴旺！

（中间空 3 行）

发文单位名称（加盖印章）

×× 年 × 月 × 日（后空 4 格）

写作范例 116:

感谢信

×× 公司:

值此 ×× 出版社创建 ×× 周年之际，×× 出版社特向贵单位致以诚挚的感谢和祝福，向贵单位各位领导、广大员工长期以来对 ×× 出版社的支持和帮助表示衷心的感谢！

自创建以来，×× 出版社累计出版各类书籍 ×× 万种，总印量超过 ×× 亿册，深受读者的欢迎。你们的信任和支持，是 ×× 出版社争创一流、追求卓越的强大动力，是 ×× 出版社建设专业特色鲜明的一流企业的最大动力。未来，×× 出版社将继续秉承“客户至上、质量至上”的原则，充分发挥专业优势，为贵单位业务拓展、科技创新、管理变革、品牌塑造等提供更具特色的服务，共同为“端牢能源的饭碗”加油助力！

衷心祝愿贵单位在新征程上事业兴旺、大展宏图！衷心祝愿各位领导、同仁身体健康、工作顺利！

（中间空 3 行）

发文单位名称（加盖印章）

×× 年 × 月 × 日（后空 4 格）

写作范例 117：

表扬信

川庆钻探工程有限公司：

欣闻你公司圆满完成西南油气田 2021 年产能建设任务，助力天然气产量迈上 350 亿方新台阶，为西南油气田建设 500 亿方大气田奠定了坚实基础，特向你们提出表扬！

今年以来，你公司在中油技服川渝地区生产保障协调领导小组的统一领导下，严格落实《川渝地区服务保障实施方案》和“五统一、六共享”实施细则，大力推进区域资源共享，加快协调落实深井钻机、压裂车组、旋转导向等主要装备资源，统筹优化生产组织，开展“三竞赛一工程”活动，推广应用成熟配套技术，持续提升单队单机作业效率，有力保障了天然气尤其是页岩气上产任务的顺利完成，为西南油气田高效勘探、效益开发作出了重要贡献。

希望你们认真总结经验，再接再厉，充分发挥川渝地区服务保障主力军作用，勇挑重担、攻坚克难，为西南油气田建设 500 亿方大气田作出新的更大贡献。

（中间空 3 行）

中国石油集团油田技术服务有限公司（盖章）

2022 年 1 月 5 日（后空 4 格）

第三节　慰问信

慰问信是企业常用的礼仪公文，通常是上级组织向下级组织或个人表示慰问的一种专用书信，通常以组织或领导的名义向对方表示慰问、关怀和鼓励。

一、慰问信的种类

慰问信有节日慰问信、困难慰问信、贡献慰问信等多种类型，企业采用的通常是两种或三种形式的结合，如“节日 + 困难”慰问、“节日 + 贡献”慰问，一般在妇女节、五一劳动节、国庆节（一般同中秋节合并慰问）、春节等重要节日，或某种特殊状态下（灾害、事故、变故等），对相关人群表示关心、赞扬、鼓励。具体要根据不同的对象确定慰问信的内容和重点，语言要朴实、亲切、诚恳、简洁。

二、慰问信的写作要点

慰问信通常由标题、称谓、正文和落款等四部分组成。

标题，可以使用《慰问信》《给 ×× 的慰问信》《×× 致 ×× 的慰问信》等三种形式，我们通常使用第一种形式居多。

称谓，另起一行顶格写上接收者的名称或姓名称呼，后加冒号。如果是写给个人的，应在姓名之后，加上“同志”“先生”等字样，后加冒号。如“××× 同志：”“××× 先生：”。

正文，另起一行空两格写慰问的内容。正文通常由开头（发文目的）、慰问缘由或慰问事项、结尾三部分构成。开头要开宗明义，写清楚发文目的，如“值此 ×× 之际，×× 公司党委（或工会），向你们表示崇高的敬意和亲切的慰问！”陈述慰问缘由，要重点叙述慰问对象的先进思想、先进事迹或战胜困难、拼搏奉献的可贵品德和高尚风格，并对慰问对象遭受的磨难或遇到的困难、遭受的损失表示高度关切，表明上级组织的态度。结尾要表达出共同的愿望和决心，最后发出号召或用慰勉与祝愿的话语作为结语，如“最后，衷心祝愿奋战在海外项目一线的广大员工及家属身体健康、平安幸福！”“让我们携手同心、守望相助、共克时艰”等。

落款，最后在右下方写上单位名称或个人姓名，署名下方写上慰问信成文日期。

三、慰问信的注意事项

要体现较强的针对性。慰问信一般是在法定节日或特殊状态下，向特定人群表示关心、慰问和鼓励。

要具有较强的感染力。慰问信感情要真挚，语言要得体，节日慰问要体现组织温暖，困难慰问要体现组织关怀，贡献慰问要体现组织重视。慰问信一定要控制篇幅，恰到好处。

不能同贺信相混淆。慰问信的写作重点在慰问缘由，要体现出特定人群作出的贡献或面对的困难。贺信重在肯定结果，对贺信发出的事件过程没有过多的要求，写明贺信发出的简要缘由即可。

四、慰问信的写作范例

慰问信的种类很多，写作方式丰富多彩。本书主要介绍两篇节日员工慰问信，供大家学习参考。

写作范例 118:

致海外全体员工的慰问信

公司全体海外员工及家属：

值此端午佳节来临之际，公司党委向你们表示崇高的敬意和亲切的慰问！向你们的家人致以诚挚的问候和美好的祝愿！向节日期间仍然坚守海外项目的员工们道一声“辛苦了”！

面对突如其来的新冠疫情和低油价形势，你们将对父母、爱人、儿女的思念深藏在心底，忍受着心理上的巨大煎熬，用大爱诠释小爱，义无反顾投身疫情防控阻击战和效益实现保卫战，为公司提质增效做出了重要贡献，以实际行动践行了石油精神和大庆精神、铁人精神。广大家属识大体顾大局，毅然挑起家庭重担，支持亲人全身心投入工作，让你们能够心无旁骛奋战一线，他们的理解和支持是这场“没有硝烟的战争”中最温暖的春风。

公司党委始终牵挂着你们的生命安全和身体健康，始终关注着你们的生产生活状态！党委领导同志多次作出专项部署，并通过视频连线、走访慰问等方式，疏解情绪、凝聚力量，千方百计确保员工生命安全和身体健康。请你们坚信，公司党委始终把维护员工利益放在首位，始终是广大海外员工和家属的坚强后盾！

大难者，唯大勇可克！这场“战役”，深刻检验着我们每个党组织、每名党员、每名员工的意志、作风和能力。目前，海外疫情防控到了紧要关头，大事难事见担当，危急时刻显本色，我们一定要按照公司党委决策部署，坚定信心、强化执行，用党委关怀、用钻探人的责任、用必胜信念打赢这场疫情防控阻击战。

千言万语，唯愿安康！让我们携手同心、守望相助、共克时艰，在疫情防控和生产经营改革发展两条战线上，筑起一道道安全坚固的屏障，为夺取“双胜利”作出应有的贡献！

最后，衷心祝愿奋战在海外项目一线的广大员工及家属身体健康、平安幸福！

（中间空 3 行）

发文单位名称（加盖印章）

××年×月×日（后空 4 格）

写作范例 119:

致全体干部员工的慰问信

致节日期间坚守在海内外生产、管理、科研等各条战线的全体干部职工：

律回春晖渐，万象始更新。值此 2019 年新春佳节到来之际，我代表公司党委、公司向节日期间坚守在海内外生产、管理、科研等各条战线的全体干部职工致以亲切的慰问和崇高的敬意！

2018 年是公司高质量发展取得辉煌业绩的一年，也是公司全体干部员工最有成就感和获得感的一年，更是大家苦干实干拼命干的一年。一年来，面对物探行业低谷带来的严峻挑战，公司上下深入贯彻习近平新时代中国特色社会主义思想和党的十九大精神，全面落实集团公司决策部署，坚定信心、持之以恒、攻坚啃硬，有效抵御了各类风险挑战，取得了远超预期的生产经营成果。收入连续4年保持全球物探行业首位，市场开发业绩创造历史最高纪录，各项工作取得新的业绩，开创了公司高质量发展的新局面。这些成绩让人鼓舞、令人振奋，饱含着公司全体干部职工的辛苦付出和艰苦努力，凝聚着每一个人的智慧和汗水。在大家的共同努力下，公司发展正在迎来最好的发展时期。

发展时不我待，机遇稍纵即逝。2019年的序幕已经拉开，公司各项工作正在紧锣密鼓地谋划和部署，开好头、起好步，事关全年工作大局。我们决不能有歇歇脚、松口气的思想，不能原地踏步、安于现状，必须一鼓作气、乘势而上，努力在新时期、新平台谋求公司更高质量的发展。

千淘万漉虽辛苦，吹尽狂沙始到金。正是为了我们共同的事业、为了企业发展和大家的共同利益，我们有52支海内外地震队在节日期间，依然坚守在野外生产一线，有许许多多的同志依然奋斗在各自的工作岗位上，以实际行动投身于物探事业，谱写着新时代物探人的奋斗者之歌。公司党委、公司不会忘了大家，更不能忘了大家，我们将竭尽所能为大家做好服务保障。衷心希望大家一如既往、立足岗位，作出卓越贡献，为公司建设世界一流企业作出新的更大贡献，以一流的工作成绩迎接新中国成立70周年！

再次向节日期间坚守在海内外生产、管理、科研等各条战线上的全体干部职工表达崇高的敬意和亲切的慰问。祝愿大家新春愉快、身体健康，一切顺利！

（中间空3行）

单位领导职务姓名

××年×月×日（后空4格）

党政机关公文处理工作条例

（中办发〔2012〕14 号）

第一章 总 则

第一条 为了适应中国共产党机关和国家行政机关（以下简称党政机关）工作需要，推进党政机关公文处理工作科学化、制度化、规范化，制定本条例。

第二条 本条例适用于各级党政机关公文处理工作。

第三条 党政机关公文是党政机关实施领导、履行职能、处理公务的具有特定效力和规范体式的文书，是传达贯彻党和国家方针政策，公布法规和规章，指导、布置和商洽工作，请示和答复问题，报告、通报和交流情况等的重要工具。

第四条 公文处理工作是指公文拟制、办理、管理等一系列相互关联、衔接有序的工作。

第五条 公文处理工作应当坚持实事求是、准确规范、精简高效、安全保密的原则。

第六条 各级党政机关应当高度重视公文处理工作，加强组织领导，强化队伍建设，设立文秘部门或者由专人负责公文处理工作。

第七条 各级党政机关办公厅（室）主管本机关的公文处理工作，并对下级机关的公文处理工作进行业务指导和督促检查。

第二章 公文种类

第八条 公文种类主要有：

（一）决议。适用于会议讨论通过的重大决策事项。

（二）决定。适用于对重要事项作出决策和部署、奖惩有关单位和人员、变更或者撤销下级机关不适当的决定事项。

（三）命令（令）。适用于公布行政法规和规章、宣布施行重大强制性措施、批准授予和晋升衔级、嘉奖有关单位和人员。

（四）公报。适用于公布重要决定或者重大事项。

（五）公告。适用于向国内外宣布重要事项或者法定事项。

（六）通告。适用于在一定范围内公布应当遵守或者周知的事项。

（七）意见。适用于对重要问题提出见解和处理办法。

（八）通知。适用于发布、传达要求下级机关执行和有关单位周知或者执行的事项，批转、转发公文。

（九）通报。适用于表彰先进、批评错误、传达重要精神和告知重要情况。

（十）报告。适用于向上级机关汇报工作、反映情况，回复上级机关的询问。

（十一）请示。适用于向上级机关请求指示、批准。

（十二）批复。适用于答复下级机关请示事项。

（十三）议案。适用于各级人民政府按照法律程序向同级人民代表大会或者人民代表大会常务委员会提请审议事项。

（十四）函。适用于不相隶属机关之间商洽工作、询问和答复问题、请求批准和答复审批事项。

（十五）纪要。适用于记载会议主要情况和议定事项。

第三章　公文格式

第九条　公文一般由份号、密级和保密期限、紧急程度、发文机关标志、发文字号、签发人、标题、主送机关、正文、附件说明、发文机关署名、成文日期、印章、附注、附件、抄送机关、印发机关和印发日期、页码等组成。

（一）份号。公文印制份数的顺序号。涉密公文应当标注份号。

（二）密级和保密期限。公文的秘密等级和保密的期限。涉密公文应当根据涉密程度分别标注“绝密”“机密”“秘密”和保密期限。

（三）紧急程度。公文送达和办理的时限要求。根据紧急程度，紧急公文应当分别标注“特急”“加急”，电报应当分别标注“特提”“特急”“加急”“平急”。

（四）发文机关标志。由发文机关全称或者规范化简称加“文件”二字组成，也可以使用发文机关全称或者规范化简称。联合行文时，发文机关标志可以并用联合发文机关名称，也可以单独用主办机关名称。

（五）发文字号。由发文机关代字、年份、发文顺序号组成。联合行文时，使用主办机关的发文字号。

（六）签发人。上行文应当标注签发人姓名。

（七）标题。由发文机关名称、事由和文种组成。

（八）主送机关。公文的主要受理机关，应当使用机关全称、规范化简称或者同类型机关统称。

（九）正文。公文的主体，用来表述公文的内容。

（十）附件说明。公文附件的顺序号和名称。

（十一）发文机关署名。署发文机关全称或者规范化简称。

（十二）成文日期。署会议通过或者发文机关负责人签发的日期。联合行文时，署最后签发机关负责人签发的日期。

（十三）印章。公文中有发文机关署名的，应当加盖发文机关印章，并与署名机关相符。有特定发文机关标志的普发性公文和电报可以不加盖印章。

（十四）附注。公文印发传达范围等需要说明的事项。

（十五）附件。公文正文的说明、补充或者参考资料。

（十六）抄送机关。除主送机关外需要执行或者知晓公文内容的其他机关，应当使用机关全称、规范化简称或者同类型机关统称。

（十七）印发机关和印发日期。公文的送印机关和送印日期。

（十八）页码。公文页数顺序号。

第十条　公文的版式按照《党政机关公文格式》国家标准执行。

第十一条　公文使用的汉字、数字、外文字符、计量单位和标点符号等，按照有关国家标准和规定执行。民族自治地方的公文，可以并用汉字和当地通用的少数民族文字。

第十二条　公文用纸幅面采用国际标准A4型。特殊形式的公文用纸幅面，根据实际需要确定。

第四章　行文规则

第十三条　行文应当确有必要，讲求实效，注重针对性和可操作性。

第十四条　行文关系根据隶属关系和职权范围确定。一般不得越级行文，特殊情况需要越级行文的，应当同时抄送被越过的机关。

第十五条　向上级机关行文，应当遵循以下规则：

（一）原则上主送一个上级机关，根据需要同时抄送相关上级机关和同级机关，不抄送下级机关。

（二）党委、政府的部门向上级主管部门请示、报告重大事项，应当经本级党委、政府同意或者授权；属于部门职权范围内的事项应当直接报送上级主管部门。

（三）下级机关的请示事项，如需以本机关名义向上级机关请示，应当提出倾向性意见后上报，不得原文转报上级机关。

（四）请示应当一文一事。不得在报告等非请示性公文中夹带请示事项。

（五）除上级机关负责人直接交办事项外，不得以本机关名义向上级机关负责人报送公文，不得以本机关负责人名义向上级机关报送公文。

（六）受双重领导的机关向一个上级机关行文，必要时抄送另一个上级机关。

第十六条 向下级机关行文，应当遵循以下规则：

（一）主送受理机关，根据需要抄送相关机关。重要行文应当同时抄送发文机关的直接上级机关。

（二）党委、政府的办公厅（室）根据本级党委、政府授权，可以向下级党委、政府行文，其他部门和单位不得向下级党委、政府发布指令性公文或者在公文中向下级党委、政府提出指令性要求。需经政府审批的具体事项，经政府同意后可以由政府职能部门行文，文中须注明已经政府同意。

（三）党委、政府的部门在各自职权范围内可以向下级党委、政府的相关部门行文。

（四）涉及多个部门职权范围内的事务，部门之间未协商一致的，不得向下行文；擅自行文的，上级机关应当责令其纠正或者撤销。

（五）上级机关向受双重领导的下级机关行文，必要时抄送该下级机关的另一个上级机关。

第十七条 同级党政机关、党政机关与其他同级机关必要时可以联合行文。属于党委、政府各自职权范围内的工作，不得联合行文。党委、政府的部门依据职权可以相互行文。部门内设机构除办公厅（室）外不得对外正式行文。

第五章 公文拟制

第十八条 公文拟制包括公文的起草、审核、签发等程序。

第十九条 公文起草应当做到：

（一）符合国家法律法规和党的路线方针政策，完整准确体现发文机关意图，并同现行有关公文相衔接。

（二）一切从实际出发，分析问题实事求是，所提政策措施和办法切实可行。

（三）内容简洁，主题突出，观点鲜明，结构严谨，表述准确，文字精练。

（四）文种正确，格式规范。

（五）深入调查研究，充分进行论证，广泛听取意见。

（六）公文涉及其他地区或者部门职权范围内的事项，起草单位必须征求相关地区或者部门意见，力求达成一致。

（七）机关负责人应当主持、指导重要公文起草工作。

第二十条 公文文稿签发前，应当由发文机关办公厅（室）进行审核。审核的重点是：

（一）行文理由是否充分，行文依据是否准确。

（二）内容是否符合国家法律法规和党的路线方针政策；是否完整准确体现发文机关意图；是否同现行有关公文相衔接；所提政策措施和办法是否切实可行。

（三）涉及有关地区或者部门职权范围内的事项是否经过充分协商并达成一致意见。

（四）文种是否正确，格式是否规范；人名、地名、时间、数字、段落顺序、引文等是否准确；文字、数字、计量单位和标点符号等用法是否规范。

（五）其他内容是否符合公文起草的有关要求。

需要发文机关审议的重要公文文稿，审议前由发文机关办公厅（室）进行初核。

第二十一条 经审核不宜发文的公文文稿，应当退回起草单位并说明理由；符合发文条件但内容需作进一步研究和修改的，由起草单位修改后重新报送。

第二十二条 公文应当经本机关负责人审批签发。重要公文和上行文由机关主要负责人签发。党委、政府的办公厅（室）根据党委、政府授权制发的公文，由受权机关主要负责人签发或者按照有关规定签发。签发人签发公文，应当签署意见、姓名和完整日期；圈阅或者签名的，视为同意。联合发文由所有联署机关的负责人会签。

第六章 公文办理

第二十三条 公文办理包括收文办理、发文办理和整理归档。

第二十四条 收文办理主要程序是：

（一）签收。对收到的公文应当逐件清点，核对无误后签字或者盖章，并注明签收时间。

（二）登记。对公文的主要信息和办理情况应当详细记载。

（三）初审。对收到的公文应当进行初审。初审的重点是：是否应当由本机关办理，是否符合行文规则，文种、格式是否符合要求，涉及其他地区或者部门职权范围内的事项是否已经协商、会签，是否符合公文起草的其他要求。经初审不符合规定的公文，应当及时退回来文单位并说明理由。

（四）承办。阅知性公文应当根据公文内容、要求和工作需要确定范围后分送。批办性公文应当提出拟办意见报本机关负责人批示或者转有关部门办理；需要两个以上部门办理的，应当明确主办部门。紧急公文应当明确办理时限。承办部门对交办的公文应当及时办理，有明确办理时限要求的应当在规定时限内办理完毕。

（五）传阅。根据领导批示和工作需要将公文及时送传阅对象阅知或者批示。办理公文传阅应当随时掌握公文去向，不得漏传、误传、延误。

（六）催办。及时了解掌握公文的办理进展情况，督促承办部门按期办结。紧急公文或者重要公文应当由专人负责催办。

（七）答复。公文的办理结果应当及时答复来文单位，并根据需要告知相关单位。

第二十五条 发文办理主要程序是：

（一）复核。已经发文机关负责人签批的公文，印发前应当对公文的审批手续、内容、文种、格式等进行复核；需作实质性修改的，应当报原签批人复审。

（二）登记。对复核后的公文，应当确定发文字号、分送范围和印制份数并详细记载。

（三）印制。公文印制必须确保质量和时效。涉密公文应当在符合保密要求的场所印制。

（四）核发。公文印制完毕，应当对公文的文字、格式和印刷质量进行检查后分发。

第二十六条 涉密公文应当通过机要交通、邮政机要通信、城市机要文件交换站或者收发件机关机要收发人员进行传递，通过密码电报或者符合国家保密规定的计算机信息系统进行传输。

第二十七条 需要归档的公文及有关材料，应当根据有关档案法律法规以及机关档案管理规定，及时收集齐全、整理归档。两个以上机关联合办理的公文，原件由主办机关归档，相关机关保存复制件。机关负责人兼任其他机关职务的，在履行所兼职务过程中形成的公文，由其兼职机关归档。

第七章 公文管理

第二十八条 各级党政机关应当建立健全本机关公文管理制度，确保管理严格规范，充分发挥公文效用。

第二十九条 党政机关公文由文秘部门或者专人统一管理。设立党委（党组）的县级以上单位应当建立机要保密室和机要阅文室，并按照有关保密规定配备工作人员和必要的安全保密设施设备。

第三十条 公文确定密级前，应当按照拟定的密级先行采取保密措施。确定密级后，应当按照所定密级严格管理。绝密级公文应当由专人管理。公文的密级需要变更或者解除的，由原确定密级的机关或者其上级机关决定。

第三十一条 公文的印发传达范围应当按照发文机关的要求执行；需要变更的，应当经发文机关批准。涉密公文公开发布前应当履行解密程序。公开发布的时间、形式和渠道，由发文机关确定。经批准公开发布的公文，同发文机关正式印发的公文具有同等效力。

第三十二条 复制、汇编机密级、秘密级公文，应当符合有关规定并经本机关负责人批准。绝密级公文一般不得复制、汇编，确有工作需要的，应当经发文机关或者其上级机关批准。复制、汇编的公文视同原件管理。复制件应当加盖复制机关戳记。翻印件应当注明翻印的机关名称、日期。汇编本的密级按照编入公文的最高密级标注。

第三十三条 公文的撤销和废止，由发文机关、上级机关或者权力机关根据职权范围和有关法律法规决定。公文被撤销的，视为自始无效；公文被废止的，视为自废止之日起失效。

第三十四条 涉密公文应当按照发文机关的要求和有关规定进行清退或者销毁。

第三十五条 不具备归档和保存价值的公文，经批准后可以销毁。销毁涉密公文必须严格按照有关规定履行审批登记手续，确保不丢失、不漏销。个人不得私自销毁、留存涉密公文。

第三十六条 机关合并时，全部公文应当随之合并管理；机关撤销时，需要归档的公文经整理后按照有关规定移交档案管理部门。工作人员离岗离职时，所在机关应当督促其将暂存、借用的公文按照有关规定移交、清退。

第三十七条 新设立的机关应当向本级党委、政府的办公厅（室）提出发文立户申请。经审查符合条件的，列为发文单位，机关合并或者撤销时，相应进行调整。

第八章 附则

第三十八条 党政机关公文含电子公文。电子公文处理工作的具体办法另行制定。

第三十九条 法规、规章方面的公文，依照有关规定处理。外事方面的公文，依照外事主管部门的有关规定处理。

第四十条 其他机关和单位的公文处理工作，可以参照本条例执行。

第四十一条 本条例由中共中央办公厅、国务院办公厅负责解释。

第四十二条 本条例自2012年7月1日起施行。1996年5月3日中共中央办公厅发布的《中国共产党机关公文处理条例》和2000年8月24日国务院发布的《国家行政机关公文处理办法》停止执行。

党政机关公文格式

（中华人民共和国国家标准 GB/T 9704—2012）

1. 范围

本标准规定了党政机关公文通用的纸张要求、排版和印制装订要求、公文格式各要素的编排规则，并给出了公文的式样。

本标准适用于各级党政机关制发的公文。其他机关和单位的公文可以参照执行。

使用少数民族文字印制的公文，其用纸、幅面尺寸及版面、印制等要求按照本标准执行，其余可以参照本标准并按照有关规定执行。

2. 规范性引用文件

下列文件对于本标准的应用是必不可少的。凡是注日期的引用文件，仅所注日期的版本适用于本标准。凡是不注日期的引用文件，其最新版本（包括所有的修改单）适用于本标准。

GB/T 148 印刷、书写和绘图纸幅面尺寸

GB 3100 国际单位制及其应用

GB 3101 有关量、单位和符号的一般原则

GB 3102（所有部分） 量和单位

GB/T 15834 标点符号用法

GB/T 15835 出版物上数字用法

3. 术语和定义

下列术语和定义适用于本标准。

3.1 字 word

标示公文中横向距离的长度单位。在本标准中，一字指一个汉字宽度的距离。

3.2 行 line

标示公文中纵向距离的长度单位。在本标准中，一行指一个汉字的高度加3号汉字高度的7/8的距离。

4. 公文用纸主要技术指标

公文用纸一般使用纸张定量为60 g/m^2~80 g/m^2的胶版印刷纸或复印纸。纸张白度80%~90%，横向耐折度≥15次，不透明度≥85%，pH值为7.5~9.5。

5. 公文用纸幅面尺寸及版面要求

5.1 幅面尺寸

公文用纸采用GB/T 148中规定的A4型纸，其成品幅面尺寸为：210 mm×297 mm。

5.2 版面

5.2.1 页边与版心尺寸

公文用纸天头（上白边）为37 mm±1 mm，公文用纸订口（左白边）为28 mm±1 mm，版心尺寸为156 mm×225 mm。

5.2.2 字体和字号

如无特殊说明，公文格式各要素一般用3号仿宋体字。特定情况可以作适当调整。

5.2.3 行数和字数

一般每面排22行，每行排28个字，并撑满版心。特定情况可以作适当调整。

5.2.4 文字的颜色

如无特殊说明，公文中文字的颜色均为黑色。

6. 印制装订要求

6.1 制版要求

版面干净无底灰，字迹清楚无断划，尺寸标准，版心不斜，误差不超过1 mm。

6.2 印刷要求

双面印刷；页码套正，两面误差不超过2 mm。黑色油墨应当达到色谱所标 BL100%，红色油墨应当达到色谱所标 Y80%、M80%。印品着墨实、均匀；字面不花、不白、无断划。

6.3 装订要求

公文应当左侧装订，不掉页，两页页码之间误差不超过 4 mm，裁切后的成品尺寸允许误差 ±2 mm，四角成 90°，无毛茬或缺损。

骑马订或平订的公文应当：

1. 订位为两钉外订眼距版面上下边缘各 70 mm 处，允许误差 ±4 mm；
2. 无坏钉、漏钉、重钉，钉脚平伏牢固；
3. 骑马订钉锯均订在折缝线上，平订钉锯与书脊间的距离为 3 mm~5 mm。

包本装订公文的封皮（封面、书脊、封底）与书芯应吻合、包紧、包平、不脱落。

7. 公文格式各要素编排规则

7.1 公文格式各要素的划分

本标准将版心内的公文格式各要素划分为版头、主体、版记三部分。公文首页红色分隔线以上的部分称为版头；公文首页红色分隔线（不含）以下、公文末页首条分隔线（不含）以上的部分称为主体；公文末页首条分隔线以下、末条分隔线以上的部分称为版记。

页码位于版心外。

7.2 版头

7.2.1 份号

如需标注份号，一般用 6 位 3 号阿拉伯数字，顶格编排在版心左上角第一行。

7.2.2 密级和保密期限

如需标注密级和保密期限，一般用 3 号黑体字，顶格编排在版心左上角第二行；保密期限中的数字用阿拉伯数字标注。

7.2.3 紧急程度

如需标注紧急程度，一般用 3 号黑体字，顶格编排在版心左上角；如需同时标注份号、密级和保密期限、紧急程度，按照份号、密级和保密期限、紧急程度的顺序自上而下分行排列。

7.2.4 发文机关标志

由发文机关全称或者规范化简称加“文件”二字组成，也可以使用发文机关全称或者规范化简称。

发文机关标志居中排布，上边缘至版心上边缘为 35 mm，推荐使用小标宋体字，颜色为红色，以醒目、美观、庄重为原则。

联合行文时，如需同时标注联署发文机关名称，一般应当将主办机关名称排列在前；如有“文件”二字，应当置于发文机关名称右侧，以联署发文机关名称为准上下居中排布。

7.2.5 发文字号

编排在发文机关标志下空两行位置，居中排布。年份、发文顺序号用阿拉伯数字标注；年份应标全称，用六角括号“〔〕”括入；发文顺序号不加“第”字，不编虚位（即 1 不编为 01），在阿拉伯数字后加“号”字。

上行文的发文字号居左空一字编排，与最后一个签发人姓名处在同一行。

7.2.6 签发人

由“签发人”三字加全角冒号和签发人姓名组成，居右空一字，编排在发文机关标志下空两行位置。“签发人”三字用 3 号仿宋体字，签发人姓名用 3 号楷体字。

如有多个签发人，签发人姓名按照发文机关的排列顺序从左到右、自上而下依次均匀编排，一般每行排两个姓名，回行时与上一行第一个签发人姓名对齐。

7.2.7 版头中的分隔线

发文字号之下 4 mm 处居中印一条与版心等宽的红色分隔线。

7.3 主体

7.3.1 标题

一般用 2 号小标宋体字，编排于红色分隔线下空两行位置，分一行或多行居中排布；回行时，要做到词意完整，排列对称，长短适宜，间距恰当，标题排列应当使用梯形或菱形。

7.3.2 主送机关

编排于标题下空一行位置，居左顶格，回行时仍顶格，最后一个机关名称后标全角冒号。如主送机关名称过多导致公文首页不能显示正文时，应当将主送机关名称移至版记，标注方法见 7.4.2。

7.3.3 正文

公文首页必须显示正文。一般用 3 号仿宋体字，编排于主送机关名称下一行，每个自然段左空二字，回行顶格。文中结构层次序数依次可以用

"一、""（一）""1.""（1）"标注；一般第一层用黑体字、第二层用楷体字、第三层和第四层用仿宋体字标注。

7.3.4 附件说明

如有附件，在正文下空一行左空二字编排"附件"二字，后标全角冒号和附件名称。如有多个附件，使用阿拉伯数字标注附件顺序号（如"附件：1.××××"）；附件名称后不加标点符号。附件名称较长需回行时，应当与上一行附件名称的首字对齐。

7.3.5 发文机关署名、成文日期和印章

7.3.5.1 加盖印章的公文

成文日期一般右空四字编排，印章用红色，不得出现空白印章。

单一机关行文时，一般在成文日期之上、以成文日期为准居中编排发文机关署名，印章端正、居中下压发文机关署名和成文日期，使发文机关署名和成文日期居印章中心偏下位置，印章顶端应当上距正文（或附件说明）一行之内。

联合行文时，一般将各发文机关署名按照发文机关顺序整齐排列在相应位置，并将印章一一对应、端正、居中下压发文机关署名，最后一个印章端正、居中下压发文机关署名和成文日期，印章之间排列整齐、互不相交或相切，每排印章两端不得超出版心，首排印章顶端应当上距正文（或附件说明）一行之内。

7.3.5.2 不加盖印章的公文

单一机关行文时，在正文（或附件说明）下空一行右空二字编排发文机关署名，在发文机关署名下一行编排成文日期，首字比发文机关署名首字右移二字，如成文日期长于发文机关署名，应当使成文日期右空二字编排，并相应增加发文机关署名右空字数。

联合行文时，应当先编排主办机关署名，其余发文机关署名依次向下编排。

7.3.5.3 加盖签发人签名章的公文

单一机关制发的公文加盖签发人签名章时，在正文（或附件说明）下空两行右空四字加盖签发人签名章，签名章左空二字标注签发人职务，以签名章为准上下居中排布。在签发人签名章下空一行右空四字编排成文日期。

联合行文时，应当先编排主办机关签发人职务、签名章，其余机关签发人职务、签名章依次向下编排，与主办机关签发人职务、签名章上下对齐；每行只编排一个机关的签发人职务、签名章；签发人职务应当标注全称。

签名章一般用红色。

7.3.5.4 成文日期中的数字

用阿拉伯数字将年、月、日标全，年份应标全称，月、日不编虚位（即 1 不编为 01）。

7.3.5.5 特殊情况说明

当公文排版后所剩空白处不能容下印章或签发人签名章、成文日期时，可以采取调整行距、字距的措施解决。

7.3.6 附注

如有附注，居左空二字加圆括号编排在成文日期下一行。

7.3.7 附件

附件应当另面编排，并在版记之前，与公文正文一起装订。“附件”二字及附件顺序号用 3 号黑体字顶格编排在版心左上角第一行。附件标题居中编排在版心第三行。附件顺序号和附件标题应当与附件说明的表述一致。附件格式要求同正文。

如附件与正文不能一起装订，应当在附件左上角第一行顶格编排公文的发文字号并在其后标注“附件”二字及附件顺序号。

7.4 版记

7.4.1 版记中的分隔线

版记中的分隔线与版心等宽，首条分隔线和末条分隔线用粗线（推荐高度为 0.35 mm），中间的分隔线用细线（推荐高度为 0.25 mm）。首条分隔线位于版记中第一个要素之上，末条分隔线与公文最后一面的版心下边缘重合。

7.4.2 抄送机关

如有抄送机关，一般用 4 号仿宋体字，在印发机关和印发日期之上一行、左右各空一字编排。“抄送”二字后加全角冒号和抄送机关名称，回行时与冒号后的首字对齐，最后一个抄送机关名称后标句号。

如需把主送机关移至版记，除将“抄送”二字改为“主送”外，编排方法同抄送机关。既有主送机关又有抄送机关时，应当将主送机关置于抄送机关之上一行，之间不加分隔线。

7.4.3 印发机关和印发日期

印发机关和印发日期一般用 4 号仿宋体字，编排在末条分隔线之上，印发机关左空一字，印发日期右空一字，用阿拉伯数字将年、月、日标全，年份应标全称，月、日不编虚位（即 1 不编为 01），后加“印发”二字。

版记中如有其他要素，应当将其与印发机关和印发日期用一条细分隔线隔开。

7.5 页码

一般用 4 号半角宋体阿拉伯数字，编排在公文版心下边缘之下，数字左右各放一条一字线；一字线上距版心下边缘 7 mm。单页码居右空一字，双页码居左空一字。公文的版记页前有空白页的，空白页和版记页均不编排页码。公文的附件与正文一起装订时，页码应当连续编排。

8. 公文中的横排表格

A4 纸型的表格横排时，页码位置与公文其他页码保持一致，单页码表头在订口一边，双页码表头在切口一边。

9. 公文中计量单位、标点符号和数字的用法

公文中计量单位的用法应当符合GB 3100、GB 3101 和 GB 3102（所有部分），标点符号的用法应当符合 GB/T 15834，数字用法应当符合 GB/T 15835。

10. 公文的特定格式

10.1 信函格式

发文机关标志使用发文机关全称或者规范化简称，居中排布，上边缘至上页边为 30 mm，推荐使用红色小标宋体字。联合行文时，使用主办机关标志。

发文机关标志下 4 mm 处印一条红色双线（上粗下细），距下页边 20 mm 处印一条红色双线（上细下粗），线长均为 170 mm，居中排布。

如需标注份号、密级和保密期限、紧急程度，应当顶格居版心左边缘编排在第一条红色双线下，按照份号、密级和保密期限、紧急程度的顺序自上而下分行排列，第一个要素与该线的距离为 3 号汉字高度的 7/8。

发文字号顶格居版心右边缘编排在第一条红色双线下，与该线的距离为 3 号汉字高度的 7/8。

标题居中编排，与其上最后一个要素相距两行。

第二条红色双线上一行如有文字，与该线的距离为 3 号汉字高度的 7/8。

首页不显示页码。

版记不加印发机关和印发日期、分隔线，位于公文最后一面版心内最下方。

10.2 命令（令）格式

发文机关标志由发文机关全称加“命令”或“令”字组成，居中排布，上边缘至版心上边缘为 20 mm，推荐使用红色小标宋体字。

发文机关标志下空两行居中编排令号，令号下空两行编排正文。

签发人职务、签名章和成文日期的编排见 7.3.5.3。

10.3 纪要格式

纪要标志由“×××××纪要”组成，居中排布，上边缘至版心上边缘为 35 mm，推荐使用红色小标宋体字。

标注出席人员名单，一般用 3 号黑体字，在正文或附件说明下空一行左空二字编排“出席”二字，后标全角冒号，冒号后用 3 号仿宋体字标注出席人单位、姓名，回行时与冒号后的首字对齐。

标注请假和列席人员名单，除依次另起一行并将“出席”二字改为“请假”或“列席”外，编排方法同出席人员名单。

纪要格式可以根据实际制定。

11. 式样

A4 型公文用纸页边及版心尺寸见图 1；公文首页版式见图 2；联合行文公文首页版式 1 见图 3；联合行文公文首页版式 2 见图 4；公文末页版式 1 见图 5；公文末页版式 2 见图 6；联合行文公文末页版式 1 见图 7；联合行文公文末页版式 2 见图 8；附件说明页版式见图 9；带附件公文末页版式见图 10；信函格式首页版式见图 11；命令（令）格式首页版式见图 12。

备注：图 2—图 12 略，不在本书中展示。

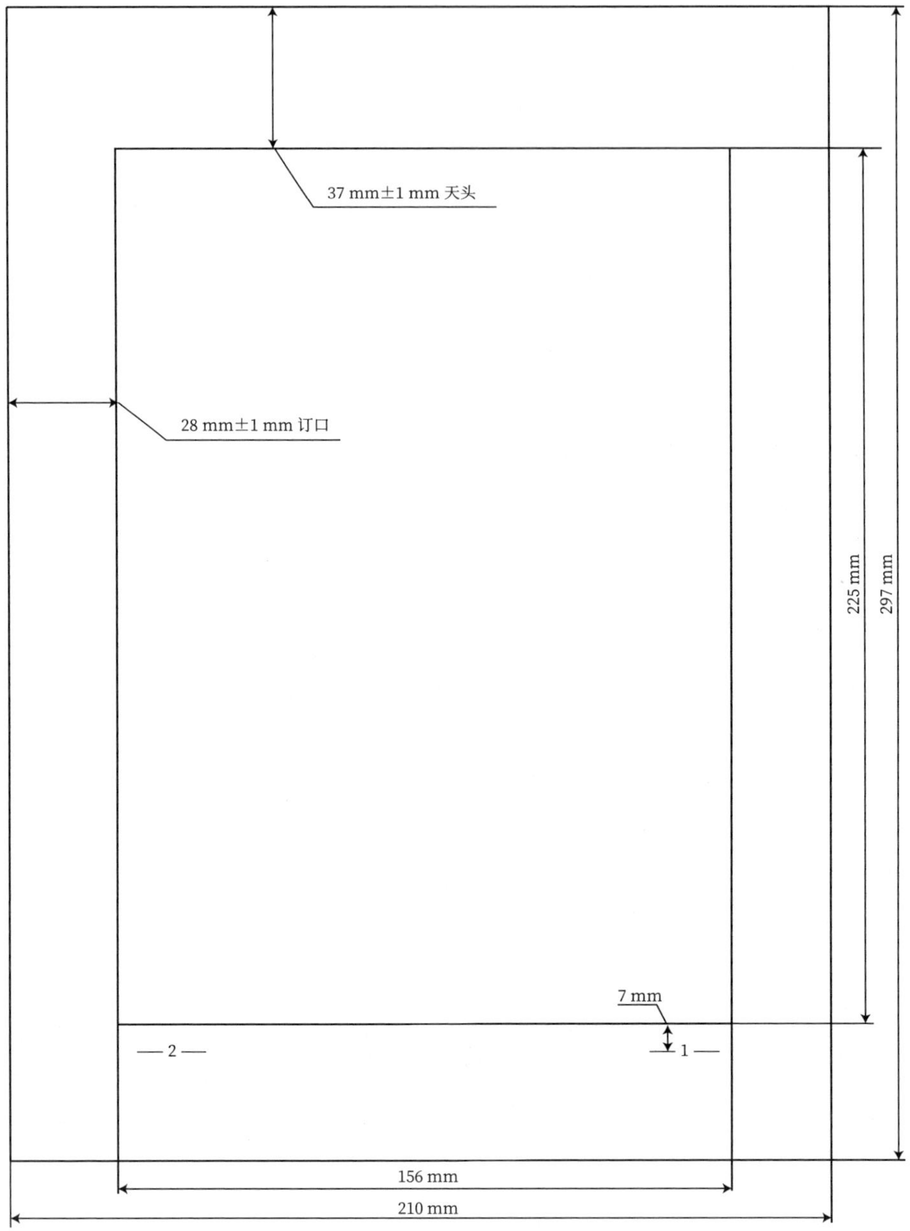

图1　A4型公文用纸页边及版心尺寸

标点符号用法

（中华人民共和国国家标准 GB/T 15834—2011）

（中华人民共和国国家质量监督检验检疫总局、中国国家标准化管理委员会
2011 年 12 月 30 日发布，2012 年 6 月 1 日实施）

1 范围

本标准规定了现代汉语标点符号的用法。

本标准适用于汉语的书面语（包括汉语和外语混合排版时的汉语部分）。

2 术语和定义

下列术语和定义适用于本文件。

2.1 标点符号 punctuation

辅助文字记录语言的符号，是书面语的有机组成部分，用来表示语句的停顿、语气以及标示某些成分（主要是词语）的特定性质和作用。

注：数学符号、货币符号、校勘符号、辞书符号、注音符号等特殊领域的专门符号不属于标点符号。

2.2 句子 sentence

前后都有较大停顿、带有一定的语气和语调、表达相对完整意义的语言单位。

2.3 复句 complex sentence

由两个或多个在意义上有密切关系的分句组成的语言单位，包括简单复句（内部只有一层语义关系）和多重复句（内部包含多层语义关系）。

2.4 分句 clause

复句内两个或多个前后有停顿、表达相对完整意义、不带有句末语气和语调、有的前面可添加关联词语的语言单位。

2.5 语段 expression

指语言片段，是对各种语言单位（如词、短语、句子、复句等）不做特别区分时的统称。

3 标点符号的种类

3.1 点号

点号的作用是点断，主要表示停顿和语气。分为句末点号和句内点号。

3.1.1 句末点号

用于句末的点号，表示句末停顿和句子的语气。包括句号、问号、叹号。

3.1.2 句内点号

用于句内的点号，表示句内各种不同性质的停顿。包括逗号、顿号、分号、冒号。

3.2 标号

标号的作用是标明，主要标示某些成分（主要是词语）的特定性质和作用。包括引号、括号、破折号、省略号、着重号、连接号、间隔号、书名号、专名号、分隔号。

4 标点符号的定义、形式和用法

4.1 句号

4.1.1 定义

句末点号的一种，主要表示句子的陈述语气。

4.1.2 形式

句号的形式是“。”。

4.1.3 基本用法

4.1.3.1　用于句子末尾，表示陈述语气。使用句号主要根据句段前后有较大停顿、带有陈述语气和语调，并不取决于句子的长短。

示例1：北京是中华人民共和国的首都。

示例2：（甲：咱们走着去吧？）乙：好。

4.1.3.2 有时也可以表示较缓和的祈使语气和感叹语气。

示例1：请你稍等一下。

示例2：我不由地感到，这些普通劳动者也同样是很值得尊敬的。

4.2 问号

4.2.1 定义

句末点号的一种，主要表示句子的疑问语气。

4.2.2 形式

问号的形式是“？”。

4.2.3 基本用法

4.2.3.1 用于句子末尾，表示疑问语气（包括反问、设问等疑问类型）。使用问号主要根据语段前后有较大停顿、带有疑问语气和语调，并不取决于句子的长短。

示例1：你怎么还不回家去呢？

示例2：难道这些普通的战士不值得歌颂吗？

示例3：（一个外国人，不远万里来到中国，帮助中国的抗日战争。）这是什么精神？这是国际主义的精神。

4.2.3.2 选择问句中，通常只在最后一个选项的末尾用问号，各个选项之间一般用逗号隔开。当选项较短且选项之间几乎没有停顿时，选项之间可不用逗号。当选项较多或较长，或有意突出每个选项的独立性时，也可每个选项之后都用问号。

示例1：诗中记述的这场战争究竟是真实的历史描述，还是诗人的虚构？

示例2：这是巧合还是有意安排？

示例3：要一个什么样的结尾：现实主义的？传统的？大团圆的？荒诞的？民族形式的？有象征意义的？

示例4：（他看着我的作品称赞了我。）但到底是称赞我什么：是有几处画得好？还是什么都敢画？抑或只是一种对于失败者的无可奈何的安慰？我不得而知。

示例5：这一切都是由客观的条件造成的？还是由行为的惯性造成的？

4.2.3.3 在多个问句连用或表达疑问语气加重时，可叠用问号。通常应先单用，再叠用，最多叠用三个问号。在没有异常强烈的情感表达需要时不宜叠用问号。

示例：这就是你的做法吗？你这个总经理是怎么当的？？你怎么竟敢这样欺骗消费者？？？

4.2.3.4 问号也有标号的用法，即用于句内，表示存疑或不详。

示例 1： 马致远（1250？—1321），大都人，元代戏曲家、散曲家。

示例 2： 钟嵘（？—518），颍川长社人，南朝梁代文学批评家。

示例 3： 出现这样的文字错误，说明作者（编者？校者？）很不认真。

4.3 叹号

4.3.1 定义

句末点号的一种，主要表示句子的感叹语气。

4.3.2 形式

叹号的形式是"！"。

4.3.3 基本用法

4.3.3.1 用于句子末尾，主要表示感叹语气，有时也可表示强烈的祈使语气、反问语气等。使用叹号主要根据语段前后有较大停顿、带有感叹语气和语调或带有强烈的祈使、反问语气和语调，并不取决于句子的长短。

示例 1： 才一年不见，这孩子都长这么高啦！

示例 2： 你给我住嘴！

示例 3： 谁知道他今天是怎么搞的！

4.3.3.2 用于拟声词后，表示声音短促或突然。

示例 1： 咔嚓！一道闪电划破了夜空。

示例 2： 咚！咚咚！突然传来一阵急促的敲门声。

4.3.3.3 表示声音巨大或声音不断加大时，可叠用叹号；表达强烈语气时，也可叠用叹号，最多叠用三个叹号。在没有异常强烈的情感表达需要时不宜叠用叹号。

示例 1： 轰！！在这天崩地塌的声音中，女娲猛然醒来。

示例 2： 我要揭露！我要控诉！！我要以死抗争！！！

4.3.3.4 当句子包含疑问、感叹两种语气且都比较强烈时（如带有强烈感情的反问句和带有惊愕语气的疑问句），可在问号后再加叹号（问号、叹号各一）。

示例 1： 这么点困难就能把我们吓倒吗？！

示例 2： 他连这些最起码的常识都不懂，还敢说自己是高科技人才？！

4.4 逗号

4.4.1 定义

句内点号的一种，表示句子或语段内部的一般性停顿。

4.4.2 形式

逗号的形式是“，”。

4.4.3 基本用法

4.4.3.1 复句内各分句之间的停顿，除了有时用分号（见 4.6.3.1），一般都用逗号。

示例 1：不是人们的意识决定人们的存在，而是人们的社会存在决定人们的意识。

示例 2：学历史使人更明智，学文学使人更聪慧，学数学使人更精细，学考古使人更深沉。

示例 3：要是不相信我们的理论能反映现实，要是不相信我们的世界有内在和谐，那就不可能有科学。

4.4.3.2 用于下列各种语法位置：

a）较长的主语之后。

示例 1：苏州园林建筑各种门窗的精美设计和雕镂功夫，都令人叹为观止。

b）句首的状语之后。

示例 2：在苍茫的大海上，狂风卷集着乌云。

c）较长的宾语之前。

示例 3：有的考古工作者认为，南方古猿生存于上新世至更新世的初期和中期。

d）带句内语气词的主语（或其他成分）之后，或带句内语气词的并列成分之间。

示例 4：他呢，倒是很乐观地、全神贯注地干起来了。

示例 5：（那是个没有月亮的夜晚。）可是整个村子——白房顶啦，白树木啦，雪堆啦，全看得见。

e）较长的主语中间、谓语中间和宾语中间。

示例 6：母亲沉痛的诉说，以及亲眼看到的实事，都启发了我幼年时期追求真理的思想。

示例 7：那姑娘头戴一顶草帽，身穿一条绿色的裙子，腰间还系着一根橙色的腰带。

示例 8：必须懂得，对于文化传统，既不能不分青红皂白统统抛弃，也不能不管精华糟粕全盘继承。

f）前置的谓语之后或后置的状语、定语之前。

示例 9：　真美啊，这条蜿蜒的林间小路。

示例 10：　她吃力地站了起来，慢慢地。

示例 11：我只是一个人，孤孤单单的。

4.4.3.3 用于下列各种停顿处：

a）复指成分或插说成分前后。

示例 1：　老张，就是原来的办公室主任，上星期已经调走了。

示例 2：　车，不用说，当然是头等。

b）语气缓和的感叹语、称谓语和呼唤语之后。

示例 3：　哎哟，这儿，快给我揉揉。

示例 4：　大娘，您到哪儿去啊？

示例 5：　喂，你是哪个单位的？

c）某些序次语（“第”字头、“其”字头及“首先”类序次语）之后。

示例 6：　为什么许多人都有长不大的感觉呢？原因有三：第一，父母总认为自己比孩子成熟；第二，父母总要以自己的标准来衡量孩子；第三，父母出于爱心而总不想让孩子在成长的过程中走弯路。

示例 7：　《玄秘塔碑》所以成为书法的范本，不外乎以下几方面的因素：其一，具有楷书点画、构体的典范性；其二，承上启下，成为唐楷的极致；其三，字如其人，爱人及字，柳公权高尚的书品、人品为后人所崇仰。

示例 8：　下面从三个方面讲讲语言的污染问题：首先，是特殊语言环境中的语言污染问题；其次，是滥用缩略语引起的语言污染问题；再次，是空话和废话引起的语言污染问题。

4.5 顿号

4.5.1 定义

句内点号的一种，表示语段中并列词语之间或某些序次语之后的停顿。

4.5.2 形式

顿号的形式是“、”。

4.5.3 基本用法

4.5.3.1 用于并列词语之间。

示例 1：　这里有自由、民主、平等、开放的风气和氛围。

示例 2：　造型科学、技艺精湛、气韵生动，是盛唐石雕的特色。

4.5.3.2 用于需要停顿的重复词语之间。

示例：　他几次三番、几次三番地辩解着。

4.5.3.3 用于某些序次语（不带括号的汉字数字或“天干地支”类序次语）之后。

示例1：　我准备讲两个问题，一、逻辑学是什么？二、怎样学好逻辑学？

示例2：　风格的具体内容主要有以下四点，甲、题材；乙、用字；丙、表达；丁、色彩。

4.5.3.4 相邻或相近两数字连用表示概数通常不用顿号。若相邻两数字连用为缩略形式，宜用顿号。

示例1：　飞机在6000米高空水平飞行时，只能看到两侧八九千米和前方一二十千米范围内的地面。

示例2：　这种凶猛的动物常常三五成群地外出觅食和活动。

示例3：　农业是国民经济的基础，也是二、三产业的基础。

4.5.3.5 标有引号的并列成分之间、标有书名号的并列成分之间通常不用顿号。若有其他成分插在并列的引号之间或并列的书名号之间（如引语或书名号之后还有括注），宜用顿号。

示例1：　“日”“月”构成“明”字。

示例2：　店里挂着“顾客就是上帝”“质量就是生命”等横幅。

示例3：　《红楼梦》《三国演义》《西游记》《水浒传》，是我国长篇小说的四大名著。

示例4：　李白的“白发三千丈”（《秋浦歌》）、“朝如青丝暮成雪”（《将进酒》）都是脍炙人口的诗句。

示例5：　办公室里订有《人民日报》（海外版）、《光明日报》和《时代周刊》等报刊。

4.6 分号

4.6.1 定义

句内点号的一种，表示复句内部并列关系分句之间的停顿，以及非并列关系的多重复句中第一层分句之间的停顿。

4.6.2 形式

分号的形式是“；”。

4.6.3 基本用法

4.6.3.1 表示复句内部并列关系的分句（尤其当分句内部还有逗号时）之间的停顿。

示例1： 语言文字的学习，就理解方面说，是得到一种知识；就运用方面说，是养成一种习惯。

示例2： 内容有分量，尽管文章短小，也是有分量的；内容没有分量，即使写得再长也没有用。

4.6.3.2 表示非并列关系的多重复句中第一层分句（主要是选择、转折等关系）之间的停顿。

示例1： 人还没看见，已经先听见歌声了；或者人已经转过山头望不见了，歌声还余音袅袅。

示例2： 尽管人民革命的力量在开始时总是弱小的，所以总是受压迫的；但是由于革命的力量代表历史发展的方向，因此本质上又是不可战胜的。

示例3： 不管一个人如何伟大，也总是生活在一定的环境和条件下；因此，个人的见解总难免带有某种局限性。

示例4： 昨天夜里下了一场雨，以为可以凉快些；谁知没有凉快下来，反而更热了。

4.6.3.3 用于分项列举的各项之间。

示例： 特聘教授的岗位职责为：一、讲授本学科的主干基础课程；二、主持本学科的重大科研项目；三、领导本学科的学术队伍建设；四、带领本学科赶超或保持世界先进水平。

4.7 冒号

4.7.1 定义

句内点号的一种，表示语段中提示下文或总结上文的停顿。

4.7.2 形式

冒号的形式是“：”。

4.7.3 基本用法

4.7.3.1 用于总说性或提示性词语（如“说”“例如”“证明”等）之后，表示提示下文。

示例1： 北京紫禁城有四座城门：午门、神武门、东华门和西华门。

示例 2：　她高兴地说："咱们去好好庆祝一下吧！"

示例 3：　小王笑着点了点头："我就是这么想的。"

示例 4：　这一事实证明：人能创造环境，环境同样也能创造人。

4.7.3.2 表示总结上文。

示　例：　张华上了大学，李萍进了技校，我当了工人：我们都有美好的前途。

4.7.3.3 用在需要说明的词语之后，表示注释和说明。

示例 1：（本市将举办首届大型书市。）主办单位：市文化局；承办单位：市图书进出口公司；时间：8 月 15 日—20 日；地点：市体育馆观众休息厅。

示例 2：（做阅读理解题有两个办法。）办法之一：先读题干，再读原文，带着问题有针对性地读课文。办法之二：直接读原文，读完再做题，减少先入为主的干扰。

4.7.3.4 用于书信、讲话稿中称谓语或称呼语之后。

示例 1：广平先生：……

示例 2：同志们、朋友们：……

4.7.3.5 一个句子内部一般不应套用冒号。在列举式或条文式表述中，如不得不套用冒号时，宜另起段落来显示各个层次。

示　例：　第十条　遗产按照下列顺序继承：

第一顺序：配偶、子女、父母。

第二顺序：兄弟姐妹、祖父母、外祖父母。

4.8 引号

4.8.1 定义

标号的一种，标示语段中直接引用的内容或需要特别指出的成分。

4.8.2 形式

引号的形式有双引号"" ""和单引号" '' "两种。左侧的为前引号，右侧的为后引号。

4.8.3 基本用法

4.8.3.1 标示语段中直接引用的内容。

示　例：　李白诗中就有"白发三千丈"这样极尽夸张的语句。

4.8.3.2 标示需要着重论述或强调的内容。

示例：　这里所谓的"文"，并不是指文字，而是指文采。

4.8.3.3 标示语段中具有特殊含义而需要特别指出的成分，如别称、简称、反语等。

示例 1：电视被称作“第九艺术”。

示例 2：人类学上常把古人化石统称为尼安德特人，简称“尼人”。

示例 3：有几个“慈祥”的老板把捡来的菜叶用盐浸浸就算作工友的菜肴。

4.8.3.4 当引号中还需要使用引号时，外面一层用双引号，里面一层用单引号。

示例：　他问：“老师，‘七月流火’是什么意思？”

4.8.3.5 独立成段的引文如果只有一段，段首和段尾都用引号；不止一段时，每段开头仅用前引号，只在最后一段末尾用后引号。

示例：　我曾在报纸上看到有人这样谈幸福：

“幸福是知道自己喜欢什么和不喜欢什么。……

“幸福是知道自己擅长什么和不擅长什么。……

“幸福是在正确的时间做了正确的选择。……”

4.8.3.6 在书写带月、日的事件、节日或其他特定意义的短语（含简称）时，通常只标引其中的月和日；需要突出和强调该事件或节日本身时，也可连同事件或节日一起标引。

示例 1：“5•12”汶川大地震

示例 2：“五四”以来的话剧，是我国戏剧中的新形式。

示例 3：纪念“五四运动”90 周年

4.9 括号

4.9.1 定义

标号的一种，标示语段中的注释内容、补充说明或其他特定意义的语句。

4.9.2 形式

括号的主要形式是圆括号“（）”，其他形式还有方括号“[ ]”、六角括号“〔〕”和方头括号“【】”等。

4.9.3 基本用法

4.9.3.1 标示下列各种情况，均用圆括号：

a）标示注释内容或补充说明。

示例 1：　我校拥有特级教师（含已退休的）17 人。

示例 2：　我们不但善于破坏一个旧世界，我们还将善于建设一个新世界（热

烈鼓掌）

b）标示订正或补加的文字。

示例3： 信纸上用稚嫩的字体写着“阿夷（姨），你好！”。

示例4： 该建筑公司负责的建设工程全部达到优良工程（的标准）。

c）标示序次语。

示例5： 语言有三个要素：（1）声音；（2）结构；（3）意义。

示例6： 思想有三个条件：（一）事理；（二）心理；（三）伦理。

d）标示引语的出处。

示例7： 他说得好：“未画之前，不立一格；既画之后，不留一格。”（《板桥集·题画》）

e）标示汉语拼音注音。

示例8：“的（de）”这个字在现代汉语中最常用。

4.9.3.2 标示作者国籍或所属朝代时，可用方括号或六角括号。

示例1： [英] 赫胥黎《进化论与伦理学》

示例2：〔唐〕杜甫著

4.9.3.3 报刊标示电讯、报道的开头，可用方头括号。

示例：【新华社南京消息】

4.9.3.4 标示公文发文字号中的发文年份时，可用六角括号。

示例： 国发〔2011〕3号文件

4.9.3.5 标示被注释的词语时，可用六角括号或方头括号。

示例1：〔奇观〕奇伟的景象。

示例2：【爱因斯坦】物理学家。生于德国，1933年因受纳粹政权迫害，移居美国。

4.9.3.6 除科技书刊中的数学、逻辑公式外，所有括号（特别是同一形式的括号）应尽量避免套用。必须套用括号时，宜采用不同的括号形式配合使用。

示例：〔茸（róng）毛〕很细很细的毛。

4.10 破折号

4.10.1 定义

标号的一种，标示语段中某些成分的注释、补充说明或语音、意义的变化。

4.10.2 形式

破折号的形式是“——”。

4.10.3 基本用法

4.10.3.1 标示注释内容或补充说明（也可用括号，见 4.9.3.1；二者的区别另见 B.1.7）。

示例 1：一个矮小而结实的日本中年人——内山老板走了过来。

示例 2：我一直坚持读书，想借此唤起弟妹对生活的希望——无论环境多么困难。

4.10.3.2 标示插入语（也可用逗号，见 4.4.3.3）。

示例：这简直就是——说得不客气点——无耻的勾当！

4.10.3.3 标示总结上文或提示下文（也可用冒号，见 4.7.3.1）。

示例 1：坚强，纯洁，严于律己，客观公正——这一切都难得地集中在一个人身上。

示例 2：画家开始娓娓道来——

数年前的一个寒冬，……

4.10.3.4 标示话题的转换。

示例：“好香的干菜，——听到风声了吗？”赵七爷低声说道。

4.10.3.5 标示声音的延长。

示例：“嘎——”传过来一声水禽被惊动的鸣叫。

4.10.3.6 标示话语的中断或间隔。

示例 1：“班长他牺——”小马话没说完就大哭起来。

示例 2：“亲爱的妈妈，你不知道我多爱您。——还有你，我的孩子！”

4.10.3.7 标示引出对话。

示例：——你长大后想成为科学家吗？

——当然想了！

4.10.3.8 标示事项列举分承。

示例：根据研究对象的不同，环境物理学分为以下五个分支学科：

——环境声学；

——环境光学；

——环境热学；

——环境电磁学；

——环境空气动力学。

4.10.3.9 用于副标题之前。

示例：　飞向太平洋

——我国新型号运载火箭发射目击记

4.10.3.10 用于引文、注文后，标示作者、出处或注释者。

示例1：先天下之忧而忧，后天下之乐而乐。

——范仲淹

示例2：乐浪海中有倭人，分为百余国。

——《汉书》

示例3：很多人写好信后把信笺折成方胜形，我看大可不必。（方胜，指古代妇女戴的方形首饰，用彩绸等制作，由两个斜方部分叠合而成。——编者注）

4.11 省略号

4.11.1 定义

标号的一种，标示语段中某些内容的省略及意义的断续等。

4.11.2 形式

省略号的形式是“……”。

4.11.3 基本用法

4.11.3.1 标示引文的省略。

示例：　我们齐声朗诵起来：“……俱往矣，数风流人物，还看今朝。”

4.11.3.2 标示列举或重复词语的省略。

示例1：对政治的敏感，对生活的敏感，对性格的敏感，……这都是作家必须要有的素质。

示例2：　他气得连声说：“好，好……算我没说。”

4.11.3.3 标示语意未尽。

示例1：　在人迹罕至的深山密林里，假如突然看见一缕炊烟，……

示例2：　你这样干，未免太……！

4.11.3.4 标示说话时断断续续。

示例：　她磕磕巴巴地说：“可是……太太……我不知道……你一定是认错了。”

4.11.3.5 标示对话中的沉默不语。

示 例：　“还没结婚吧？”

“……”他飞红了脸，更加忸怩起来。

4.11.3.6 标示特定的成分虚缺。

示例：　只要……就……

4.11.3.7 在标示诗行、段落的省略时，可连用两个省略号（即相当于十二连点）。

示例 1：从隔壁房间传来缓缓而抑扬顿挫的吟咏声——

床前明月光，疑是地上霜。

…………

示例 2：该刊根据工作质量、上稿数量、参与程度等方面的表现，评选出了高校十佳记者站。还根据发稿数量、提供新闻线索情况以及对刊物的关注度等，评选出了十佳通讯员。

…………

4.12 着重号

4.12.1 定义

标号的一种，标示语段中某些重要的或需要指明的文字。

4.12.2 形式

着重号的形式是“.”，标注在相应文字的下方。

4.12.3 基本用法

4.12.3.1 标示语段中重要的文字。

示例 1：诗人需要表现，而不是证明。

示例 2：下面对本文的理解，不正确的一项是：……

4.12.3.2 标示语段中需要指明的文字。

示例：　下边加点的字，除了在词中的读法外，还有哪些读法？

着急　子弹　强调

4.13 连接号

4.13.1 定义

标号的一种，标示某些相关联成分之间的连接。

4.13.2 形式

连接号的形式有短横线“-”、一字线“—”和浪纹线“～”三种。

4.13.3 基本用法

4.13.3.1 标示下列各种情况，均用短横线。

a）化合物的名称或表格、插图的编号。

示例1： 3-戊酮为无色液体，对眼及皮肤有强烈刺激性。

示例2： 参见下页表2-8、表2-9。

b）连接号码，包括门牌号码、电话号码，以及用阿拉伯数字表示年月日等。

示例3： 安宁里东路26号院3-2-11室

示例4： 联系电话：010-88842603

示例5： 2011-02-15

c）在复合名词中起连接作用。

示例6： 吐鲁番-哈密盆地

d）某些产品的名称和型号。

示例7： WZ-10直升机具有复杂天气和夜间作战的能力。

c）汉语拼音、外来语内部的分合。

示例8： shuōshuō-xiàoxiào（说说笑笑）

示例9： 盎格鲁-撒克逊人

示例10：让-雅克·卢梭（“让-雅克”为双名）

示例11：皮埃尔·孟戴斯-弗朗斯（“孟戴斯-弗朗斯”为复姓）

4.13.3.2 标示下列各种情况，一般用一字线，有时也可用浪纹线。

a）标示相关项目（如时间、地域等）的起止。

示例1： 沈括（1031—1095），宋朝人。

示例2： 2011年2月3日—10日

示例3： 北京—上海特别旅客快车

b）标示数值范围（由阿拉伯数字或汉字数字构成）的起止。

示例4： 25～30 g

示例5： 第五～八课

4.14 间隔号

4.14.1 定义

标号的一种，标示某些相关联成分之间的分界。

4.14.2 形式

间隔号的形式是“·”。

4.14.3 基本用法

4.14.3.1 标示外国人名或少数民族人名内部的分界。

示例1： 克里丝蒂娜·罗塞蒂

示例2： 阿依古丽·买买提

4.14.3.2 标示书名与篇（章、卷）名之间的分界。

示例： 《淮南子·本经训》

4.14.3.3 标示词牌、曲牌、诗体名等和题名之间的分界。

示例1： 《沁园春·雪》

示例2： 《天净沙·秋思》

示例3： 《七律·冬云》

4.14.3.4 用在构成标题或栏目名称的并列词语之间。

示例： 《天·地·人》

4.14.3.5 以月、日为标志的事件或节日，用汉字数字表示时，只在一、十一和十二月后用间隔号；当直接用阿拉伯数字表示时，月、日之间均用间隔号（半角字符）。

示例1： “九一八”事变 “五四”运动

示例2： “一·二八”事变 “一二·九”运动

示例3： “3·15”消费者权益日 “9·11”恐怖袭击事件

4.15 书名号

4.15.1 定义

标号的一种，标示语段中出现的各种作品的名称。

4.15.2 形式

书名号的形式有双书名号“《》”和单书名号“〈〉”两种。

4.15.3 基本用法

4.15.3.1 标示书名、卷名、篇名、刊物名、报纸名、文件名等。

示例1： 《红楼梦》（书名）

示例2： 《史记·项羽本记》（卷名）

示例3： 《论雷峰塔的倒掉》（篇名）

示例4： 《每周关注》（刊物名）

示例5： 《人民日报》（报纸名）

示例6： 《全国农村工作会议纪要》（文件名）

4.15.3.2 标示电影、电视、音乐、诗歌、雕塑等各类用文字、声音、图像等表现的作品的名称。

示例1：《渔光曲》（电影名）

示例2：《追梦录》（电视剧名）

示例3：《勿忘我》（歌曲名）

示例4：《沁园春·雪》（诗词名）

示例5：《东方欲晓》（雕塑名）

示例6：《光与影》（电视节目名）

示例7：《社会广角镜》（栏目名）

示例8：《庄子研究文献数据库》（光盘名）

示例9：《植物生理学系列挂图》（图片名）

4.15.3.3 标示全中文或中文在名称中占主导地位的软件名。

示例：　科研人员正在研制《电脑卫士》杀毒软件。

4.15.3.4 标示作品名的简称。

示例：　我读了《念青唐古拉山脉纪行》一文（以下简称《念》），收获很大。

4.15.3.5 当书名号中还需要书名号时，里面一层用单书名号，外面一层用双书名号。

示例：　《教育部关于提请审议〈高等教育自学考试试行办法〉的报告》

4.16 专名号

4.16.1 定义

标号的一种，标示古籍和某些文史类著作中出现的特定类专有名词。

4.16.2 形式

专名号的形式是一条直线，标注在相应文字的下方。

4.16.3 基本用法

4.16.3.1 标示古籍、古籍引文或某些文史类著作中出现的专有名词，主要包括人名、地名、国名、民族名、朝代名、年号、宗教名、官署名、组织名等。

示例1：　孙坚人马被刘表率军围得水泄不通。（人名）

示例2：　于是聚集冀、青、幽、并四州兵马七十多万准备决一死战。（地名）

示例3：　当时乌孙及西域各国都向汉派遣了使节。（国名、朝代名）

示例4：　从咸宁二年到太康十年，匈奴、鲜卑、乌桓等族人徙居塞内。（年号、民族名）

4.16.3.2 现代汉语文本中的上述专有名词，以及古籍和现代文本中的单位名、官职名、事件名、会议名、书名等不应使用专名号。必须使用标号标示时，宜使用其他相应标号（如引号、书名号等）。

4.17 分隔号

4.17.1 定义

标号的一种，标示诗行、节拍及某些相关文字的分隔。

4.17.2 形式

分隔号的形式是“／”。

4.17.3 基本用法

4.17.3.1 诗歌接排时分隔诗行（也可使用逗号和分号，见4.4.3.1／4.6.3.1）。

示例：　春眠不觉晓／处处闻啼鸟／夜来风雨声／花落知多少。

4.17.3.2 标示诗文中的音节节拍。

示例：　横眉／冷对／千夫指，俯首／甘为／孺子牛。

4.17.3.3 分隔供选择或可转换的两项，表示“或”。

示例：　动词短语中除了作为主体成分的述语动词之外，还包括述语动词所带的宾语和／或补语。

4.17.3.4 分隔组成一对的两项，表示“和”。

示例1：13／14次特别快车

示例2：羽毛球女双决赛中国组合杜婧／于洋两局完胜韩国名将李孝贞／李敬元。

4.17.3.5 分隔层级或类别。

示例：　我国的行政区划分为：省（直辖市、自治区）／省辖市（地级市）／县（县级市、区、自治州）／乡（镇）／村（居委会）。

5 标点符号的位置和书写形式

5.1 横排文稿标点符号的位置和书写形式

5.1.1 句号、逗号、顿号、分号、冒号均置于相应文字之后，占一个字位置，居左下，不出现在一行之首。

5.1.2 问号、叹号均置于相应文字之后，占一个字位置，居左，不出现在一行之首。两个问号（或叹号）叠用时，占一个字位置；三个问号（或叹号）叠用时，占两个字位置；问号和叹号连用时，占一个字位置。

5.1.3 引号、括号、书名号中的两部分标在相应项目的两端，各占一个字位置。其中前一半不出现在一行之末，后一半不出现在一行之首。

5.1.4 破折号标在相应项目之间，占两个字位置，上下居中，不能中间断开分处上行之末和下行之首。

5.1.5 省略号占两个字位置，两个省略号连用时占四个字位置并须单独占一行。省略号不能中间断开分处上行之末和下行之首。

5.1.6 连接号中的短横线比汉字“一”略短，占半个字位置；一字线比汉字“一”略长，占一个字位置；浪纹线占一个字位置。连接号上下居中，不出现在一行之首。

5.1.7 间隔号标在需要隔开的项目之间，占半个字位置，上下居中，不出现在一行之首。

5.1.8 着重号和专名号标在相应文字的下边。

5.1.9 分隔号占半个字位置，不出现在一行之首或一行之末。

5.1.10 标点符号排在一行末尾时，若为全角字符则应占半角字符的宽度（即半个字位置），以使视觉效果更美观。

5.1.11 在实际编辑出版工作中，为排版美观、方便阅读等需要，或为避免某一小节最后一个汉字转行或出现在另外一页开头等情况（浪费版面及视觉效果差），可适当压缩标点符号所占用的空间。

5.2 竖排文稿标点符号的位置和书写形式

5.2.1 句号、问号、叹号、逗号、顿号、分号和冒号均置于相应文字之下偏右。

5.2.2 破折号、省略号、连接号、间隔号和分隔号置于相应文字之下居中，上下方向排列。

5.2.3 引号改用双引号“﹃”“﹄”和单引号“﹁”“﹂”，括号改用“︵”“︶”，标在相应项目的上下。

5.2.4 竖排文稿中使用浪线式书名号“﹏”，标在相应文字的左侧。

5.2.5 着重号标在相应文字的右侧，专名号标在相应文字的左侧。

5.2.6 横排文稿中关于某些标点不能居行首或行末的要求，同样适用于竖排文稿。

附 录 A
（规范性附录）
标点符号用法的补充规则

A.1 句号用法补充规则

图或表的短语式说明文字，中间可用逗号，但末尾不用句号。即使有时说明文字较长，前面的语段已出现句号，最后结尾处仍不用句号。

示例1：行进中的学生方队

示例2：经过治理，本市市容市貌焕然一新。这是某区街道一景

A.2 问号用法补充规则

使用问号应以句子表示疑问语气为依据，而并不根据句子中包含有疑问词。当含有疑问词的语段充当某种句子成分，而句子并不表示疑问语气时，句末不用问号。

示例1：他们的行为举止、审美趣味，甚至读什么书，坐什么车，都在媒体掌握之中。

示例2：谁也不见，什么也不吃，哪儿也不去。

示例3：我也不知道他究竟躲到什么地方去了。

A.3 逗号用法补充规则

用顿号表示较长、较多或较复杂的并列成分之间的停顿时，最后一个成分前可用“以及（及）”进行连接，“以及（及）”之前应用逗号。

示例：压力过大、工作时间过长、作息不规律，以及忽视营养均衡等，均会导致健康状况的下降。

A.4 顿号用法补充规则

A.4.1 表示含有顺序关系的并列各项间的停顿，用顿号，不用逗号。下例解释“对于”一词用法，“人”“事物”“行为”之间有顺序关系（即人和人、人和事物、人和行为、事物和事物、事物和行为、行为和行为等六种对待关系），

各项之间应用顿号。

示例：〔对于〕表示人，事物，行为之间的相互对待关系。（误）

〔对于〕表示人、事物、行为之间的相互对待关系。(正)

A.4.2 用阿拉伯数字表示年月日的简写形式时，用短横线连接号，不用顿号。

示例：2010、03、02 (误)

2010-03-02 (正)

A.5 分号用法补充规则

分项列举的各项有一项或多项已包含句号时，各项的末尾不能再用分号。

示例：本市先后建立起三大农业生产体系：一是建立甘蔗生产服务体系。成立糖业服务公司，主要给农民提供机耕等服务；二是建立蚕桑生产服务体系。……；三是建立热作服务体系。……。(误)

本市先后建立起三大农业生产体系：一是建立甘蔗生产服务体系。成立糖业服务公司，主要给农民提供机耕等服务。二是建立蚕桑生产服务体系。……。三是建立热作服务体系。……。（正）

A.6 冒号用法补充规则

A.6.1 冒号用在提示性话语之后引起下文。表面上类似但实际不是提示性话语的，其后用逗号。

示例1：郦道元《水经注》记载："沼西际山枕水，有唐叔虞祠。"(提示性话语)

示例2：据《苏州府志》载，苏州城内大小园林约有150多座，可算名副其实的园林之城。(非提示性话语)

A.6.2 冒号提示范围无论大小(一句话、几句话甚至几段话)，都应与提示性话语保持一致(即在该范围的末尾要用句号点断)。应避免冒号涵盖范围过窄或过宽。

示例：艾滋病有三个传播途径：血液传播，性传播和母婴传播，日常接触是不会传播艾滋病的。(误)

艾滋病有三个传播途径：血液传播，性传播和母婴传播。日常接触是不会传播艾滋病的。(正)

A.6.3 冒号应用在有停顿处，无停顿处不应用冒号。

示例1：他头也不抬，冷冷地问："你叫什么名字？"(有停顿)

示例2：这事你得拿主意，光说“不知道”怎么行？（无停顿）

A.7 引号用法补充规则

“丛刊”“文库”“系列”“书系”等作为系列著作的选题名，宜用引号标引。当“丛刊”等为选题名的一部分时，放在引号之内，反之则放在引号之外。

示例1：“汉译世界学术名著丛书”

示例2：“中国哲学典籍文库”

示例3：“20世纪心理学通览”丛书

A.8 括号用法补充规则

括号可分为句内括号和句外括号。句内括号用于注释句子里的某些词语，即本身就是句子的一部分，应紧跟在被注释的词语之后。句外括号则用于注释句子、句群或段落，即本身结构独立，不属于前面的句子、句群或段落，应位于所注释语段的句末点号之后。

示例：标点符号是辅助文字记录语言的符号，是书面语的有机组成部分，用来表示语句的停顿、语气以及标示某些成分（主要是词语）的特定性质和作用。（数学符号、货币符号、校勘符号等特殊领域的专门符号不属于标点符号。）

A.9 省略号用法补充规则

A.9.1 不能用多于两个省略号（多于12点）连在一起表示省略。省略号须与多点连续的连珠号相区别（后者主要是用于表示目录中标题和页码对应和连接的专门符号）。

A.9.2 省略号和“等”“等等”“什么的”等词语不能同时使用。在需要读出来的地方用“等”“等等”“什么的”等词语，不用省略号。

示例：含有铁质的食物有猪肝、大豆、油菜、菠菜……等。（误）

含有铁质的食物有猪肝、大豆、油菜、菠菜等。（正）

A.10 着重号用法补充规则

不应使用文字下加直线或波浪线等形式表示着重。文字下加直线为专名号形式(4.16)；文字下加浪纹线是特殊书名号(A.13.6)。着重号的形式统一为相应项目下加小圆点。

示例： 下面对本文的理解，不正确的一项是（误）

下面对本文的理解，不正确的一项是（正）

A.11 连接号用法补充规则

浪纹线连接号用于标示数值范围时，在不引起歧义的情况下，前一数值附加符号或计量单位可省略。

示例： 5 公斤～100 公斤（正）

5～100 公斤（正）

A.12 间隔号用法补充规则

当并列短语构成的标题中已用间隔号隔开时，不应再用“和”类连词。

示例： 《水星·火星和金星》（误）

《水星·火星·金星》（正）

A.13 书名号用法补充规则

A.13.1 不能视为作品的课程、课题、奖品奖状、商标、证照、组织机构、会议、活动等名称，不应用书名号。下面均为书名号误用的示例：

示例 1：下学期本中心将开设《现代企业财务管理》《市场营销》两门课程。

示例 2：明天将召开《关于“两保两挂”的多视觉理论思考》课题立项会。

示例 3：本市将向 70 岁以上（含 70 岁）老年人颁发《敬老证》。

示例 4：本校共获得《最佳印象》《自我审美》《卡拉 OK》等六个奖杯。

示例 5：《闪光》牌电池经久耐用。

示例 6：《文史杂志社》编辑力量比较雄厚。

示例 7：本市将召开《全目食用天然色素应用研讨会》。

示例 8：本报将于今年暑假举行《墨宝杯》书法大赛。

A.13.2 有的名称应根据指称意义的不同确定是否用书名号。如文艺晚会指一项活动时，不用书名号；而特指一种节目名称时，可用书名号。再如展览作为一种文化传播的组织形式时，不用书名号；特定情况下将某项展览作为一种创作的作品时，可用书名号。

示例 1：2008 年重阳联欢晚会受到观众的称赞和好评。

示例 2：本台将重播《2008 年重阳联欢晚会》。

示例 3：“雪域明珠——中国西藏文化展”今天隆重开幕。

示例4：《大地飞歌艺术展》是一部大型现代艺术作品。

A.13.3 书名后面表示该作品所属类别的普通名词不标在书名号内。

示例：《我们》杂志

A.13.4 书名有时带有括注。如果括注是书名、篇名等的一部分，应放在书名号之内，反之则应放在书名号之外。

示例1：《琵琶行(并序)》

示例2：《中华人民共和国民事诉讼法(试行)》

示例3：《新政治协商会议筹备会组织条例(草案)》

示例4：《百科知识》(彩图本)

示例5：《人民日报》(海外版)

A.13.5 书名、篇名末尾如有叹号或问号，应放在书名号之内。

示例1：《日记何罪！》

示例2：《如何做到同工又同酬？》

A.13.6 在古籍或某些文史类著作中，为与专名号配合，书名号也可改用浪线式“﹏”，标注在书名下方。这可以看作是特殊的专名号或特殊的书名号。

A.14 分隔号用法补充规则

分隔号又称正斜线号，须与反斜线号“\”相区别(后者主要是用于编写计算机程序的专门符号)。使用分隔号时，紧贴着分隔号的前后通常不用点号。

附录 B
（资料性附录）
标点符号若干用法的说明

B.1 易混标点符号用法比较

B.1.1 逗号、顿号表示并列词语之间停顿的区别

逗号和顿号都表示停顿，但逗号表示的停顿长，顿号表示的停顿短。并列词语之间的停顿一般用顿号，但当并列词语较长或其后有语气词时，为了表示稍长一点的停顿，也可用逗号。

示例1：我喜欢吃的水果有苹果、桃子、香蕉和菠萝。

示例2：我们需要了解全局和局部的统一，必然和偶然的统一，本质和现象的统一。

示例3：看游记最难弄清位置和方向，前啊，后啊，左啊，右啊，看了半天，还是不明白。

B.1.2 逗号、顿号在表列举省略的“等”“等等”之类词语前的使用

并列成分之间用顿号，末尾的并列成分之后用“等”“等等”之类词语时，“等”类词前不用顿号或其他点号；并列成分之间用逗号，末尾的并列成分之后用“等”类词时，“等”类词前应用逗号。

示例1：现代生物学、物理学、化学、数学等基础科学的发展，带动了医学科学的进步。

示例2：写文章前要想好：文章主题是什么，用哪些材料，哪些详写，哪些略写，等等。

B.1.3 逗号、分号表示分句间停顿的区别

当复句的表述不复杂、层次不多，相连的分句语气比较紧凑、分句内部也没有使用逗号表示停顿时，分句间的停顿多用逗号。当用逗号不易分清多重复句内部的层次（如分句内部已有逗号），而用句号又可能割裂前后关系的地方，应用分号表示停顿。

示例1：她拿起钥匙，开了箱上的锁，又开了首饰盒上的锁，往老地方放钱。

示例 2：纵比，即以一事物的各个发展阶段作比较；横比，则以此事物与彼事物相比。

B.1.4 顿号、逗号、分号在标示层次关系时的区别

句内点号中，顿号表示的停顿最短、层次最低，通常只能表示并列词语之间的停顿；分号表示的停顿最长、层次最高，可以用来表示复句的第一层分句之间的停顿；逗号介于两者之间，既可表示并列词语之间的停顿，也可表示复句中分句之间的停顿。若分句内部已用逗号，分句之间就应用分号（见 B.1.3 示例 2）。用分号隔开的几个并列分句不能由逗号统领或总结。

示例 1：有的学会烤烟，自己做挺讲究的纸烟和雪茄；有的学会蔬菜加工，做的番茄酱能吃到冬天；有的学会蔬菜腌渍、窖藏，使秋菜接上春菜。

示例 2：动物吃植物的方式多种多样，有的是把整个植物吃掉，如原生动物；有的是把植物的大部分吃掉，如鼠类；有的是吃掉植物的要害部位，如鸟类吃掉植物的嫩芽。(误)

动物吃植物的方式多种多样：有的是把整个植物吃掉，如原生动物；有的是把植物的大部分吃掉，如鼠类；有的是吃掉植物的要害部位，如鸟类吃掉植物的嫩芽。(正)

B.1.5 冒号、逗号用于“说”“道”之类词语后的区别

位于引文之前的“说”“道”后用冒号。位于引文之后的“说”“道”分两种情况：处于句末时，其后用句号；“说”“道”后还有其他成分时，其后用逗号。插在话语中间的“说”“道”类词语后只能用逗号表示停顿。

示例 1：他说：“晚上就来家里吃饭吧。”

示例 2：“我真的很期待。”他说。

示例 3：“我有件事忘了说……”他说，表情有点为难。

示例 4：“现在请皇上脱下衣服，”两个骗子说，“好让我们为您换上新衣。”

B.1.6 不同点号表示停顿长短的排序

各种点号都表示说话时的停顿。句号、问号、叹号都表示句子完结，停顿最长。分号用于复句的分句之间，停顿长度介于句末点号和逗号之间，而短于冒号。逗号表示一句话中间的停顿，又短于分号。顿号用于并列词语之间，停顿最短。通常情况下，各种点号表示的停顿由长到短为：句号＝问号＝叹号＞冒号（指涵盖范围为一句话的冒号）＞分号＞逗号＞顿号。

B.1.7 破折号与括号表示注释或补充说明时的区别

破折号用于表示比较重要的解释说明，这种补充是正文的一部分，可与前后文连读；而括号表示比较一般的解释说明，只是注释而非正文，可不与前后文连读。

示例 1：在今年——农历虎年，必须取得比去年更大的成绩。

示例 2：哈雷在牛顿思想的启发下，终于认出了他所关注的彗星（该星后人称为哈雷彗星）。

B.1.8 书名号、引号在“题为……”“以……为题”格式中的使用

“题为……”“以……为题”中的“题”，如果是诗文、图书、报告或其他作品可作为篇名、书名看待时，可用书名号；如果是写作、科研、辩论、谈话的主题，非特定作品的标题，应用引号。即“题为……”“以……为题”中的“题”应根据其类别分别按书名号和引号的用法处理。

示例 1：有篇题为《柳宗元的诗》的文章，全文才 2000 字，引文不实却达 11 处之多。

示例 2：今天一个以“地球·人口·资源·环境”为题的大型宣传活动在此间举行。

示例 3：《我的老师》写于 1956 年 9 月，是作者应《教师报》之约而写的。

示例 4：“我的老师”这类题目，同学们也许都写过。

B.2 两个标点符号连用的说明

B.2.1 行文中表示引用的引号内外的标点用法

当引文完整且独立使用，或虽不独立使用但带有问号或叹号时，引号内句末点号应保留。除此之外，引号内不用句末点号。当引文处于句子停顿处（包括句子末尾）且引号内未使用点号时，引号外应使用点号；当引文位于非停顿处或者引号内已使用句末点号时，引号外不用点号。

示例 1：“沉舟侧畔千帆过，病树前头万木春。”他最喜欢这两句诗。

示例 2：书价上涨令许多读者难以接受，有些人甚至发出“还买得起书吗？”的疑问。

示例 3：他以“条件还不成熟，准备还不充分”为由，否决了我们的提议。

示例 4：你这样“明日复明日”地要拖到什么时候？

示例 5：司马迁为了完成《史记》的写作，使之“藏之名山”，忍受了人间最大的侮辱。

示例6：在施工中要始终坚持“把质量当生命”。

示例7：“言之无文，行而不远”这句话，说明了文采的重要。

示例8：俗话说：“墙头一根草，风吹两边倒。”用这句话来形容此辈再恰当不过。

B.2.2 行文中括号内外的标点用法

括号内行文末尾需要时可用问号、叹号和省略号。除此之外，句内括号行文末尾通常不用标点符号。句外括号行文末尾是否用句号由括号内的语段结构决定：若语段较长、内容复杂，应用句号。句内括号外是否用点号取决于括号所处位置：若句内括号处于句子停顿处，应用点号。句外括号外通常不用点号。

示例1：如果不采取（但应如何采取呢？）十分具体的控制措施，事态将进一步扩大。

示例2：3分钟过去了（仅仅3分钟！），从眼前穿梭而过的出租车竟达32辆！

示例3：她介绍时用了一连串比喻（有的状如树枝，有的貌似星海……），非常形象。

示例4：科技协作合同（包括科研、试制、成果推广等）根据上级主管部门或有关部门的计划签订。

示例5：应把夏朝看作原始公社向奴隶制国家过渡时期。（龙山文化遗址里，也有俯身葬。俯身者很可能就是奴隶。）

示例6：问：你对你不喜欢的上司是什么态度？

答：感情上疏远，组织上服从。（掌声，笑声）

示例7：古汉语（特别是上古汉语），对于我来说，有着常人无法想象的吸引力。

示例8：由于这种推断尚未经过实践的考验，我们只能把它作为假设（或假说）提出来。

示例9：人际交往过程就是使用语词传达意义的过程。（严格说，这里的“语词”应为语词指号。）

B.2.3 破折号前后的标点用法

破折号之前通常不用点号；但根据句子结构和行文需要，有时也可分别使用句内点号或句末点号。破折号之后通常不会紧跟着使用其他点号；但当破折号表示语音的停顿或延长时，根据语气表达的需要，其后可紧接问号或叹号。

示例1：小妹说：“我现在工作得挺好，老板对我不错，工资也挺高。——

我能抽支烟吗？”（表示话题的转折）

示例2：我不是自然主义者，我主张文学高于现实，能够稍稍居高临下地去看现实，因为文学的任务不仅在于反映现实。光描写现存的事物还不够，还必须记住我们所希望的和可能产生的事物。必须使现象典型化。应该把微小而有代表性的事物写成重大的和典型的事物。——这就是文学的任务。（表示对前几句话的总结）

示例3：“是他——？”石一川简直不敢相信自己的耳朵。

示例4：“我终于考上大学啦！我终于考上啦——！”金石开兴奋得快要晕过去了。

B.2.4 省略号前后的标点用法

省略号之前通常不用点号。以下两种情况例外：省略号前的句子表示强烈语气、句末使用问号或叹号时；省略号前不用点号就无法标示停顿或表明结构关系时。省略号之后通常也不用点号，但当句末表达强烈的语气或感情时，可在省略号后用问号或叹号；当省略号后还有别的话、省略的文字和后面的话不连续且有停顿时，应在省略号后用点号；当表示特定格式的成分虚缺时，省略号后可用点号。

示例1：想起这些，我就觉得一辈子都对不起你。你对梁家的好，我感激不尽！……

示例2：他进来了，……一身军装，一张朴实的脸，站在我们面前显得很高大，很年轻。

示例3：这，这是……？

示例4：动物界的规矩比人类还多，野骆驼、野猪、黄羊……，直至塔里木兔、跳鼠，都是各行其路，决不混淆。

示例5：大火被渐渐扑灭，但一片片油污又旋即出现在遇难船旁……。清污船迅速赶来，并施放围栏以控制油污。

示例6：如果……，那么……。

B.3 序次语之后的标点用法

B.3.1 “第”“其”字头序次语，或“首先”“其次”“最后”等做序次语时，后用逗号（见4.4.3.3）。

B.3.2 不带括号的汉字数字或“天干地支”做序次语时，后用顿号（见4.5.3.3）。

B.3.3 不带括号的阿拉伯数字、拉丁字母或罗马数字做序次语时，后面用下脚点（该符号属于外文的标点符号）。

示例1：总之，语言的社会功能有三点：1. 传递信息，交流思想；2. 确定关系，调节关系；3. 组织生活，组织生产。

示例2：本课一共讲解三个要点：A. 生理停顿；B. 逻辑停顿；C. 语法停顿。

B.3.4 加括号的序次语后面不用任何点号。

示例1：受教育者应履行以下义务：（一）遵守法律、法规；（二）努力学习，完成规定的学习任务；（三）遵守所在学校或其他教育机构的制度。

示例2：科学家很重视下面几种才能：(1) 想象力；(2) 直觉的理解力；(3) 数学能力。

B.3.5 阿拉伯数字与下脚点结合表示章节关系的序次语末尾不用任何点号。

示例：3 停顿

3.1 生理停顿

3.2 逻辑停顿

B.3.6 用于章节、条款的序次语后宜用空格表示停顿。

示例：第一课　春天来了

B.3.7 序次简单、叙述性较强的序次语后不用标点符号。

示例：语言的社会功能共有三点：一是传递信息；二是确定关系；三是组织生活。

B.3.8 同类数字形式的序次语，带括号的通常位于不带括号的下一层。通常第一层是带有顿号的汉字数字；第二层是带括号的汉字数字；第三层是带下脚点的阿拉伯数字；第四层是带括号的阿拉伯数字；再往下可以是带圈的阿拉伯数字或小写拉丁字母。一般可根据文章特点选择从某一层序次语开始行文，选定之后应顺着序次语的层次向下行文，但使用层次较低的序次语之后不宜反过来再使用层次更高的序次语。

示例：一、……

（一）……

1.……

(1)……

①／a.……

B.4 文章标题的标点用法

文章标题的末尾通常不用标点符号，但有时根据需要可用问号、叹号或省略号。

示例1：看看电脑会有多聪明，让它下盘围棋吧

示例2：猛龙过江：本店特色名菜

示例3：严防“电脑黄毒”危害少年

示例4：回家的感觉真好

——访大赛归来的本市运动员

示例5：里海是湖，还是海？

示例6：人体也是污染源！

示例7：和平协议签署之后……

出版物上数字用法

（中华人民共和国国家标准 GB/T 15835—2011）

1 范围

本标准规定了出版物上汉字数字和阿拉伯数字的用法。

本标准适用于各类出版物（文艺类出版物和重排古籍除外）。政府和企事业单位公文，以及教育、媒体和公共服务领域的数字用法，也可参照本标准执行。

2 规范性引用文件

下列文件对于本文件的应用是必不可少的。凡是注日期的引用文件，仅注日期的版本适用于本文件。凡是不注日期的引用文件，其最新版本（包括所有的修改单）适用于本文件。

GB/T 7408—2005 数据元和交换格式 信息交换 日期和时间表示法

3 术语和定义

下列术语和定义适用于本文件。

3.1 计量 measuring

将数字用于加、减、乘、除等数学运算。

3.2 编号 numbering

将数字用于为事物命名或排序，但不用于数学运算。

3.3 概数 approximate number

用于模糊计量的数字。

4 数字形式的选用

4.1 选用阿拉伯数字

4.1.1 用于计量的数字

在使用数字进行计量的场合，为达到醒目、易于辨识的效果，应采用阿拉伯数字。

示例1： －125.03　34.05％　63％～68％　1 ： 500　97/108

当数值伴随有计量单位时，如：长度、容积、面积、体积、质量、温度、经纬度、音量、频率等等，特别是当计量单位以字母表达时，应采用阿拉伯数字。

示例2： 523.56 km（523.56千米）346.87 L（346.87升）5.34 ㎡（5.34平方米）567 mm³（567立方毫米）　605 g（605克）　100 ～ 150 kg（100 ～ 150千克）

34 ～ 39℃（34 ～ 39摄氏度）　北纬40°（40度）　120 dB（120分贝）

4.1.2 用于编号的数字

在使用数字进行编号的场合，为达到醒目、易于辨识的效果，应采用阿拉伯数字。

示　例： 电话号码：98888

邮政编码：100871

通信地址：北京市海淀区复兴路11号

电子邮件地址：x186@186.net

网页地址：http://127.0.0.1

汽车号牌：京A00001

公交车号：302路公交车

道路编号：101国道

公文编号：国办发〔1987〕9号

图书编号：ISBN 978-7-80184-224-4

刊物编号：CN11-1399

章节编号：4.1.2

产品型号：PH－3000型计算机

产品序列号：C84XB－JYVFD－P7HC4－6XKRJ－7M6XH

单位注册号：02050214

行政许可登记编号：0684D10004－828

4.1.3 已定型的含阿拉伯数字的词语

现代社会生活中出现的事物、现象、事件，其名称的书写形式中包含阿拉伯数字，已经广泛使用而稳定下来，应采用阿拉伯数字。

示　例： 3G手机　MP3播放器　G8峰会　维生素B_{12}　97号汽油

“5·27”事件　“12·5”枪击案

4.2 选用汉字数字

4.2.1 非公历纪年

干支纪年、农历月日、历史朝代纪年及其他传统上采用汉字形式的非公历纪年等等，应采用汉字数字。

示　例：丙寅年十月十五日　庚辰年八月五日　腊月二十三　正月初五　八月十五中秋　秦文公四十四年　太平天国庚申十年九月二十四日　清咸丰十年九月二十日　藏历阳木龙年八月二十六日　日本庆应三年

4.2.2 概数

数字连用表示的概数、含"几"的概数，应采用汉字数字。

示　例：三四个月　一二十个　四十五六岁　五六万套　五六十年前　几千　二十几　一百几十　几万分之一

4.2.3 已定型的含汉字数字的词语

汉语中长期使用已经稳定下来的包含汉字数字形式的词语，应采用汉字数字。

示　例：万一　一律　一旦　三叶虫　四书五经　星期五　四氧化三铁　八国联军　七上八下　一心一意　不管三七二十一　一方面　二百五　半斤八两　五省一市　五讲四美　相差十万八千里　八九不离十　白发三千丈　不二法门　二八年华　五四运动　"一·二八"事变　"一二·九"运动

4.3 选用阿拉伯数字与汉字数字均可

如果表达计量或编号所需要用到的数字个数不多，是选择汉字数字还是阿拉伯数字在书写的简洁性和辨识的清晰性两方面没有明显差异时，两种形式均可使用。

示例1：17号楼（十七号楼）　3倍（三倍）　第5个工作日（第五个工作日）　100多件（一百多件）　20余次（二十余次）　约300人（约三百人）　40天左右（四十天左右）　50上下（五十上下）　50多人（五十多人）　第25页（第二十五页）　第8天（第八天）　第4季度（第四季度）　第45页（第四十五页）　共235位同学（共二百三十五位同学）　0.5（零点五）76岁（七十六岁）　120周年（一百二十周年）　1/3（三分之一）　公元前8世纪（公元前八世纪）　20世纪80年

代（二十世纪八十年代）公元253年（公元二五三年） 1997年7月1日（一九九七年七月一日）下午4点40分（下午四点四十分）4个月（四个月） 12天（十二天）

如果要突出简洁醒目的表达效果，应使用阿拉伯数字；如果要突出庄重典雅的表达效果，应使用汉字数字。

示例2： 北京时间2008年5月12日14时28分

十一届全国人大一次会议（不写为“11届全国人大1次会议”）

六方会谈（不写为“6方会谈”）

在同一场合出现的数字，应遵循“同类别同形式”原则来选择数字的书写形式。如果两数字的表达功能类别相同（比如都是表达年月日时间的数字），或者两数字在上下文中所处的层级相同（比如文章目录中同级标题的编号），应选用相同的形式。反之，如果两数字的表达功能不同，或所处层级不同，可以选用不同的形式。

示例3： 2008年8月8日 二〇〇八年八月八日（不写为“二〇〇八年8月8日”）

第一章 第二章……第十二章（不写为“第一章第二章……第12章”）

第二章的下一级标题可以用阿拉伯数字编号：2.1，2.2，……

应避免相邻的两个阿拉伯数字造成歧义的情况。

示例4： 高三3个班 高三三个班（不写为“高33个班”）

高三2班 高三（2）班（不写为“高32班”）

有法律效力的文件、公告文件或财务文件中可同时采用汉字数字和阿拉伯数字。

示例5： 2008年4月保险账户结算日利率为万分之一点五七五零（0.015750%）

35.5元（35元5角 三十五元五角 叁拾伍圆伍角）

5 数字形式的使用

5.1 阿拉伯数字的使用

5.1.1 多位数

为便于阅读，四位以上的整数或小数，可采用以下两种方式分节：

——第一种方式：千分撇

整数部分每三位一组，以“，”分节。小数部分不分节。四位以内的整数可以不分节。

示例1：624,000　92,300,000　19,351,235.235767　1256

——第二种方式：千分空

从小数点起，向左和向右每三位数字一组，组间空四分之一个汉字，即二分之一个阿拉伯数字的位置。四位以内的整数可以不加千分空。

示例2：55 235 367.346 23　　　98 235 358.238 368

注：各科学技术领域的多位数分节方式参照 GB 3101—1993 的规定执行。

5.1.2 纯小数

纯小数必须写出小数点前定位的“0”，小数点是阿拉伯数字底线的实心点“.”。

示　例：0.46 不写为 .46 或 0。46

5.1.3 数值范围

在表示数值的范围时，可采用波浪式连接号“~”或一字线连接号“—”。前后两个数值的附加符号或计量单位相同时，在不造成歧义的情况下，前一个数值的附加符号或计量单位可省略。如果省略数值的附加符号或计量单位会造成歧义，则不应省略。

示　例：−36 ~ −8℃　400—429 页　100—150kg　12 500 ~ 20 000 元　9 亿 ~ 16 亿（不写为 9 ~ 16 亿）　13 万元 ~ 17 万元（不写为 13 ~ 17 万元）　15 % ~ 30 %（不写为 15 ~ 30 %）　4.3×10^6 ~ 5.7×10^6（不写为 4.3 ~ 5.7×10^6）

5.1.4 年月日

年、月、日的表达顺序应按照口语中年月日的自然顺序书写。

示例 1：2008 年 8 月 8 日　1997 年 7 月 1 日

“年”“月”可按照 GB/T 7408—2005 的 5.2.1.1 中的扩展格式，用“-”替代，但年月日不完整时不能替代。

示例 2：2008-8-8　1997-7-1　8 月 8 日（不写为 8-8）　2008 年 8 月（不写为 2008-8）

四位数字表示的年份不用简写为两位数字。

示例 3：“1990 年”不写为“90 年”

月和日是一位数时，可在数字前补“0”。

示例 4：2008-08-08　1997-07-01

5.1.5 时分秒

计时方式即可采用 12 小时制，也可采用 24 小时制。

示例 1：11 时 40 分（上午 11 时 40 分）　21 时 12 分 36 秒（晚上 9 时 12 分 36 秒）

时分秒的顺序应按照口语中时、分、秒的自然顺序书写。

示例 2：15 时 40 分　14 时 12 分 36 秒

“时”“分”也可按照 GB/T 7408— 2005 的 5.3.1.1 和 5.3.1.2 中的扩展格式，用“：”替代。

示例 3：15:40　14:12:36

5.1.6 含有月日的专名

含有月日的专名采用阿拉伯数字表示时，应采用间隔号“·”将月、日分开，并在数字前后加引号。

示例：“3·15”消费者权益日

5.1.7 书写格式

5.1.7.1 字体

出版物中的阿拉伯数字，一般应使用正体二分字身，即占半个汉字位置。

示例：234　57.236

5.1.7.2 换行

一个用阿拉伯数字书写的数值应在同一行中，避免被断开。

5.1.7.3 竖排文本中的数字方向

竖排文字中的阿拉伯数字按顺时针方向转 90°。旋转后要保证同一个词语单位的文字方向相同。

示例：

示例一

雪花牌 BCD188 型家用电冰箱容量是一百八十八升，功率为一百二十五瓦，市场售价两千零五十元，返修率仅为百分之零点一五。

示例二

海军左J12号打捞救生船在太平洋上航行了十三天，于一九九〇年八月六日零时三十分返回基地。

5.2 汉字数字的使用

5.2.1 概数

两个数字连用表示概数时，两数之间不用顿号“、”隔开。

示　例：二三米　一两个小时　三五天　一二十个　四十五六岁

5.2.2 年份

年份简写后的数字可以理解为概数时，一般不简写。

示　例：“一九七八年”不写为“七八年”

5.2.3 含有月日的专名

含有月日的专名采用汉字数字表示时，如果涉及一月、十一月、十二月，应用间隔号“·”将表示月日的数字隔开，涉及其他月份时，不用间隔号。

示　例：“一二·八”事变　“一二·九”运动　五一国际劳动节

5.2.4 大写汉字数字

——大写汉字数字的书写形式

零、壹、贰、叁、肆、伍、陆、柒、捌、玖、拾、佰、仟、万、亿

——大写汉字数字的适用场合

法律文书和财务票据上，应采用大写汉字数字形式记数。

示　例：3,504（叁仟伍佰零肆圆）　39,148（叁万玖仟壹佰肆拾捌圆）

5.2.5 “零”和“〇”

阿拉伯数字“0”有“零”和“〇”两种汉字书写形式。一个数字用作计量时，其中“0”的汉字书写形式为“零”，用作编号时，“0”的汉字书写形式为“〇”。

示　例：“3052（个）”的汉字数字形式为“三千零五十二”（不写为“三千〇五十二”）

“95.06”的汉字数字形式为“九十五点零六”（不写为“九十五点〇六”）

“公元2012（年）”的汉字数字形式为“二〇一二”（不写为“二零一二”）

5.3 阿拉伯数字与汉字数字同时使用

如果一个数值很大，数值中的“万”“亿”单位可以采用汉字数字，其余部分采用阿拉伯数字。

示例1：我国1982年人口普查人数为10亿零817万5 288人。

除上面情况之外的一般数值，不能同时采用阿拉伯数字与汉字数字。

示例2：108可以写作“一百零八”，但不应写作“1百零8”“一百08”

4 000可以写作“四千”，但不能写作“4千”

中国石油天然气集团公司公文处理办法

（中油办〔2013〕536 号）

第一章　总　则

第一条　为进一步加强中国石油天然气集团公司（以下简称集团公司）公文管理工作，规范公文处理程序，提高公文办理质量和效率，根据中共中央办公厅、国务院办公厅联合印发的《党政机关公文处理工作条例》（中办发〔2012〕14 号），结合集团公司工作实际，制定本办法。

第二条　本办法适用于总部各部门、各专业分公司、各企事业单位（以下简称各单位）。集团公司控股、参股企业参照执行。

第三条　集团公司的公文，是集团公司各级机关在实施领导、履行职能、开展生产经营管理工作中形成的具有特定效力和规范体式的文书，是传达贯彻党和国家方针政策，公布规章，请示、报告重要事项，指导、布置和商洽工作，答复问题，通报和交流情况等的重要工具。

第四条　公文处理指公文的拟制、办理、归档、管理等一系列相互关联、有序衔接的工作。

第五条　公文处理工作的原则是：实事求是、准确规范、精简高效、安全保密。

第六条　办公厅是集团公司公文处理工作归口管理部门，主管总部机关的公文处理工作，并对各单位的公文处理工作进行业务指导和督促检查。各单位办公室或综合处（以下简称办公室）负责本单位的公文处理工作，保证其高效运转。

第二章　公文种类、发文形式及公文格式

第一节　公文种类

第七条　集团公司常用文种有 9 个：请示、报告、意见、函、通知、批复、决定、通报、纪要。按照行文方向，分为上行文、平行文、下行文。其中，上行文主要使用“请示”“报告”，平行文使用“函”，下行文主要使用“通知”“批复”“决定”“通报”“纪要”。“意见”既可用于上行文，又可用于下行文。

第八条　9 个常用文种的主要适用范围：

（一）请示。用于向上级单位请求指示、批准。

（二）报告。用于向上级单位汇报工作、反映情况，回复上级单位的询问。

（三）意见。用于对重要问题提出见解和处理办法。

（四）函。用于不相隶属单位之间商洽工作、询问和答复问题、请求批准和答复审批事项。

（五）通知。用于发布、传达要求下级单位执行和有关单位周知或者执行的事项，批转、转发公文。

（六）批复。用于答复下级单位请示事项。

（七）决定。用于对重要事项作出决策和部署、奖惩有关单位和人员、变更或者撤销下级单位不适当的决定事项。

（八）通报。用于表彰先进、批评错误、传达重要精神和告知重要情况。

（九）纪要。用于记载会议主要情况和议定事项。

第二节 发文形式

第九条 集团公司公文常用发文形式有文件格式、信函格式、纪要格式、便函格式。具体发文形式根据文件内容确定。

（一）文件格式。为通用格式，用于印发内容较为重要的公文。

（二）信函（函件）格式。为特定公文格式，编发文字号。除平行文种“函”必须使用信函格式外，重要程度一般的下行文种“通知”“批复”等也可使用信函格式。

（三）纪要格式。为特定公文格式，仅用于印发“纪要”文种。

（四）便函格式。包括带信函版头和不带信函版头（白皮文件）两种格式，一般不编发文字号，用于印发不需归档的公文。

第十条 集团公司公文发文形式应遵循以下原则：

（一）“中国石油天然气集团公司文件”（上行文件）主要用于以集团公司名义，向国务院国资委、国务院各部委报送“请示”、“报告”等上行文；“中国石油天然气集团公司”函件主要用于以集团公司名义，向国务院直属机构、各省（自治区、直辖市）人民政府、其他中央企业及不相隶属单位等行文。

（二）“中国石油天然气集团公司文件”（下行文件）主要用于部署安排集团公司重要工作、任免和聘用干部、印发集团公司规章制度、批复企事业单位请示、奖惩有关单位和人员、通报重大事项等。

第十一条 总部部门及专业分公司公文发文形式应遵循以下原则：

（一）总部部门、专业分公司文件主要用于就职责范围内的具体业务工作进行通知和批复，印发部门规章制度、表彰决定、通报等；总部部门、专业分公司函件或便函主要用于日常业务联系、商洽工作、征询意见、沟通情况等。

（二）集团公司工作会议、集团公司领导干部会议的会议通知，以办公厅文件印发；总部部门、专业分公司组织召开的专业会议的会议通知，以部门函件或便函印发，不发部门正式文件。

（三）转发上级有关部门文件，有实质贯彻落实意见的，以部门函件印发；无实质要求的，以部门便函印发。

（四）集团公司领导同志或部门负责人的讲话，原则上在会上以会议文件形式印发，不发正式文件；会后确需印发的党组成员讲话，印发《办公厅通报》。部门文件、函件均不印发领导讲话。

第十二条 各企事业单位向总部报送公文的发文形式有三种：上行正式文件、上行正式函件、便函。其中，上行正式文件用于就重大事项向集团公司或归口专业分公司报送“请示”或“报告”；上行正式函件用于向总部部门、专业分公司反映情况、汇报有关专项工作情况、报送材料等；便函用于向总部部门、专业分公司报送不需编号、不需归档的公文等。

各企事业单位向总部报件，应以上述三种发文形式通过办公专网 OA 系统报送，不得以《呈批件》、白头文件、简报等形式向集团公司领导同志个人报件。

第三节 公文格式

第十三条 公文格式应符合《党政机关公文格式》(GB/T 9704—2012)的要求，做到相关要素齐全，字体、字号规范等。公文格式编排规则详见附件。

第十四条 公文使用的汉字、数字、外文字符、计量单位和标点符号等，按照有关国家标准和规定执行。

第三章 行文规则

第一节 基本规则

第十五条 行文应当确有必要，讲求实效，注重针对性和可操作性。

第十六条 行文关系应根据隶属关系和职权范围确定。一般不得越级行文，特殊情况需要越级行文的，应当同时抄送被越过的机关。

第二节 上行文的行文规则

第十七条 总部统一以集团公司名义向国务院国资委、国务院各部委报送上行文，不宜直接向国务院报送上行文（信息报送除外）。

第十八条 各企事业单位、总部各部门、各专业分公司均不得以单位或部门名义，越级向国务院国资委、国务院各部委报送上行文。

第十九条 各企事业单位可直接向集团公司报送正式上行文，但企事业单位所属二级单位则不可直接向集团公司报送正式上行文。各企事业单位因工作需要向所在地的省、自治区、直辖市人民政府行文，可使用正式上行文。

第二十条 上行文的“主送机关”和“抄送机关”拟写应遵循以下规则：

（一）集团公司报送国务院国资委、国务院各部委的公文，主送机关应为“国务院国有资产监督管理委员会”或国务院某部委，不得径送国务院国资委或国务院某部委的厅局。

（二）“请示”“报告”等上行文原则上只主送一个上级单位，不得多头主送，也不抄送下级单位，根据需要可以抄送相关上级单位。

（三）正式上行文件，一般不直接主送上级单位领导同志。如因领导同志直接交办确需主送领导同志的，应以便函形式报送，文件落款处由单位负责人亲笔签字，不加盖单位印章。

（四）企事业单位向总部报送上行正式文件，主送机关应为“中国石油天然气集团公司”或归口的专业分公司，不得直接主送集团公司的业务部门。企事业单位向总部报送上行正式函件、便函，主送机关为总部部门、专业分公司。

第二十一条 上行文的拟写应遵循以下规则：

（一）不得将“请示”和“报告”混用。

（二）“请示”应做到一文一事。请示的事项应具体明确，提出本单位的倾向性处理意见。

（三）“报告”中不得夹带请示事项。“报告”中若涉及请示事项，应另行“请示”文件，与“报告”严格区分。

第三节 平行文、下行文及联合行文的行文规则

第二十二条 以集团公司名义向国务院直属机构、其他中央企业、各省（自治区、直辖市）人民政府及其他不相隶属单位行文，使用平行文种“函”。

第二十三条 除办公厅外，总部其他部门、专业分公司不得对外正式行文。各部门、各专业分公司可以部门（专业分公司）函件、便函的形式对外联系、商洽工作。

第二十四条 总部部门向所属企事业单位印发部门正式文件时，主送机关可为“各企事业单位”或某企事业单位。但以部门函件或便函对所属企事业单位行文时，主送机关只能为各企事业单位对口的业务部门。

专业分公司向所属企事业单位印发专业分公司文件（函件）时，主送机关应为其归口管理的企事业单位。

第二十五条 除人事部可就干部任免事项向总部内设机构印发部门文件外，总部部门之间、专业分公司之间、总部部门与专业分公司之间日常业务联系、商洽工作、征询意见、沟通情况时以部门（专业分公司）函件或便函行文（使用平行文种“函”），不以文件格式互相正式行文。

第二十六条 总部部门之间、专业分公司之间、总部部门与专业分公司之间不联合行文。发文事项涉及多个部门时，由主办部门办文，并会签相关业务部门。

第二十七条 集团公司可与中国石油化工集团公司等其他中央企业联合行文，必要时也可与各省（自治区、直辖市）人民政府联合行文。各企事业单位之间可以联合行文。

第二十八条 党政机关应根据各自的隶属关系和职权范围行文。行政文件中不得有向党组织发指示、交任务的内容；必要时党政机关可以联合行文；为沟通信息，党政机关还可以互相抄送公文。

第四章 发文办理

第二十九条 发文办理指以本单位名义制发公文的过程，包括公文起草、会签、审核、签发、复核、登记、校对、印制、用印、发送等程序。

第三十条 起草。公文起草应当做到：

（一）行文关系、行文规则符合国家及集团公司公文管理的规范要求。

（二）结构合理，主旨明确，重点突出，层次清楚，能完整、准确地体现发文单位的意图，并与现行有关公文相衔接。

（三）公文内容应围绕中心工作，分析问题实事求是，所提措施、办法切实可行，突出指导性和可操作性。

（四）坚持少而精的原则，严格控制发文数量。

（五）内容简洁，语法无误，逻辑严密，文句通顺，无错漏别字；人名、地名、数字、机构名称、计量单位、标点符号等准确无误，篇幅力求简短。公文中如使用非规范化简称，应先用全称并注明简称。使用国际组织外文名称或其缩写形式，应在第一次出现时注明准确的中文译名。引用公文应先引标题，后引发文字号。

（六）文种正确，体例格式规范。应严格按照内容和行文关系确定公文文种。

（七）公文起草部门应加强工作的计划性和前瞻性，杜绝人为形成紧急公文。对紧急公文，必须给公文审核、领导签发留出至少半个工作日的时间，确保公文质量。

（八）各单位负责人应主持、指导重要公文的起草工作。

第三十一条 会签。公文内容若涉及其他部门职权范围内的事项，主办部门应与有关部门协商办理，并履行会签程序。会签应注意以下问题：

（一）主办部门应主动与有关部门协商会签，取得一致意见后方可行文；如不能取得一致的，主办部门可以列明各方理据，提出建设性意见，并与有关部门会签后报上级负责人裁定。

（二）会签部门应在规定时限内给予答复，不能在规定时限内答复的，应及时与主办部门沟通，协商办理。

第三十二条 审核。公文送单位领导签发前，由所在单位办公室进行审核。应建立业务部门（拟稿部门）、办公室、单位负责人三级审核把关制度，即拟稿人拟写完初稿后，须先经业务部门负责人审核把关，然后由办公室进行语言文字、体例格式等审核，最后经单位负责人审核签批。

公文审核的重点是：

（一）是否确需行文，是否符合本单位职责定位，行文方式是否恰当等。

（二）是否符合党和国家的路线、方针、政策及集团公司有关规定；提出的政策建议和新出台的政策规定，是否与现行的政策规定相统一、相衔接，是否切实可行。

（三）行文主旨是否清晰；重点是否突出，逻辑结构是否合理；语言表述是否规范、准确；计量单位是否符合标准；数字、结构层次序数等是否规范等。

（四）涉及其他部门职责范围的事项，是否经过协商并取得一致意见，会签部门是否齐全。

（五）文种使用是否恰当，体例格式是否符合国家标准，各要素标识是否准确，办文依据是否齐全等。

公文审核中，如需对文稿作较大修改，应与拟稿部门协商或请其修改；修改后的文稿须由拟稿部门领导确认，核稿人员应当进行复核。

第三十三条 签发。公文应经本单位具有签发权的负责人审批签发。

总部公文按照以下权限签发：以集团公司名义制发的公文，由总经理或分管相关工作的集团公司党组成员签发；总部部门、专业分公司文件，由部门负责人签发。

公文签发应注意以下问题：

（一）签发人签发公文，应签署意见、姓名和完整日期；圈阅或签名的，视为同意。联合发文由所有联署单位负责人会签。

（二）公文一经签发即具有法定效力，未经签发人同意，任何人不得擅自变更或修改。

（三）公文应先送办公室审核，再送单位负责人签发，不可“先签后核”，倒走流程。

第三十四条 复核、登记、校对、印制、用印、发送。公文印发前，办公室应对公文的审批手续、内容、文种、格式等进行复核；复核后统一编号、登记相关信息并送印；印制前，应由拟稿人进行校对，校对文件必须以原稿为准，不得随意改动，如需改动，应与办公室核稿人联系，报经签发人批准；公文印制必须确保质量和时效，涉密公文应当在符合保密要求的场所印制；印制后的公文应加盖（套印）相应印章后发送。

第五章 收文办理

第三十五条 收文办理的工作程序主要包括签收、登记、审核、拟办、批办、传阅、承办、催办等。

第三十六条 签收。对收到的公文应逐件清点，核对无误后签字或盖章，并注明签收时间。

第三十七条 登记。对公文的主要信息和办理情况应详细记载。

第三十八条 审核。对收到的来文应进行审核，审核的重点是：

（一）是否应由本单位办理。

（二）是否符合行文规则。

（三）内容是否符合国家法律、法规及集团公司有关规定。

（四）公文种类、体例格式是否规范，有关附件是否齐全等。

对不应由本单位办理或不符合规定的来文，经办公室负责人同意后，应及时退回来文单位。

第三十九条 拟办。办公室对来文如何处理提出初步拟办意见，供领导同志决策时参考。提出拟办意见应做到：

（一）拟办意见准确，文字表述简明扼要。

（二）对内容较为复杂、办理难度较大的来文，可先协商有关部门提供相关资料（政策依据和背景材料等），与拟办意见一并呈送，供领导参考。

（三）需要两个以上部门办理的事项，应明确主办部门；紧急公文，应明确办理时限。

第四十条 批办。领导同志对来文进行批示，有具体请示事项或需办理事项的，主批人应明确签署意见、姓名和审批日期，其他审批人圈阅视为同意；没有请示事项或需办理事项的，圈阅表示已阅知。

第四十一条 传阅。根据领导批示和工作需要，应将公文及时送传阅对象阅知或者批示。办理公文传阅应明确办理时限、告知办理形式，随时掌握公文去向，不得漏传、误传、延误。

第四十二条 承办。承办部门应根据拟办和批办意见，对公文进行及时处理，不得延误、推诿。紧急公文应按时限办理，确有困难的，应及时说明。对不属于本部门职权范围或不宜由本部门办理的，应及时退回交办部门。主办部门应主动与协办部门沟通情况，交换意见，并负责将办理结果及时通报协办部门；协办部门应顾全大局，主动配合，有效协助主办部门共同完成任务。

第四十三条 催办。办公室应及时了解掌握公文的办理进展情况，督促承办部门按期办结，紧急公文或者重要公文应由专人负责催办，一般公文定期催办。

第六章 公文归档

第四十四条 各单位应当遵守《中华人民共和国档案法》、集团公司档案管理有关规定，明确归档范围，在公文办理完毕后及时收集、整理和归档，正确划定保管期限，定期移交档案管理部门。个人不得保存应归档的公文。

第四十五条 归档公文应当齐全、完整、准确。整理应当遵循文件形成规律，区分保管期限，保持文件间有机联系。

第四十六条 对于两个以上单位联合办理的公文，原件由主办单位归档，相关单位保存复制件。单位负责人兼任其他单位职务的，在履行所兼职务过程中形成的公文，由其兼职单位归档。

第四十七条 拟制、修改和签批公文，字迹应耐久，纸张材料必须符合集团公司的归档要求。

第七章 公文管理

第四十八条 各单位应结合实际，建立健全本单位公文管理制度，确保管理严格规范，发挥公文效用。

第四十九条 公文应由单位办公室集中统一管理，主要包括以下方面：

（一）统一接收。凡送本单位的公文，除领导同志亲启件外，均应由办公室统一接收、拆封、登记和分发处理。业务部门及个人接收的公文，交办公室统一处理。

（二）统一发送。凡以本单位名义制发的公文，均应送本单位办公室统一登记、编号、印制和发送。

（三）统一保管。本单位承接和发出的所有公文，由办公室集中保管。

第五十条 各单位应建立机要保密室和机要阅文室，并按照有关保密规定配备工作人员和必要的安全保密设施设备。

第五十一条 公文管理应严格执行国家保密法律、法规和集团公司商业秘密管理规定，确保国家秘密和集团公司商业秘密的安全。公文确定密级前，应按照拟定的密级先行采取保密措施。确定密级后，按照所定密级严格管理。绝密级公文应当由专人管理。公文的密级需要变更或者解除的，由原确定密级的单位或其上级单位决定。

第五十二条 公文的印发传达范围应按照发文单位的要求执行；需要变更的，应经发文单位批准。涉密公文公开发布前应当履行解密程序，公开发布的时间、形式和渠道由发文单位确定。

第五十三条 涉密公文应通过机要交通、邮政机要通信、机要文件交换站或收发件单位机要收发人员进行传递。向国（境）外发送公文需遵守国家有关保密法规和集团公司有关规定，明确知悉范围，不得随意复印、翻印并带往国（境）外。

第五十四条 复印、汇编集团公司商业密级及国家机密级、秘密级公文，应当符合有关保密规定。绝密级公文一般不得复印、汇编，确有工作需要的，应经发文单位批准。复印、汇编的公文视同原件进行管理。复印涉密文件，必须严格审批登记制度，复印件应加盖复印单位戳记，并指定专人管理。公文汇编本的密级按照编入公文的最高密级标注，印送范围按编入公文的最高发布层级确定。

第五十五条 公文的撤销和废止，由发文单位、上级单位根据职权范围决定。公文被撤销，视作自始不产生效力；公文被废止，视作自废止之日起失去效力。

第五十六条 不具备归档和存查价值的公文，经鉴别后由本单位办公室负责人批准，可以销毁。未经清理鉴别和审核批准，任何单位和个人不得私自销毁公文。销毁公文必须到保密主管部门指定的场所，由两人以上负责监销，确保不丢失、不漏销。销毁涉密公文，应按保密规定进行。

第五十七条 集团公司内设机构、部门（单位）合并时，全部公文应随之合并管理；部门（单位）撤销时，需要归档的公文经整理后按照有关规定移交档案管理部门。工作人员离岗离职，应督促其将暂存、借用的公文按照有关规定移交、清退。

第五十八条 新设立的内部机构应向所在单位办公室提出发文立户申请。经审查符合条件的，列为发文单位，内部机构合并或撤销时，相应进行调整。

第八章 附 则

第五十九条 集团公司各级党委、纪检委、工会、团委，以及各专业委员会、专项工作领导小组等非常设办事机构的公文处理工作，可参照本办法执行。

第六十条 集团公司电子公文的管理，依照《中国石油天然气集团公司电子文件管理暂行办法》（厅发〔2011〕1号）执行。

第六十一条 本办法由集团公司办公厅负责解释。

第六十二条 本办法自2014年1月1日起施行。原《中国石油天然气集团公司机关公文处理办法》（中油办字〔2000〕605号）同时废止。

附件：公文格式编排规则

附件

公文格式编排规则

一、公文用纸幅面尺寸及版面要求

（一）幅面尺寸：公文用纸统一采用 A4 型纸，幅面尺寸为 210 mm×297 mm。

（二）页边与版心尺寸：公文用纸天头（上白边）为 37 mm±1 mm，下白边为 35 mm，公文用纸订口（左白边）为 28 mm±1 mm，右白边为 26 mm，版心尺寸为 156 mm×225 mm。

（三）字体和字号：如无特殊说明，公文格式各要素一般用 3 号仿宋体字，特定情况可以作适当调整。

（四）行数和字数：一般每面排 22 行，每行排 28 个字，并撑满版心，特定情况可以作适当调整。

（五）文字颜色：如无特殊说明，公文中文字颜色均为黑色。

二、文件格式公文各要素编排规则

版心内的公文格式各要素划分为版头、主体、版记三部分。公文首页红色分隔线以上的部分称为版头；公文首页红色分隔线（不含）以下、公文末页首条分隔线（不含）以上的部分称为主体；公文末页首条分隔线以下、末条分隔线以上的部分称为版记。页码位于版心外。

（一）版头

1. 密级和保密期限。指公文的秘密等级和保密的期限，应根据文件内容据实标注。一般用 3 号黑体字，顶格编排在版心左上角第二行；保密期限中的数字用阿拉伯数字标注。

集团公司公文涉及的秘密分为国家秘密和集团公司商业秘密。国家秘密分为“秘密”“机密”“绝密”3 个层级，企业商业秘密分为“油商密★”“油商密★★”“油商密★★★”3 个层级。

2. 份号。指公文印制份数的顺序号。涉密公文（含国家秘密及集团公司商业秘密）应标注份号，一般用 6 位 3 号阿拉伯数字顶格编排在版心左上角第一行，编虚位补齐，即第一份公文份号可以编为 000001 等。

3. 紧急程度。指公文送达和办理的时限要求。根据紧急程度，可分别标注“加急”或“特急”，用 3 号黑体字，顶格编排在版心左上角。如需同时标注份号、密级和保密期限、紧急程度，则份号标在第一行，密级和保密期限标在第二行，紧急程度标在第三行。

4. 发文机关标志。由发文机关全称或规范化简称加 “文件” 二字组成。联合行文时，发文机关标志可以同时标注联署发文机关名称，也可以单独使用主办机关名称，如需同时标注联署发文机关名称，一般应当将主办机关名称排列在前，“文件”二字置于发文机关名称右侧，以联署发文机关名称为准上下居中排列。

发文机关标志居中排布，上边缘至版心上边缘为 35 mm，推荐使用小标宋体字，颜色为红色，以醒目、美观、庄重为原则，字号不应大于上级机关。

5. 发文字号。由发文机关代字、年份、发文顺序号组成。联合行文时，使用主办机关的发文字号。年份、发文顺序号用阿拉伯数字标注；年份应标全称，用六角括号“〔〕”括入；发文顺序号不加“第”字，不编虚位（即 1 不编为 01），在阿拉伯数字后加“号”字。

发文字号编排在发文机关标志下空两行、红色分隔线之上的位置，其中，下行文居中排布，上行文居左空一字编排，与最后一个签发人姓名处在同一行。

集团公司总部印发的各类公文，其发文代字由办公厅统一拟定。各企事业单位报送总部的正式上行文件（函件）发文代字由办公厅拟定，其他类型公文的发文代字由单位自行确定。

6. 签发人。上行文应当标注签发人姓名。用 3 号仿宋体字标志“签发人”三字，其后加全角冒号和签发人姓名，签发人姓名用 3 号楷体字，编排在发文机关标志下空两行位置。

如有多个签发人，签发人姓名按照发文机关的排列顺序从左到右、自上而下依次均匀编排，一般每行排两个姓名，回行时与上一行第一个签发人姓名对齐。

（二）主体

1. 公文标题。由发文机关名称、事由和文种组成。一般用 2 号小标宋体字，编排于红色分隔线下空两行位置，分一行或多行居中排列；回行时，要做到词意完整，排列对称，长短适宜，间距恰当。标题排列应当使用梯形或菱形。

公文标题中一般不使用标点符号，特殊情况下可使用书名号、顿号、括号、引号。

2. 主送机关。指公文的主要受理机关，应使用机关全称、规范化简称或同类型机关统称。

主送机关用 3 号仿宋体字，编排于标题下空一行位置，居左顶格，回行时仍顶格，最后一个机关名称后标全角冒号。如主送机关名称过多导致公文首页不能显示正文时，应将主送机关名称移至版记中。

主送机关的顺序一般按重要程度排列。各单位之间用顿号或逗号分清层次，同类型机关内同级机关之间用顿号分隔，不同类型机关之间用逗号分隔。

总部印发普发性下行文件，主送机关规范用语为“各企事业单位”，若仅对某一类型企业普发文件时，可使用如“各工程技术服务企业”“各工程建设企业”等统称。

在遇到主送机关不是同类型的全部时，应一一列出，通常不用“各有关单位”“各有关部门”等不确切的概括词。

3. 公文正文。指公文的主体，用来表述公文的内容。公文首页必须显示正文。一般用 3 号仿宋体字，编排于主送机关名称下一行，每个自然段左空二字，回行顶格。

正文中的结构层次序数可依次用“一、”“（一）”“1.”“（1）”标注；一般第一层用 3 号黑体字、第二层用 3 号楷体字、第三层和第四层用 3 号仿宋体字标注。

4. 附件说明。指公文附件的顺序号和名称。公文如有附件，在正文下空一行左空二字编排“附件”二字，后依次标全角冒号和附件名称。如有多个附件，使用阿拉伯数字标注附件顺序号（如“附件：1. ×××”）；附件名称后不加标点符号。附件名称较长需回行时，应与上一行附件名称的首字对齐。

5. 发文机关署名、成文日期、印章。发文机关署名署发文机关全称或者规范化简称。成文日期署发文机关负责人签发的日期；联合行文时，署最后签发机关负责人签发的日期。公文中有发文机关署名的，应当加盖发文机关印章，并与署名机关相符，印章统一采用下套方式加盖。

成文日期一般右空四字编排，印章用红色，不得盖在空白页上。

单一机关行文时，一般在成文日期之上、以成文日期为准居中编排发文机关署名，印章端正、居中下压发文机关署名和成文日期，使发文机关署名和成文日期居印章中心偏下位置，印章顶端应当上距正文（或附件说明）一行之内。

联合行文时，一般将各发文机关署名按照发文机关顺序整齐排列在相应位置，并将印章一一对应、端正、居中下压发文机关署名，最后一个印章端正、居中下压发文机关署名和成文日期，印章之间排列整齐、互不相交或相切，每排印章两端不得超出版心，首排印章顶端应当上距正文(或附件说明)一行之内。

成文日期用阿拉伯数字将年、月、日标全，年份应标全称，月、日不编虚位(即 1 不编为 01）。

当公文排版后所剩空白处不能容下印章、成文日期时，可以采取调整行距、字距的措施解决。

6. 附注。指公文印发传达范围、联系人及联系电话等需要说明的事项。用3号仿宋体字，居左空二字加圆括号编排在成文日期下一行。

集团公司正式下行文件需标注印发传达范围，分为四个层级，分别是：此件发至局级、此件发至处级、此件内部公开发布、此件公开发布。

上行文和平行文均需以附注形式标注联系人及联系电话。

7. 附件。指公文正文的说明、补充或参考资料，与正文具有同等效力。附件应当另面编排，并在版记之前，与公文正文一起装订。“附件”二字及附件顺序号用3号黑体字顶格编排在版心左上角第一行。附件标题居中编排在版心第三行。附件顺序号和附件标题应当与附件说明的表述一致。附件格式要求同正文。

如附件与正文不能一起装订，应在附件首页版心左上角第一行顶格用3号黑体字标注公文的发文字号加“附件”二字及附件顺序号。

转发、印发类公文，被转发、印发的内容不按附件处理，在公文正文中不加附加说明，直接另面编排。

（三）版记

1. 抄送机关。指除主送机关外需要执行或者知晓公文内容的其他机关，应当使用机关全称、规范化简称或同类型机关统称。一般用4号仿宋体字，在印发机关和印发日期之上一行、左右各空一字编排。“抄送”二字后加全角冒号和抄送机关名称，回行时与冒号后的首字对齐，最后一个抄送机关名称后标句号。

如需把主送机关移至版记，除将“抄送”二字改为“主送”外，编排方法同抄送机关。既有主送机关又有抄送机关时，应当将主送机关置于抄送机关之上一行，之间不加分隔线。

抄送机关依次按上级机关、同级机关、下级机关的顺序排列。

2. 印发机关和印发日期。指公文的印制主管部门和送印日期。一般用4号仿宋体字，编排在末条分隔线之上，印发机关左空一字，印发日期右空一字，用阿拉伯数字将年、月、日标全，年份应标全称，月、日不编虚位（即1不编为01），后加“印发”二字。版记中如有其他要素，应将其与印发机关和印发日期用一条细分隔线隔开。

版记位于公文偶数页最后一面版心内最下方。

3. 页码。一般用 4 号半角宋体阿拉伯数字，编排在公文版心下边缘之下，数字左右各放一条一字线；一字线上距版心下边缘 7 mm。单页码居右空一字，双页码居左空一字。

三、信函格式公文各要素编排规则

（一）发文机关标志使用发文机关全称或规范化简称，其后不加“文件”二字，居中排布，上边缘至上页边为 30 mm，推荐使用红色小标宋体字。联合行文时，只使用主办机关标志。

（二）发文机关标志下 4 mm 处印一条红色双线（上粗下细），距下页边 20 mm 处印一条红色双线（上细下粗），线长均为 170 mm，居中排布。第一条红色双线下面的文字和第二条红色双线上面的文字距红色双线的距离为 3 号汉字高度的 7/8。

（三）如需标注份号、密级和保密期限、紧急程度，应顶格居版心左边缘编排在第一条红色双线下，按照份号、密级和保密期限、紧急程度的顺序自上而下分行排列。

（四）发文字号顶格居版心右边缘编排在第一条红色双线下，与该线的距离为 3 号汉字高度的 7/8。

（五）标题居中编排，与份号、密级和保密期限、紧急程度、发文字号中最后一个要素相距两行。

（六）首页不显示页码，自第 2 面开始标注页码。

（七）版记不加印发机关和印发日期、分隔线，位于公文偶数页最后一面版心内最下方。

四、纪要格式公文各要素编排规则

（一）纪要标志由“× × 纪要”组成，居中排布，上边缘至版心上边缘为 35 mm，推荐使用红色小标宋体字。

（二）标注出席人员名单，一般用 3 号黑体字，在正文或附件说明下空一行左空二字编排“出席”二字，后标全角冒号，冒号后用 3 号仿宋体字标注出席人单位、姓名，回行时与冒号后的首字对齐。

（三）标注请假和列席人员名单，除依次另起一行并将“出席”二字改为“请假”或“列席”外，编排方法同出席人员名单。

（四）会议纪要不加盖印章。

（五）各单位可根据实际需要，参照 GB/T 9704—2012 国家标准的要求，制定会议纪要格式。

附录 2　常用公文写作模板汇编

附录 2-1

关于 ×××（事由）的请示

×××（主送单位）：

为 ×××（目的），根据 ×××（依据），我单位拟 ×××（意图主旨）。现将有关情况及请示事项报告如下：

一、×××（基本情况）。

二、×××（请示事项的必要性、可行性和意义）。

三、×××（具体请求批准的事项）。

妥否，请批示。

发文单位名称（加盖印章）

×× 年 × 月 × 日（后空四格）

（联系人：×××，电话：×××）

附录 2-2

关于 ××× 问题的请示

×××（主送单位）：

目前，我公司 ×××（遇到的问题或困难）。为 ××（目的），根据 ××（依据），现就有关情况报告（意图主旨）如下：

一、×××（问题的由来）。

二、×××（问题的不利影响）。

三、×××（请示内容，即请求协调解决的问题，以及解决问题的有关建议）。

妥否，请批示。

发文单位名称（加盖印章）

×× 年 × 月 × 日（后空四格）

（联系人：×××，电话：×××）

附录 2-3

关于 ××× 问题的请示

×××（主送单位）：

近日，×××（在某项工作进行中遇到 ×× 问题）。为 ×××（目的），现将有关问题请示如下：

一、×××（有关情况）。

二、×××（遇到的问题）。

三、×××（请示内容，即恳请上级单位对 ×× 问题作出指示）。

妥否，请批示。

发文单位名称（加盖印章）

×× 年 × 月 × 日（后空四格）

（联系人：×××，电话：×××）

附录 2-4

关于 ××× 工作进展情况的报告

×××（主送单位）：

根据 ××× 要求，我公司对 ××× 工作进行了部署推动。现将有关情况报告如下：

一、×××（当前工作进展情况）。

二、×××（主要做法和成效）。

三、×××（存在的问题和拟采取的措施）。

四、×××（下一步工作计划和思路）。

发文单位名称（加盖印章）

×× 年 × 月 × 日（后空四格）

（联系人：×××，电话：×××）

附录 2-5

关于 ××× 工作情况的报告

×××（主送单位）：

根据 ××× 要求，我公司对 ××× 工作进行了认真总结。现将有关情况报告如下：

一、×××（工作基本情况）。

二、×××（主要做法和成效）。

三、×××（存在的问题和拟采取的措施）。

四、×××（下一步工作安排和思路）。

发文单位名称（加盖印章）

×× 年 × 月 × 日（后空四格）

（联系人：×××，电话：×××）

附录 2-6

关于 ××× 有关情况的报告

×××（主送单位）：

根据 ××× 要求，我公司对 ××× 情况进行了认真研究（或调查核实）。现将有关情况报告如下：

一、×××（事件的过程、原因等）。

二、×××（经调查核实的情况或处理依据、结果等）。

三、×××（下一步拟采取的措施）。

特此报告。

发文单位名称（加盖印章）

×× 年 × 月 × 日（后空四格）

（联系人：×××，电话：×××）

附录 2-7

关于报送 ××× 工作计划的报告

×××（主送单位）：

根据 ××× 要求，现将我公司《××× 工作计划》报告如下，请审阅。

附件：《公司 ××× 工作计划》

发文单位名称（加盖印章）

×× 年 × 月 × 日（后空四格）

（联系人：×××，电话：×××）

附录 2-8

×× 公司
生产经营周报

一、上次例会相关部署落实情况

（一）×××。

（二）×××。

……

二、一周工作要情

（一）×××。

（二）×××。

……

三、本周主要工作

（一）×××。

（二）×××。

……

附件：×××

附录 2-9

关于 ××× 的指导意见

×××（主送单位）：

为 ×××，就 ××× 提出如下指导意见：

一、指导思想（方针、政策、目的等）。

二、总体要求（提出落实指导意见的工作要求）。

三、主要任务（明确需要落实的几项任务）。

四、保障措施（明确落实指导意见的保障措施）。

联系人：×××，电话：×××

发文单位名称（加盖印章）

×× 年 × 月 × 日（后空四格）

附录 2-10

关于 ××× 的意见

×××（主送单位）：

为更好落实 ×××，就 ××× 提出以下意见建议：

一、×××。

二、×××。

……

恳请公司党委研究 ××（单位名称）提出的意见建议。××（单位名称）将坚决贯彻落实公司党委决策和要求，认真做好相关工作，更好发挥 ××（单位名称）×× 作用，推动公司高质量可持续发展。

联系人：×××，电话：×××

发文单位名称（加盖印章）

×× 年 × 月 × 日（后空四格）

附录 2-11

商洽函

×× 公司关于 ××× 的函

×××（主送单位）：

按照 ×××（×× 函〔××××〕×× 号）要求（依据），×××（陈述上级有关部署要求）。为 ×××（目的），经研究，决定 ×××，请贵公司 ×××（提出协作或合作的内容），并于 ×× 年 × 月 × 日前将贵公司有关意见以电子邮件方式发送至我部，需要具体协商请及时联系我部。

联系人：×××　　电话：×××

邮　箱：×××

发文单位名称（加盖印章）

×× 年 × 月 × 日（后空四格）

附录 2-12

请批函

关于申请 ××× 的函

×××（主送单位）：

为 ×××（目的），根据 ×××（依据），现申请 ×××，并将有关情况函告如下：

一、×××（基本情况）。

二、×××（必要性和可行性及其意义）。

三、×××（申请事项）。

现将有关材料报送你们，请予审批。

发文单位名称（加盖印章）

×× 年 × 月 × 日（后空四格）

（联系人：×××，电话：×××）

附录 2-13

询问函

关于征求 ××× 意见的函

×××（主送单位）：

根据××××（依据），我部结合此前各方的反馈意见，对公司《××××管理办法（试行）》（××〔××〕××号）进行了修订，并形成公司《××××管理办法》（征求意见稿）。现请你单位（部门）就征求意见稿研究提出修改意见，于××年×月×日前通过电子邮件反馈我部。

联系人：×××　　电话：×××

邮　箱：×××

附件：《×××管理办法》（征求意见稿）

发文单位名称（加盖印章）

××年×月×日（后空四格）

附录 2-14

询问函

工作联系函

×××（主送单位）：

根据集团公司××部《关于印发×××考核细则的通知》（××〔××〕××号）规定，企业依据×××经营指标授权专业公司考核，请各专业公司严格对照考核细则规定，结合日常检查和专项监督检查结果等，对企业×××经营自评结果进行查验核实，形成对各所属成员企业的×××经营考核结果，并于×月×日前报××部复核。

附件：《×××经营指标考核细则》

发文单位名称（加盖印章）

××年×月×日（后空四格）

附录 2-15

答复函

关于 ××× 有关意见的复函

×××（主送单位）：

你单位《关于征求 ××× 意见的函》（××〔20XX〕×× 号）收悉。经研究，现将有关意见函复如下：

一、原则同意 ×××。

二、×××（具体意见）。

发文单位名称（加盖印章）

×× 年 × 月 × 日（后空四格）

（联系人：×××，电话：×××）

附录 2-16

邀请函

关于邀请 ×× 参加国际技术交流会的函

×××（主送单位）：

由 ××× 主办、××× 承办的国际技术交流会议将于 ×× 年 × 月 × 日在陕西西安召开，会期 2 天（× 月 × 日报到）。特邀请贵部 ××× 通知出席会议。（会议组织联系人：××× 电话：×××）

请届时出席。

发文单位名称（加盖印章）

×× 年 × 月 × 日（后空四格）

附录 2-17

拜访函

关于赴 ×× 公司进行工作交流的函

×××（主送单位）：

为感谢贵公司对 ××× 公司长期以来的鼎力支持，更好支撑和保障 ×× 地区增储上产，××× 公司执行董事、党委书记 ××× 一行，拟于 × 月 × 日（周 ×）上午 ××：××，前往贵公司进行工作交流。

望予接洽为盼。

附件：参加工作交流人员及航班信息

发文单位名称（加盖印章）

×× 年 × 月 × 日（后空四格）

（联系人：×××，电话：×××）

附录 2-18

催办函

×××（事项或单位）催办函

×××（主送单位）：

首先，衷心感谢贵公司一直以来对 ××× 公司的大力支持（致谢语）。我公司 ×××（催办原由），但 ×××（催办事项）。请贵公司 ×××（提出希望）。

特此函告，请予支持（解决）为盼。

发文单位名称（加盖印章）

×× 年 × 月 × 日（后空四格）

（联系人：×××，电话：×××）

附录 2-19

告知函

关于告知 ×××（事项）的函

×××（主送单位）：

根据 ×××（发函原由），×××（告知事项）。衷心感谢 ×××，期待 ×××（提出请求、希望、祝愿等）。

×××（有的可以写上致谢语）

发文单位名称（加盖印章）

×× 年 × 月 × 日（后空四格）

（联系人：×××，电话：×××）

附录 2-20

提醒（示）函

关于提醒（示）×××（事项）的函

×××（主送单位）：

根据 ×××（发函原由），为 ×××（目的）。现将主要问题（风险等）提醒如下：

一、×××（提醒内容）。

二、×××（提醒内容）。

三、×××（提醒内容）。

结合上述问题（风险），×××（提出希望和要求等）。

联系人：×××，电话：×××（根据实际确定是否需要）

发文单位名称（加盖印章）

×× 年 × 月 × 日（后空四格）

附录 2-21

转办函

×××（单位或事项）转办函

×××（主送单位）：

根据×××（发函原由），×××（转办事项）。请你单位按照×××（依据），对×××（转办事项）进行办理。

联系人：×××，电话：×××（根据实际确定是否需要）

发文单位名称（加盖印章）

××年×月×日（后空四格）

附录 2-22

报送材料函

关于报送×××的函

×××（主送单位）：

按照×××通知要求，现向贵部呈报《×××公司×××的报告》，请审阅。

附件：×××公司×××的报告

发文单位名称（加盖印章）

××年×月×日（后空四格）

（联系人：×××，电话：×××）

附录 2-23

关于印发 ××× 的通知

所属各单位，机关各部门（主送单位）：

为 ×××（写明目的），制定了《×××》，现印发给你们，请依照执行。或现将《×××》印发给你们，请遵照执行。

附件：×××（具体实施意见）或《×××》

发文单位名称（加盖印章）

×× 年 × 月 × 日（后空四格）

附录 2-24

关于转发 ××× 的通知

所属各单位，机关各部门（主送单位）：

为 ×××（写明目的），现将 ×××（上级单位或有关业务主管部门）《×××》（文号）转发给你们。请结合实际，认真贯彻执行。

附件：×××（转发文件名称）

发文单位名称（加盖印章）

×× 年 × 月 × 日（后空四格）

附录 2-25

关于 ××× 的通知

所属各单位，机关各部门（主送单位）：

根据 ×××（依据），为 ×××（目的主旨），经研究，决定 ×××（拟采取措施）。现将有关事项通知如下：

一、×××。

二、×××。

三、×××。

附件：×××（转发文件名称）

发文单位名称（加盖印章）

×× 年 × 月 × 日（后空四格）

附录 2-26

关于成立（组建）××× 的通知

×××（主送单位）：

为 ×××（目的），×××，×××，经研究，决定成立（组建）×××（想让下级单位了解的事项）。现将有关事项通知如下：

一、×××。

二、×××。

三、×××。

发文单位名称（加盖印章）

×× 年 × 月 × 日（后空四格）

附录 2-27

关于 ××× 等 × 名同志职务任免的通知

×××（主送单位）：

经公司党委 ×× 年 × 月 × 日研究，决定：

××× 任 ×× 公司党委书记

免去 ××× 的党委组织部副部长职务，另有任用。

免去 ××× 的党群工作部副主任职务。

发文单位名称（加盖印章）

×× 年 × 月 × 日（后空四格）

附录 2-28

关于 ×××、××× 职务任免的通知

×××（主送单位）：

经公司党委 ×× 年 × 月 × 日研究，决定：

××× 任 ×× 部门主任

免去 ××× 的 ×× 部门副主任职务，另有任用。

免去 ××× 的 ×× 部门副主任职务。

发文单位名称（加盖印章）

×× 年 × 月 × 日（后空四格）

附录 2-29

关于召开 ××× 会议的通知

×××（主送单位）：

经研究并报集团公司批准，拟定于 ×× 年 × 月中旬召开 ××× 会议。现将有关事项通知如下：

一、会议时间：×××。

二、会议地点：×××。

三、出席人员：×××。

四、会议内容：×××。

五、相关要求：×××。

发文单位名称（加盖印章）

×××× 年 ×× 月 ×× 日（后空四格）

附录 2-30

会议通知

会议名称：×××。

会议时间：×× 年 × 月 × 日（周 ×）上午 8:30

会议地点：×××。

会议内容：

1. 公司财务部作 ××× 专题汇报。
2. 讨论发言。
3. ××× 总会计师讲话。

参加人员：

1. ×××（总会计师姓名）
2. ×××、××× 等单位有关负责同志

有关事项：

1. 请财务部准备汇报材料并提前带至会场。
2. 请于 ×× 月 ×× 日将参会人员名单报至 ××（部门名称）。

联系人：×××，联系方式：×××。

发文单位名称（加盖印章）

×× 年 × 月 × 日（后空四格）

附录 2-31

关于 ××× 的批复

×××（主送单位）：

你单位《关于 ××× 的请示》（××〔××〕×× 号）收悉。根据 ×××（依据），经研究，现批复如下：

一、同意 ×××（主旨）。

二、×××（具体要求）。

×××（可提出进一步做好此项工作的要求，以及从长远或整体上提出有关要求）。

发文单位名称（加盖印章）

×× 年 × 月 × 日（后空四格）

（联系人：×××，电话：×××）

附录 2-32

×× 公司关于不同意 ××× 的批复

×××（主送单位）：

你单位 ×× 年 × 月 × 日关于 ×××× 的请示（××〔××〕×× 号）收悉。经研究，不同意你公司关于 ×××× 的建议。你公司应 ×××（提出针对性工作要求）。

此复。

发文单位名称（加盖印章）

×× 年 × 月 × 日（后空四格）

附录 2-33

××（发文单位）关于表彰（奖励）××（集体或个人）的决定

×××（主送单位）：

×××（表彰奖励对象的先进事迹）。×××（产生的积极影响和表现的精神）。

为了 ×××（目的），根据 ×××（依据），经 ××× 研究，决定对 ××× 等予以通报表彰。

希望 ×××（号召向先进学习，提出更高要求和希望）。

发文单位名称（加盖印章）

×× 年 × 月 × 日（后空四格）

附录 2-34

关于给予 ××（单位或个人）处分的决定

×××（主送单位）：

×××（被处分人或单位基本情况，以及违规违纪事实，产生的危害或不良影响）。

×× 年 × 月到 × 月期间，×××（客观陈述调查清楚的违规违纪事实）。

经查，×××（对违规违纪行为定性）。

依据 ×××（处分依据），决定给予 ×××（受处分人或单位）××× 处分（具体处分决定）。

希望 ×××（警示大家吸取教训，引以为戒）。

发文单位名称（加盖印章）

×× 年 × 月 × 日（后空四格）

附录 2-35

关于 ××× 的决定

×××（主送单位）：

根据 ××× 规定（或要求），×××，经 ××× 研究审议通过，决定 ×××（进行调整或调整如下）：

一、×××（决定内容）。

二、×××（决定内容）。

三、×××（决定内容）。

发文单位名称（加盖印章）

×× 年 × 月 × 日（后空四格）

附录 2-36

××（发文单位）关于表彰（奖励）××（集体或个人）的通报

×××（主送单位）：

×××（表彰奖励对象的先进事迹）。×××（产生的积极影响和表现的精神）。

为了 ×××（目的），根据 ×××（依据），经 ××× 研究，决定对 ××× 等予以通报表彰。

希望 ×××（号召向先进学习，提出更高要求和希望）。

发文单位名称（加盖印章）

×× 年 × 月 × 日（后空四格）

附录 2-37

××（发文单位）关于 ×× 问题的通报

×××（主送单位）：

×××（通报 ×× 单位或个人违规违纪的实事和行为）。

经查，×××（调查结果）。

为了 ×××（目的），根据 ×××（依据），经研究，决定对 ××× 等给予 ×××（对通报对象的结论和处理意见）。

×××（警示教育和杜绝措施）。

发文单位名称（加盖印章）

×× 年 × 月 × 日（后空四格）

附录 2-38

××（发文单位）关于 ×× 情况的通报

×××（主送单位）：

×× 年 × 月 × 日，××（单位）在 ××（地点）发生 ×× 事故（事件）。×××（事故或时间的性质）。为 ×××（目的），进一步加强 ××× 工作，防止此类事故（事件）再次发生，现将 ×× 事故（事件）情况通报如下：

一、×××（事故或事件的原因分析）。

二、×××（对有关单位和人员的处理情况）。

三、×××（应吸取的教训和拟采取的措施等）。

发文单位名称（加盖印章）

×× 年 × 月 × 日（后空四格）

附录 2-39

党委会会议纪要

××年×月×日下午，公司党委书记、执行董事×××在×××会议室主持召开年度第××次党委会议，审议了××部、××部提交的××项议案。现纪要如下：

一、《关于×××的议案》

会议审议并原则通过该议案，由××部按照会议要求修改，征求成员企业意见后印发实施。

二、《关于×××的议案》

会议审议通过该议案，由××部批复同意某企业《关于××××的请示》。

出　席：×××　×××　×××　×××

第一议题列席：×××　×××　×××　×××

第二议题列席：×××　×××　×××　×××

附录 2-40

执行董事办公会议纪要

（××××第××期）

××××年××月××日下午，公司执行董事、党委书记×××在×××会议室主持召开年度第××次办公会议，审议了××部、××部提交的××项议案。现纪要如下：

一、《关于××××的议案》

会议审议并原则通过该议案，由××部按照会议要求修改，征求成员企业意见后印发实施。

二、《关于××××的议案》

会议审议通过该议案，由××部批复同意某企业《关于×××的请示》。

出　席：×××　×××　×××　×××

第一议题列席：×××　×××　×××　×××

第二议题列席：×××　×××　×××　×××

附录 2-41

领导工作例会纪要

（×××× 第 ×× 期）

×× 年 × 月 × 日上午，公司执行董事、党委书记 ××× 在 ×× 会议室主持召开领导工作例会。议定和安排事项如下：

一、深入贯彻落实 ×××× 会议精神

（一）×××。

（二）×××。

二、以高度的政治责任感抓好安全环保井控和疫情防控工作

（一）×××。

（二）×××。

三、关于几项具体工作

（一）×××。

（二）×××。

出　席：×××　×××　×××　×××

列　席：×××　×××　×××　×××

附录 2-42

专题会议纪要

（×××× 第 ×× 期）

×× 年 × 月 × 日上午，公司副总经理 ××× 在 ×××× 会议室主持召开专题会议，听取了 ××× 工作汇报，对 ××× 进行研究部署。

会议指出，×××。（可省略，根据实际确定）

会议强调，×××。（可省略，根据实际确定）

会议议定（或议定和安排事项如下）：

一、×××。

二、×××。

三、×××。

出　席：×××　×××　×××　×××

列　席：×××　×××　×××　×××

后记 POSTSCRIPT

当端详完稿后的样书时，我心里有一种如释重负的感觉。自启动编写任务到完稿，前后历时280多天，几乎每个晚上，我和韩鑫、宿永鹏等编写组的同志们都在挑灯夜战。几乎每个周末，我们都坚持在办公室里奋斗，为的是能够奉献给大家一本系统性的高品质公文写作参考书。

2022年伊始，中油技服公司党委部署这项工作，初衷就是安排办公室（党委办公室）全面深入总结公司公文管理经验、分析查找短板弱项，集中力量编写一本有理论、有实践、有思考、有分析、有范例、有规定且易掌握、可操作的公文写作参考书，推动工程技术系统公文管理再上新台阶。接到任务后，我们立即成立了编写组，起草编写大纲，并向各成员企业和本部部门拟发了编写通知，得到了大家的大力支持。这是我们敢于承担这项编写任务的最大底气所在。在此向公司党委的充分信任和各成员企业、本部部门的大力支持表示最诚挚的感谢和最崇高的敬意！

本书的编写，得到中国石油天然气集团有限公司综合管理部的高度肯定和大力支持。潘涛副主任对中油技服公司党委高度重视公文质量和管理表示敬佩，对中油技服办公室系统直面困难、勇于担当的作风给予了表扬。潘涛副主任认为，本书系统性、理论性和实践性、可操作性都比较强，特意安排党组秘书处、秘书二处、文电处帮助校核全书内容，文电处负责帮助校核第一至五章，秘书二处负责帮助校核第六章和第七章，党组秘书处负责帮助校核第八章和第九章（已删减，调整到《领导讲话文稿里的丰厚遒美》一书中）。党组秘书处处长邓高，秘书二处处长林求平，文电处处长张奎、王宜珂专家、王丽副处长、李勇副处长逐字逐句审读，提出了很多宝贵意见和建议。在此向集团公司综合管理部，尤其是潘涛副主任和党组秘书处、秘书二处、文电处的大力支持表示最诚挚的感谢和最崇高的敬意！

本书的编写，还得到了原中国石油天然气股份有限公司监事会办公室主任王一端的高度肯定和大力支持。王老接到邀请后，立即翻阅了好几遍样书，欣然答应为本书作序。王老对本书内容给予了很高的评价，称中油技服公司党委为工程技术系统乃至其他业务领域做了一件好事和实事。王老思考再三，说："一本《指南》捧在手，公文写作不用愁。就以此为题，为这本书写篇序吧。"于是就有了本书前面王老题写的序一。在此向王老的关心和支持表示最诚挚的感谢和最崇高的敬意！

在编写过程中，大家还积极参阅、消化吸收了当代公文研究的一些最新成果和相关书籍、权威媒体上的知识，旨在帮助大家提高认识、提升能力。在此对为本书提供智慧滋养的同事、专家和朋友一并表示最诚挚的感谢和最崇高的敬意！

可以说，这本书的编写，是中油技服办公室系统落实公司党委部署的要求而开启的一次公文写作的有益探索和尝试，必将有效促进中国石油工程技术系统公文质量和管理水平的提升。当然，本书还可能存在一些错误或者不足之处，欢迎各企业读者和社会读者提出批评和宝贵意见，帮助和支持我们不断修改完善，我们将精益求精、追求卓越，努力做到尽善尽美。

庄　涛

2023 年 8 月 31 日